Responsabilidade Civil pela Formação de Cartel

Responsabilidade Civil pela Formação de Cartel

2023

Tomás de Sampaio Góes Martins Costa

ALMEDINA

RESPONSABILIDADE CIVIL PELA FORMAÇÃO DE CARTEL

AUTOR: Tomás de Sampaio Góes Martins Costa

DIRETOR ALMEDINA BRASIL: Rodrigo Mentz
EDITORA JURÍDICA: Manuella Santos de Castro
EDITOR DE DESENVOLVIMENTO: Aurélio Cesar Nogueira
ASSISTENTES EDITORIAIS: Letícia Gabriella Batista e Tacila da Silva Souza
ESTAGIÁRIA DE PRODUÇÃO: Natasha Oliveira

DIAGRAMAÇÃO: Almedina
DESIGN DE CAPA: Roberta Bassanetto

ISBN: 9786556279770
Novembro, 2023

Dados Internacionais de Catalogação na Publicação (CIP)
(Câmara Brasileira do Livro, SP, Brasil)

Costa, Tomás de Sampaio Góes Martins
Responsabilidade civil pela formação de cartel /
Tomás de Sampaio Góes Martins Costa. -- São Paulo
Almedina, 2023.

ISBN 978-65-5627-977-0
1. Cartéis 2. Direito civil - Brasil 3. Direito concorrencial 4. Licitação pública - Brasil
5. Responsabilidade civil - Brasil I. Título.
23-170147 CDU-347.51(81)

Índices para catálogo sistemático:
1. Brasil : Responsabilidade civil : Direito civil
347.51(81)
Eliane de Freitas Leite - Bibliotecária - CRB 8/841

Coleção IDiP
Coordenador Científico: Francisco Paulo De Crescenzo Marino

Este livro segue as regras do novo Acordo Ortográfico da Língua Portuguesa (1990).

EDITORA: Almedina Brasil
Rua José Maria Lisboa, 860, Conj.131 e 132, Jardim Paulista | 01423-001 São Paulo | Brasil
www.almedina.com.br

Para a Caroline, com todo meu amor.

AGRADECIMENTOS

É quase lugar-comum iniciar os agradecimentos de um trabalho acadêmico ressaltando que a elaboração de uma dissertação ou tese, por mais que pressuponha anos de trabalho árduo e solitário, é tarefa impossível de ser efetivada sem o auxílio de uma série de pessoas. Creio, no entanto, que este tipo de constatação jamais foi tão evidente quanto nos casos dos trabalhos elaborados ao longo do duro período de restrições impostas pela pandemia da Covid-19, como é o caso desta dissertação.

Em função das medidas de isolamento social, fomos privados do tão relevante contato presencial entre alunos e professores nas salas de aula e corredores da universidade e impedidos, por longo período, de acessar as bibliotecas. Tal cenário culminou, no entanto, no estabelecimento de uma verdadeira rede de solidariedade acadêmica, em que professores e alunos não pouparam esforços para auxiliar uns aos outros no acesso às obras necessárias para desenvolvimento das pesquisas.

No seio desta rede de solidariedade acadêmica, impossível deixar de registrar meu agradecimento especial a todos os integrantes do grupo de Whatsapp "Condomínio de livros", formado em conjunto com outros colegas da pós-graduação do Largo de São Francisco, para, como indica o nome, compartilhamento de nossas respectivas bibliotecas (físicas e virtuais). Não fosse a generosidade de todos os envolvidos no citado grupo, jamais teria logrado acessar, ao longo dos longos meses de isolamento social, algumas das mais importantes obras estudadas para o desenvolvimento deste trabalho. Para não correr o risco de cometer injustiças, evitarei citar nominalmente os amigos constituídos ao longo da pós-graduação, mas fica aqui meu agradecimento a todos que auxiliaram na disponibilização de algumas das referências bibliográficas citadas ao longo deste trabalho, bem como àqueles que tiveram o interesse e a paciência em discutir o tema desta dissertação.

Aliás, no que se refere àqueles que dedicaram parte de seu precioso tempo para debater o objeto deste trabalho, não posso deixar de ressaltar as profícuas conversas com Bruno Maggi, primeiro a se aventurar no desafio do estudo da reparação de danos de cartel no Brasil de forma aprofundada e que, mesmo antes de me conhecer, se colocou à disposição para discutir o tema, passando valiosíssimas lições tiradas ao longo de anos estudando e litigando no ramo.

Outro grande estudioso do direito concorrencial que gentilmente se colocou à disposição para discutir o tema objeto deste trabalho foi o professor Carlos Ragazzo, que, com sua profunda experiência acerca dos maiores casos de cartel já identificados no Brasil, em muito contribuiu para permitir o aprofundamento da abordagem prática do presente estudo.

Do mesmo modo, os professores com os quais tive o prazer de conviver na pós-graduação foram fundamentais não apenas para este trabalho, mas para o meu desenvolvimento acadêmico. Destaque especial, no entanto, merece ser feito aos professores Claudio Godoy e Francisco Marino, os quais eu já admirava antes de ingressar na pós-graduação e que passei a admirar ainda mais após ter tido o privilégio de tê-los como professores.

Ao professor Godoy, agradeço imensamente por me ter aberto as portas do Largo de São Francisco, bem como pelas inestimáveis lições ao longo de todo o período de elaboração da dissertação. Tenho convicção de que, sem a sua orientação, este trabalho jamais atingiria o nível de profundidade que almejei ao me lançar nessa empreitada. A contribuição de sua orientação extrapola os limites desta dissertação, tendo servido para despertar em mim uma paixão ainda maior pelo estudo do Direito Civil.

Ao professor Marino, para além das preciosas lições de direito contratual e responsabilidade civil passadas no âmbito das disciplinas por ele ministradas, agradeço pelas excelentes indicações de referências bibliográficas lançadas nas bancas de qualificação e de defesa da dissertação, que muito contribuíram para o aprofundamento do estudo de diversas das disciplinas exploradas ao longo deste trabalho e até mesmo para solução de situações práticas que se apresentaram em minha rotina profissional.

Nesse mesmo sentido, agradeço ao professores Marcelo Fortes Barbosa Filho e Fábio Coutinho de Alcântara Gil pelas orientações dadas na banca de defesa, especialmente quanto a temas ligados ao estudo de direito e economia, que em muito contribuíram para o aprofundamento do trabalho sob tal ótica, o que foi fundamental para as conclusões relacionadas principalmente à identificação e quantificação dos danos de cartel.

Muito embora este trabalho tenha sido elaborado, em sua maior parte, em finais de semana e feriados, não há como deixar de agradecer à parceria e paciência de todos os amigos do Galdino & Coelho Advogados, que, graças ao seu incansável e primoroso trabalho, me permitiram ter tempo para focar nos estudos acadêmicos sem prejudicar o desenvolvimento das atividades do escritório. Fica aqui meu agradecimento especial à Cláudia Trindade, minha sócia e eterna chefe, aos integrantes do meu time (Bruno Aust, Giovanna Plácido, João Paulo Araújo e Gustavo Pascoal) e àqueles que já deixaram o escritório, mas que tanto nos ajudaram enquanto estiveram por aqui, com destaque especial ao Leonardo Mattia, ao Felipe Lubambo, à Giovanna Nader e à Monica Franco, que foram meus braços direito e esquerdo enquanto estiveram conosco.

Ainda dentre os amigos do escritório, é imprescindível um agradecimento especial ao Flavio Galdino, que sempre foi um grande incentivador da minha vida acadêmica. Desde que soube do meu ingresso no mestrado, sempre demonstrou interesse em saber como estava o desenvolvimento da dissertação, cuja ideia, aliás, surgiu a partir de um estudo por ele solicitado há cerca de seis anos. Já ao longo do desenvolvimento da dissertação, quando me vi impedido de acessar bibliotecas em função das restrições impostas pela pandemia, Flavio gentilmente enviou à minha casa exemplares de algumas das obras mais consultadas para elaboração do trabalho, como as doutrinas basilares de Responsabilidade Civil de autoria de José de Aguiar Dias, dos irmãos Mazeaud e André Tunc e de Sourdat.

Outro agradecimento imprescindível deve ser direcionado à minha família. Aos meus pais, Celina e Reginaldo, que desde sempre me proporcionaram as melhores condições possíveis para meu desenvolvimento pessoal, profissional e acadêmico, além de servirem de inspiração para mim em todos os ramos possíveis (inclusive, no Direito). Aliás, de modo geral, é impossível deixar de agradecer a todos os integrantes da minha família. Ao meu irmão, João, aos meus tios e primos, principalmente àqueles que também se dedicam à advocacia: Marcelo, Luiz Felipe, Luiz Guilherme (este com grande contribuição no desenvolvimento do meu amor pela advocacia) e, mais recentemente, Daniel. Todos vocês me inspiram diariamente na busca pelos meus objetivos.

Como sempre, é necessário registrar meu agradecimento especial ao meu tio Romeu Ricupero, que tanto me inspirou e me inspira em minha trajetória pessoal, profissional e acadêmica. Jamais me esquecerei das nossas conversas sobre os mais variados temas, desde o Direito até o futebol, objeto de paixão mútua (sendo que, para minha sorte, ainda partilhamos o amor pelo Santos Futebol Clube). Seu profundo conhecimento de Direito e Economia e sua facilidade em tornar simples temas complexos fez grande falta ao longo do desenvolvimento deste trabalho.

Por fim, mas não menos importante, não há como não agradecer imensamente à minha parceira de vida, Caroline. Um agradecimento ou uma dedicatória jamais serão suficientes para expressar o tamanho da relevância que seu apoio, amor e carinho tiveram para me ajudar a dissertação de mestrado que viria a se converter na presente obra. Além da paciência em discutir constantemente temas relacionados ao trabalho e do cuidado na revisão da dissertação, você sempre me incentivou a seguir em frente, mesmo com os finais de semana e feriados perdidos em razão do desenvolvimento deste estudo. Eu sou a pessoa mais realizada do mundo por ter o prazer de dividir a vida com você.

NOTA DO AUTOR

O presente trabalho estuda a evolução da responsabilidade civil por danos de cartel, prática que é costumeiramente apontada como a mais grave infração concorrencial. O estudo elaborado neste trabalho partirá dos conceitos básicos afeitos à matéria (tanto sob a ótica da disciplina de cartel, quanto da responsabilidade civil) para identificar como esse ramo específico da reparação de danos se desenvolveu no Brasil e no mundo, desde os primórdios do tratamento do tema nos Estados Unidos da América até as recentes inovações normativas na Europa e, agora, no Brasil, com a entrada em vigor da Lei nº 14.470/22, para fortalecimento do direito indenizatório daqueles que se veem prejudicados por esse ilícito de altíssimo potencial danoso. Será apresentada, ao longo do trabalho, análise crítica das alterações e propostas de alteração do sistema de reparação de danos de cartel brasileiro, bastante pautada no estudo da experiência internacional, com o objetivo de contribuir para que o sistema brasileiro de *private enforcement* se torne efetivamente capaz de conferir aos lesados perspectiva real de reparação dos danos observados.

PREFÁCIO

Fruto de dissertação de mestrado defendida, com brilho, na Faculdade de Direito da Universidade de São Paulo, o trabalho de Tomás de Sampaio Góes Martins Costa agora se transforma em livro, de consulta valiosa para quem pretenda estudar ou tenha de lidar com a responsabilidade civil pela formação de cartel.

Tratando de tema interdisciplinar, o autor inicia por caracterizar o movimento de cartelização, examinando desde as condições que o favorecem até os efeitos que por conseguinte se produzem. Segue então retratando o histórico e a evolução das iniciativas de resposta aos cartéis, não apenas do ponto de vista do direito privado, mas também penal e administrativo. Isso para afinal se deter na matéria relativa à responsabilidade civil pelos danos decorrentes da atuação cartelizada.

Nesse ponto, o trabalho distingue as funções diversas – e além da reparatória – que se vêm reconhecendo ao instituto. Destaca a configuração do ilício e o nexo causal entre a conduta assim tomada e os danos dela derivados, dando-se ainda a discutir o critério de atribuição da responsabilidade e, portanto, de identificação dos responsáveis.

A partir daí a obra se dedica a especificar, de maneira bastante detalhada, as possíveis e particulares situações de danos provocados pelo cartel, as indenizações (e sua quantificação) que por isso se imponham e mesmo o que chama de "questões pragmáticas", isto é, verdadeiramente os problemas pontuais, materiais e processuais, que costumeiramente se têm enfrentado nas iniciativas de responsabilização dos integrantes do cartel.

Ao final, e inclusive depois de postos os olhos também na experiência do direito estrangeiro, o autor não se furta a anotar o que define como perspectivas para o tema e, sobretudo, não se exime de propor medidas próprias para incremento dos mecanismos de combate aos cartéis, no âmbito privado.

É bem de ver, pois, o grande contributo que, em expressão variada, a obra traz ao público leitor e a quem se volte ao estudo da responsabilidade civil pela formação de cartel. Por isso que se recomenda o trabalho de Tomás de Sampaio Góes Martins Costa.

São Paulo, agosto de 2023

Claudio Luiz Bueno de Godoy
Professor do Departamento de Direito Civil da Faculdade de Direito da Universidade de São Paulo.

LISTA DE ABREVIATURAS E SIGLAS

ACP – Ação Civil Pública
ACPERA – Antitrust Criminal Penalty Enhancement and Reform Act
AMC – Antitrust Modernization Commission
ARDC(s) – Ação de Reparação de Danos Concorrenciais
CADE – Conselho Administrativo de Defesa Econômica
CC – Código Civil (Lei nº 10.406, de 10 de janeiro de 2002)
CDC – Código de Defesa do Consumidor (Lei nº 8.078, de 11 de setembro de 1990)
CPC – Código de Processo Civil (Lei nº 13.105, de 16 de março de 2015)
DoJ – Department of Justice dos Estados Unidos da América
DSD – Dispute System Design
EUA – Estados Unidos da América
FDD – Fundo de Defesa dos Direitos Difusos
IBRAC – Instituto Brasileiro de Estudos de Concorrência, Consumo e Comércio Internacional
ICN – International Competition Network
LDC – Lei de Defesa da Concorrência (Lei nº 12.529, de 30 de novembro de 2011)
MP – Ministério Público
NT – Nota Técnica
OAB/SP – Ordem dos Advogados do Brasil – Seção São Paulo
OCDE – Organização de Cooperação e Desenvolvimento Econômico
OMC – Organização Mundial do Comércio
PA – Processo administrativo
PL 11.275/2018 – Projeto de Lei nº 11.275 de 2018, oriundo do Projeto de Lei do Senado nº 283 de 2016
SBDC – Sistema Brasileiro de Defesa da Concorrência
SG – Superintendência-Geral do CADE
STJ – Superior Tribunal de Justiça
TCC(s) – Termo de Compromisso de Cessação

TJSP – Tribunal de Justiça do Estado de São Paulo
TRF – Tribunal Regional Federal
TFUE – Tratado de Funcionamento da União Europeia
UE – União Europeia
WGTCP – Working group on the interaction between trade and competition policy

SUMÁRIO

INTRODUÇÃO

É notório que vivemos em um contexto de intenso fluxo de informações, pessoas e mercadorias. Esse dinamismo das interações sociais – e, via de consequência, do mercado – tende a se intensificar ainda mais diante do rápido avanço das inovações tecnológicas o que, consequentemente – e como sói ocorrer –, implica a necessidade de modernização e adequação do Direito aos novos tempos. Esta obra, como se infere do título, envolve dois dos ramos que mais têm se transformado e evoluído para acompanhar o desenvolvimento de uma sociedade cada vez mais conectada e globalizada, quais sejam, a responsabilidade civil e o antitruste.

A disciplina da responsabilidade civil é, historicamente, um dos campos do Direito Civil mais afetados pelo desenvolvimento das interações sociais. Nas últimas décadas, o instituto da responsabilidade civil vem evoluindo no sentido de se desprender da tradicional busca pela identificação de um culpado para focar, cada vez mais, em sua finalidade última: a reparação do dano. Essa evolução da responsabilidade civil se projeta por meio de diversas vertentes, como a teoria do risco (base para a formulação da responsabilidade objetiva) ou os ideais de socialização dos danos, todas elas desenvolvidas no afã de garantir a indenização da vítima pelos danos causados.

Hodiernamente, observamos até mesmo a defesa, por nomes de peso na doutrina nacional e internacional, da possibilidade de estabelecimento de uma responsabilidade civil preventiva, que dispensaria a figura do dano para formação da responsabilidade civil justamente com o objetivo de evitá-lo. Deixaria a responsabilidade civil, dessa forma, de se projetar como um instituto meramente reativo para atuar ativamente na prevenção de danos.

Muito embora o estudo das transformações pelas quais vem se moldando a responsabilidade civil contemporânea não seja o objetivo central desta obra, buscaremos, por meio dela, analisar um dos ramos de aplicação da responsabilidade civil que vem ganhando cada vez mais relevância na prática forense. Esta obra é dedicada ao estudo da reparação de danos ocasionados por aquela que é tida como a mais grave das violações antitruste: a formação de cartel.

A responsabilidade civil pela prática de cartel, dadas as suas particularidades, desafia e atrai a aplicação de diversas das mais contemporâneas discussões atreladas ao instituto da responsabilidade civil, especificamente no que concerne aos seus limites e finalidades, além das técnicas para sua aplicação prática. Mas não só. O estudo da responsabilidade civil por cartel implica, necessariamente, uma interlocução entre diversas disciplinas. Muito embora a presente obra tenha enfoque no Direito Civil, notadamente no instituto da responsabilidade civil, não há como afastar a interlocução direta do estudo que ora se propõe com o Direito Comercial (haja vista que o ato ilícito de cartel configura ilícito concorrencial) e até mesmo com os ramos Processual, Penal e Administrativo. A interdisciplinaridade é indispensável àqueles que pretendem se aventurar no estudo que aqui se propõe.

Aliás, a interdisciplinaridade apresentada nesta obra extrapola até mesmo as barreiras da ciência do Direito. É fundamental a análise da problemática também sob as lentes da ciência econômica, o que se pretenderá fazer principalmente nos Capítulos voltados à quantificação dos danos e à identificação dos fatores econômicos que propiciam a formação e identificação de cartéis.

Não à toa, Guido Alpa inicia sua obra voltada ao estudo da reparação de danos por ilícitos concorrenciais afirmando que o ilícito e o dano antitruste "constituem um terreno privilegiado para testar a relação entre direito e economia"[1]. De fato, a disciplina da responsabilidade civil concorrencial é campo fértil para aplicação dos estudos voltados à análise econômica do direito, cuja relevância se evidencia na busca pela solução de diversas das problemáticas relacionadas ao tema central desta obra.

[1] Tradução livre do original, em italiano: "Illecito e danno antitrust [...] constituiscono un terreno privilegiato per saggiare i rapporti tra diritto ed economia." (ALPA, Guido. *Illecito e danno antitrust*: casi e materiali. Torino: Giappichelli, 2016, p. 1).

Assim como boa parte dos ramos de aplicação do Direito, a responsabilidade civil por danos de cartel no Brasil vem se desenvolvendo com grande inspiração na experiência internacional. Diversas das soluções que já vêm sendo aplicadas em nosso ordenamento jurídico e outras que suscitamos ao longo do presente trabalho são tiradas de sistemas jurídicos já mais avançados que o SBDC em matéria de reparação de danos de cartel. Muitos desses ordenamentos jurídicos, no entanto, têm raízes distintas do ordenamento jurídico brasileiro, especialmente quando estamos tratando de sistemas como o estadunidense ou o inglês, historicamente bastante ancorados em precedentes judiciais (*case law*), ao passo em que o ordenamento jurídico brasileiro tem raízes romano-germânicas, organizando-se mormente a partir do direito codificado.

Prezaremos, portanto, pelo cuidado na aplicação da experiência internacional para as soluções dos problemas apresentados no SBDC para evitarmos cair na armadilha de "importar" conceitos já bem consolidados em sistemas estrangeiros sem as devidas adaptações para sua inserção no direito brasileiro. Afinal, como certa vez afirmou, com extrema precisão, Henry Louis Mencken, "sempre haverá uma solução bem conhecida para todo problema humano – elegante, plausível e errada"[2].

Nesta obra, a partir do estudo da evolução da responsabilidade civil por danos de cartel no Brasil, com bastante foco nas recentes alterações legislativas impostas pela Lei nº 14.470/22, pretendemos justamente apresentar e destrinchar as soluções que entendemos ser as mais adequadas para cada uma das diversas problemáticas afeitas ao tema para contribuir com os próximos passos do debate para amadurecimento do sistema brasileiro de reparação de danos de cartel.

Assim, iniciaremos com o estudo do instituto do cartel, investigando sua definição, as circunstâncias que favorecem a sua formação e os efeitos deletérios que a atuação colusiva de concorrentes produz para a economia, permitindo ao leitor um primeiro entendimento de como o cartel ocasiona prejuízos aos cofres públicos, aos consumidores e ao mercado global na ordem de bilhões de dólares por ano.

Entendido no que consiste o cartel, passaremos, no Capítulo 2, à análise de como o seu combate é feito, iniciando-se pelo estudo de como se deu

[2] Tradução livre do original, em inglês: "there is always a well-known solution to every human problem – neat, plausible, and wrong." (MENCKEN, Henry Louis. *Prejudices*: second series. Nova York: Alfred A. Knopf, 1920, p. 158).

o entendimento do cartel como um ilícito concorrencial a ser combatido, passando pela apresentação do papel da agência de defesa da concorrência brasileira, o CADE, na investigação e punição de cartéis e finalizando com a exposição dos três pilares que, juntos, formam a base do sistema brasileiro de combate a cartéis, já deixando claro que, hoje, um desses pilares (o privado), encontra-se menos sedimentado em comparação aos demais. Isto reforça a importância do estudo que aqui se propõe.

No Capítulo 3, faremos a exposição de como os institutos clássicos da responsabilidade civil se projetam na reparação de danos ocasionados por cartel. O entendimento da evolução de cada um dos conceitos gerais da responsabilidade civil é fundamental para superar algumas das mais relevantes barreiras que se colocam diante daqueles que buscam a reparação de danos oriundos de cartel.

Principal elemento formador da responsabilidade civil, o dano é objeto de capítulo próprio nesta obra. O Capítulo 4 é inteiramente dedicado ao estudo dos danos de cartel, investigando os principais tipos de danos ocasionados pela atuação cartelizada de concorrentes.

Como indicado desde o início desta introdução, o sistema brasileiro de reparação de danos de cartel em muito se inspira na experiência estrangeira no tratamento do tema. Justamente por isso, o Capítulo 5 é dedicado ao estudo de como a indenização desses danos se desenvolveu nas principais jurisdições que inspiram o SBDC – no caso, as dos EUA e da União Europeia – para, na sequência, entender em que estágio de evolução encontra-se o sistema brasileiro de reparação de danos de cartel.

O Capítulo 6, por sua vez, é dedicado às principais questões de ordem prática enfrentadas por aqueles que buscam a reparação de danos de cartel, dividindo-as em questões de ordem material e processual. Qual o prazo prescricional aplicável? Como é feita a quantificação dos danos de cartel? Quem pode acionar e ser acionado em uma ação reparatória de danos de cartel? São estas e outras perguntas que buscamos responder nesse capítulo.

Antes de passarmos à conclusão, apresentaremos, no Capítulo 7, algumas das perspectivas futuras que vislumbramos para os próximos passos de desenvolvimento do sistema nacional de reparação de danos de cartel, seja a partir de inovações legislativas impostas pela Lei nº 14.470/22 ou não. É relevante deixar claro, desde já, que os tópicos apresentados nesse capítulo são mais reflexões de possíveis desdobramentos de alguns importantes campos relacionados à responsabilidade civil por cartel do que estudos aprofundados de cada um dos temas nele tratados, que, em grande medida, poderiam ser objeto de monografias próprias, como alguns deles de fato já foram.

Por fim, concluímos a obra com reflexões finais quanto ao tema central deste estudo, dando destaque especial às nossas percepções com relação às inovações legislativas e administrativas que vêm sendo implementadas para fortalecimento do sistema brasileiro de reparação de danos de cartel, com a esperança de que o presente trabalho possa, em alguma medida, contribuir para o debate que, em nosso sentir, só tende a se intensificar nos próximos anos.

1
O CARTEL

1.1. Definição de cartel

Cartel, em resumo, consiste na organização explicita e consciente entre concorrentes[3], com atuação no mesmo mercado relevante,[4] com o objetivo

[3] O caráter intencional e explícito do alinhamento entre concorrentes é bastante destacado pela doutrina para diferenciar o cartel da chamada *colusão tácita* ou *paralelismo consciente*, que seria um comportamento natural e, via de regra, lícito adotado por empresas (especialmente em mercados oligopolizados), no sentido de observar o comportamento de seus concorrentes e pautar-se nestes para definição de suas próprias estratégias de atuação (CONNOR, John M. *Global price fixing*. 2ª ed. Heidelberg: Springer-Verlag, 2008. p. 20/21). Conforme lição de Vicente Bagnoli, "[o]s acordos tácitos podem abarcar três realidade fáticas: (i) o acordo efetivamente celebrado, com troca de garantias, mas que não se conseguiu comprovar de forma direta, assim, utiliza-se de provas circunstanciais, ou seja, a vasta maioria dos fatos leva a crer que tal acordo existiu e foi colocado em prática; (ii) apesar de não ter havido um acordo ou discussão de um acordo, utilizou-se de meios sutis e indiretos para se trocar informações, estabelecendo-se, com certo grau de certeza, um compromisso; e (iii) coordenação das ações das empresas atuantes em um mercado, simplesmente pela observação desse, de modo a se antecipar em suas ações ou respondendo adequadamente às ações dos concorrentes." (BAGNOLI, Vicente. *Direito econômico e concorrencial*. 8ª ed. São Paulo: RT, 2020, p. 345).

[4] Para efeito da disciplina antitruste, "concorrentes" são aquelas empresas que atuam no mesmo "mercado relevante", pois será apenas neste tipo de cenário que o alinhamento entre agentes concorrentes terá o condão de criar efeitos prejudiciais à concorrência. Nessa linha, Calixto Salomão Filho aponta que a correta definição de mercado relevante deve considerar três dimensões: substancial (ou dos produtos), geográfica e temporal. Ensina o autor, que a identificação das duas primeiras dimensões mencionadas "leva em conta dois elementos distintos: os substitutos do lado da demanda e do lado da oferta". Ressalta, no entanto, "para definir quais são os substitutos do lado da oferta e da demanda não é possível analisar o mercado como se encontra naquele exato momento", devendo ser considerados, portanto, não apenas os concorrentes atualmente inseridos naqueles mercados geográfico e material. Nas palavras do autor, "[é] necessário projetar os efeitos de determinado aumento de preços", para se "verificar (a partir da análise dos dados existentes a respeito de aumentos

de obter vantagem econômica indevida aos seus integrantes, ferindo a livre concorrência por meio, principalmente, de combinação de preços, meios de produção, divisão de territórios ou de revezamento de vencedores em licitações[5-6]. Apresentando o conceito de forma mais simplificada, Flávia Chiquito dos Santos aponta que "cartel é, essencialmente, um grupo de vendedores ou compradores de bens ou serviços que, em vez de competirem livremente, unem-se para tentar eliminar a concorrência"[7].

Cento Veljanovski identifica três tipos gerais de cartel: (i) cartel de compradores; (ii) cartel de vendedores; e (iii) cartel em licitações. Dentre os tipos de cartel apontados por Veljanovski, o mais comum, até mesmo pela facilidade de sua formação é o de vendedores. Veja-se, por exemplo, que, segundo Veljanovski, no período compreendido entre 2008 e 2018, a Comissão Europeia proferiu 58 decisões reconhecendo a formação de cartéis. Destas, 51 tratavam de cartéis de vendedores, 6 de licitações e apenas uma de cartel de compradores. Já em um cenário global, 60% das condenações de cartel são relacionadas a cartéis de compradores, 34% de cartéis em licitações e 6% de cartéis de compradores[8]-[9].

de preços pretéritos) se é possível concluir que o consumidor substituirá o produto 'X' por um concorrente próximo (substituição de demanda) ou se novos produtores entrarão no mercado, passando a fabricar o produto 'X'" (SALOMÃO FILHO, Calixto. *Direito Concorrencial*. São Paulo: Malheiros, 2013, p. 156-157).

5 NUSDEO, Fábio. *Curso de Economia*: introdução ao direito econômico. 5ª ed. São Paulo: RT, 2008, p. 279-280.

6 Vinícius Marques de Carvalho, Amanda Athayde Linhares Martins e Bernardo Becker Fontana esclarecem que a atuação cartelizada pode se dar por meio das seguintes condutas: "(a) fixação de preços, por meio da qual as partes definem, direta ou indiretamente, os preços a serem cobrados no mercado; (b) estabelecimento de restrições e/ou quotas na produção, que envolve restrições à oferta ou à produção de bens ou serviços; (c) adoção de prática concertada com concorrente em licitações públicas – por exemplo, combinação quanto ao teor de cada uma das propostas; e (d) divisão e/ou alocação de mercados por áreas ou grupos de consumidores." (CARVALHO, Vinícius Marques de; MARTINS, Amanda Athayde Linhares; FONTANA, Bernardo Becker. Cartéis internacionais e defesa da concorrência no Brasil. *Revista do IBRAC*, São Paulo, v. 20, p. 137-161, 2011, p. 139).

7 SANTOS, Flávia Chiquito dos. Quando o simples é sofisticado: clareza na tipificação de cartéis e na interpretação da regra per se. *Revista de defesa da concorrência*, Brasília, v. 5, n. 2, p. 103-130, 2017. p. 112.

8 VELJANOVSKI, Cento. *Cartel damages*: principles, measurement, and economics. Oxford: Oxford University, 2020, p. 17-18.

9 Há uma explicação para o número reduzido de punições a cartéis de compradores e, ao contrário do que se pode imaginar de imediato, não é a baixa incidência desse tipo de conluio.

Evidentemente, nem todo tipo de atuação conjunta ou de cooperação entre concorrentes é tida como conduta antieconômica. Muito pelo contrário. Atos de cooperação entre concorrentes com objetivo de maximizar lucros, mas que geram benefícios ao consumidor, são comuns e desejáveis. Muitas vezes, tais atos se consolidam por meio de parcerias, contratos associativos, *joint ventures*, ou até mesmo por meio de simples trocas de informação.

Robert L. Steiner aponta a existência de três diferentes estágios de relação entre competidores, que classifica como os três "C"s: (i) cooperação; (ii) competição; e (iii) colusão[10]. Para verificar se determinada conduta pode ser classificada como cartel, há de se identificar, no caso concreto, se essa já atingiu o estágio de colusão.

Lee McGowan ressalta a importância exercida pela cooperação entre concorrentes ao longo da história como forma de fomento da economia, de modo a gerar benefícios ao mercado. Justamente por isso, nem todo tipo de acordo entre concorrentes é tido como ato ilícito. Pelo contrário. São diversas as hipóteses em que o acordo entre concorrentes será tido como legítimo (v.g. *joint ventures* ou fusões e aquisições). São considerados ilícitos, portanto, os atos de cooperação entre concorrentes que causam efeitos

A realidade é que cartéis de compradores, embora comuns, costumam ser tratados com menos rigor pelas cortes e autoridades antitruste. Segundo Hovenkamp, essa aparente conivência se dá mormente pelo fato de ser uma característica natural do cartel de compradores a redução dos preços praticados no mercado, o que, a priori, poderia ser visto como algo positivo e desejável. Todavia, é também uma característica comum de cartéis de compradores a redução da qualidade do produto por estes comercializado, o que implica prejuízo ao mercado consumidor, além, é claro, do fato de que cartéis de compradores não costumam repassar o benefício auferido com a redução do preço de compra às camadas seguintes da cadeia produtora, observando, portanto, enriquecimento ilícito às custas dos demais elos da cadeia. Justamente por isso, correta a assertiva de Hovenkamp no sentido de que "os prejuízos sociais causados por cartéis de compradores são equivalentes àquelas causadas por cartéis de vendedores e também se assemelham aos prejuízos sociais causados pelo monopsônio" (Hovenkamp, Herbert. *Federal antitrust policy*: the law of competition and its practice. 5ª ed. St. Paul: West, 2016, p. 205-206). Tradução livre do original, em inglês: "[t]he social losses caused by buyers' cartels are equivalent to those caused by sellers' cartels, and also resemble the social losses caused by monopsony.".

10 Steiner, Robert L. Cooperation, competition and collusion among firms at successive stages. In: Cucinotta, Antonio; Pardolesi, Roberto; Bergh, Roger van den (Orgs.). *Post-Chicago developments in antitrust law*. Northampton: Edward Elgar, 2002, p. 296.

deletérios ao mercado, o que se observa, de forma maximizada, no âmbito da formação de carteis. Nas palavras do autor[11].

> Acordos entre companhias privadas há tempos constituem aspecto regular da vida empresarial. Estes acordos têm sido constituídos para prover benefícios às empresas envolvidas, bem como para oferecer-lhes novas oportunidades. Há ocasiões, no entanto, em que determinadas formas de acordo, muito embora possam vir a de fato gerar benefícios às partes nestes envolvidas, geram efeitos adversos e negativos em concorrentes diretos, se operacionalizam em detrimento aos consumidores e minam a competitividade da economia em geral. A problemática gira em torno de quanto estes acordos influenciam o processo competitivo e a criação de mercados competitivos. Atitudes e visões divergentes se apresentaram ao longo do tempo, mas, no atual cenário econômico e político, uma forma particular de acordo, denominada cartel, é considerada a mais particularmente danosa forma de comportamento anticompetitivo. Cartéis são excelentes exemplos de acordos secretos que usualmente são constituídos para assegurar a maximização dos lucros e, por natureza, deliberadamente estabelecer prejuízos ao processo competitivo.

Com efeito, o objetivo central almejado pelos integrantes de um cartel é alcançar o maior índice possível de poder de mercado[12], de modo a

[11] Tradução livre do original, em inglês: "Agreements between private companies have long constituted a regular aspect of business life. Such agreements have been designed to provide benefits for the undertakings concerned and to offer them new opportunities. There are occasions, however, when certain forms of agreements, although they may indeed be advantageous for the parties concerned, have adverse and negative effects on rival competitors, work to the detriment of consumers and undermine the competiveness of the economy in general. The issue centers on how far such arrangements impinge on the competitive process and the creation of competitive markets. Attitudes and views have differed over time, but in today's economic and political climate one particular form of agreement, namely the cartel, is now considered to be the most particularly damaging form of all anti- competitive behavior. Cartels provide an excellent illustration of covert agreements which have usually been constructed to secure profit maximization, and by their nature deliberately set out to thwart the competitive process." (Mcgowan, Lee. *The Antitrust Revolution in Europe*: Exploring the European Commission's Cartel Policy. Northampton: Edward Elgar, 2010, p. 23).

[12] Em economia, o termo "poder de mercado" é utilizado para refletir o nível de influência que determinada empresa ou grupo de empresas exerce sobre os preços praticados em seu ramo de atuação, ou, nas palavras de Herbert Hovenkamp, "se refere à capacidade das empresas de lucrar por meio da redução da produção e aumento do preço acima do nível competitivo". (Hovenkamp, Herbert. *The antitrust enterprise*: principle and execution. Cambridge: Harvard

infligir sob seu ramo de atuação influência similar à de um monopólio, aumentando a margem de lucro de seus integrantes. Consequentemente, se um grupo de empresas concorrentes se une para combinar preços, mas se mostra incapaz de exercer poder de mercado suficiente para que tal conluio reduza a competitividade, tal ato não se enquadrará nos conceitos jurídico ou econômico de cartel.

Herbert Hovenkamp esclarece que o poder de mercado de uma empresa ou grupo de empresas é normalmente tirado da relação entre o preço capaz de maximizar seus lucros e o custo marginal, nos termos da fórmula desenvolvida por Abba Lerner[13]. Seguindo, o teorema de Abba Lerner, a capacidade de determinada empresa ou grupo de empresas de alcançar a maximização de seus lucros por meio da cobrança de um preço significativamente maior que seu custo marginal refletiria o tamanho de seu poder de mercado.

Em outras palavras, o poder econômico nada mais é do que o indicador da capacidade de definição de preços, uma vez que, segundo a teoria econômica, em um cenário ideal de concorrência, as empresas integrantes de determinado mercado seriam meras tomadoras de preço, não exercendo ingerência direta sobre sua definição.

Por óbvio, esse cenário ideal de concorrência é meramente teórico. Na prática, a expressiva maioria dos mercados possui uma estrutura intermediária entre esse cenário ideal e o monopólio. Cabe ao direito antitruste, no entanto, a adoção das medidas possíveis para garantir que o mercado sempre se mantenha o mais próximo possível do ideal teórico de concorrência e, consequentemente, se distancie dos sempre indesejados cenários monopolistas[14].

University, 2008, p. 95). Tradução livre do original, em inglês: "'Market power' refers to firms' ability to profit by reducing output and raising price above the competitive level".

[13] Abba Lerner desenvolveu a seguinte fórmula para a aferição do nível de poder de mercado: $\frac{P-MC}{P}$, sendo "P" o preço de maximização do lucro e "MC" o custo marginal. Se o resultado da equação for igual a zero, teríamos um cenário de perfeita competitividade, ao passo em que o resultado da equação se aproximará de 1 na medida em que o poder de mercado se revelar demasiadamente intenso. (Hovenkamp, *op. cit.*, 2008, p. 95-96).

[14] Vale ressaltar, nesse ponto, que o nível de intervencionismo da política antitruste de cada ordenamento jurídico varia sobretudo com base na política econômica do sistema a ele relacionado. Justamente por isso que Paula Forgioni alerta para o fato de que debates generalistas e indiscriminados acerca da transposição de teorias econômicas para o campo do direito da concorrência podem constituir verdadeira armadilha. Para a autora, o ponto

É justamente nessa linha de se adotar todas as medidas possíveis para proteção da livre-concorrência que os cartéis classificados como "*hard-core*" são vistos no direito brasileiro[15] e em outras jurisdições[16] como ilícitos

fulcral de análise de determinada legislação antitruste é entender que "ela é instrumental a determinada política econômica, possuindo, por consequência, objetivos bem próprios, diversos daqueles das demais leis antitruste" (FORGIONI, Paula. *Os fundamentos do antitruste*. 8ª ed. São Paulo: RT, 2015, p. 161-162). Veja-se, por exemplo, que nos EUA ainda impera a orientação da Escola de Chicago, no sentido de permitir-se que os agentes econômicos tenham maior liberdade para desenvolver a competição com o menor grau possível de interferência estatal. Nas palavras de Hovenkamp, "graças em parte aos esforços da Escola de Chicago, hoje nós temos uma política antitruste que é mais rigorosamente ecoômica, menos preocupada em proteger valores não-econômicos que são impossíveis de identificar e sopesar e mais confiante de que os mercados vão se corrigir sem a intervenção do governo" (HOVENKAMP, Herbert. The Harvard and Chicago Schools and the Dominant Firm. *Faculty Scholarship at Penn Law*, Filadélfia, n. 1771, 2007, p. 1). Tradução livre do original, em inglês: "Thanks in part to Chicago School efforts today we have an antitrust policy that is more rigorously economic, less concerned with protecting noneconomic values that are impossible to identify and weigh, and more confident that markets will correct themselves without government intervention". É certo que, principalmente após a crise econômica deflagrada no ano de 2008, mediante o estouro da bolha do mercado imobiliário dos EUA, a solidez da teoria econômica que serve de esteio à Escola de Chicago passou a ser alvo de severas críticas pelos estudiosos da doutrina antitruste nos EUA, mas mesmo esse severo golpe não parece ter sido capaz de alterar a linha majoritária de pensamento da Suprema Corte americana. Na União Europeia, por sua vez, a política antitruste está bastante relacionada à garantia da integração dos Estados que a compõem, sendo, até certo ponto, uma política concorrencial bastante protecionista, em especial no que tange às empresas de menor porte que impulsionam o mercado europeu. Sobre a evolução da política antitruste na União Europeia, ver: COLOMO, Pablo Ibáñez; KALINTIRI, Andriani. The Evolution of EU Antitrust Policy: 1966–2017. *The Modern Law Review*, Hoboken, v. 83, n. 2, p. 321-372, 2020. Já no Brasil, a política antitruste está bastante ligada à garantia da existência digna, insculpida no art. 170 da Constituição Federal, o que se dá, inclusive, por meio da fiscalização e intervenção estatal na concorrência. Para Forgioni, "a grande questão [da política antitruste brasileira] é criar e preservar, nos ditames constitucionais, ambiente no qual as empresas tenham efetivos incentivos para competir, inovar e satisfazer as demandas dos consumidores; proteger o processo competitivo e evitar que os mercados sejam fossilizados pelos agentes com elevado grau de poder econômico" (FORGIONI, *op. cit.*, 2015, p. 188).

[15] César de Mattos aponta que o CADE passou a aplicar a regra *per se* para punição de cartéis logo após a entrada em vigor da Lei nº 8.884/94, tendo por caso precursor o Processo Administrativo nº 62/92. Posteriormente, no entanto, o órgão antitruste brasileiro passou a concentrar seus esforços na investigação e punição de cartéis compostos por *players* com poder de mercado suficiente para apresentar um potencial mínimo de causação de danos em razão da atuação colusiva (MATTOS, César Costa Alves de. Introdução à teoria econômica dos cartéis. In: SCHAPIRO, Mario Gomes; CARVALHO, Vinicius Marques de; CORDOVIL, Leonor (Orgs.). *Direito Econômico e Concorrencial*. São Paulo: Saraiva, 2013, p. 286).

per se[17]-[18]. Como leciona Ana Paula Martinez, cartéis podem ser classificados como *soft* (também denominados "difusos"), quando não há um acordo institucional propriamente dito entre seus integrantes, mas sim uma "mera troca de informações comercialmente sensíveis"; ou *hardcore* (também classificados como "clássicos"), que, segundo a autora, serão identificados por meio de duas características básicas:

> (i) a presença de um acordo, explícito ou tácito (i.e., a mera troca de informações comercialmente sensíveis não é suficiente para caracterizar um cartel como clássico); e (ii) que o acordo seja relativo a variáveis comercialmente sensíveis, como preços, quantidade, áreas de atuação/cliente ou participação em licitações. Estando presentes estas características, o acordo é suficientemente grave para justificar a sanção em seu mais alto grau[19]-[20].

[16] Mesmo, como citado em nota de rodapé anterior, imperando nos EUA a teoria econômica da Escola de Chicago, que defende a menor intervenção possível do Estado na concorrência, o direito norte-americano entende que cartéis são ilícitos *per se*, com algumas poucas exceções (Posner, Richard A. *Economic analysis of law*. 9ª ed. Nova York: Wolter Kluwer Law & Business, 2014, p. 363). Segundo Kovacic, se costuma tratar como irrelevante o potencial dos cartelistas para efetivamente afetar o preço do mercado relevante no qual se inserem, sendo frequente a investigação até mesmo criminal de cartéis que não chegaram a produzir impactos no mercado (Kovacic, William E. The identification and proof of horizontal agreements under the antitrust law. *The Antitrust Bulletin*, Thousand Oaks, v. 38, p. 5-81, 1993. p. 6).

[17] Na União Europeia, por sua vez, o cartel é tratado como conduta ilícita "pelo objeto", classificação esta que se diferencia do conceito estadunidense de "infração *per se*" por admitir a prova, por parte dos integrantes do cartel, de que a atuação cartelizada não chegou a gerar prejuízo à livre concorrência. Nas palavras de Flávia Chiquito dos Santos, a regra da infração por objeto seria basicamente a "regra da razão com a inversão do ônus da prova" (Santos, *op. cit.*, 2017, p. 123).

[18] Há, no entanto, vozes relevantes da doutrina que criticam a classificação de cartéis como ilícitos *per se* no Direito Brasileiro. Calixto Salomão Filho aponta ser "resultado adquirido do Direito Brasileiro o não tratamento de qualquer conduta como um ilícito *per se*", sendo que todas as condutas "estão sujeitas a algum critério de racionalidade que as possa vincular à produção de algum efeito." (Salomão Filho, *op. cit.*, 2013, p. 564). Na mesma linha, Vicente Bagnoli aponta que a jurisprudência do CADE "contraria a própria Lei Concorrencial que não tipificou qualquer conduta como infração à ordem econômica", pois as condutas indicadas nos incisos I e II do § 3º do art. 36 da LDC constituem, sob a legislação brasileira, "delitos-meio", somente vindo a configurar infração à ordem econômica caso demonstrado o preenchimento de alguma das hipóteses elencadas no *caput* do art. 36 (Bagnoli, *op. cit.*, 2020, p. 409).

[19] Martinez, Ana Paula. *Repressão a cartéis*: interface entre Direito Administrativo e Criminal. Tese (Doutorado em Direito) – Faculdade de Direito da Universidade de São Paulo, São Paulo, 2013, p. 16.

Interessante observar, no entanto, as conclusões de estudo realizado por Flávia Chiquito dos Santos, por meio da análise das 39 decisões condenatórias proferidas pelo CADE no âmbito de processos administrativos para análise de cartéis entre 1996 e 2015[21]. O referido estudo apontou que, muito embora o CADE adote como regra a aplicação da teoria *per se*, apenas 4 das 39 decisões condenatórias proferidas no período analisado citam expressamente a aplicação da referida teoria, que, vale ressaltar, não encontra previsão legal expressa no ordenamento jurídico brasileiro[22]-[23].

Sem prejuízo da aparente não explicitação, por parte do CADE, dos critérios que o levam a adotar a teoria *per se* para análise de cartéis *hardcore*, são facilmente identificáveis os benefícios práticos e econômicos advindos de sua adoção pelo órgão antitruste brasileiro. Como elucida Paula Forgioni, a teoria *per se* "desobriga a autoridade antitruste de uma profunda análise sobre o ato praticado pelo agente e seu contexto econômico"[24]. Com isso, o CADE, partindo da premissa de que, por seu potencial lesivo, o cartel é sempre prejudicial à concorrência, deixa de incorrer nos elevados gastos necessários à análise prévia dos efeitos deletérios da colusão para o mercado[25].

[20] Na doutrina antitruste internacional, cartéis *hardcore* costumam ser vistos exclusivamente como aqueles que se organizam para definição de preços ou níveis de produção em determinado mercado relevante (Connor, *op. cit.*, 2008, p. 21).

[21] Santos, *op. cit.*, 2017, p. 110.

[22] Relevante, portanto, a ressalva feita pela autora, no sentido de que "[o] CADE não está obrigado a aplicar a regra per se sem exceções, pois esta regra não está prevista expressamente na legislação brasileira vigente, apenas foi emprestada do direito norte-americano. Assim, o CADE tem espaço para fazer outras interpretações da prática de cartel, de forma diferente dos termos da regra per se já empregada por este órgão, notadamente visando a evitar a denominada over-inclusion ou o cometimento do erro tipo I, ou seja, a condenação de casos irrelevantes." (Santos, *op. cit.*, 2017, p. 126).

[23] Em seu estudo, Flávia Chiquito dos Santos identificou, inclusive, casos de decisões proferidas pelo CADE que misturam os conceitos de "ilícito *per se*", aplicados pela jurisdição estadunidense, e de "infração por objeto", utilizado pela União Europeia, de modo a tratar as teorias como se fossem idênticas, o que revela uma interpretação absolutamente equivocada por parte do órgão antitruste brasileiro (Santos, *op. cit.*, 2017, p. 125-126).

[24] Forgioni, Paula. *Os fundamentos do antitruste.* 3ª ed. São Paulo: RT, 2008, p. 209-210.

[25] Parece-nos pertinente, no entanto, observar a ressalva feita por Lucia Helena Salgado, no sentido de que "assumir o caráter *per se* da infração de cartel não descarta a necessidade de se adotar critérios de razoabilidade na análise e proporcionalidade da decisão", asseverando que "[a] defesa da concorrência objetivo da aplicação da lei, será sempre melhor atendida quanto mais cuidadosa e profunda for a análise econômica que a fundamenta" (Salgado,

Assim, para efeito do presente estudo, partindo-se da premissa de aplicação da teoria *per se* no ordenamento jurídico brasileiro, a verificação da existência de cartel *hardcore* já se mostra capaz de preencher o requisito da existência de ato ilícito para configuração da responsabilidade civil. Dessa forma, se comprovada a existência de nexo causal entre o dano e a atuação do cartel, restará configurada a obrigação de indenizar, haja vista que a responsabilidade civil oriunda da prática de cartel é hipótese de responsabilidade objetiva, como se verá no Item 3.4.

1.2. Circunstâncias econômicas que favorecem a formação de cartéis

A análise econômica aponta para a existência de estruturas de mercado que são mais suscetíveis à formação de cartéis do que outras. O entendimento das condições econômicas que favorecem a atuação colusiva de empresas concorrentes é de suma relevância para a identificação de cartéis e, consequentemente, para o estudo da responsabilidade civil pela prática de cartel[26].

Com base na "teoria do oligopólio", desenvolvida por George Stigler em 1964, é possível apontar a existência de, pelo menos, três principais facilitadores da atuação cartelizada: (i) a capacidade de monitorar preços e outras atividades dos membros que o integram; (ii) o estabelecimento de métodos efetivos de punição por quebra do cartel; e (iii) a incapacidade de eventual reação de consumidores ou concorrentes não integrantes do cartel vir a afastar os benefícios econômicos auferidos pelos agentes colusivos[27].

Richard Posner, pautando-se na teoria de Stigler, vai além e apresenta método tido como "econômico" para identificação de cartéis, estudado de forma mais detida no Item 6.2.2.1 deste trabalho. Segundo Posner, os fatores econômicos que favorecem a conspiração de concorrentes são os seguintes[28]-[29]:

Lucia Helena. Avaliando a eficácia da política brasileira de combate aos cartéis: dissuasão ou promoção? *Revista de Defesa da Concorrência*, Brasília, v. 10, n. 1, p. 7-29, 2022, p. 27).

[26] A problemática da produção de provas quanto à existência do ato ilícito de formação de cartéis é enfrentada no Item 6.2.2 deste trabalho.

[27] STIGLER. George J. A theory of oligopoly. *Journal of political economy*, Chicago, v. 72, n. 1, p. 44-61, 1964.

[28] POSNER, *op. cit.*, 2014, p. 352-354.

[29] Em sentido semelhante: HOVENKAMP, *op. cit.*., 2016, p. 191-194; e CONNOR, *op. cit.*, 2008, p. 32-42.

(i) *Número reduzido de (principais) vendedores.* Quanto menor o número de agentes envolvidos, menor será o custo para coordenação e organização das atividades do cartel, havendo, ainda, uma redução do risco de quebra do cartel por algum de seus integrantes, razão pela qual mercados oligopolizados são terrenos férteis para formação de cartéis[30].

(ii) *Inexistência de um grupo significativo de pequenos vendedores.* O racional desse ponto é bastante semelhante ao do anterior. Não obstante os pequenos vendedores não possuam, via de regra, poder econômico para combater cartéis, a existência de número elevado de concorrentes (ainda que detentores de parcela reduzida do *market share*) tende a dificultar o estabelecimento de políticas de fixação de preços. Assim, quanto mais concentrado o mercado vendedor, mais propício será à formação de cartéis[31]-[32].

[30] Não há, no entanto, uma quantidade específica de agentes vendedores que possa servir de indicativo para propensão à colusão em qualquer mercado que se analise. Como destaca Posner, há estruturas de mercado nas quais economistas não apontariam a concentração de 70% ou 80% do *market share* em apenas quatro agentes econômicos como um risco ao conluio, ao passo em que a concentração de 45% das vendas em quatro agentes econômicos poderia servir como facilitador à formação de cartéis em outras estruturas de mercado (Posner, Richard A. *Antitrust law.* 2ª ed. Chicago: University of Chicago, 2001, p. 69-70). O número exato de vendedores que favorecerá a formação de cartel em determinado mercado relevante dependerá, portanto, da casuística. Connor observa, no entanto, que cartéis internacionais contemporâneos eficazes costumam apresentar taxas de controle do mercado relevante de ao menos 70%, sendo verificada uma diminuição da capacidade de o cartel influenciar os preços do mercado em caso de existência de concorrentes não envolvidos no conluio que representem entre 20% e 30% do mercado e que optem por praticar preços inferiores aos definidos pelo cartel (Connor, *op. cit.*, 2008, p. 35). Alberto Heimler indica, ainda, ser extremamente raro de se verificar a formação de cartéis em mercados compostos por mais de 10 (dez) *players*, sendo que, na expressiva maioria das vezes, este número tende a ser inferior a 5 (cinco), a não ser quando se está tratando de cartéis em licitações públicas, em que o número de cartelistas tende a ser bem mais elevado, já tendo sido identificado um cartel formado por empresas do ramo de construção civil, com atuação no Reino Unido e na Holanda, com cerca de 100 (cem) integrantes (Heimler, Alberto. Cartels in Public Procurement. *Journal of Competition Law & Economics*, Oxford, v. 8, n. 4, p. 849-862, 2012, p. 850-851).

[31] Para melhor entendimento do impacto que o grupo de pequenos vendedores pode ter na organização de cartéis por seus competidores de maior escala, Posner sugere a utilização do índice econômico popularmente conhecido como "Herfindahl", oficialmente denominado "Herfindahl-Hirschman Index" ou "HHI". Como explica Posner, "o Herfindahl de um mercado é a soma do quadrado do mercado de cada empresa multiplicado por 1,000. Se cada uma das 4 maiores empresa tiver 20 por cento do mercado e o grupo de 10 empresas menores

(iii) *Homogeneidade do produto.* Quanto maior a homogeneidade do produto, menores serão as chances de algum dos integrantes do cartel buscar aumentar sua margem de lucro por meio da alteração de sua qualidade.

(iv) *Elasticidade da demanda em relação ao preço.* Se o aumento dos preços do produto ou serviço não implicar a redução da demanda, cria-se um cenário bastante favorável à formação de cartéis, uma vez que seus integrantes poderão fixar os preços em montante mais elevado, aumentando a margem de lucro do cartel[33].

(v) *Barreiras de entrada.* De forma similar ao ponto anterior, se o mercado relevante sob análise apresenta barreiras relevantes para ingresso de novos agentes econômicos, há uma maior segurança para a atuação do cartel, que poderá majorar seus preços sem o

à margem tiverem 2 por cento cada, o Herfindahl será 1,640. No entanto, se, ao invés do grupo de 10 empresas menores, existisse outra empresa com 20 por cento do mercado, o Herfindahl seria 2,000, indicando corretamente que esse mercado era mais concentrado. Mesmo assim, o percentual concentração do mercado pelas 4 empresas nos 2 mercados seria o mesmo (80 por cento)" (Posner, *op. cit.*, 2014, p. 352-353). Tradução livre do original, em inglês: "[a] market's Herfindahl is the sum of the square of the market of each firm multiplied by 1,000. If the 4 largest firms each have 20 percent of the market and a fringe of 10 smaller sellers 2 percent each, the Herfindahl would be 1,640. But if instead of a fringe of 10 small sellers there was another firm with 20 percent, the Herfindahl would be 2,000, indicating correctly that this market was more concentrated. Yet the 4-firm concentration ratio of the 2 markets would be the same (80 percent).".

32 Perfeita ilustração prática da influência da concentração do mercado vendedor como facilitadora da formação de cartéis é tirada de estudo realizado por Michael Hellwig e Kai Hüschelrath com base nas decisões proferidas pela Comissão Europeia entre 2001 e 2015. Dentre as 51 decisões que apresentavam informações acerca do *market share* das empresas envolvidas, a expressiva maioria apresentava índice HHI acima de 1,800, o que, segundo a Comissão Europeia, indica, no mínimo, uma "concentração moderada" de mercado (Hellwig, Michael; Hüschelrath, Kai. Cartel cases and the cartel enforcement process in the European Union 2001-2015: a quantitative assessment. *The Antitrust Bulletin*, Thousand Oaks, v. 62, p. 400-438, 2017).

33 Para Connor, este não seria um fator econômico autônomo que favoreça a formação de cartel, mas sim uma característica diretamente ligada à questão da homogeneidade do produto. Segundo o autor, "demanda inelástica decorre do fato de que um mercado tem produtos e fronteiras geográficas bem definidos, em outras palavras, poucos ou nenhuns substitutos de mercado" (Connor, *op. cit.*, 2008, p. 37). Tradução livre do original, em inglês; "inelastic demand flows from the fact that a market has well defined product and geographic boundaries, in other words markets few or no substitutes.".

receio de surgimento de novos *players* capazes de captar seu mercado consumidor[34].

(vi) *Mercado estável ou em declínio.* Mercados em alta tornam mais complexa a tarefa de se identificar se a perda de *market share* por um dos integrantes do cartel se dá em razão de sua própria incapacidade de atrair novos consumidores ou devido à violação dos termos do cartel por algum de seus concorrentes. *Contrario sensu*, em mercados mais estáveis ou em declínio, tal aferição é facilitada. Os mercados em declínio são, aliás, ainda mais favoráveis à cartelização, pois a competição por preços se torna menos atrativa do ponto de vista econômico e a entrada de novos agentes tende a ser nula.

(vii) *Custos fixos mais elevados que os variáveis.* Esse ponto é bastante relacionado ao anterior. Em mercados nos quais os custos fixos de produção são elevados, havendo menor margem para redução dos preços com base nos custos variáveis, a competição de preços tende a ser prejudicial aos integrantes daquele mercado, podendo ocasionar um número elevado de falências. Dessa forma, há, nesse tipo de estrutura de mercado, um maior incentivo ao conluio entre competidores.

(viii) *Possibilidade de rápida alteração de preços.* Mercados nos quais há menor margem para um agente econômico adequar seus preços ao de seus concorrentes são mais favoráveis à formação de cartéis. Nesse tipo de ambiente, os integrantes do conluio poderão gozar de maior período de lucros atrelados à sua política de definição de preços, haja vista que os agentes não envolvidos no conluio necessitarão de um tempo de adequação de sua produção para conseguirem competir com os preços praticados pelo cartel[35].

[34] Como esclarece Santacruz, "um mercado que apresente uma estrutura concorrencial, com elevado número de competidores e baixas barreiras à entrada" não seria apto à formação de cartel, uma vez que "o risco associado à prática do conluio não poderia ser compensado em termos de preços e lucros mais elevados", ou seja, a inexistência de barreiras à entrada de novos concorrentes pode ser fator relevante para o afastamento da racionalidade econômica do cartel (SANTACRUZ, Ruy. Cartel na lei antitruste: o caso da indústria brasileira de aços planos. In: MATTOS, César (Org.). *A revolução do antitruste no Brasil*: a teoria econômica aplicada a casos concretos. São Paulo: Singular, 2003, p. 419).

[35] Pode ser somada a este item a observação de John Connor no sentido de que mercados com sazonalidade de preços são mais propensos à colusão, pois os cartelistas podem se valer da alternância de preços para impor o sobrepreço sem chamar a atenção do mercado (CONNOR, *op. cit.*, 2008, p. 38).

(ix) *Mercado pulverizado de adquirentes.* Se a estrutura de mercado adquirente dos produtos ou serviços do cartel for pulverizada, existindo diversos agentes econômicos com mesmo tamanho e relevância econômica, para que um dos integrantes do cartel realize contratações lucrativas em desrespeito às regras do cartel, seria necessário um número muito maior de transações, o que maximiza as chances de identificação pelos demais membros do cartel[36]. Por outro lado, quando o mercado comprador apresenta poucos adquirentes de maior relevância, há maior margem para que um dos integrantes do cartel aumente seus lucros por meio de acordo realizado com um único agente comprador, com menores chances de ser detectado pelos demais cartelistas.

A partir da análise dos elementos facilitadores da formação de cartel apontados por Posner, não há como deixar de notar que o mercado brasileiro é extremamente favorável à formação de cartéis. Na realidade, como apontam Tapia e Faraco, os mercados latino-americanos como um todo têm a característica de serem extremamente oligopolizados, até mesmo como resultado de uma tradição de influência estatal na economia, apresentando relevantes barreiras de entrada que, em alguns casos, obstam até mesmo o ingresso de gigantes multinacionais[37].

A falta ou relativização de qualquer dos elementos listados por Posner tende a maximizar o risco de quebra do cartel[38]. De fato, como se vê, diver-

[36] Connor, *op. cit.*, 2008, p. 35.

[37] Tapia, Javier; Faraco, Alexandre Ditzel. Latin American antitrust law and policy: An overview of three jurisdictions – Brazil, Chile and Colombia. In: Duns, John; Duke; Arlen; Sweeney, Brendan (Orgs.). *Comparative competition law.* Cheltenham: Edward Elgar, 2015, p. 473-474.

[38] Fundamental destacar, no entanto, que a falta dos elementos listados por Posner não impede a formação de cartéis. Tratam-se, como dito, de fatores econômicos que costumam favorecer a atuação cartelizada, mas que, evidentemente, não são indispensáveis à formação de cartéis. Como ressalva Veljanovski, são diversos os casos de cartéis identificados em mercados em que os fatores econômicos listados por Stigler e Posner não se fazem presentes. Veljanovski aponta, inclusive, para a existência de um crescente número de cartéis identificados na União Europeia em setores bastante dinâmicos e inovadores (como os de eletrônicos), que, segundo as doutrinas de Posner e Stigler seriam menos propensos à formação de cartel. Tais cartéis se organizaram com o objetivo principal de evitar as quedas naturais de preços que seriam observadas com a evolução destes setores e o consequente ingresso de novos agentes econômicos (Veljanovski, *op. cit.*, 2020, p. 63).

sas das condições que favorecem a formação de cartéis estão relacionadas, justamente, à instabilidade desse tipo de acordo. Pela própria ilicitude do alinhamento estabelecido por meio do cartel, ao longo de sua existência, seus integrantes permanecem em constante estado de alerta para identificar eventuais violações ao quanto acordado, temendo, ainda, a delação por um de seus componentes[39]. Exatamente por essa característica natural de qualquer cartel, os principais fatores favoráveis à organização cartelizada costumam estar atrelados à capacidade de o cartel identificar e punir eventuais violações de seus termos ou tentativas de delação.

Outro elemento que favorece a formação de cartéis é a existência de fatores que permitam a sua organização e atuação de forma sigilosa. Com isso, mercados que possuem atuação sindical ou de associações comerciais, como sói ocorrer no Brasil, tornam-se terrenos férteis para a atuação de cartéis, haja vista que o encontro de concorrentes em reuniões organizadas por tais órgãos, a princípio, não chamará atenção.[40] Há, inclusive, a possibilidade de participação direta dos sindicatos ou associações comerciais no cartel, hipótese em que tais órgãos também deverão ser responsabilizados pelo conluio.[41]-[42]-[43]

[39] Aliás, como bem ressalta Hovenkamp, a própria natureza do cartel tende a incentivar a "trapaça" de um dos seus membros às condições estabelecidas para o conluio, até pelo fato de que, como bem aponta o autor, "trapaças bem disfarçadas podem implicar perdas bastante pequenas para o cartel como um todo, mas conferir grandes ganhos ao trapaceiro" (HOVENKAMP, *op. cit.*, 2016, p. 192). Tradução livre do original, em inglês: "cleverly disguised cheating can impose rather small losses on the cartel as a whole, but give large gains to the individual cheater".

[40] HOVENKAMP, *op. cit.*, 2016, p. 226.

[41] BUCHAIN, Luiz Carlos. *O poder econômico e a responsabilidade civil concorrencial*. Porto Alegre: Nova Prova, 2006, p. 154-155.

[42] Diante da quantidade considerável de cartéis com participação direta de sindicatos e associações comerciais, a antiga Secretaria de Direito Econômico (que, como se verá no Item 2.2, foi incorporada pelo CADE) chegou a publicar cartilha denominada "Combate a Cartéis em Sindicatos e Associações". Pode-se citar como exemplo de cartel brasileiro com participação sindical o suposto cartel de aços planos, investigado e punido pelo CADE no final do século passado, em que o Instituo Brasileiro de Siderurgia (IBS) haveria servido como facilitador da atuação colusiva entre as três únicas empresas que compunham o mercado de aços planos brasileiro na década de 90 (SANTACRUZ, *op. cit.*, 2003. p. 415-434).

[43] Não obstante a constatação de que associações comerciais possam servir como facilitadoras da atuação colusiva entre concorrentes, há de se frisar que este tipo de organização entre concorrentes não é considerada ilícita no direito brasileiro. Como ensina Calixto Salomão Filho, "[j]á está mais que consagrada na doutrina antitruste a convicção de que associações

Com base nos elementos listados acima, como resume Connor, são quatro os principais fatores que devem ser avaliados pelos potenciais cartelistas para decidir se a formação do cartel é ou não interessante: (i) preço de colusão (que será baseado nos custos de manutenção do cartel e na elasticidade do mercado), (ii) o tempo que durará o acordo, (iii) as chances de detecção e punição do cartel e (iv) os custos que haverão de ser desembolsados em caso de condenação das empresas pela formação de cartéis. Segundo Connor, quanto maior for a incerteza e o desacordo entre os concorrentes acerca de cada um dos citados elementos, menor será a probabilidade de formação do cartel.[44]

Em levantamento realizado por Cento Veljanovski em decisões proferidas pela Comissão Europeia no período compreendido entre 2008 e 2018, foi identificada uma concentração maior de cartéis em determinados setores da economia, como o de peças automotivas (22% das decisões) e o setor de insumos industriais (19%), seguidos pelos setores de químicos (14%) e de eletrônicos (10%).[45]

O setor de peças automotivas chama especial atenção no levantamento realizado por Cento Veljanovski. Com efeito, desde 2013, a Comissão Europeia aplicou multas a integrantes do setor, em virtude da formação de cartéis, que, somadas, superam a casa dos 2 bilhões de euros.[46] Uma expressiva maioria das principais peças necessárias à montagem de automóveis teve seus preços influenciados pela formação de cartéis, sendo que, em alguns casos, houve mais de uma condenação de cartel pela Comissão Europeia em curtíssimo espaço de tempo.[47]

Com efeito, o setor automotivo é um bom exemplo da aplicabilidade dos indicadores econômicos de Posner para identificação de mercados pro-

entre concorrentes não são, e não podem ser, *per se* ilícitas. Aliás, em face da lei brasileira tais associações devem estar sujeitas a controle estrutural. Decorrência disso é que, uma vez estruturalmente escrutinados os estatutos de tais associações, o exercício normal por elas de seus deveres estatutários não pode ser considerado ilícito concorrencial." (Salomão Filho, *op. cit.*, 2013, p. 567).

[44] Connor, *op. cit.*, 2008, p. 23.

[45] Os demais setores em que identificada a formação de cartéis na União Europeia foram o de transportes (9%), financeiro (7%), energia (7%), comida (5%), além de outros segmentos pulverizados (7%) (Veljanovski, *op. cit.*, 2020, p. 19).

[46] Veljanovski, *op. cit.*, 2020, p. 20.

[47] Foram aplicadas multas, em 2017, para cartéis de airbags, volantes e cintos de segurança. Estes cartéis, no entanto, voltaram (ou continuaram) a ser formados, pois a Comissão Europeia voltou a aplicar multas para estes mesmos segmentos menos de dois anos depois, em 2019.

pensos à formação de cartel. Diversos dos elementos listados por Posner se apresentam de forma muito clara no mercado de autopeças, como, por exemplo, a homogeneidade dos produtos, a existência de um número reduzido de vendedores (com a quase inexistência de pequenos vendedores) e, sobretudo, o número extremamente reduzido de adquirentes (montadoras de veículos). É, sem dúvida alguma, um segmento de mercado extremamente fértil para o desenvolvimento de cartéis.

1.3. Efeitos da atuação de cartéis

A formação de cartel é comumente tida como a mais grave infração à ordem econômica.[48] Como bem observa Herbert Hovenkamp, enquanto a influência antieconômica de uma única empresa costuma levar anos para se consolidar (sendo normalmente resultado de práticas empresariais que, de certo modo, geraram um bem-estar social, conferindo àquela empresa a confiança e preferência dos consumidores), cartéis podem ser formados de forma rápida e por meio de um único ato.[49]

Como visto no item anterior, cartéis se originam do interesse de seus integrantes de emular, mediante colusão, um cenário econômico monopolista, por meio do qual os agentes cartelizados visam maximizar sua margem de lucro, afastando os efeitos deletérios que a livre concorrência gera sobre seus ganhos.[50] Nessa linha, aponta Tulio Ascarelli para a existência de um "contraste entre as finalidades dêstes ajustes e o princípio da livre concorrência", ressaltando que os integrantes do cartel são "levados antes, pelo intuito de conseguir o maior lucro possível, do que pelo de melhorar o produto, ou baixar o preço".[51]

[48] Veljanovski, *op. cit.*, 2020, p. 1.

[49] Segundo Hovenkamp, é justamente por isso que o antitruste é mais "cauteloso" para condenar condutas anticoncorrenciais de uma única empresa em comparação àquelas levadas à efeito por um grupo de concorrentes (Hovenkamp, *op. cit.*, 2008, p. 24).

[50] John Connor destaca, no entanto, que a expressiva maioria dos cartéis, embora logre majorar suas margens de lucros, não consegue alcançar o objetivo de emular os lucros de um monopólio. Segundo o autor, são diversas as razões que fazem com que a maioria dos carteis não atinjam a capacidade de gerar o que o autor classifica como "full monopoly profits", como, por exemplo, os custos da colusão, a incapacidade do cartel de garantir o respeito de seus integrantes ao acordo entre concorrentes ou mesmo as incertezas relacionadas às condições de mercado (Connor, *op. cit.*, 2008, p. 22).

[51] Ascarelli, Tulio. *Ensaios e pareceres*. São Paulo: Saraiva, 1952, p. 223.

Muito embora seja possível que o cartel não venha a gerar os benefícios econômicos almejados por seus integrantes quando de sua concepção,[52] é quase inevitável que a formação do cartel gere efeitos negativos em seu respectivo mercado de atuação.[53] Um mercado sob influência de cartel tende a sofrer com a redução de oferta, aumento de custos aos fornecedores e de

[52] Há uma série de fatores que podem levar o conluio entre concorrentes a não alcançar os ganhos almejados por seus integrantes. Além, evidentemente, da possibilidade de "quebra" do acordo por algum de seus integrantes ou da identificação/delação do cartel, de modo a implicar a punição dos envolvidos, há, ainda, fatores de mercado que podem resultar no insucesso do cartel, como, por exemplo, a própria organização dos agentes econômicos não envolvidos no conluio para responder às ofensivas do cartel. É possível até mesmo que a própria forma pela qual se estruturou o cartel venha a se mostrar falha para seu objetivo econômico. Posner cita o exemplo de determinado cartel organizado por meio de política de fixação de preços. Se, a despeito da uniformidade de preços, os agentes envolvidos no cartel adotarem estratégias individualizadas e não coordenadas para atrair consumidores por meio de outras estratégias de mercado, como o aumento de publicidade ou da oferta de seus produtos, pode vir a ser criado um ambiente de competitividade entre os agentes cartelizados, o que, consequentemente, implicará a elevação de seus custos de produção, sem, no entanto, ser possível aos integrantes do cartel majorar seus ganhos, haja vista a própria existência do acordo de congelamento de preços (Posner, *op. cit.*, 2001, p. 66). O exemplo dado por Posner é bastante elucidativo quanto à complexidade de acordos anticoncorrenciais. Neste caso, tendo os agentes cartelizados pré-determinado o preço, sem, no entanto, alinhar as demais condições de mercado (como, por exemplo, divisão de mercado, limitação de investimentos, dentre outros), o acordo formado entre os concorrentes acabou por criar uma barreira ao próprio lucro das empresas envolvidas no cartel.

[53] Há, por outro lado, cenários em que a atuação cartelizada pode vir a gerar efeitos mais benéficos do que deletérios à economia, sobretudo, como aponta Forgioni, em cenários de crise, quando a atuação orquestrada de concorrentes pode até mesmo evitar o desparecimento das empresas. Mas não só. Como leciona Forgioni, "[o] cartel pode implicar a neutralização da força da oferta e da procura sobre a formação dos preços (que passarão a ser determinados por acordo entre os concorrentes), mantendo-se estáveis. Por essa razão, já foi sustentado que o cartel, significando a estabilidade dos preços, implica o aumento do grau de segurança e previsibilidade, de forma a propiciar aos agentes econômicos a planificação de seus investimentos e produtividade, revertendo-se a cartelização a favor da coletividade. Ademais, aumenta a força dos agentes econômicos para negociar com seus fornecedores (*countervailing power*, na terminologia empregada por Galbreith) e, dependendo do caso concreto, isso pode significar limitação do poder econômico de outros agentes" (Forgioni, *op. cit.*, 2015, p. 342-343). Partindo de constatações semelhantes às de Forgioni, Posner sustenta que, partindo-se da premissa de que a razão de ser da disciplina antitruste é a promoção de eficiência, aqueles cartéis que geram mais benefícios à sociedade do que danos deveriam ser tidos como lícitos (Posner, *op. cit.*, 2001, p. 267).

preços aos consumidores,[54] além do atraso nas adaptações tecnológicas e na inovação, causados pelo desinvestimento.

Justamente pelo fato de a atuação cartelizada buscar simular os efeitos de um monopólio, os integrantes do cartel tendem a ter, em suas mãos, a capacidade de minimizar a oferta de determinado produto ou serviço, o que, diante da mais basilar regra de economia (oferta e demanda), resulta o aumento do preço e, consequentemente, do lucro dos cartelistas.[55]

Como indicam Vinícius Marques de Carvalho, Amanda Athayde Linhares Martins e Bernardo Becker Fontana,

> o cartel prejudica seriamente os consumidores ao aumentar preços e restringir a oferta, tornando os bens e serviços mais caros ou indisponíveis. Além disso, tal conduta limita artificialmente a concorrência e traz prejuízos à inovação, por impedir que outros concorrentes aprimorem seus processos produtivos e lancem novos e melhores produtos no mercado. O resultado é a perda de bem-estar do consumidor e, no longo prazo, a perda da competitividade da economia nacional[56].

[54] Cartéis de fixação de preços nem sempre atuam para sua majoração. É comum que cartéis se organizem de modo a fixar preços para mantê-los no patamar atual, objetivando evitar a redução do preço que se observaria em condições normais de concorrência entre os integrantes do cartel (Veljanovski, *op. cit.*, 2020, p. 21).

[55] Neste ponto, vale a leitura da explicação de Posner acerca da atuação dos agentes monopolistas para influenciar o preço: "Um monopolista é um vendedor (ou grupo de vendedores agindo como um único vendedor) que consegue mudar o preço de venda do produto no mercado alterando a quantidade vendida. Na prática, por meio da redução da produção ele consegue aumentar seu preço acima do custo de abastecimento do mercado, que é o nível de prelo que a competição provocaria, o preço competitivo. Este "poder sobre o preço", a essência do conceito econômico de monopólio, deriva do produto mais do que de outras pessoas, então, se o suprimento é reduzido, elas oferecerão um preço maior para garantir que conseguirão adquirir o produto" (Posner, *op. cit.*, 2001, p. 9). Tradução livre do original, em inglês: "A monopolist is a seller (or group of sellers acting like a single seller) who can change the price at which his product will sell in the market by changing the quantity he sells. Concretely, by reducing his output he can raise his price above the cost of supplying the market, which is the price level that competition would bring about, the competitive price. This 'power over price', the essence of the economic concept of monopoly, derives from the product more than other people do, so if supply is curtailed they will bid the price up to make sure they get it". No mesmo sentido, Ascarelli apontava, já em 1950, que "[a] justificativa da luta contra os cartéis e da tutela da livre concorrência está no princípio que, por fôrça da livre concorrência, *aumenta* a produção com a conseqüente baixa do preço para o consumidor" (Ascarelli, *op. cit.*, 1952, p. 229).

[56] Carvalho; Martins; Fontana, *op. cit.*, 2011, p. 139.

Para Vicente Bagnoli a perda do bem-estar econômico oriunda da atuação de cartel se dá pelo fato de que, "ao se elevar artificialmente os preços, transfere-se renda da sociedade para seus integrantes, como em um regime de monopólio".[57] Embora seja correta a afirmação de que a perda do bem--estar social esteja atrelada, em certo grau, à transferência de riquezas dos compradores aos cartelistas, John Connor alerta para o fato de que, pelo próprio custo da conspiração, "o tamanho do sobrepreço (prejuízo) será maior do que o valor do lucro monopolístico gerado (ganho)",[58] razão pela qual, continua Connor, alguns economistas entendem que os custos adicionais para manutenção do cartel devem ser considerados como perdas para os consumidores e produtores, ou seja, estariam inseridos no custo social do cartel.[59]

Há de se ressaltar que, muito embora a expressiva maioria dos casos de cartel investigados e punidos costume se organizar por meio da combinação de preços, esse não é um elemento indispensável à configuração de cartel. Cartéis podem ser formados com o objetivo exclusivo de fraudar licitações, dividir mercados e/ou consumidores, predefinir investimentos em estrutura de produção, reduzir a produção, dentre outros.

Exemplo relevante de um possível cartel no qual inexiste qualquer acordo para definição de preços é o suposto cartel formado entre montadoras de veículos para limitar o desenvolvimento de tecnologias de redução de poluentes em seus veículos.[60] Nesse caso, a prática anticompetitiva se deu por meio do alinhamento entre concorrentes com o objetivo de limitar desenvolvimento tecnológico que seria favorável aos consumidores de seus produtos, com o objetivo de reduzir custos de produção.

Da mesma forma, fundamental ressaltar que cartéis não necessariamente implicam a eliminação da concorrência. Na realidade, expressiva parcela dos acordos colusivos entre concorrentes serve exclusivamente à limitação de determinados aspectos da concorrência do mercado relevante

[57] Bagnoli, *op. cit.*, 2020. p. 344.

[58] Tradução livre do original, em inglês: "Because conspiring is never a free good, the size of the overcharge (the injury) is going to be larger than the amount of monopoly profits generated (the gain)." (Connor, *op. cit.*, 2008, p. 44).

[59] Connor, *op. cit.*, 2008, p. 44.

[60] COMISSÃO EUROPEIA. Antitrust: Commission sends statement of objections do BMW, Daimler and VW for restricting competition on emission cleaning technology. *European Union Newsroom*, Bruxelas, 5 abr. 2019.

sob influência do cartel. Como ensina Alberto Heimler, cartéis podem servir à eliminação da concorrência apenas com relação a uma parcela dos consumidores dos cartelistas, ou de uma determinada parcela geográfica do mercado relevante. Podem, ainda, alinhar preços, mas manter a competição com relação à qualidade e quantidade dos produtos e serviços ofertados.[61]

Vê-se, portanto, que qualquer acordo firmado entre concorrentes com o objetivo (ainda que não alcançado) de excluir, limitar ou falsear a concorrência pode configurar a formação de cartel. Aliás, diante do potencial lesivo naturalmente atrelado à atuação cartelizada, o CADE, ao investigar e julgar esse tipo de conduta, sequer entende necessário proceder ao sopesamento entre os efeitos pró e anticompetitivos do cartel, como normalmente aconteceria em investigações de outros atos anticompetitivos. Ao revés, parte-se do pressuposto de que qualquer eventual benefício gerado pelo cartel seria irrelevante em comparação ao potencial deletério de tal conduta à ordem concorrencial.[62] Mais uma vez, é elucidativa a lição de Alberto Heimler, no sentido de que o potencial lesivo dos cartéis não está limitado ao sobrepreço ou à redução da produção. Na realidade, o cartel, ao limitar a competição natural entre empresas concorrentes, reduz os incentivos para que tais empresas invistam em inovação e na melhora de seus produtos ou serviços, o que, consequentemente, reduz o bem-estar social.[63]

A relevância dos integrantes do cartel no mercado sob sua influência é, também, fator fundamental para determinar o impacto que o cartel terá sobre tal mercado. Com efeito, quanto maior o *market share* dos envolvidos na conduta colusiva, menor será a capacidade dos concorrentes não integrantes do cartel de mitigar os efeitos de sua atuação,[64] o que, via de consequência, potencializa os impactos do cartel.[65]

[61] Heimler, *op. cit.*, 2012, p. 850.

[62] Frazão, Ana. *Direito da concorrência*: Pressupostos e perspectivas. São Paulo: Saraiva, 2017. p. 441.

[63] Heimler, *op. cit.*, 2012, p. 850.

[64] Neste sentido, Posner aponta que "mesmo que outros vendedores tenham a mesma estrutura de custos que os membros do cartel, eles não devem ser capazes de ampliar a produção rápido o suficiente para compensar uma restrição de produção sem incorrer em custos consideravelmente mais altos que o cartel; ou seja, eles devem enfrentar um acentuado crescimento de curto prazo da curva de custos marginais. É neste ponto que o *market share* combinado dos vendedores colusivos – um fator bastante estressado nos primeiros casos de cartel, mas esquecido posteriormente – se torna relevante. Quanto maior *este market share*, menos provável será que os vendedores restantes consigam frustrar o cartel por meio do

Os danos potencialmente causados pela atuação cartelizada aos demais agentes econômicos inseridos no mercado de atuação do cartel serão analisados, de forma mais detida, no Capítulo 4.

aumento de sua produção" (Posner, *op. cit.*, 2001, p. 62). Tradução livre, do original, em inglês: "[e]ven if other sellers have the same cost structures as the member of the cartel, they may not be able to expand output rapidly enough to offset an output restriction without incurring sharply higher costs than the cartel; that is, they may be facing a steep short-run marginal-cost curve. This is where the combined market share of the colluding sellers – a factor quite properly stressed in the early cartel cases, though later forgotten – becomes relevant. The larger that share, the less likely it is that the remaining sellers will offset the cartel price by expanding their output".

[65] *Contrario sensu*, acordos de preços, divisão de mercado e derivados firmados entre empresas que detenham parcela irrelevante do mercado sequer são tidos como ilícitos concorrenciais, por não serem capazes de gerar consequências prejudiciais à concorrência. Na realidade, como aponta Calixto Salomão Filho, o resultado mais provável de eventual conluio entre concorrentes de baixa relevância é sua autodestruição, pois tais agentes seriam simplesmente excluídos do mercado por não apresentarem atrativos aos consumidores Salomão Filho, *op. cit.*, 2013, p. 569).

2
HISTÓRICO E EVOLUÇÃO DO COMBATE À FORMAÇÃO DE CARTEL

2.1. Estabelecimento do cartel como ilícito concorrencial

Como visto no Capítulo 1, a formação de cartéis tem o potencial de implicar graves prejuízos ao mercado sob sua influência, gerando danos não só aos agentes econômicos não envolvidos no conluio, mas também à coletividade, por meio da redução do bem-estar social.[66]

Não obstante os citados efeitos prejudiciais à concorrência, a formação de cartel nem sempre foi tida como ato ilícito. Pelo contrário. Empresas de todo o mundo se organizaram de forma cartelizada por décadas, até que fosse identificado o potencial lesivo da atuação orquestrada entre concorrentes.

Embora haja registros da existência de cartéis formados já a partir do Século XVII, passou-se a dar maior importância a esse tipo de fenômeno a partir de acordos firmados por volta da década de 1870 entre empresas concorrentes em diversos dos principais setores da economia dos EUA (notadamente nos ramos ferroviário, açucareiro, petroleiro e de produção de tabaco), que tinham por objetivo criar e sustentar poder de mercado. Esse tipo de alinhamento entre concorrentes recebeu, à época, a alcunha de *trusts*.[67]

Ainda no início do Século XX, ordenamentos jurídicos de relevo, como o alemão, permitiam a prática de cartel, que, naquele país, só veio a ser

[66] Os danos potencialmente gerados pela prática de cartel são objeto de estudo no Capítulo 4.

[67] Connor, *op. cit.*, 2008, p. 45-46.

vedada a partir de 1923.[68] Mesmo assim, cartéis permaneceram sendo livremente formados e vistos como "instituições econômicas respeitáveis" na Europa até o ano de 1945, sendo que a primeira regulação mais incisiva para vedação de cartéis no continente se deu por meio do plano de descartelização imposto pelos países Aliados após o fim da II Guerra Mundial (muito em função da pressão política exercida pelos EUA),[69] em 1947, que foi reforçado por meio do tratado de instituição da European Coal and Stell Community, em 1950.[70]-[71] No Brasil, Tulio Ascarelli, em 1950, lavrou parecer que tinha como objeto analisar se seria ou não lícita a formação de "contratos de cartel" no direito brasileiro. Ascarelli, já naquela época, identificou um fenômeno de verdadeira multiplicação de cartéis, "cujos primeiros exemplos já se encontram no século XVI", destacando, ainda, o fato de que, muitas vezes, "os cartéis tomam caráter público: são impostos pelos Estados e às vezes, até obrigatoriamente impostos pelas autoridades públicas".[72]

Principalmente com o advento da Revolução Industrial e com a consolidação dos princípios do liberalismo econômico, estabeleceu-se a ideia de que os agentes econômicos seriam capazes de se autorregular, sem a necessidade de intervenção estatal para estabelecimento do bem-estar social. Todavia, como leciona Eros Grau, o liberalismo econômico apresenta imperfeições que se evidenciaram pela centralização do controle do mercado nas mãos daqueles agentes com maior poder econômico, que, cientes de sua capacidade de influenciar as condições de mercado, atuam "a largas braçadas sob a égide de um princípio sem princípios – o prin-

[68] A formação de cartel foi vedada na Alemanha a partir da entrada em vigor da Kartellverordnung (Ordenança dos Cartéis), em novembro de 1923 (HERMANN, Roth. Die Kartellverordnung vom November 1923 und ihre Bonner Variante. *Jahrbuch für Wirtschaftsgeschichte*, Berlim, v. 3, n. 4, p. 11-56, 1962. p. 16-17).

[69] PAPADOPOULOS, Anestis S. *The international dimension of UE competition law and policy*. Cambridge: Cambridge University, 2010, p. 13.

[70] JONES, Clifford A. Foundations of competition policy in the EU and USA: conflict, convergence and beyond. In: ULLRICH, Hanns (Org.). *The evolution of European Competition Law*: whose regulation, which competition? Northampton: Edward Elgar, 2006, p. 25-26.

[71] Para uma visualização completa do histórico de desenvolvimento do sistema de defesa da concorrência na União Europeia, não apenas no que se refere aos cartéis, ver: MALINAUSKAITE, Jurgita. *Harmonisation of EU Competition Law Enforcement*. Cham: Springer, 2020, p. 81-125.

[72] ASCARELLI, *op. cit.*, 1952, p. 224.

cípio do livre mercado"[73], majorando seus lucros às custas da redução do bem-estar social.

Nas palavras de Forgioni, essas distorções do liberalismo econômico "geraram grande insatisfação popular e culminaram com a regulamentação da concorrência entre os agentes econômicos"[74], como forma de atenuar o problema, sem, no entanto, se renunciar ao ideal de livre mercado.

Foi a partir desse contexto de identificação da necessidade de intervenção estatal para afastamento das distorções que, a partir da passagem do Século XIX para o Século XX, os principais ordenamentos jurídicos começaram a estabelecer políticas antitruste com o objetivo de preservar a livre concorrência, em movimento cujo principal expoente foi o *Sherman Act*, promulgado nos EUA em 1890 – que teve como um dos panos-de-fundo de sua edição a formação de cartel pelas empresas administradoras de ferrovias nos EUA por volta da década de 1870.[75]

A partir de então, todos os principais ordenamentos jurídicos passaram a gradativamente considerar ilícita a formação de cartel, seja por meio da adoção da teoria *per se*, seja pela identificação da ilegalidade de seus efeitos. Mas não só. Atualmente, a doutrina concorrencial é uníssona ao apontar o cartel como o mais grave dos ilícitos antitruste[76] e, justamente por isso, o combate à sua formação se tornou um dos principais focos de atuação dos sistemas de defesa da concorrência espalhados pelo globo.

Hodiernamente, a expressiva maioria das principais jurisdições em matéria concorrencial volta sua atenção ao fomento e consolidação de políticas voltadas à reparação dos danos causados por cartéis, e não apenas à identificação e punição da atuação colusiva (foco principal do chamado, na linguagem concorrencial, *public enforcement*).[77] É nesse estágio que se encontra o Sistema Brasileiro de Defesa da Concorrência.

[73] Grau, Eros Roberto. *A ordem econômica na constituição de 1988*: interpretação e crítica. Revista dos Tribunais: São Paulo, 1990. p. 41.

[74] Forgioni, *op. cit.*, 2015, p. 63.

[75] Sobre o histórico de promulgação do Sherman Act, ver: Hovenkamp, *op. cit.*, 2016, p. 69 e ss.; e Forgioni, *op. cit.*, 2015, p. 69 e ss.

[76] Neste sentido, dentre inúmeros outros: Veljanovski, *op. cit.*, 2020, p. 1; e Gabbay, Daniela Monteiro; Pastore, Ricardo Ferreira. Arbitragem e outros meios de solução de conflitos em demandas indenizatórias na área de direito da concorrência. *Revista Brasileira de Arbitragem*, São Paulo, v. 11, p. 7-32, 2014, p. 11.

[77] A principal jurisdição que se encontra em outro estágio de maturação de política antitruste é a estadunidense, que, como se verá no Item 5.1.1, organizou sua política antitruste com foco

Nas palavras de Paula Forgioni, o sistema jurídico brasileiro "há muito determina a ilicitude de acordos entre empresas concorrentes que fossem nocivos, em seu objeto ou efeito, à concorrência."[78] Como leciona a referida autora, o esboço de Código Civil, elaborado por Teixeira de Freitas em meados do Século XIX, já estabelecia, no art. 3.046, como ilícitas as sociedades "destinadas a embaraçar a liberdade do comércio, ou da indústria".

A primeira positivação efetiva do cartel como ato ilícito veio, no entanto, algumas décadas depois, em 1938, por meio do Decreto-lei 869, que vedava a prática de atos bastante ligados à figura do cartel, como "promover ou participar de consórcio, convênio, ajuste, aliança ou fusão de capitais, com o fim de impedir ou dificultar, para efeito de aumento arbitrário de lucros, a concorrência em matéria de produção, transporte ou comércio"[79] ou "celebrar ajuste para impor determinado preço de revenda"[80]. De forma semelhante, o Decreto-lei 7.666, de 1945, também proibia ajustes comerciais que tivessem por efeito "a) elevar o preço de venda dos respectivos produtos; b) restringir, cercear ou suprimir a liberdade econômica de outras emprêsas; c) influenciar no mercado de modo favorável ao estabelecimento de um monopólio, ainda que regional."[81]

Mais tarde, a Lei 4.137, de 1962, que instituiu a criação do CADE, trouxe, em seu art. 2º, o rol de atos considerados como abuso de poder econômico, dentre eles, dominar os mercados nacionais ou eliminar total ou parcialmente a concorrência por meio de "ajuste ou acôrdo entre emprêsas, ou entre pessoas vinculadas a tais emprêsas ou interessadas no objeto de suas atividades."[82]

Cerca de trinta anos depois, já sob a égide da Constituição Federal de 88, a Lei nº 8.884, de 11 de junho de 1994 (Lei nº 8.884/94), destinada à regulação do Sistema Brasileiro de Defesa da Concorrência, no art. 21, trouxe como exemplos de condutas que configuram infração à ordem econômica todos os principais atos praticados por cartéis com o objetivo de limitar a concorrência, notadamente as hipóteses elencadas nos incisos

justamente na atuação dos prejudicados em busca da reparação dos prejuízos ocasionados pelo ilícito antitruste (*private enforcement*).

[78] Forgioni, *op. cit.*, 2015, p. 338.

[79] Art. 2º, III, DL 869/1938.

[80] Art. 3º, I, DL 869/1938.

[81] Art. 1º, I, DL 7.666/1945.

[82] Art. 2º, I, a, da Lei 4.137/1962.

I, II e III.[83] De forma semelhante, a Nova Lei de Defesa da Concorrência, Lei nº 12.529, de 30 de novembro de 2011 (LDC), basicamente replicou a redação do art. 21 da Lei nº 8.884/94 no §3º de seu art. 36, estando as condutas mais diretamente ligadas à formação de cartel elencadas nos incisos I e II do referido artigo.[84]

Percebe-se, portanto, que, muito embora o legislador não utilize de forma expressa a expressão "cartel", vedando a conduta de forma direta, a legislação brasileira, há décadas, reconhece tal prática como ilícita com base em seus efeitos. Não obstante a opção legislativa pela vedação indireta do cartel com base em seus efeitos, como visto no Item 1.2, a jurisprudência do CADE se consolidou no sentido de reconhecer a formação de cartel como um ilícito *per se*, ou seja, a simples organização entre concorrentes com o objetivo de alcançar os efeitos antieconômicos relacionados ao cartel já seria suficiente para a constatação do ato ilícito.

Como já indicado no Item anterior (e como se verá sobretudo nos Capítulos 5 e 6), hoje, o principal foco do SBDC é o desenvolvimento de um sistema eficaz de persecução privada dos danos ocasionados por cartel (*private enforcement*). É justamente esse o objetivo central da Lei nº 14.470/22, promulgada em 16 de novembro de 2022, que implementa importantes alterações à LDC, como a indenização em dobro dos danos de cartel (salvo

[83] "Art. 21. As seguintes condutas, além de outras, na medida em que configurem hipótese prevista no art. 20 e seus incisos, caracterizam infração da ordem econômica;
I – fixar ou praticar, em acordo com concorrente, sob qualquer forma, preços e condições de venda de bens ou de prestação de serviços;
II – obter ou influenciar a adoção de conduta comercial uniforme ou concertada entre concorrentes;
III – dividir os mercados de serviços ou produtos, acabados ou semi-acabados, ou as fontes de abastecimento de matérias-primas ou produtos intermediários; [...]".

[84] "[...] § 3º As seguintes condutas, além de outras, na medida em que configurem hipótese prevista no caput deste artigo e seus incisos, caracterizam infração da ordem econômica:
I – acordar, combinar, manipular ou ajustar com concorrente, sob qualquer forma:
a) os preços de bens ou serviços ofertados individualmente;
b) a produção ou a comercialização de uma quantidade restrita ou limitada de bens ou a prestação de um número, volume ou frequência restrita ou limitada de serviços;
c) a divisão de partes ou segmentos de um mercado atual ou potencial de bens ou serviços, mediante, dentre outros, a distribuição de clientes, fornecedores, regiões ou períodos;
d) preços, condições, vantagens ou abstenção em licitação pública;
II – promover, obter ou influenciar a adoção de conduta comercial uniforme ou concertada entre concorrentes; [...]".

para os signatários de acordo de leniência ou de TCC), interrupção da prescrição enquanto perdurar o processo administrativo relacionado ao cartel no CADE, conferir à decisão do CADE força probatória *prima facie* para concessão de medidas cautelares de urgência, dentre outras alterações que devem facilitar (ou ao menos tornar menos árdua) a busca pela indenização dos danos oriundos da formação de cartel.

2.2. O CADE e seu papel na investigação e punição de cartéis

Ao longo dos últimos anos, o Brasil tem observado um crescimento considerável no combate aos cartéis, mormente após o advento da Lei nº 8.884/94, que transformou o Conselho Administrativo de Defesa Econômica em autarquia vinculada ao Ministério da Justiça.

A importância e a força do CADE na repressão às condutas antieconômicas foram ainda mais reforçadas com a entrada em vigor da Nova Lei de Defesa da Concorrência, Lei nº 12.529, de 30 de novembro de 2011, que concentrou no CADE todas as funções administrativas atinentes à manutenção da livre concorrência. Com isso, as investigações e os processos administrativos tornaram-se mais céleres, permitindo uma maior efetividade na fiscalização e punição de atos antieconômicos.[85]

O CADE, em sua estrutura atual, é constituído por três órgãos principais: (i) Superintendência-Geral, responsável pela apuração e investigação de infrações à ordem econômica e pela instrução das análises dos atos de concentração, (ii) Tribunal Administrativo de Defesa Econômica, órgão judicante do CADE, responsável, no que interessa ao presente trabalho, pelo julgamento de condutas potencialmente enquadráveis como infração à ordem econômica e pela aprovação dos termos de compromissos de cessação de práticas suspeitas (art. 9º, V, da Lei 12.529/11), e (iii) Departamento de Estudos Econômicos, composto por economistas responsáveis pela emissão de pareceres e produção de estudos voltados a subsidiar a atuação do CADE.[86]

[85] Diogo Thomson de Andrade, Superintendente-Adjunto do CADE, classifica a LDC como "marco fundamental para a consolidação da defesa da concorrência no Brasil" (Andrade, Diogo Thomson de. A Lei 12.529/2011 e o combate a cartéis no Brasil: avanços e perspectivas. In: Carvalho, Vinícius Marques de (Org.). *A Lei 12.529/2011 e a nova política de defesa da concorrência*. São Paulo: Singular, 2015).

[86] Forgioni, *op. cit.*, 2015, p. 127-129.

Ao tomar conhecimento de suposta prática de cartel, por meio de representação apresentada por qualquer terceiro interessado ou por ato de ofício da Superintendência-Geral, e identificar a existência de indícios suficientes da infração, o CADE deverá abrir processo administrativo para sua apuração e punição, se o caso. Caso contrário, deverá instaurar inquérito para apurar se há fundamento para instauração do processo administrativo.[87]

Os principais meios utilizados pelo CADE para identificação e investigação de cartéis são os Acordos de Leniência e os Termos de Compromisso de Cessação, por meio dos quais a referida autarquia obtém acesso a informações e documentos cedidos pelos colaboradores envolvidos no cartel[88]-[89]. Com isso o CADE tem superado um grande obstáculo na punição de cartéis: a obtenção de provas.

Mesmo a persecução pública de cartéis no Brasil é consideravelmente nova. O instituto da leniência foi introduzido no Brasil por meio da Lei nº 10.149/2000, sendo que o primeiro acordo de leniência envolvendo cartéis foi firmado apenas no ano de 2003, no âmbito do chamado "Cartel dos

[87] O art. 84 da LDC confere, ainda, a possibilidade de o Conselheiro Relator do processo administrativo no CADE ou o Procurador-Chefe do CADE adotarem medidas preventivas "quando houver indício ou fundado receio de que o representado, direta ou indiretamente, cause ou possa causar ao mercado lesão irreparável ou de difícil reparação, ou torne ineficaz o resultado final do processo". Nos termos do § 1º do art. 84, a medida preventiva determinará a cessão imediata da prática anticompetitiva e, "quando materialmente possível, a reversão à situação anterior", com a fixação de multa diária para o caso de descumprimento.

[88] A importância do programa de leniência do CADE na investigação de cartéis e a sua correlação com as ações indenizatórias relacionadas à referida infração à ordem econômica são aprofundadas em outras passagens deste trabalho, especialmente no Item 6.1.2.

[89] Vale frisar que o nível de apoio da política de combate a cartéis no Programa de Leniência do CADE é tamanho que chega até mesmo a ser alvo de críticas. Franceschini e Vianna apontam, nesse sentido, que o acordo de leniência "muitas vezes tem sido utilizado de forma irresponsável, à reveli da robusta doutrina que norteia, ou deveria nortear, a sua aplicação sem distanciamento da persecução do interesse público", complementando os autores que "pode-se dizer que tal postura se tornou paradigma do uso em excesso – e, talvez, do mau uso – de instrumento dialógicos entre o Estado e o particular, olvidando-se de que este não deve servir de atalho para a Autoridade Pública na aplicação da sanção repressiva. Os acordos, que deveriam ser meios de apoio à instrução, tornam-se, na verdade, sua base e corpo." (Franceschini, José Inácio Gonzaga; Vianna, Rodrigo França. Instrumentos dialógicos como substitutos ao devido processo legal: estudo do caso do chamado cartel dos CPTS (processo administrativo 08012.002414/2009-92). In: Cristofaro, Pedro Paulo Salles; Bagnoli, Vicente (Orgs.). *Jurisprudência do CADE comentada*. São Paulo: RT, 2019, p. 306).

Vigilantes"[90]. Foi só a partir do início deste século que efetivamente passou a ser adotada uma política pública minimamente eficaz de combate a cartéis, justamente a partir da introdução da leniência no sistema brasileiro de defesa da concorrência.[91] Mesmo assim, até os dias atuais, expressiva parcela da atuação do CADE ainda se volta à análise de atos de concentração, que, como destaca Paula Forgioni, "muito raramente apresentam problemas concorrenciais relevantes". Com isso, a investigação e punição de infrações à ordem econômica, como a formação de cartéis, acabam, de certo modo, ficando relegadas a um segundo plano, "frustrando aqueles que esperavam atuação mais forte para conter as práticas predatórias de empresas em posição dominante"[92].

Não obstante seja o reconhecimento da existência do cartel suficiente para a comprovação do ato ilícito necessário à configuração da responsabilidade civil, haja vista a aplicação da teoria *per se* pela jurisprudência do CADE, conforme visto de forma mais detalhada no Item 1.2, é de suma relevância, para instrução de eventuais ações indenizatórias, que o CADE, ao apreciar a questão em âmbito administrativo, deixe consignado em sua decisão quais foram "os critérios de análise e o enquadramento do cartel", elencando, se identificados, os prejuízos à ordem econômica advindos da colusão.[93]-[94] Tal medida se revela necessária sobretudo ante o fato de que a tentativa de formação de cartel, sem causar efeitos prejudiciais ao mercado, já permite a sua punição em âmbito administrativo, mas não há como se falar na possibilidade de responsabilidade civil sem dano (ao menos não no atual estágio de maturação da disciplina da responsabilidade civil[95]).

Importa ressaltar, por fim, que há divergência doutrinária e jurisprudencial na discussão acerca da legitimidade do CADE para participar de ARDCs como parte ou até mesmo na qualidade de *amicus curiae*, na forma

[90] Processo Administrativo n. 08012.001826/2003-10.

[91] Tapia; Faraco, *op. cit.*, 2015, p. 490.

[92] Forgioni, *op. cit.*, 2015, p. 125.

[93] Santos, *op. cit.*, 2017, p. 125.

[94] A importância de o CADE detalhar, em suas decisões, os elementos de prova que levaram à condenação do cartel em âmbito administrativo fica ainda mais acentuada diante da resistência do órgão antitruste brasileiro a permitir o acesso à documentação que instrui seus processos administrativos, mesmo mediante requerimento expresso do Poder Judiciário. A questão do acesso aos documentos produzidos no âmbito de processos administrativos do CADE para instrução de ARDCs é tratada no Item 6.2.2.3.

[95] Tratamos da evolução do tratamento do dano na responsabilidade civil no Item 3.6.

do art. 138 do Código de Processo Civil. Todavia, como melhor se verá no Item 6.2.1, o entendimento que prevalece hoje é de afastar a legitimidade ativa do CADE para propositura de ARDCs, principalmente no afã de preservar sua imparcialidade para investigação de ilícitos antitruste em âmbito administrativo, admitindo-se sua participação como assistente, com esteio no art. 118 da LDC e na prática observada nas jurisdições mais avançadas em matéria antitruste, como a dos EUA e a da União Europeia.

2.3. Os três pilares para a repressão aos cartéis

Não obstante os manifestos aprimoramento e crescimento da repressão aos cartéis em âmbito administrativo, o sistema de reparação dos danos causados aos prejudicados pelos atos de cartel ainda dá seus primeiros passos no Brasil.

O próprio CADE reconhece que são três os pilares principais para o combate à formação de cartel: (i) público (leia-se, administrativo), (ii) penal, e (iii) privado.[96] Hoje, no Brasil, vemos um total desequilíbrio de forças entres esses três pilares, sendo gritante a distância da efetividade das punições nos âmbitos administrativo e penal em comparação com a do âmbito privado. Passaremos, assim, a uma breve análise da importância de cada uma das três esferas relacionadas à repressão de cartéis, para que possamos, a partir do próximo Capítulo, voltar a atenção à esfera privada de combate a cartéis, principalmente sob a ótica da responsabilidade civil.

2.3.1. Administrativo

A atuação do CADE, conforme já elucidado, visa à preservação do âmbito público, sendo sua função direta a investigação e aplicação das sanções administrativas aos envolvidos na prática de cartel, além da adoção de medidas para a defesa ampla da concorrência.

Na redação atual da LDC, as multas pela prática de cartel estão inseridas nos arts. 37 e seguintes, que tratam das punições aplicáveis às infrações à ordem econômica. A principal regra aplicável às multas administrativas está prevista no inciso I do art. 37, que estabelece "no caso de empresa, multa de 0,1% (um décimo por cento) a 20% (vinte por cento) do valor do

[96] Declaração do ex-superintendente geral do CADE, Diogo Thomson de Andrade, em evento promovido pela OAB/SP (*Concorrência e o admirável mundo novo*). Disponível em <https://www.youtube.com/watch?v=WAOWZw0lkRA>. Acesso em 26 mar. 2022).

faturamento bruto da empresa, grupo ou conglomerado obtido, no último exercício anterior à instauração do processo administrativo, no ramo de atividade empresarial em que ocorreu a infração, a qual nunca será inferior à vantagem auferida, quando for possível sua estimação".[97]

As multas aplicadas pelo CADE, vale ressaltar, têm caráter exclusivamente punitivo e indenizatório, sendo integralmente revertidas a fundos públicos ligados à adoção de políticas públicas de defesa da concorrência, não se destinando, ao menos no estágio atual do SBDC, à reparação dos danos ocasionados pelos ilícitos antitruste. Dessa forma, a aplicação de multas pelo órgão administrativo não substitui, em absoluto, o direito privado à reparação dos danos.

Como visto no Item 2.2, o CADE aprimorou e reforçou sua política de combate a cartéis desde o início do Século XXI, sendo o seu programa de leniência a principal ferramenta do SBDC para identificação de cartéis, servindo, inclusive, como base para a atuação das esferas penal e civil de repressão à atuação colusiva entre concorrentes.[98]

2.3.2. Penal

A formação de cartel é crime contra a ordem econômica, sendo passível de reclusão de 2 a 5 anos, além da aplicação de multa, nos termos do art. 4º da Lei nº 8.137/1990.

Segundo apuração de Vinicius Marques de Carvalho, Amanda Martins e Bernardo Fontana, até o ano de 2010, "contabilizou-se que 250 pessoas, entre donos e diretores de empresas, respondiam a processo por formação de cartel, sendo que ao menos 29 executivos já haviam sido condenados em decisão final – de primeiro ou segundo grau – por crime de cartel". Observaram, ainda, que as penas aplicadas muitas vezes "superaram os cinco anos previstos na lei específica, em vista da aplicação de agravan-

[97] Interessante observar que, embora o art. 37 da LDC estabeleça que a multa aplicada pelo CADE não deverá ser inferior à vantagem auferida com a prática do ato ilícito, a parte final do referido dispositivo desobriga o órgão antitruste de investigar qual foi o benefício econômico observado pelos infratores, o que se deu também em função do já citado entendimento consolidado da jurisprudência do CADE quanto à classificação do cartel como ilícito *per se*, afastando a obrigação de identificação do benefício econômico como condição para aplicação da sanção (Salgado, *op. cit.*, 2022, p. 14).

[98] A importância do programa de leniência do CADE na investigação de cartéis e a sua correlação com as ações indenizatórias relacionadas à referida infração à ordem econômica são objeto de estudo no Item 6.1.2 deste trabalho.

tes previstas no Código Penal,"[99] sendo relevante citar a possibilidade de concurso de crimes como mais um fator a influenciar a aplicação de penas majoradas aos envolvidos em crimes de cartel.

No momento da finalização deste trabalho, tramita na Câmara dos Deputados o PL 9.773/2018, de autoria do deputado federal Fausto Pinato, que propõe a alteração do art. 4º da Lei nº 8.137/1990 para majorar a pena pela prática de cartel para reclusão de 4 a 8 anos, além de multa. O mesmo Projeto de Lei prevê, ainda, a inserção do §1-A ao art. 37 da LDC, para incluir a pena de "revogação da licença ou do alvará de funcionamento do estabelecimento" que for reincidente na prática de cartel.

Muito embora a persecução penal do crime de cartel seja de competência exclusiva do Ministério Público, o CADE também exerce certa interferência na esfera penal, diante do já destacado fato de que o art. 87, parágrafo único, da LDC prevê a extinção da punição penal do signatário de acordo de leniência. Destaque-se, inclusive, que os artigos 86 e 87 da LDC sequer exigem a participação do Ministério Público para a assinatura do acordo de leniência. Não podemos deixar de destacar, todavia, que o CADE tem adotado, por premissa, a prática de envolver o Ministério Público em tal procedimento, com o objetivo de conferir maior segurança jurídica aos acordos de leniência.[100]

De fato, como observa Paula Forgioni, desde o advento da Lei 8.884/1994 (antiga Lei de Defesa da Concorrência, posteriormente substituída pela atual Lei 12.529/2011), "o Ministério Público passou a atuar de forma sistemática junto ao CADE e aos demais órgãos relacionados à política da concorrência, fiscalizando a efetiva proteção do interesse público nas decisões e atos administrativos."[101]

Nesse ponto, cumpre destacar a possibilidade de troca direta de informações entre o CADE e as autoridades responsáveis pela investigação e

[99] Carvalho; Martins; Fontana, *op. cit.*, 2011, p. 140.

[100] Segundo apuração realizada por Amanda Athayde e Rodrigo de Grandis no ano de 2015, "dos 45 (quarenta e cinco) Acordos de Leniência Antitruste celebrados pelo Cade até junho de 2015, aproximadamente 95% dos casos envolveram a participação do Ministério Público, sendo que nos demais casos não houve a participação do Ministério Público porque o acordo envolvia somente pessoas jurídicas, o que não atrairia a competência criminal." (Athayde, Amanda; Grandis, Rodrigo de. Programa de leniência antitruste e repercussões criminais: desafios e oportunidades recentes. In: Carvalho, Vinícius Marques de (Org.). *A Lei 12.529/2011 e a nova política de defesa da concorrência*. São Paulo: Singular, 2015, p. 289).

[101] FORGIONI, *op. cit.*, 2015, p. 123.

condução do processo penal do crime de cartel, de forma consideravelmente mais colaborativa que a observada na relação entre o órgão antitruste e entes privados que venham a buscar o Judiciário para reparação dos danos ocasionados pelo cartel.

Ressalte-se, todavia, que a atuação harmônica entre Ministério Público e CADE não afasta a autonomia e independência de cada um dos órgãos sobre suas respectivas áreas de atuação. Nesse sentido, aponta Lafayete Josué Peter, a possibilidade de o Ministério Público, "promover a responsabilização de quem de direito, perante o poder Judiciário, inclusive demandando as autoridades integrantes do CADE."[102]

2.3.3. Privado

Enquanto as esferas administrativa e penal encontram-se em estágio mais avançado de maturação no SBDC (embora, e isso não se ignora, ainda possuam margem para aprimoramento), é praticamente inexistente a punição, em âmbito cível, dos envolvidos em cartel no Brasil.[103] Tal fato acaba não só amenizando a punição aplicada aos infratores, como deixa desamparados os prejudicados pela atividade do cartel, que não observam a indenização dos danos a eles causados.

A importância da persecução privada de ilícitos antitruste (*private enforcement*, para usar a expressão mais difundida no âmbito da doutrina antitruste brasileira e global) é ressaltada por todos os estudiosos do tema. Nesse sentido, cite-se o escólio de Luiz Carlos Buchain, que destaca a importância da atuação privada no âmbito da política antitruste brasileira:

> Não obstante a especificidade da matéria objeto do direito econômico justificar a criação do CADE como órgão judicante e especializado para decidir as complexas questões relativas à infração contra a ordem econômica, o sistema jurídico brasileiro não afasta do âmbito do Poder Judiciário o exame dessa matéria, seja porque as autoridades públicas nem sempre conseguem reprimir a violação da ordem econômica de maneira efetiva, seja porque a lei atribui ao particular direito e legitimidade processual necessários para inten-

[102] PETTER, Lafayete Josué. Direito Econômico, 4ª ed. Porto Alegre: Verbo Jurídico, 2009, p. 226.

[103] A falta de equilíbrio entre os três pilares do antitruste não é uma particularidade do Brasil. Nos países integrantes da União Europeia, a política de reparação de danos ocasionados por cartel é, embora mais amadurecida que a brasileira, bastante recente e incipiente, como se verá de forma mais detalhada no Item 5.1.2.

tar ação judicial visando a cessão de prática ilícita e a indenização respectiva contra o ofensor da ordem econômica.[104]

Como nos lembra Paula Forgioni, hodiernamente, critica-se os compromissos de cessação relacionados aos casos de cartel. Até mesmo em virtude da dificuldade de se auferir os lucros observados pelos integrantes do cartel, há um entendimento de que, no mais das vezes, as multas aplicadas com base nos incisos I e II, do § 3º, do art. 36, da Lei 12.529/2011, acabam sendo insuficientes para cumprir com o objetivo de tornar a formação de cartel economicamente desinteressante.[105] Dessa forma, torna-se ainda mais relevante a observância das funções preventiva e punitiva da responsabilidade civil[106] pelo adjudicador no momento da fixação da indenização por danos relacionados à formação de cartel.

A importância da responsabilização dos cartelistas em âmbito cível é também evidente no âmbito dos acordos de leniência. Como já citado, aquele que assina acordo de leniência tem afastada a punibilidade em âmbito administrativo e penal, nos termos do art. 86 da LDC, mas segue sujeito à responsabilidade civil pelos danos ocasionados em função do cartel[107].

Importante observar que a assinatura do acordo de leniência isenta o delator das punições administrativas e penais justamente em virtude do interesse público da delação, que é, como já dito, a principal ferramenta utilizada pelo CADE para reunir as provas necessárias à identificação e punição do cartel. Por outro lado, o legislador não permitiu a interferência do CADE na esfera do direito privado, mantendo incólume o direito do prejudicado pela prática do cartel de buscar a reparação cível dos prejuízos sofridos, direito esse que, em tese, seria até mesmo facilitado pela assinatura da leniência, uma vez que essa implica a confissão da prática do ilícito concorrencial, nos termos do inciso IV do art. 86 da LDC.

Há de se destacar que a condenação de empresas cartelizadas ao pagamento de indenização em âmbito cível possui, além do objetivo de

[104] Buchain, *op. cit.*, 2006, p. 115.

[105] Forgioni, *op. cit.*, 2015, p. 150.

[106] As funções da responsabilidade civil são tratadas no Item 3.1 deste trabalho.

[107] Importa destacar, todavia, que, não serão aplicáveis aos signatários do acordo de leniência ou TCC os danos em dobro ou tampouco a responsabilidade solidária pelos danos do cartel, conforme estabelecem os §§2º e 3º recentemente incluídos no art. 47 da LDC pela Lei nº 14.470/22.

reparação dos danos causados aos prejudicados, o importante papel de desestímulo à prática de novos atos antieconômicos.[108] Como visto no Capítulo 1, o racional para a formação de cartel é eminentemente econômico. As empresas que se organizam em cartéis têm ciência da ilicitude de seus atos, mas optam por seguir com a atuação colusiva porque os ganhos potenciais advindos desta tendem a ser muito superiores aos riscos atrelados à identificação do cartel, mormente em jurisdições como a brasileira, em que a persecução privada dos danos concorrenciais, no atual estágio de maturação do SBDC, se coloca como exceção e não como regra. Se, por outro lado, observarmos o estabelecimento de uma cultura de *private enforcement* no sistema brasileiro de defesa da concorrência, em que a indenização dos danos se somará às multas aplicadas pelo CADE em âmbito administrativo e às sanções previstas na legislação penal, o chamado *saldo do cartel* tenderá a ser negativo e, com isso, a atuação colusiva se tornará menos atrativa do que é hoje.[109]

Mais do que isso. Caso se logre estabelecer uma verdadeira cultura de persecução privada de cartéis no Brasil, a própria atuação do CADE tende a se tornar mais efetiva e menos custosa. Nesse sentido, bem apontam Bruno Lanna Peixoto e Ludmilla Martins da Silva que

> [a] criação de incentivos para que os agentes privados exerçam papel de dissuasores de ilícitos anticoncorrenciais implica a redução de custos pela Administração Pública de detecção e persecução desses ilícitos. Em outras palavras, a autoridade de defesa da concorrência ganha relevantes aliados na persecução de infrações à ordem econômica, ampliando seu poder de monitoramento em diversos mercados, sem que precise despender recursos para tanto.[110]

[108] Papel este que reforçado pela entrada em vigor da Lei nº 14.470/22, que instituiu o direito à indenização em dobro pelos prejudicados pela atuação de cartéis a partir da inserção do § 1º do art. 47 da LDC.

[109] Nessa mesma linha, aduz Bruno Maggi que "se viabilizada a plena indenização dos prejudicados, mesmo que apenas dos danos materiais emergentes, torna-se impossível que o saldo do cartel seja positivo. Assim, ou os cartelistas terão trabalhado em vão, sem lucrar nada, ou terão prejuízo, pois além de devolverem tudo o que obtiveram ilegalmente, ainda pagarão pelo custo de operação do cartel e eventuais multas ou demais danos (lucros cessantes ou imateriais)." (MAGGI, Bruno Oliveira. O futuro das ações indenizatórias por dano de cartel no Brasil. *Migalhas*, Ribeirão Preto, 10 abr. 2019).

[110] PEIXOTO, Bruno Lanna; SILVA, Ludmilla Martins da. Alterações legislativas necessárias e o futuro das ações reparatórias por danos concorrenciais no Brasil. In: DRAGO, Bruno de Luca; PEIXOTO, Bruno Lanna (Orgs.). *A livre concorrência e os tribunais brasileiros*: análise crítica

Importa ressaltar, aliás, que a relevância da atuação dos entes privados no combate à formação de cartéis não se resume à busca pela reparação de danos. O art. 47 da LDC confere aos prejudicados legitimidade para "em defesa de seus interesses individuais ou individuais homogêneos, obter a cessação de práticas que constituam infração da ordem econômica [...] independentemente do inquérito ou processo administrativo". Ou seja, a legislação antitruste brasileira confere aos prejudicados legitimidade para buscarem, perante o Judiciário, medidas de tutela específica visando à cessação da conduta cartelizada, até mesmo quando o CADE não estiver adotando qualquer medida nesse sentido.[111]-[112]

Vê-se, portanto, que o Sistema Brasileiro de Defesa da Concorrência atribui enorme relevância à esfera cível de repressão a cartéis, em especial à punição cível, pois essa é a única forma de punição dos cartelistas que jamais será afastada, por encontrar-se inserida na esfera de direitos individuais. Como lembra Paula Forgioni, "a defesa da concorrência não se faz apenas no âmbito do CADE, mas também na esfera judicial, como bem explicita o art. 47 da Lei brasileira"[113].

De fato, o art. 47 da LDC é expresso ao consignar a possibilidade de ajuizamento de demandas judiciais relacionadas à defesa da concorrência em qualquer momento do processo administrativo ou até mesmo quando este inexistir (hipótese em que a doutrina concorrencial atribui à ação civil a alcunha *stand alone suit*). No entanto, quase que em contrassenso, não são poucos os problemas enfrentados por aqueles interessados em buscar a reparação dos danos causados pela atividade de cartéis, como se verá nos capítulos seguintes desta obra.

dos julgados no Poder Judiciário envolvendo matéria concorrencial. São Paulo: Singular, 2018, p. 120.

[111] Paula Forgini aponta que "[e]ssa possibilidade de *atuação direta* dos prejudicados e do Ministério Público é fundamental para garantir maior implementação da Lei Antitruste em todo o território nacional, evitando abusos de poder econômico." (FORGIONI, *op. cit.*, 2015, p. 153).

[112] Sob a ótica das ações civis públicas (principalmente quando se tratarem de *stand alone suits*), Roberto Augusto Pfeiffer identifica a possibilidade de buscar-se a tutela do Judiciário para adoção de uma série de medidas inseridas no campo das obrigações de não fazer ou de fazer voltados à "imposição de prática de atos tendentes ao restabelecimento das condições concorrenciais anteriores à infração, tais como, v.g., a prática de preços não uniformes cobrados antes de conduta cartelizadora ou imediata rescisão de contrato que contenha exclusividade de venda tida como anticoncorrencial" (PFEIFFER. Roberto Augusto Castellanos. Tutela coletiva da livre concorrência. *Revista de Direito do Consumidor*, Brasília, v. 49, p. 11-39, 2004, p. 19).

[113] FORGIONI, *op. cit.*, 2015, p. 155.

3
INSTITUTOS DA RESPONSABILIDADE CIVIL À LUZ DOS DANOS OCASIONADOS POR CARTEL

Nos dois capítulos anteriores, analisamos o conceito e os efeitos do cartel, bem como a importância de sua repressão para garantia da livre concorrência e defesa do mercado. Passaremos, agora, ao estudo dos institutos da responsabilidade civil e dos conceitos nele inseridos, de modo a estabelecer suas balizas e repercussões para a reparação dos danos oriundos de cartel.

Primeiramente, é fundamental entender do que se trata a responsabilidade civil e a que fim ela se destina. Nesse sentido, Fernando Pessoa Jorge aponta que a origem etimológica do termo responsabilidade

> [c]orresponde à ideia geral de responder ou prestar contas pelos próprios actos, a qual, por sua vez, pode assumir duas tonalidades distintas: a susceptibilidade de imputar, dum ponto de vista ético lato sensu, determinado acto e seus efeitos ao agente, e a possibilidade de fazer sujeitar alguém ou alguma coisa às consequências de certo comportamento[114]-[115].

[114] JORGE, Fernando de Sandy Lopes Pessoa. *Ensaio sobre os pressupostos da responsabilidade civil.* Coimbra: Almedina, 1995, p. 34.

[115] José de Aguiar Dias, no entanto, entende que este tipo de conceituação de responsabilidade seria insuficiente para compreensão de sua abrangência jurídica e dos conceitos nesta inseridos. Partindo de tal premissa, o autor leciona que "[...] responsável, responsabilidade, assim como, enfim, todos os vocábulos cognatos exprimem idéia de equivalência de contraprestação, de correspondência. É possível, diante disso, fixar uma noção, sem dúvida ainda imperfeita, de responsabilidade, no sentido de repercussão obrigacional (não interessa investigar a repercussão inócua) da atividade do homem. Como esta varia até o infinito, é lógico concluir que são também inúmeras as espécies de responsabilidade, conforme o campo em que se apresenta o problema: na moral, nas relações jurídicas, de direito público ou privado" (DIAS, José de Aguiar. *Da responsabilidade civil.* 4ª ed. Rio de Janeiro: Forense, 1960, p. 13).

O estudo da responsabilidade civil está, de fato, historicamente atrelado à ideia de identificar quem seria o responsável pela reparação de determinado dano. Mazeaud e Tunc lecionam que uma pessoa é responsável, civilmente falando, "sempre que deve reparar um dano, já que o termo 'reparação' implica que o prejuízo não foi sofrido por aquele que foi seu autor,"[116] o que afasta, por exemplo, a responsabilidade civil em caso de culpa exclusiva da vítima ou de fato atribuível a terceiro. Concluem, dessa forma, que "nem sempre que existe um dano há um responsável."[117].

É certo, todavia, que, o Direito Civil contemporâneo tem, cada vez mais, se desenvolvido de modo a privilegiar, de forma quase absoluta, a reparação da vítima, por meio da multiplicação das hipóteses de responsabilidade objetiva e/ou solidária, além da gradativa evolução (ainda incipiente no Brasil) dos mecanismos extrajudiciais de indenização. Com efeito, o estágio atual de evolução da responsabilidade civil levou Daniel Levy, ante a percepção de um movimento de "objetivação crescente da indenização" que se opõe a outro de "subjetivação crescente da conduta", a propor a "cisão parcial" da responsabilidade civil, separando as esferas de indenização da vítima e de responsabilização do infrator pelo ato ilícito praticado[118].

Ressalte-se, ainda, que, em matéria de reparação de danos de cartel, é destacada a importância de se estabelecer, de forma precisa, as balizas entre a responsabilidade civil (objeto desta obra) e penal, à qual também se sujeitarão os cartelistas, haja vista que, como visto no Item 2.3.2, a formação de cartel também configura contravenção penal.

[116] Tradução livre do original, em espanhol: "una persona es responsable siempre que debe reparar un daño; ya que el término 'reparación' implica que el perjuicio no es padecido por quien es autor de él." (MAZEUAD, Henri; MAZEUAD, Léon; TUNC, André. *Tratado teórico y práctico de la responsabilidad civil delictual e contractual.* 5ª ed. Buenos Aires: Ediciones Jurídicas Europa-América, 1977, p. 3).

[117] Tradução livre do original, em espanhol: "No siempre que existe um daño hay um responsable." (MAZEUAD; MAZEUAD; TUNC, *op. cit.*, 1977, p. 3).

[118] "Sugerimos, portanto, a '*cisão parcial*' da Responsabilidade Civil, a fim de subtrair dessa disciplina parte considerável da dinâmica relativa às indenizações que, progressivamente, será garantida por mecanismos extrajudiciais. Esse novo conjunto, que terá como fundamento interpretativo a proteção da vítima e os efeitos do ilícito, é o que chamaremos de 'Direito dos Danos'. À Responsabilidade Civil caberá, ao contrário, estudar e pesquisar o ilícito sob o ponto de vista de suas causas, isto é, a conduta do agente, tendo como fundamento interpretativo a possibilidade de dissuadir o comportamento faltoso. É o que chamamos de um 'Direito das Condutas Lesivas'." (LEVY, Daniel de Andrade. *Responsabilidade civil*: de um direito dos danos a um direto das condutas lesivas. São Paulo: Atlas, 2012, p. 221).

Sourdat distinguia a responsabilidade penal da civil sustentando que aquela consistiria na aplicação de uma pena "aflitiva" ou "infamante" ao causador do ilícito penal, visando reparar o prejuízo de ordem moral causado à sociedade, ao passo em que esta visaria à reparação pecuniária do dano causado a um dado indivíduo[119]. Com o passar dos anos, os conceitos trazidos por Sourdat evoluíram na doutrina francesa, de modo que os irmãos Mazeaud e André Tunc já apontavam que os danos que perturbam a ordem social podem afetar indivíduos determinados, toda a sociedade ou ambos os espectros concomitantemente[120].

De modo geral, historicamente desenvolveu-se a ideia de que as principais distinções dos institutos da responsabilidade penal e civil estariam ligadas ao entendimento de que a primeira se vincularia sobretudo à punição do agente infrator por violação às normas sociais positivadas como infrações penais, protegendo a sociedade de novos atos semelhantes por meio do caráter dissuasório da pena imposta, ao passo em que a segunda teria como principal fundamento a busca pela reparação do prejuízo causado a determinado(s) individuo(s)[121].

É certo, todavia, que a evolução das relações humanas exigiu dos aplicadores e estudiosos do Direito relevantes reavaliações dos institutos ligados à responsabilidade civil. Cite-se como exemplo o fato de que, na doutrina civil contemporânea, observamos a multiplicação dos nexos de imputação da obrigação de indenizar, tirando da culpa o papel de nexo único de imputação da responsabilidade civil[122]. Na mesma toada, alguns conceitos

[119] "A responsabilidade é penal ou civil. A responsabilidade penal consiste em sofrer uma pena aflitiva ou infamante. É a reparação do dano causado à sociedade na ordem moral. A responsabilidade civil consiste em reparar, por meio de indenização pecuniária, os danos causados aos particulares.". Tradução livre do original, em francês: "La responsabilité est pénale ou cıvile. La responsavilité pénale consiste à subir une peine afflictive ou infamante. C'est la réparation du préjudice causé à la socété dans l'orde moral. La responsabilité civle consiste à réparer, au moyen d'une inemnité pécuniaire, le dommage que l'on a causé aux individus." (Sourdat, M. A. *Traité general de la responsabilité*. Paris: Librairie Générale de Jurisprudence. 1852. p. 1).

[120] Mazeuad; Mazeuad; Tunc, *op. cit.*, 1977, p. 5.

[121] Mazeaud e Tunc destacam a irrelevância de ser observado prejuízo a um particular, em virtude do ato ilícito penal, para configuração da responsabilidade penal. Para aplicação da sanção penal, importa a prática do ato ilícito em si, diversamente do que se verifica na responsabilidade civil, em que, caso não materializado prejuízo à vítima, não há de se falar em obrigação de indenizar (Mazeuad; Mazeuad; Tunc, *op. cit.*, 1977, p. 7).

[122] Segundo assevera Claudio Godoy, as mudanças das relações sociais acabaram por desenhar "um novo quadro para a responsabilidade civil, de declínio dos pressupostos da culpa, da

tradicionalmente invocados para diferenciar a responsabilidade civil da responsabilidade penal vêm sendo gradativamente mitigados.

Observa-se, no ordenamento jurídico atual, uma difusão de hipóteses de responsabilidade civil objetiva, um aumento da relevância dada ao estudo dos chamados danos coletivos, além do reforço da importância das funções punitiva e dissuasória da responsabilidade civil. Daí porque Daniel Levy aponta a instituição de uma "Responsabilidade Civil Preventiva" como sendo o provável "mais fiel retrato desta crise da pós-modernidade."[123]

A identificação desta nova roupagem da responsabilidade civil é fundamental para o estudo que aqui se propõe. A importância da responsabilidade civil na disciplina dos cartéis vai muito além da simples reparação dos danos ocasionados por esta modalidade de ilícito concorrencial. Idealmente, deve servir a responsabilidade civil, juntamente com as sanções penais e administrativas, como verdadeiro instrumento de *prevenção* de danos à sociedade e não simplesmente como meio de reparação de danos já perpetrados.

Partindo das premissas acima colocadas, analisaremos, nos itens seguintes, como alguns dos principais institutos ligados à responsabilidade civil se projetam no âmbito das ações de responsabilidade civil pela prática de cartel.

3.1. Funções da indenização

Muito se discute, até a presente data, acerca das funções da responsabilidade civil. Muito embora a evolução do instituto comece a colocar em xeque tal assertiva[124], ainda é seguro afirmar que o principal objetivo da responsabilidade civil segue sendo a reparação do direito lesado ou, quando

identificação de uma pessoa especificamente individualizada a quem incumba, afinal, uma obrigação que seja de recomposição de um patrimônio diminuído, desfalcado." Com isso, a responsabilidade civil evolui, segundo o autor, para a "procura não mais de um *culpado*, e sim de um *responsável* pela indenização" (GODOY, Claudio Luiz Bueno de. *Responsabilidade civil pelo risco da atividade*: uma cláusula geral no Código Civil de 2002. 2ª ed. São Paulo: Saraiva, 2010, p. 32).

123 LEVY, *op. cit.*, 2012, p. 18.

124 Daniel de Andrade Levy, por exemplo, defende a necessidade de admissão de uma responsabilidade civil cada vez mais voltada à prevenção de danos que à reparação destes. Segundo o autor, o atual desafio do estudo da responsabilidade civil é "superar o dogma de uma disciplina exclusivamente reparatória", chegando a afirmar que a responsabilidade civil seria "uma disciplina nascida da punição, crescida na reparação, e, hoje, em busca da

esta for impossível, sua compensação em dinheiro, constatação esta que levou José de Aguiar Dias a afirmar que "não se cogita da responsabilidade jurídica enquanto não há um prejuízo"[125]-[126].

Reside a controvérsia, no entanto, na possibilidade de se admitir, no ordenamento jurídico pátrio, a existência das funções preventiva (ou dissuasória) e punitiva (ou sancionatória) da indenização. A discussão acerca das funções da responsabilidade civil é de grande relevância para a reparação de danos ocasionados por cartel, sobretudo diante da dificuldade prática para quantificação precisa dos danos ocasionados pelo citado ilícito concorrencial e da recente introdução, pela Lei nº 14.470/22, do § 1º ao art. 47 da LDC, que instituiu a indenização em dobro dos danos de cartel acrescentando, reforçando, portanto, o caráter punitivo da responsabilidade civil por danos de cartel.

Boa parte das doutrinas clássicas nacionais e estrangeiras, até meados do Século XX, sequer se aprofundava na discussão, voltando-se mais à colocação da responsabilidade civil como instituto distinto do da responsabilidade penal justamente por atribuírem o caráter punitivo exclusivamente a esta última[127]-[128].

No direito brasileiro, José de Aguiar Dias, bastante pautado na doutrina francesa, também ressaltava que a responsabilidade penal é tendente

prevenção" (LEVY, *op. cit.*, 2012, p. 255). A função preventiva da responsabilidade civil é tratada no Item 3.1.2 deste trabalho.

[125] DIAS, *op. cit.*, 1960, p. 13.

[126] Mesmo esta afirmativa de José de Aguiar Dias, que parece tão intuitiva, tem sido questionada no Direito Civil contemporâneo, havendo quem sustente a possibilidade de estabelecer-se uma "responsabilidade civil sem dano", estabelecendo-se a possibilidade de indenização de danos em potencial como forma de eliminar o risco do dano e incentivar o potencial agente causador a adotar medidas para evitar o dano. Sobre o tema, sugere-se a leitura da análise feita por Daniel Levy (DIAS, *op. cit.*, 2012, p. 161-167) acerca da proposta de Catherine Thibierge de criação de uma "responsabilidade-antecipação" (THIBIERGE, Catherine. Avenir de la responsabilité de l'avenir. *Recueil Dalloz*, Paris, n. 9, p. 577-584, 2004).

[127] "Tradicionalmente, a responsabilidade civil assumiria um simples fim de ressarcimento, assim se contrapondo à responsabilidade penal, preventiva e retributiva." (CORDEIRO, Antonio Menezes. *Tratado de Direito Civil*. Coimbra: Almedina, 2017, v. 8, p. 419).

[128] É o exemplo das doutrinas francesas de Sourdat, publicada no século XIX (SOURDAT, *op. cit.*, 1852), ou dos Mazeaud e Tunc, em meados do século seguinte, cabendo ressaltar, no entanto, que estes autores já apontavam a existência de decisões das cortes francesas que embutiam um caráter claramente sancionatório nas indenizações fixadas (MAZEUAD; MAZEUAD; TUNC, *op. cit.*, 1977, p. 7-8).

à punição, ao passo que a responsabilidade civil à reparação[129]. O uso da expressão *tendente* se dá pelo fato de que o autor já reconhecia a existência de um diálogo entre os institutos, ressaltando, ainda na década de 1960, que a responsabilidade civil vinha evoluindo para admitir um caráter de interesse social na indenização dos danos[130]-[131].

Na doutrina italiana, Massimo Bianca, ao final do Século XX, deixava claro seu entendimento pela rejeição de qualquer tipo de caráter sancionatório na responsabilidade civil, frisando que a principal função do "remédio sancionatório" para um ato ilícito contratual ou extracontratual seria o ressarcimento do dano, ressalvando, apenas, que, nos casos específicos de inadimplemento contratual, o credor poderá, ainda, buscar o adimplemento forçado da obrigação ou a resolução do contrato[132].

Dentre os autores contemporâneos, na expressiva maioria das jurisdições, há tempos impera o entendimento acerca da existência de, no mínimo, uma função dupla na indenização (no caso, de reparar e dissuadir)[133]. No entanto, atualmente, doutrina e jurisprudência parecem caminhar no sentido de consolidar o entendimento, com clara inspiração no direito anglo-saxão, pela existência de um caráter punitivo da indenização, mormente diante da evolução da tutela dos danos imateriais[134]-[135].

[129] Dias, *op. cit.*, 1960, p. 21.

[130] Sustentava o autor que "[n]ão é possível negar, a menos que isolando, contra a razão, o homem da sociedade a que pertence, que o dano infligido a êle repercute na coletividade. Claro que não se fala no aspecto puramente patrimonial: é exatamente aqui que reside a confusão. No regime da economia privada, não seria mais que absurdo sustentar essa opinião. Trata-se da repercussão social, o que deve ser explicado como reflexo que, fora de qualquer discussão, a coletividade experimenta quando é ferido um seu membro, seja do ponto de vista físico, seja na ordem patrimonial." (Dias, *op. cit.*, 1960, p. 18).

[131] Contemporaneamente a José de Aguiar Dias, Alvino Lima também ressaltava, ainda que para tratar da extensão das hipóteses de responsabilidade objetiva, que "fatôres econômicos, sociais, políticos e influências de ordem moral vieram precipitar a evolução da responsabilidade civil extracontratual, ao ponto de se afirmar que, em nenhuma outra matéria jurídica, o movimento de idéias foi tão acentuado nestes últimos dez anos" (Lima, Alvino. *Culpa e Risco.* São Paulo: Revista dos Tribunais, 1960. p. 17).

[132] Bianca, C. Massimo. *Diritto Civile.* Milão: Giuffrè, 1994, v. V, p. 110.

[133] Lopez, Teresa Ancona. *Princípio da precaução e evolução da responsabilidade civil.* São Paulo: Quartier Latin, 2010, p. 72-73.

[134] A título exemplificativo, é possível citar como defensores da função punitiva da indenização, dentre outros: Rosenvald, Nelson. *As funções da responsabilidade civil.* 3ª ed. São Paulo: Saraiva, 2017, p. 127-134; Noronha, Fernando. *Direito das Obrigações.* São Paulo: Saraiva, 2003, p. 439-441; Bittar, Carlos Alberto. *Reparação civil por danos morais.* 3ª ed. São Paulo: Revista

Alguns doutrinadores, como é o caso de Humberto Theodoro Júnior[136], Maria Celina Bodin de Moraes[137] e Rui Stoco[138], tratam as funções tidas como preventivas e punitivas como uma só, pautados na premissa de que o desestímulo seria reflexo da punição. De fato, ao se aplicar um caráter punitivo na indenização fixada, tal punição tende a desestimular a reiteração do ato ilícito. No entanto, a natural convergência do caráter punitivo com o dissuasório não nos parece argumento suficiente para que se deixe de ter este último como função autônoma da indenização no momento de se fixar o *quantum* indenizatório[139].

3.1.1. Função reparatória ou compensatória

Mesmo diante de todas as transformações experimentadas pela responsabilidade civil ao longo dos anos, permanece incontestável, nas palavras de Ginevievè Viney, que a ideia predominante do instituto em todos os sistemas jurídicos segue sendo a de reparação do dano[140]. Com efeito, o objetivo fundamental da responsabilidade civil permanece sendo o de devolver os direitos tutelados da vítima ao estado em que se encontravam antes do

dos Tribunais, 1999, p. 26; GONÇALVES, Carlos Roberto. *Responsabilidade civil*. 19ª ed. São Paulo: Saraiva Educação, 2020, p. 561; e LEVY, *op. cit.*, 2012, p. 33 e ss.

135 Não se pode deixar de registrar, no entanto, a existência de vozes de relevo contrárias à atribuição de um caráter punitivo à responsabilidade civil no direito brasileiro. Anderson Schreiber, por exemplo, critica enfaticamente a atribuição de caráter punitivo à indenização pelas cortes brasileiras, sustentando que este seria incompatível "com conceitos basilares da tradição romano-germânica" e iria "na contramão da evolução mais recente da responsabilidade civil", que, segundo o autor, vem sendo conduzida a "um campo dissociado de preocupações subjetivistas e cada vez menos sensível à ideia de culpabilidade". (SCHREIBER, Anderson. *Novos paradigmas da responsabilidade civil*: da erosão dos filtros de reparação à diluição dos danos. 5ª ed. São Paulo: Atlas, 2013, p. 217).

136 No mesmo sentido: THEODORO JÚNIOR, Humberto. *Dano Moral*. São Paulo: Juarez de Oliveira, 1999, p. 2.

137 MORAES, Maria Celina Bodin de. *Danos à pessoa humana*: uma leitura civil-constitucional dos danos morais. 2ª ed. Rio de Janeiro: Processo, 2017, p. 217-227.

138 STOCO, Rui. *Tratado de responsabilidade civil*: doutrina e jurisprudência. 10ª ed. São Paulo: Editora Revista dos Tribunais, 2014, p. 2256.

139 Até porque, como observam Farias, Braga Netto e Rosenvald, "não há um isolamento entre as três funções" da responsabilidade civil. (FARIAS, Cristiano Chaves de; NETTO, Felipe Peixoto Braga; ROSENVALD, Nelson. *Novo tratado de responsabilidade civil*. 4ª ed. São Paulo: Saraiva Educação, 2019, p. 68).

140 VINEY, Geneviève. *Traité de droit civil*: les obligations: la responsabilité: effets. Paris: LGDJ, 1988. p. 3.

ato ilícito, o que pode se dar "reestabelecendo materialmente o estado de coisas que existia antes do ato ilícito (reparação *in natura*) ou bem compensando o menoscabo sofrido por meio de seu equivalente em dinheiro (reparação pecuniária)."[141]-[142]

É certo, no entanto, que esse reestabelecimento do *status quo* do dano somente poderá ser alcançado, de fato, no âmbito da indenização de danos materiais, sendo impossível a indenização plena, no sentido etimológico do termo, no que se refere aos danos extrapatrimoniais[143]. Portanto, enquanto o fundamento básico da indenização de natureza material é a *reparação* do prejuízo causado, na responsabilidade civil por dano moral tal fundamento se projeta na forma de uma *compensação*, em dinheiro, ao dano causado à esfera imaterial do lesado[144]-[145].

[141] Tradução livre do original, em espanhol: "restableciendo materialmente el estado de cosas que existía antes del acto ilícito (reparación *in natura* o natural) o bien compensando el menoscabo sufrido por medio de su equivalente en dinero (reparación pecuniaria)" (Orgaz, Alfredo. *El daño resarcible*: actos ilícitos. Buenos Aires: Bibliografica Argentina, 1952, p. 139).

[142] Sobre o tema da reparação *in natura*, vale citar a lição de Marino, no sentido de que, embora, no sistema jurídico brasileiro, inexista "norma legislativa geral que estabeleça expressamente e de modo claro o princípio da reparação *in natura* dos danos, a doutrina mais recente vem interpretando o art. 947 do Código Civil no mesmo sentido das normas congêneres de outros sistemas." Nessa linha, embora Marino aponte ser "infeliz a redação do aludido dispositivo [art. 947 do CC], o certo é que, a partir dele e de outros (v.g., arts. 251 e 952, parágrafo único) pode-se tranquilamente concluir pela admissibilidade da reparação natural no Direito brasileiro." (Marino, Francisco Paulo de Crescenzo. Perdas e Danos. In: Lotufo, Renan; Nanni, Giovanni Ettore (Orgs.). *Obrigações*. São Paulo: Atlas, 2011, p. 659-660).

[143] Acerca do aspecto étimo do termo "indenizar", vale a leitura da sempre precisa lição de Caio Mário: "Sob o aspecto da patrimonialidade, o conceito de reparação está adstrito ao étimo 'indemnizar', que contém em si mesmo a ideia de colocar alguma coisa no lugar do bem lesado, ou seja, prover a vítima de algo equivalente ao bem que perdeu. Indenizar será, por consequência, suprir em espécie ou pecuniariamente à vítima a perda que sofreu. Assim é que o dano à propriedade significa proporcionar ao lesado coisa idêntica ou quantia equivalente" (Pereira, Caio Mário da Silva. *Responsabilidade Civil*. 12ª ed. Rio de Janeiro: Forense, 2018, p. 75). Em linha semelhante, leciona Fernando Noronha: "indenização e ressarcimento são palavras praticamente sinônimas na língua portuguesa, ambas parecendo mais adequadas para referir a reparação por danos patrimoniais. Compensação, por seu turno, fica melhor para danos extrapatrimoniais: indenizar é apagar o dano, o que só se consegue fazer através da reposição do patrimônio na situação em que estava antes, enquanto compensar é dar algo que contrabalance o mal causado, mas sem poder apagar este." (Noronha, *op. cit.*, 2003, p. 438).

[144] Bianca, *op. cit.*, 1994, v. V, p. 173-174.

[145] Muito embora a função reparatória/compensatória seja o elemento central da responsabilidade civil, parece ilusório o preenchimento pleno desta função, de modo a se reestabelecer

No âmbito específico da repressão à prática de cartéis, esta dificuldade de recomposição do *status quo ante* é ainda mais acentuada, uma vez que o ato ilícito de cartel, como se verá no Item a seguir, se prolonga no tempo, causando um sem-número de danos a toda sociedade, sendo verdadeiramente utópica a ideia de se atingir a reparação integral dos danos ocasionados por determinado cartel, ainda que exclusivamente no campo dos danos materiais[146].

De toda sorte, a função central da responsabilidade civil não deixa de exercer papel primordial no combate a cartéis. Isso porque, mesmo que aplicadas as sanções em âmbito administrativo e penal, caso não ajuizadas as demandas indenizatórias pelos prejudicados, os prejuízos causados pelo cartel permanecerão sem qualquer reparação. Como bem observa Daniel Caselta,

> [e]mbora as multas e penas de prisão aplicada aos agentes econômicos responsáveis pelo cartel tenham papel importante na prevenção de práticas anticompetitivas, tais sanções não se prestam a reparar os danos que resultam da conduta ilícita. Desse modo, a tarefa de reparar ou compensar os prejuízos sofridos pelos prejudicados fica a cargo das ações indenizatórias, sendo esse, naturalmente, um dos objetivos da responsabilidade civil em matéria antitruste[147].

Com efeito, é com base na função reparatória do instituto que autoridades antitruste de todo o mundo ressaltam o papel fundamental da responsabilidade civil na política de combate aos cartéis, papel este que vem sendo cada vez mais objeto de atenção das autoridades brasileiras, que têm, inclusive, adotado medidas no sentido de fomentar o ajuizamento de ARDCs no Brasil, conforme se verá nos Capítulos 5, 6 e 7.

o *status quo ante*, mesmo nos mais simples casos de dano material. Como bem ressalta Alfredo Orgaz que "la reparación pecuniaria sólo restablece el patrimonio de manera aritmética, por equivalente, y no siempre constituye una verdadera compensación, ya que, dependiendo su monto de apreciaciones subjetivas, pude éste ser menor o mayor que ele valor del menoscabo sufrido" (Orgaz, *op. cit.*, 1952, p.140).

[146] Tal conclusão é reforçada pelas barreiras práticas observadas por aqueles que buscam o ressarcimento dos danos mediante o ajuizamento de ARDCs, que são esmiuçadas nos Capítulos 6 e 7.

[147] Caselta, Daniel Costa. *Responsabilidade civil por danos decorrentes da prática de cartel*. São Paulo: Singular, 2016, p. 69.

Compartilhamos da opinião, como se verá a seguir, de que a responsabilidade civil deve desempenhar, também em matéria antitruste, as funções preventiva e punitiva. No entanto, considerando que as outras duas funções da responsabilidade civil podem ser – e, idealmente serão – também exercidas nos âmbitos administrativo e penal, ao passo em que a reparação e/ou compensação dos danos causados pela conduta cartelizada somente serão alcançadas caso ajuizadas as ações de reparação de danos, parece-nos seguro afirmar que, mesmo diante do alargamento que vem sendo observado no instituto da responsabilidade civil, o papel primordial histórico de reparação e/ou compensação dos danos seguirá sendo a função central da responsabilidade civil por cartel, independentemente dos rumos que a doutrina geral da responsabilidade civil vier a tomar.

3.1.2. Função preventiva

Vista por diversos estudiosos do direito como reflexo da função punitiva,[148] a função preventiva visa imprimir no *quantum* indenizatório expressividade suficiente para tornar a repetição do ato ilícito *economicamente desinteressante* ao ofensor. Tal racional, como veremos, é ainda mais relevante no âmbito de atos ilícitos praticados exclusivamente com o objetivo de auferir lucro, como invariavelmente é o caso dos cartéis.

A função preventiva emprega à responsabilidade civil papel que extrapola o universo particular da relação entre as partes envolvidas no litígio, assumindo, idealmente, a capacidade de servir de exemplo até mesmo para outras pessoas físicas ou jurídicas que potencialmente poderiam vir a cometer atos ilícitos semelhantes[149].

Indo além, Daniel Levy defende que, na sociedade pós-moderna, a responsabilidade civil quebra a tradicional noção de que sua influência se daria apenas no campo de fatos pretéritos, de modo a reparar o dano já

[148] Pode-se citar, a título exemplificativo, Rui Stoco (Stoco, *op. cit.*, 2014, p. 2256), Caio Mário (Pereira, *op. cit.*, 2018, p. 75) e Fernando Noronha (Noronha, *op. cit.*, 2003, p. 441).

[149] Segundo Teresa Ancona Lopez, "[c]ada vez que é determinada uma indenização ao réu, essa sanção deveria servir não só para ressarcir os prejuízos, da vítima, mas também para ameaçar com a aplicação dessas penas o culpado e o resto da sociedade". Na visão da autora, trata-se a função preventiva de "uma função automática da responsabilidade civil" (Lopez, *op. cit.*, 2010, p. 78). De forma semelhante, Carlos Alberto Bittar aponta para o fato de que a responsabilidade civil "[p]ossibilita, de um lado, a desestimulação de ações lesivas, diante da perspectiva desfavorável com que se depara o possível agente, obrigando-o, ou a retrair-se, ou, no mínimo, a meditar sobre os ônus que terá de suportar." (Bittar, *op. cit.*, 1999, p. 121).

consumado. Consoante acentua o autor, hoje, "[a] lesão não é mais concreta, não é mais pontual, não é mais imediata e o tempo de vida do ser humano não coincide mais com a temporalidade do dano."[150]

De fato, a responsabilidade civil parece evoluir, cada vez mais, no sentido de exercer não apenas um papel meramente reativo (de reparar o dano já causado) como também preventivo (buscando impedir a ocorrência do dano)[151], razão pela qual Teresa Ancona Lopez coloca os princípios da prevenção e da precaução como sendo "aqueles que vão integrar todo o direito da responsabilidade civil no século XXI."[152]

Nessa linha, Fernando Noronha ressalta o papel primordial exercido pela função preventiva no âmbito das ações que envolvam danos à coletividade ou à sociedade como um todo[153] – como é o caso dos danos ocasionados por cartel:

> Em especial quanto aos danos transindividuais (que são, como veremos adiante, aqueles que atingem bens do interesse da generalidade das pessoas que integram uma comunidade [8. 1 .4]), com destaque para os resultantes de infrações ao meio ambiente, tem sido muito enfatizada a necessidade de punições "exemplares", através da responsabilidade civil, como forma de coagir as pessoas, empresas e outras entidades a adotar todos os cuidados que sejam cogitáveis, para evitar a ocorrência de tais danos[154].

Em jurisdições estrangeiras, notadamente nos EUA, em que é amplamente admitida a condenação em *punitive damages,* a demonstração da existência de dano pode até mesmo ser relativizada para efeito de estabelecimento da responsabilidade civil. Nesse sentido, é sempre citada a proposta encabeçada por Geneviève Viney de reforçar a função preventiva da responsabilidade civil por meio da admissão de uma "responsabilidade

[150] Levy, *op. cit.*, 2012, p. 15.

[151] Nas palavras de Giselda Hironaka, "[o] momento atual desta trilha evolutiva [da responsabilidade civil], isto é, a realidade dos dias contemporâneos, detecta uma preocupação – que a cada dia ganha destaque – no sentido de ser garantido o direto de alguém de *não mais ser vítima de danos*. Este caráter de *prevenção da ocorrência de danos* busca seu espaço no sistema de responsabilidade civil, em paralelo ao espaço sempre ocupado pela *reparação dos danos já ocorridos*" (Hironaka, Giselda Maria Fernandes Novaes. *Responsabilidade pressuposta*. Belo Horizonte: Del Rey, 2005, p. 2).

[152] Lopez, *op. cit.*, 2010, p. 61.

[153] O dano moral coletivo é objeto de análise no Item 4.1.7 deste trabalho.

[154] Noronha, *op. cit.*, 2003, p. 441.

preventiva" mediante a qual a ameaça de dano poderia dar azo à responsabilidade civil, principalmente para aqueles danos que apresentem relevância social e que se projetem de forma continuada, citando a autora, dentre tais hipóteses, justamente aqueles danos resultantes de concorrência desleal[155].

De fato, a proposta de Viney de estabelecimento de uma responsabilidade civil preventiva para casos de repercussão social poderia, em tese, ter aplicação na disciplina dos cartéis, estabelecendo-se a responsabilidade civil antes mesmo da verificação dos graves prejuízos por estes ocasionados à sociedade. Seria possível, no entanto, questionar se, nesse cenário, não se estaria gerando uma sobreposição de competências, invadindo a esfera de atuação do CADE e até mesmo do Ministério Público, responsável pela persecução penal. Em princípio, nos parece que sim. Já havendo, em nosso ordenamento jurídico, órgãos responsáveis pela prevenção de infrações da ordem econômica, não parece haver razão para se relegar à responsabilidade civil esta atuação prévia à verificação do dano (até mesmo pelo fato de que, hoje, nosso Direito Civil não admite a responsabilidade civil sem dano).

A exemplo do que ocorre na aplicação da função punitiva, o aspecto preventivo da indenização não deve ser aplicado de forma desarrazoada de modo a culminar a ruína do ofensor ou o enriquecimento indevido da vítima[156]. Sua aplicação, deverá observar, além da gravidade do dano causado, a força econômica tanto da vítima quanto do próprio ofensor, de modo a encontrar um equilíbrio entre a função dissuasória e a vedação ao enriquecimento indevido[157].

Como visto nos Capítulos anteriores deste trabalho, o principal objetivo dos integrantes do cartel é majorar sua margem de lucro por meio do afastamento (ou ao menos da diminuição) dos efeitos da livre concorrência. Trata-se o cartel de perfeito exemplo do que se convencionou chamar *ilícitos lucrativos*, praticados por seus autores a partir da percepção de que os lucros que se pretende auferir com o ato ilícito tendem a ser superiores aos eventuais prejuízos que venham a ter de ser ressarcidos aos potenciais prejudicados. Há, portanto, um *racional essencialmente econômico* na prática

[155] VINEY, *op. cit.*, 1988, p. 15-16.

[156] BITTAR, *op. cit.*, 1999, p. 232.

[157] A questão da quantificação do dano, em especial nos casos de responsabilidade civil pela prática de cartel, é objeto de análise detida no Item 6.2.3 e respectivos subitens.

do ato ilícito pelos ofensores[158]. Justamente por essa característica marcante dos cartéis, a função dissuasória da responsabilidade civil torna-se ainda mais relevante no âmbito da reparação de danos advindos do citado ilícito antitruste. É fundamental que se crie nos concorrentes a sensação de que o risco de identificação do cartel (e da consequente indenização dos danos) torna a atuação colusiva *economicamente desinteressante*[159]-[160].

[158] Para Daniel Levy, "a concepção tradicional da Responsabilidade Civil, fundada no rigoroso princípio da reparação integral, tem se tornado verdadeira carta de alforria para que o ofensor, ciente, *a priori*, dos eventuais danos que possa causar, internalize tais custos como variável da equação que, ao fim, resultará no lucro auferido." (LEVY, *op. cit.*, 2012, p. 108).

[159] Como resume Roger van den Bergh "em termos econômicos, a aplicação da lei de concorrência pode ser qualificada como ideal se práticas anticompetitivas redutivas do bem-estar social são devidamente punidas e dissuadidas, não são cometidos erros de aplicação da lei e são minimizados os custos para sua aplicação. A dissuasão total é atingida quando todas as empresas se abstêm de participar de práticas redutoras do bem-estar e anticompetitivas, uma vez que os ganhos de tais práticas são inferiores aos custos das sanções impostas pela violação das regras de concorrência." (BERGH, Roger van den; CAMESASCA, Peter; GIANNACCARI, Andrea. *Comparative competition law and economics*. Cheltenham: Edward Elgar, 2017, p. 382). Tradução livre do original, em inglês: "In economic terms, the enforcement of competition law may be qualified as optimal if welfare reducing anti-competitive practices are properly punished and deterred, no enforcement errors are made and enforcement costs are minimised. Full deterrence is achieved when all firms abstain from engaging in welfare-reducing anti-competitive practices, since the gains from doing so are lower than the costs of the sanctions that are imposed for violating the competition rules.".

[160] Trata-se, por certo, de análise eminentemente econômica, na linha das teorias ligadas à escola do "*Law and Economics*" à qual se filiam diversos nomes de peso da doutrina americana como Posner, Connor dentre outros. Especificamente a ideia que aqui se defende está diretamente atrelada à ideia de atribuição de um fator de *deterrence* na fixação da indenização civil, desenvolvida por Guido Calabresi em sua obra "*The Costs of Accidents*", publicada em 1970. Segundo o autor, nós podemos buscar proibir práticas entendidas como causadoras de acidentes ou tonar tais atividades mais caras e, consequentemente, reduzindo a atratividade de tais condutas para seus potenciais causadores (CALABRESI, Guido. *The costs of accidents*: a legal and economic analysis. New Heaven: Yale University, 1970. p. 26). Muito embora a tese defendida por Calabresi seja voltada notadamente à prevenção de acidentes, o racional adotado pelo autor é facilmente transplantado para outras áreas da responsabilidade civil, como, por exemplo, os danos de cartel. Se o risco de uma condenação à obrigação de indenizar os danos causados por cartel for capaz de tornar a formação do cartel um negócio economicamente desinteressante, consequentemente estar-se-á criando um forte desincentivo à prática do ilícito. É nessa linha que Connor ressalta a importância de se avaliar o efeito dissuasório de políticas anticartel *ex ante*: "Os efeitos dissuasórios de políticas anticartel devem ser avaliados *ex ante*, ou seja, da perspectiva de uma companhia que considera forma ou participar de uma conspiração global de fixação de preços. Tal companhia deve avaliar os prováveis lucros adicionais advindos do cartel em comparação custos associados a ser descoberto e processado"

Com efeito, ainda é bastante comum de ser observada a reincidência na formação de cartéis, o que se dá também pelo fato de que as ações de reparação de danos ainda são bastante incomuns, constituindo a exceção, e não a regra, no Brasil[161]. Ocorre, todavia, que até mesmo pela forma com que se dá o cálculo das multas aplicadas pelo CADE, em não havendo (como basicamente não há) a reparação dos danos ocasionados pelo cartel, a conta do cartel tende a ser positiva aos cartelistas, que, mesmo punidos em âmbito administrativo, seguirão com boa margem de lucro em virtude dos anos de operação do cartel[162].

Em um cenário ideal, no qual todos os cartéis (ou ao menos a maioria deles) tendem a ser não só punidos em âmbito administrativo, como con-

(Connor. John M. *Optimal deterrence and private international cartels.* [S.l.: s.n.], 2006, p. 18). Tradução livre do original, em inglês: "Deterrence effects of anticartel policies must be evaluated ex ante, that is, from the perspective of a company considering forming or joining a global price-fixing conspiracy. Such a company must evaluate the probable additional profits from the cartel relative to the probable costs associated with being discovered and prosecuted".

161 Frise-se, aliás, que esta não é uma particularidade do cenário brasileiro. Na Europa, em que a cultura de indenização de danos por cartel ainda está se desenvolvendo (embora, vale ressaltar, já esteja muito mais avançada do que no Brasil), é bastante comum observar-se a reincidência de cartéis já investigados e punidos pela Comissão Europeia. É possível citar como exemplo os cartéis de peças de automóveis, em que, no ano de 2017, a Comissão Europeia identificou e puniu cartéis de *airbags* e de produção de volantes e voltou a punir estes mesmos cartéis no ano de 2019 (Veljanovski, *op. cit.*, 2020, p. 19-20).

162 Esta conclusão se torna ainda mais evidente se considerada a forma de definição das multas aplicadas a cartéis em âmbito administrativos, que, são fixadas com base no faturamento bruto das empresas no último exercício anterior à instauração do processo administrativo (art. 37, I, da Lei n 12529/2011), não considerando, portanto, critérios diretamente atrelados à gravidade dos danos ocasionados pelo cartel e, diminuindo ainda mais a força dissuasória da multa, estabelece a lei um teto de 20% do faturamento bruto. Nessa linha, correta a crítica de Bruno Lanna Peixoto e Ludmilla Martins da Silva no sentido de que a função dissuasória das multas administrativas ficam ainda mais enfraquecidas nos casos de cartéis de longa duração, uma vez que, "considerando que a decisão dos agentes econômicos em formar ou não cartéis está relacionada aos custos e benefícios provenientes da colusão, adotar como base de cálculo o faturamento bruto referente ao ano anterior à instauração do processo não é suficientes para dissuadir futuros cartéis. [...] O estabelecimento de um limite percentual máximo para as multas induz comportamentos colusivos, incentivando o desenvolvimento de arranjos estáveis e duradouros, isso porque o valor da multa, somado aos custos de operacionalização do cartel (incluindo a defesa perante as autoridades), torna-se o lucro mínimo que os agentes econômicos devem auferir para que concluam que o ilícito compensa ou compensará." (Peixoto; Silva, *op. cit.*, 2018, p. 119).

denados à reparação dos danos ocasionados por sua atuação, operar-se-á um consequente desestímulo ao conluio entre concorrentes, haja vista que a análise de custo-benefício da formação do cartel será menos atrativa do que é hoje. Por tal razão, a função preventiva da responsabilidade civil merece ainda mais destaque sob a ótica da reparação de danos de cartel.

Todavia, como indica Posner, a única forma de a função de *deterrence* da responsabilidade civil por danos oriundos de cartel operar da forma devida é por meio da identificação dos custos sociais ocasionados pelo cartel[163], custos estes que são objeto de análise mais detida no Item 4.1.7. Tal constatação não significa dizer que o valor imposto em condenações aos ofensores deva ser igual ao custo que o cartel impôs à sociedade. Como bem alerta Posner, essa só seria uma conclusão correta caso a probabilidade de detecção do ilícito antitruste fosse de 100%. Para que a equação do risco de detecção do ato ilícito comparado ao lucro esperado com a formação do cartel, invariavelmente realizada pelos potenciais cartelistas, impeça as empresas de simplesmente alocar tal risco como custo de operação do cartel, o peso das condenações aplicadas nas ações indenizatórias deve ser suficiente para também compensar os custos sociais referentes àqueles cartéis que não chegam a ser identificados e punidos[164].

Para elucidar seu raciocínio, Posner traz o exemplo de um determinado cartel de fixação de preços que representa um custo social de US$ 1 milhão, sendo que as chances de sua detecção seriam de 25%, ou seja, 1 em cada 4 destes cartéis seria identificado e punido. Nessa hipótese, se o valor comumente aplicado em condenações pela formação de cartel for igual ao prejuízo por este causado, o risco contábil aos potenciais cartelistas será de US$ 250 mil, equivalendo ao valor da condenação em potencial dividido pelo risco de punição. Dessa forma, para que a análise de riscos realizada pelos infratores em potencial apresente um cenário de custo de detecção frente ao benefício econômico capaz de servir como *deterrence*, o valor total das condenações desse tipo de cartel deveria ser de US$ 4 milhões[165]. Nesse cenário o risco de responsabilização dos cartelistas geraria um desestímulo aos ofensores em potencial sem implicar enriquecimento indevido aos virtuais prejudicados, já que as ações indenizatórias estariam limitadas à restituição dos custos sociais do cartel.

[163] Posner, *op. cit.*, 2001, p. 266-267.

[164] Posner, *op. cit.*, 2001, p. 269.

[165] Posner, *op. cit.*, 2001, p. 269.

3.1.3. Função punitiva

Como visto, a admissão do caráter punitivo da responsabilidade civil é fruto da evolução dos limites do instituto estabelecida pela doutrina e jurisprudência contemporâneas. A maior parte das doutrinas clássicas, nacionais ou estrangeiras, pautada na ideia de estabelecimento de balizas entre a responsabilidade civil e a penal, relegava o caráter punitivo apenas a esta última[166], sendo relevante a observação de Daniel Levy, no sentido de que "a progressiva distinção entre crime e delito, entre público e privado e entre pena e indenização decorreu muito mais de um anseio político de dominação estatal do que de um fundamento verdadeiramente técnico-jurídico"[167]. Não há como se ignorar, todavia, que "[p]ena e reparação do dano são ambos oriundos da mesma fonte."[168]

Com efeito, hodiernamente, admite-se, como bem ressalva Sanseverino, que a responsabilidade civil conserve resquícios de sua função sancionatória ou punitiva, de modo que a indenização possa vir a assumir contornos de verdadeira *pena privada*, em especial quando se trata da indenização por danos morais, hipótese em que, nos dizeres do autor, "se enfatiza a necessidade de punição do autor do dano."[169]

Dentre os autores contemporâneos, aqueles que negam a existência da função punitiva da indenização o fazem sobretudo com base na inexistência de previsão legal expressa apta a conferir esse caráter sancionatório à indenização[170], havendo quem sustente, inclusive, que a legislação vigente apontaria no sentido oposto[171]-[172].

[166] Pode-se citar, a título exemplificativo, as doutrinas de SOURDAT, *op. cit.*, 1852; MAZEUAD; MAZEUAD; TUNC, *op. cit.*, 1977; DIAS, *op. cit.*, 1960; e CAMMAROTA, Antonio. *Responsabilidad Extracontractual*: hechos y actos ilícitos. Buenos Aires: Depalma, 1947.

[167] LEVY, *op. cit.*, 2012, p. 39.

[168] LEVY, *op. cit.*, 2012, p. 42.

[169] SANSEVERINO, Paulo de Tarso Vieira. *Princípio da reparação integral*: indenização no Código Civil. São Paulo: Saraiva, 2010. p. 272.

[170] SCHREIBER, Anderson. *Novos paradigmas da responsabilidade civil*: da erosão dos filtros de reparação à diluição dos danos. 5ª ed. São Paulo: Atlas, 2013, p. 211-217.

[171] Neste sentido: CAVALIERI FILHO, Sérgio. *Programa de Responsabilidade Civil*. 10ª ed. São Paulo: Atlas, 2012, p. 106.

[172] Tepedino, Terra e Guedes também rejeitam a atribuição de caráter punitivo à responsabilidade civil, mas o fazem partindo da premissa de que a responsabilidade civil atual, mormente ante a consolidação das hipóteses de responsabilidade objetiva, dá maior importância à vítima do que ao agente infrator, "superando completamente, em diversos casos, o objetivo de identificação do culpado – o responsável – pela responsabilidade sem culpa, a corroborar

Anderson Schreiber apresenta severa crítica à forma com que a jurisprudência brasileira vem aplicando caráter punitivo à indenização, em especial na indenização do dano moral. No entender do autor, a assunção do caráter punitivo violaria frontalmente a regra do art. 944 do CC, "ao combinar critérios punitivos e critérios compensatórios", fugindo, dessa forma, do modelo norte-americano (que, como é cediço, serviu de inspiração para admissão do caráter punitivo da indenização no Brasil e que separa os *compensatory damages* dos *punitive damages*). Com isso, nas palavras do autor, estar-se-ia criando "espécie bizarra de indenização, em que ao responsável não é dado conhecer em que medida está sendo apenado, e em que medida está simplesmente compensando o dano, atenuando, exatamente, o efeito dissuasivo que consiste na principal vantagem do instituto."[173]

Schreiber reconhece, no entanto, que, cada vez mais, a doutrina amplamente majoritária se consolida no sentido de admitir o caráter punitivo da responsabilidade civil, notadamente no âmbito da quantificação do dano moral[174].

No direito português, Inocêncio Galvão Telles, sustenta o caráter punitivo do dano moral, uma vez que este deve ser fixado com base no grau de gravidade do dano e na situação econômica das partes envolvidas no litígio[175]-[176]. O doutrinador português aponta, inclusive, para a existên-

a inadequação de se atribuir ao instituto caráter punitivo" (Tepedino, Gustavo; Terra, Aline de Miranda Valverde; Guedes, Gisela Sampaio da Cruz. *Responsabilidade Civil.* Rio de Janeiro: Forense, 2020. p. 2).

173 Schreiber, *op. cit.*, 2013, p. 212-213.

174 Teresa Ancona Lopez, por exemplo, ao reconhecer a existência de movimento doutrinário e jurisprudencial no sentido de consolidar a admissão da função punitiva da responsabilidade civil enfatiza que, em seu entender, esta função punitiva, no ordenamento jurídico brasileiro, "só é possível para os danos morais". (Lopez, *op. cit.*, 2010, p. 82).

175 "Vê-se daqui que a reparação dos danos morais não reveste puro carácter indemnizatório: reveste também, de certo modo, carácter punitivo. É indemnização, se bem que indirecta, na medida em que se apresenta como uma compensação em cuja fixação se atende à gravidade dos danos. É pena – pena privada, estabelecida no interesse da vítima – na medida em que se apresenta como um castigo em cuja fixação se atende ainda ao grau de culpabilidade e à situação económica do lesante e do lesado. Estamos assim verdadeiramente perante uma providência mista, que participa da natureza de indemnização e da natureza de pena." (Telles, Inocêncio Galvão. *Direito das Obrigações.* 7ª ed. Coimbra: Coimbra, 1997, p. 387).

176 Também dentre os doutrinadores portugueses, António Menezes Cordeiro é enfático ao afirmar ser pacífico o entendimento, no ordenamento jurídico português, acerca do escopo punitivo da indenização (Cordeiro, *op. cit.*, 2017, v. 8, p. 419).

cia de caráter punitivo também no âmbito do dano material, com base na interpretação do art. 494º do Código Civil português[177], que, à exemplo do parágrafo único do art. 944 do Código Civil brasileiro[178], estabelece a possibilidade de se reduzir o montante da indenização com base no grau de culpa do infrator[179].

Na França, os irmãos Mazeaud e André Tunc, muito embora ressaltassem que a mensuração dos danos e prejuízos independeriam da gravidade do ato, reconheciam que os tribunais franceses, já em meados do Século XX, "em muitos casos não vacilam em fixar a quantia dos danos e prejuízos em consideração à gravidade da culpa cometida pelo agente, convertendo, então, a condenação civil em uma pena, mas uma pena privada, posto que beneficia à vítima"[180].

Dentre os italianos, a despeito de Massimo Bianca consignar, de forma expressa, que "o remédio sancionatório não tem caráter punitivo,"[181] outros autores de relevo, como Pietro Trimarchi defendem que a responsabilidade civil visa, de um lado, reintegrar o patrimônio do ofendido e, de outro punir o ofensor[182]-[183].

[177] "Quando a responsabilidade se fundar na mera culpa, poderá a indemnização ser fixada, equitativamente, em montante inferior ao que corresponderia aos danos causados, desde que o grau de culpabilidade do agente, a situação económica deste e do lesado e as demais circunstâncias do caso o justifiquem."

[178] "Art. 944. A indenização mede-se pela extensão do dano.
Parágrafo único. Se houver excessiva desproporção entre a gravidade da culpa e o dano, poderá o juiz reduzir, eqüitativamente, a indenização".

[179] "Pelo que respeita aos danos patrimoniais, os critérios próprios da ideia punitiva, por força dos quais o montante a pagar não coincide pura e simplesmente com o valor dos prejuízos, só se aplicam quando, em matéria de responsabilidade extraobrigacional, se considere equitativo atenuar a responsabilidade do agente em razão das circunstâncias, nos termos do artigo 494." (TELLES, *op. cit.*, 1997, p. 387-388).

[180] Tradução livre do original, em espanhol: "en muchos casos no vacilan em fijar la cuantía de los daños y prejuicios en consideración a la gravedad de la culpa cometida por el agente; convierten entonces la condena civil en una pena; pero en una pena privada, puesto que beneficia a la víctima" (MAZEUAD; MAZEUAD; TUNC, *op. cit.*, 1977, p. 7-8).

[181] Tadução livre do original, em italiano: "i rimedi sanzionatori non hanno carattere punitivo" (BIANCA, *op. cit.*, 1994, v. V, p. 110).

[182] TRIMARCHI, Pietro. *Causalità e danno*. Milão: Giuffrè, 1967. p. 53.

[183] Adriano De Cupis também sai em defesa do caráter "normalmente sancionatório" da responsabilidade civil, asseverando que a "sanção ressarcitória em que consiste a responsabilidade civil" deve ser considerada como elemento de proteção de interesses, haja vista que a norma jurídica, além de proibir determinadas condutas, serve também como

No direito espanhol, Luis Díez-Picazo destaca-se dentre aqueles que rejeitam o caráter punitivo da responsabilidade civil. Para o autor, a função punitiva é natural ao direito da *common law*, sendo estranha aos ordenamentos jurídicos da Europa continental. Segundo Díez-Picazo, não seria justo, para castigar o ofensor, enriquecer o prejudicado pela conduta ilícita. Caso se quisesse punir o autor do ato ilícito, melhor seria, na opinião do autor, direcionar o montante a ser pago pelo ofensor ao tesouro público, para que esse pudesse favorecer à sociedade como um todo[184].

No direito brasileiro, dentre os defensores da admissão de um caráter punitivo da responsabilidade civil, Nelson Rosenvald inicia sua obra monográfica acerca do tema ressaltando a necessidade de "redescobrir-se", a pena civil como "uma relevante ferramenta de apoio ao dever ético de não defraudar as expectativas suscitadas nos outros, mantendo a credibilidade na eficácia do sistema jurídico"[185]. Defende o autor que, diante da evolução das relações econômicas e sociais, não se pode mais se apegar, de forma tão intransigente, à doutrina civil clássica, notadamente apoiada no código napoleônico:

> [...] o desafio para a teoria jurídica consiste em elaborar uma teoria da responsabilidade que se adeque às novas exigências econômicas e sociais. Definitivamente, o direito civil clássico – tributo ao código napoleônico – não pode servir de modelo para aquilo que se pretenda da responsabilidade civil nos próximos tempos. Em uma sociedade plural e democrática, premida por questionamentos éticos que vão da biotecnologia à natureza, culminando na própria preservação da espécie humana, seria risível recorrer ao oráculo do legislador e ao direito privado dos contratos interindividuais e da propriedade privada, alicerçado no conceito de sujeito de direito como pessoa capaz de assumir direitos e obrigações, tal e qual ainda se lê no art. 1º do Código Civil de 2002[186].

De fato, respeitadas as opiniões em sentido diverso, entendemos, como já suscitado nos Itens anteriores, que o instituto da responsabilidade civil

elemento de ameaça das consequências econômicas de sua violação. (Cupis, Adriano De. *El daño*: teoría general de la responsabilidad civil. Santiago: Olejnik, 2020, p. 369).

184 Díez-Picazo, Luis. *Derecho de daños*. Madrid: Civitas, 1999. p. 46.

185 Rosenvald, *op. cit.*, 2017, p. 18.

186 Rosenvald, *op. cit.*, 2017, p. 26.

se aproxima, cada vez mais, de uma cultura mais preventiva do que simplesmente reparatória ou compensatória, buscando *antecipar resultados* e, com isso *mitigar danos*, além, evidentemente, de repará-los[187]. Mais do que isso. Entendemos que, pela própria natureza do instituto, ao reconhecer a possibilidade de se compensar danos à esfera imaterial da vítima, por meio da fixação de indenização em dinheiro, não haveria como se afastar o fato de que a responsabilidade civil por dano moral culminará a redução da esfera patrimonial do ofensor, de modo a despertar neste (e na vítima) uma sensação de punição do ato ilícito[188]. A bem da verdade, nos parece seguro afirmar que, se o *quantum* indenizatório do dano moral não for fixado em montante suficiente para despertar nas partes a sensação de punição, não haverá sequer como se cogitar o próprio atendimento à função compensatória da responsabilidade civil[189].

Nesse sentido, alinhamo-nos ao entendimento de Sanseverino, para quem o reconhecimento do caráter punitivo do dano moral não implica "o reconhecimento das *punitive damages*, constituindo apenas argumentos para justificar o arbitramento da indenização por danos extrapatrimoniais."[190] De fato, a admissão de caráter punitivo da responsabilidade civil no ordenamento jurídico brasileiro não pode ser confundida com a admissão da doutrina dos *punitive damages*, desenvolvida nas jurisdições da *common law*. O direito brasileiro não admite a indenização puramente punitiva. Dessa

[187] Acerca da busca do direito contemporâneo pela mitigação dos danos ver: LEVY, *op. cit.*, 2012; KULESZA, Gustavo Santos. *Princípio da mitigação de danos:* evolução no direito contratual. Curitiba: Juruá, 2015; e LOPEZ, *op. cit.*, 2010.

[188] Georges Ripert chega, inclusive, a afirmar que o objetivo real da condenação em danos morais "não é a satisfação da vítima, mas a punição do autor" e que, com isso, "[a]s perdas e danos não têm o caráter de indenização, mas caráter exemplar" (RIPERT, Georges. *A regra moral nas obrigações civis.* 2ª ed. Campinas: Bookseller, 2009, p. 339). Em sentido semelhante a lição de Mário Moacyr Pôrto, no sentido de que "a indenização do dano moral tem um inequívoco sabor de pena, de represália pelo mal injusto" (PÔRTO, Mário Moacyr. *Temas de responsabilidade civil.* São Paulo: Revista dos Tribunais, 1989, p. 33).

[189] Nessa mesma linha, Fernando Noronha defende que, "[q]uando se fala na função sancionatória da responsabilidade civil, pretende-se realçar que ela, impondo sempre um sacrifício, maior ou menor, ao lesante, acaba também punindo este." (NORONHA, *op. cit.*, 2003, p. 439). Em sentido semelhante, Caio Mário defende que "[q]uando se cuida do dano moral, o fulcro do conceito ressarcitório acha-se deslocado para a convergência de duas forças: 'caráter punitivo' para que o causador do dano, pelo fato da condenação, se veja castigado pela ofensa que praticou; e o 'caráter compensatório' para a vítima, que receberá uma soma que lhe proporcione prazeres como contrapartida ao mal sofrido" (PEREIRA, *op. cit.*, 2018, p. 75).

[190] SANSEVERINO, *op. cit.*, 2010, p. 273.

forma, o caráter punitivo da responsabilidade civil só se manifestará em nosso ordenamento jurídico quando aliado às funções reparatória e preventiva do instituto da responsabilidade civil[191].

Frise-se, inclusive, que o estudo do desenvolvimento histórico do instituto da responsabilidade civil nos ordenamentos da *common law* em comparação com as jurisdições de *civil law* evidencia o fato de que a resistência histórica de se atribuir caráter punitivo à indenização nessas últimas se dá muito em função da tradição cultural-religiosa de rejeição à ideia de se substituir um dano moral por uma indenização pecuniária. Em investigação aprofundada das origens socioculturais da responsabilidade civil nos diferentes ordenamentos jurídicos, Daniel Levy aponta, com precisão, que, enquanto a cultura católica (fortemente enraizada no Brasil) confere ao enriquecimento contornos de imoralidade, "a cultura protestante não indaga se receber dinheiro oriundo de danos punitivos é, ou não, um pecado; simplesmente não se pergunta."[192] Justamente por isso, a aceitação da responsabilidade civil como pena privada, revertida em favor do prejudicado pelo ato ilícito, se deu de forma mais natural em países como a Inglaterra e EUA, ao passo em que, em ordenamentos jurídicos codificados, "[o] enriquecimento gerado pela indenização punitiva [...] parece atribuir à vítima algo que não lhe pertence."[193_194]

Outro ponto fundamental de ser destacado quanto à função punitiva da responsabilidade civil é o fato de que ela nem sempre implicará, no caso concreto, a majoração do *quantum* indenizatório, como normalmente se poderia imaginar. Como esclarece Fernando Noronha, "às vezes ela tem um efeito contrário, fundamentando uma redução do quantitativo que em princípio seria defensável,"[195] com base, exatamente, na norma tipificada no parágrafo único do art. 944 do Código Civil, que estabelece que "[s]e houver excessiva desproporção entre a gravidade da culpa e o dano, poderá o juiz reduzir, eqüitativamente, a indenização".

No caso específico dos cartéis, quando há condenação de múltiplos integrantes do cartel pelo mesmo dano, é possível de se admitir a aplica-

[191] Sanseverino, *op. cit.*, 2010, p. 272-275.

[192] Levy, *op. cit.*, 2012, p. 94.

[193] Levy, *op. cit.*, 2012, p. 95.

[194] Para aprofundamento do estudo quanto à construção sociocultural da responsabilidade civil nos diversos ordenamentos jurídicos, ver: Levy, *op. cit.*, 2012, p. 91-103.

[195] Noronha, *op. cit.*, 2003, p. 440.

ção do parágrafo único do art. 944 para adequação da indenização ao grau de culpa do cartelista. Na prática, o papel de cada um dos integrantes do cartel na ocorrência do dano varia bastante a partir do grau de relação com o prejudicado e do papel do cartelista dentro da organização do cartel.

Diogo Leonardo Machado de Melo, em comentário ao art. 944 do Código Civil, sustenta, inclusive, ser possível sua aplicação de forma "inversa", de modo a considerar a culpa grave como justificativa para majoração da indenização do dano moral[196]. Importa destacar, todavia, que a análise do grau de culpa para efeito de quantificação da indenização se trata de *exceção* no ordenamento jurídico brasileiro, não devendo ser aplicada em todo e qualquer caso de responsabilidade civil[197].

Mesmo quando aplicada a função punitiva como justificativa para majoração da indenização, tal aplicação não deve se dar de forma desmedida a culminar a ruína do ofensor ou o enriquecimento indevido da vítima. Para evitar estes indesejados efeitos, Humberto Theodoro Júnior sustenta que o caráter punitivo deve ser aplicado de forma secundária ou subsidiária, "nunca como dado principal ou determinante do cálculo do arbitramento, sob pena de desvirtuar-se a responsabilidade civil e de impregná-la de um cunho repressivo exorbitante e incompatível com sua natureza privada e reparativa apenas da lesão individual."[198]

De fato, não obstante sejam as funções punitiva e dissuasória, a nosso sentir, indissociáveis da busca pela definição do valor a ser arbitrado para o dano moral, não há como se olvidar que o objetivo primordial do instituto

[196] MELO, Diogo Leonardo Machado de. In: NANNI, Giovanni Ettore (Org.). *Comentários ao Código Civil*: direito privado contemporâneo. São Paulo: Saraiva Educação, 2018, p. 1301.

[197] Não obstante não seja adequada, via de regra, a utilização do grau de culpa para quantificação do dano, a observação feita por Pietro Trimarchi, sob a ótica do direito civil italiano, vale também ao ordenamento jurídico brasileiro. Como acentua Trimarchi, muito embora o grau de culpa não possa ser diretamente utilizado para definição do *quantum* indenizatório, é comum de se observar uma relação natural entre o grau de gravidade da conduta culposa e a gravidade do próprio evento danoso. Por consequência, "adequar a sanção à gravidade do evento significa adequá-la indiretamente também à gravidade da culpa, com a vantagem de fazê-la depender de fatos que majoritariamente poderão ser apurados com maior segurança e avaliados com critérios mais simples, objetivos e mecânicos" (TRIMARCHI, *op. cit.*, 1967, p. 56). Tradução livre do original, em italiano: "adeguare la sanziona alla gravità dell'evento significa adeguarla indirettamente anche alla gravità della colpa, con il vantaggio di farla dipendere da fatti che per lo più possono venire accertati con maggiore sicurezza e valutati con criteri più semplici oggettivi e meccanici.".

[198] THEODORO JÚNIOR, *op. cit.*, 1999, p. 39.

é a definição de montante pecuniário apto a despertar na vítima uma sensação mínima de compensação. É, todavia, justamente esse caráter acessório da função punitiva para atingimento da função compensatória que torna inafastável a existência de caráter punitivo na indenização moral.

Muito embora os critérios a serem observados para definição do dano moral sejam objeto de análise mais detida no Item 6.2.3.4, é necessário reforçar, para fins da questão em análise, que somente se chegará à definição de um valor adequado para indenização do dano moral se, além da gravidade do dano, forem considerados as esferas patrimoniais da vítima e do ofensor no momento de sua definição. Acaso desconsiderado o patrimônio de quaisquer das partes envolvidas, parece-nos que seria impossível se atingir a almejada sensação de "compensação" pelo dano sofrido. Nesse diapasão, sendo o patrimônio do ofensor elemento central da definição da indenização moral, não há como se afastar a sensação de punição que a condenação deverá despertar no réu (e, idealmente, até mesmo na vítima).

Por fim, ressalte-se que, não obstante alinhemo-nos ao entendimento de que a função punitiva da responsabilidade civil se manifesta, no direito brasileiro, notadamente por meio da quantificação dos danos morais, não nos parece possível rejeitar a possibilidade de atribuição de caráter punitivo também ao dano material, especialmente no que tange aos casos de responsabilidade civil por danos de cartel.

Antonio Junqueira de Azevedo, embora sustente que o art. 944 do Código Civil vedaria os *punitive damages* no Brasil, ressalta a existência de diversos dispositivos legais no Código Civil de 2002 que apresentam caráter claramente (e, algumas vezes, exclusivamente) punitivo, de modo a afastar a ideia de que o Direito Civil brasileiro não imporia punições[199].

De fato, em algumas hipóteses (excepcionais, é bem verdade), a legislação brasileira prevê, de forma expressa, a possibilidade de fixação de

[199] Nos dizeres de Junqueira: "Do nosso lado, o lado civilista, cumpre lembrar, antes mais nada, que não é verdade que o direito civil não puna. Em várias situações, o próprio Código Civil emprega até mesmo a palavra 'pena'. Assim, exemplificativamente, após prever que o herdeiro que sonega bens da herança perde o direito que sobre eles tinha (art. 1.992), determina (art. 1.993): 'além da pena cominada no artigo antecedente, se o sonegador etc. etc.' Nos artigos 939 e 940, o Código prescreve que o credor ganancioso que cobra o devedor antes do vencimento da dívida ou demanda por dívida já paga sofre sanções patrimoniais e, no artigo 941, determina 'as penas previstas nos arts. 939 e 940 não se aplicarão etc. etc.'" (Azevedo, Antônio Junqueira de. *Novos estudos e pareceres de direito privado*. São Paulo: Saraiva, 2009, p. 379).

indenização material de caráter notadamente punitivo, sendo, talvez, a mais marcante delas a hipótese do art. 940 do CC, que prevê a restituição em dobro do indébito[200], merecendo também destaque as penas aplicáveis pelo art. 939 do CC ao credor que demandar do devedor o pagamento da dívida antes do vencimento[201].

A responsabilidade civil por danos oriundos de cartel também se enquadra nas hipóteses excepcionais em que o dano material se reveste de caráter punitivo por expressa previsão legal. A Lei nº 14.470/22 inseriu o § 1º ao art. 47 da LDC, que instituiu a indenização em dobro dos danos oriundos de cartel, fazendo, inclusive, a ressalva de que a pena civil será aplicada "sem prejuízo das sanções aplicadas nas esferas administrativa e penal"[202].

Não nos parece haver margem para questionamentos, portanto, quanto à tríplice função da responsabilidade civil em matéria de reparação de danos de cartel, inclusive no que se refere aos danos materiais.

3.2. O ato ilícito de cartel e a necessária separação entre ato ilícito e dano

Na lição de Pessoa Jorge, ato ilícito "é sempre algo de *contrário ao direito*, mas as dificuldades começam logo na delimitação básica desse juízo de antijuridicidade" Como bem observa o autor português, os comportamentos reprováveis pela ordem jurídica e a intensidade da reprovação a tais comportamentos não são estanques, variando juntamente da evolução social[203].

De forma bastante simplista, ato ilícito pode ser conceituado como aquele ato que contraria determinada norma jurídica de modo a culminar determinada sanção[204]-[205]. A conduta tida como ato ilícito pode ter

[200] "Art. 940. Aquele que demandar por dívida já paga, no todo ou em parte, sem ressalvar as quantias recebidas ou pedir mais do que for devido, ficará obrigado a pagar ao devedor, no primeiro caso, o dobro do que houver cobrado e, no segundo, o equivalente do que dele exigir, salvo se houver prescrição".

[201] "Art. 939. O credor que demandar o devedor antes de vencida a dívida, fora dos casos em que a lei o permita, ficará obrigado a esperar o tempo que faltava para o vencimento, a descontar os juros correspondentes, embora estipulados, e a pagar as custas em dobro".

[202] A indenização em dobro instituída pela Lei nº 14.470/22 é objeto de estudo no Item 7.1.

[203] JORGE, *op. cit.*, 1995, p. 61.

[204] Vicente Ráo conceitua ato ilícito como aquela conduta que viola o direito e, consequentemente, é reprimida por sanções civis ou penais ou por ambas ao mesmo tempo. Ressalta o autor, no entanto, que o ofensor, ao proceder com a prática do ato ilícito, não o faz movido pela vontade de sofrer as sanções cíveis ou penais advindas de tal ato, mas sim para

ou não origem em inadimplemento de determinada obrigação (contratual ou extracontratual)[206], pode ser positiva ou negativa e, inclusive, pode derivar da prática de abuso de direito, nos termos do art. 187 do Código Civil. Muito embora a prática de cartel seja não só ilegal como também criminosa,[207] é relevante a advertência de Vicente Ráo acerca da impossibilidade de se confundir os conceitos de *ilegalidade* e de *ilicitude*, "pois ilegal pode ser um fato, ou ato, sem ser propriamente ilícito."[208]-[209]

Para efeito do presente estudo, é fundamental estabelecer as balizas que separam os conceitos jurídicos *ato ilícito* e *dano*. Isso porque, muito embora a formação de cartel, como visto no Item 2.1, seja sempre tratada como ato ilícito, ela não necessariamente gerará danos.

Não obstante tenha, de modo geral, sido festejada a evolução da redação do artigo 186 se comparada à redação do artigo 159 do Código Civil de 1916, tido como seu correspondente direto, o tratamento do dano como

"evitar prejuízo maior, ou tal seja a hipótese, pelo de não cumprir a sua obrigação, pura e simplesmente". Partindo de tal premissa, assevera que "[s]ó de modo impróprio pode, portanto, o delito (civil ou criminal) ser qualificado como ato jurídico, porque não consiste em ato de exercício da autonomia privada, dispositiva e perceptiva da vontade, destinado a criar, praticar, alterar, ou extinguir direitos, de conformidade com o ordenamento jurídico." (RÁO, Vicente. *Ato Jurídico*: noção, pressupostos elementos essenciais e acidentais. O problema do conflito entre os elementos volitivos e a declaração. 3ª ed. São Paulo: Revista dos Tribunais, 1981, p. 25-27).

205 Diversamente do que ocorre com os ilícitos penais, o ato ilícito civil, como destaca Carlos Alberto Bittar, não apresenta rol exaustivo em lei. Bem aponta o citado autor a impossibilidade de se cogitar um elenco de ações produtoras da responsabilidade civil, "vez que, a cada momento, situações novas são detectadas, maquinações e artimanhas são engendradas, mecanismos diversos de comunicação são inseridos no mercado, à luz da imensa capacidade criadora do homem e de locubrações que pode alcançar sua inteligência." (BITTAR, *op. cit.*, 1999, p. 130).

206 BIANCA, *op. cit.*, 1994, v. V, p. 112.

207 Conforme art. 4º, inciso II, da Lei nº 8.137/90.

208 RÁO, *op. cit.*, 1981. p. 27.

209 Relevante, aliás, a lição de François Terré, Philippe Simler e Yves Lequette, no sentido de que, embora os ilícitos civis possam, em dados casos, como ocorre com o ato ilícito de cartel, configurar também um ilícito penal, os ilícitos cíveis não são necessariamente previamente elencados em lei como atos ilícitos. Na realidade, como elucidam os autores, "um delito civil ou quase-delito é qualquer ato, seja ele imprudente ou negligente, ou mesmo qualquer ato normal, que cause dano a outrem" (TERRÉ, François; SIMLER, Philippe; LEQUETTE, Yves. *Droit civil*: Les obligations. 9ª ed. Paris: Dalloz, 2005, p. 666-667). Tradução livre do original, em francês: "le délit ou quasi-délit civil, c'est tout fait quelconque, serait-il d'imprudence ou de négligence, voire tout fait normal, qui cause à autri un dommage".

consequência do ato ilícito dividiu a doutrina e é, até hoje, alvo de severas críticas[210]-[211]. Caio Mário da Silva Pereira, em análise ao projeto do Código Civil de 2002, chegou classificar a redação do artigo 186 como "um deslize que necessita de esclarecimento" ao exigir a conjugação da violação ao direito e do dano para configuração do ato ilícito[212].

Há aqueles, no entanto, que consideram o dano como elemento integrante e indispensável do ato ilícito, como, por exemplo, Orlando Gomes[213] e Carlos Roberto Gonçalves[214].

Respeitadas as opiniões em sentido diverso, nos parece de fundamental importância que se faça a distinção dos institutos do ato ilícito e do dano, que acabaram tratados de forma indistinta na redação do artigo 186. Justamente por isso, o dano oriundo de cartel é objeto de Capítulo próprio nesta obra.

[210] Ainda na vigência do Código Civil de 1916, Mário Moacyr Pôrto, pautado na doutrina dos Mazeaud e Tunc, já chamava à atenção para a necessidade de distinguir-se ato ilícito e dano, ressaltando que a responsabilidade civil somente se observa "com a efetiva ocorrência do prejuízo, que nem sempre é contemporânea ao fato que o produziu." (Pôrto, Mário Moacyr. *Ação de responsabilidade civil e outros estudos*. São Paulo: Revista dos Tribunais, 1966, p. 3-4).

[211] Pautado em entendimento semelhante ao de Moacyr Pôrto, José de Aguiar Dias apresentou severas críticas à redação do art. 186 do Código Civil: "Se o que se pretendia era tratar separadamente do ato ilícito e da reparação do dano, ao contrário do art. 159, que tratava da obrigação de reparar baseada na culpa, houve um visível excesso na definição daquele, em cujos elementos integrantes não figura o dano, requisito, sim, da obrigação de reparar. O ato ilícito pode não causar dano. É o que ensina, entre muitos, José Paulo Cavalcanti, a propósito mesmo da discussão sobre o Projeto, e o que sustenta José de Oliveira Ascensão ('Ilícito Pessoal e Responsabilidade Civil', Revista de Direito Comparado Luso-Brasileiro, n.3, p. 149): '...o ilícito civil não está necessariamente associado à produção do de danos. O ilícito civil surge e tem consequências civis, mesmo que porventura nenhuns danos haja a reparar" (Dias, José de Aguiar. *Da responsabilidade civil*. 10ª ed. Rio de Janeiro: Forense, 1997, p. 30).

[212] Pereira, Caio Mário da Silva. *Instituições de direito civil*. 28ª ed. Rio de Janeiro: Forense, 2015, v. 1, p. 553.

[213] "Situação diferente apresenta-se quando, de ato infringente de norma jurídica, resulta *dano* a outra pessoa. A violação implica, nesse caso, lesão a um *direito subjetivo*, provocando reação diferente. Quem causou o dano fica obrigado a repará-lo, se capaz de entender e querer. Esse é o domínio da ilicitude, um dos aspectos mais importantes da *antijuridicidade*. Chama-se *ato ilícito* o praticado nessas condições." (Gomes, Orlando. *Responsabilidade civil*. Rio de Janeiro: Forense, 2011. p. 57).

[214] "Ato ilícito é, portanto, fonte de obrigação: a de indenizar ou ressarcir o prejuízo causado. É praticado com infração a um dever de conduta, por meio de ações ou omissões culposas ou dolosas do agente, das quais resulta dano para outrem" (Gonçalves, Carlos Roberto. *Direito civil brasileiro*. 9ª ed. São Paulo: Saraiva, 2012, v. 4, p. 494).

A necessidade de separação entre os institutos do ato ilícito e do dano se revela imperiosa pelo simples fato de ser possível a prática de ato ilícito sem que tal conduta resulte em dano indenizável – em determinados casos, ao menos não de imediato. Não se pode, portanto, confundir a causa (ato ilícito), com sua consequência (dano)[215]. Tal entendimento é relevante, por exemplo, para efeito de verificação da legitimidade e do interesse de agir necessários ao ajuizamento de ações indenizatórias, bem como para que se chegue à adequada verificação do marco temporal inicial do prazo prescricional, conforme melhor se demonstrará, respectivamente, nos Itens 6.2.1 e 6.1.1.

Assim, na presente obra, partir-se-á da premissa de que a mera violação do direito já caracteriza o ato ilícito e de que, consequentemente, como assevera Silvio Neves Baptista, "nem todo ato ilícito gera o dever de ressarcimento, porque a responsabilidade civil decorrente do ato ilícito não resulta só da ilicitude, mas também da ação ou omissão que causa dano a outrem"[216].

A separação dos institutos do ato ilícito e do dano é, como já pontuado, de suma importância no estudo da responsabilidade civil pela prática de cartel. Conforme demonstrado no Item 2.1, a jurisprudência do CADE caminhou no sentido de entender a expressiva maioria dos cartéis como ilícito *per se*. No entanto, o ato ilícito de formação de cartel não necessariamente culminará prejuízo a terceiros e, portanto, pode não dar origem a danos indenizáveis[217].

Em alguns casos, principalmente quando o cartel é recente e os objetivos econômicos visados por seus integrantes ainda não foram atingidos, sua formação ainda não haverá gerado danos ao mercado. Em tal cenário, será possível observar hipótese em que o ato ilícito de formação de cartel será punível nos âmbitos administrativo e criminal, haja vista o enquadramento do cartel como ilícito *per se*, mas, em paralelo, não se verificará a repercussão do ato ilícito em responsabilidade civil, pois, em nosso ordenamento jurídico, a mera expectativa ou possibilidade de dano não é passível de indenização.

[215] Bianca, *op. cit.*, 1994, v. V, p. 114.

[216] Baptista, Silvio Neves. *Teoria geral do dano*: de acordo com o novo código civil brasileiro. Atlas: São Paulo, 2003, p. 50.

[217] Vale ressaltar, desde logo, que também não se pode misturar os conceitos de prejuízo e dano. A diferenciação dos dois institutos é realizada no Item 3.5.

Por fim, fundamental pontuar que a formação de cartel configura ato ilícito que se prolonga no tempo. Há, no entanto, discussão acerca da classificação do cartel como crime permanente ou crime continuado, discussão esta que, conforme se verá mais adiante, possui reflexos relevantes também no âmbito cível, mormente para fins da análise da prescrição.

Como é cediço, crime permanente é aquele que se prolonga no tempo, sem a possibilidade de definição individualizada de datas específicas da prática do ato ilícito, ao passo em que crime continuado é aquele em que, não obstante a reiteração das condutas ilícitas, os atos ilícitos são possíveis de serem identificados e individualizados em datas específicas[218].

Nesse sentido, a própria identificação do cartel como crime permanente ou continuado revela a impossibilidade de se confundir ato ilícito e dano. Seja o cartel considerado como crime permanente ou como crime continuado – o que dependerá da análise concreta, como já decidiu o STJ[219] –, a apuração dos danos causados por sua formação deverá se dar de forma conjunta, em uma única ARDC. No entanto, na primeira hipótese não há de se falar na possibilidade de individualização dos atos ilícitos praticados, enquanto na segunda essa divisão seria sim possível de ser realizada.

[218] NUCCI, Guilherme de Souza. *Manual de direito penal*: parte geral: parte especial. 2ª ed. São Paulo: Revista dos Tribunais, 2006, p. 110-111 e 457.

[219] DIREITO PENAL E PROCESSUAL PENAL. AGRAVO EM RECURSO ESPECIAL. RECURSOS QUE ULTRAPASSAM A ADMISSIBILIDADE. MÉRITO. CRIME CONTRA A ORDEM ECONÔMICA. CARTEL. ART. 4º, II, DA LEI N. 8.137/90. FORMAL. MOMENTO CONSUMATIVO. NECESSIDADE DA ANÁLISE DOS CASOS CONCRETOS. HIPÓTESE EM QUE SE CONFIGUROU A PERMANÊNCIA DAS CONDUTAS. NOVAS LESÕES AO BEM JURÍDICO OCORRIDAS NO TRANSCURSO DO TEMPO. CRIME PERMANENTE CONFIGURADO. PRESCRIÇÃO. TERMO INICIAL CONTADO DA ÚLTIMA CONDUTA. ART. 111, III, DO CÓDIGO PENAL – CP. AGRAVO CONHECIDO. RECURSO ESPECIAL CONHECIDO E DESPROVIDO.

[...]

3. A respeito do momento consumativo, a doutrina pouco discorre sobre o assunto, gerando conflitos de interpretação pelos julgadores e causando insegurança jurídica. A classificação automática do crime de formação de cartel como instantâneo ou permanente denota análise prematura sem a investigação pormenorizada dos casos postos a debate. Portanto, devem ser perquiridos os casos concretos.7. Agravo conhecido. Recurso especial conhecido e desprovido. (STJ. AREsp n. 1.800.334/SP, Rel. Min. Joel Ilan Paciornik, Quinta Turma, julgado em 09.11.2021).

3.3. Nexo causal e sua imputação em ações de reparação de danos de cartel

No Item anterior foram destrinchadas as questões relacionadas à verificação da figura do ato ilícito e à identificação do cartel como ato ilícito *per se*. É, no entanto, a figura do nexo causal que permite estabelecer o elo entre ato ilícito (cartel) e dano. Sem o estabelecimento desse elo, não se verifica a obrigação de indenizar[220].

Nexo causal, em um contexto amplo, é, como leciona Massimo Bianca, "aquela relação entre dois eventos que identifica um como consequência do outro"[221]. Especificamente no campo da responsabilidade civil, nexo causal pode ser definido, nas palavras de Adriano De Cupis, como "o nexo etiológico *material* (é dizer, *objetivo* ou *externo*) que liga um fenômeno a outro, que, no que concerne ao dano, constitui o fator de sua imputação material ao sujeito humano."[222] Tal vinculação, salvo nas hipóteses em que há presunção legal quanto ao liame de causalidade, deverá ser comprovada pelo lesado autor da demanda judicial[223].

Há de se ressaltar, aliás, que em casos de atos ilícitos com repercussões múltiplas na esfera patrimonial das vítimas, como é o caso dos danos causados por cartel, a demonstração do nexo de causalidade entre os prejuízos observados pelos autores e a ação ou omissão dos réus se revela ainda mais relevante, pois, como observado por Marco Fábio Morsello, "nem todos os danos sobrevindos à pessoa atingida pelo ato ilícito, após a lesão, são abrangidos pela indenização."[224]-[225] Nestes casos, a análise do nexo causal será

[220] TERRÉ; SIMLER; LEQUETTE, *op. cit.*, 2005, p. 832.

[221] Tradução livre do original, em italiano: "Il nesso di causalità è quella relazione tra due eventi che identifica l'uno come consguenza dell'altro." (BIANCA, *op. cit.*, 1994, v. V, p. 128).

[222] Tradução livre do original, em espanhol: "relación de causalidad es el nexo etiológico *material* (es decir, *objetivo* o *externo*) que liga un fenómeno a otro, que en cuanto concierne al daño, constituye el factor de su imputación material al sujeto humano." (CUPIS, *op. cit.*, 2020, p. 140).

[223] MELO, *op. cit.*, 2018, p. 299.

[224] MORSELLO, Marco Fábio. O nexo causal e suas distintas teorias apreciações críticas. *Revista do Instituto dos Advogados de São Paulo Nova Série*, São Paulo, v. 10, n. 19, p. 211-218, 2007, p. 212.

[225] Marco Fábio Morsello assevera, ainda, ser "necessário que o ato ilícito seja a causa do dano, que o prejuízo sofrido pela vítima seja resultado do referido ato, sem o que a responsabilidade são será imputável ao autor do ato. Trata-se, portanto, de elemento referencial entre a conduta e o resultado, permitindo, a partir disso, inferir quem foi o causador do dano." (MORSELLO, *op. cit.*, 2007, p. 212).

fundamental para se definir a extensão da responsabilidade civil e, consequentemente, para definição do *quantum* a ser fixado a título indenizatório.

Mazeaud e Tunc chamam à atenção, ainda, para o fato de que, "com muita frequência, um ato não é a única causa de um prejuízo; junto dele há a intervenção de uma grande quantidade de outros atos que, por sua vez, são em parte causa do dano."[226] A ressalva feita por Mazeaud e Tunc é de fundamental relevância quando se está estudando os danos relacionados a cartéis.

Como se verá com maior profundidade no Item 6.2.3.1 e respectivos subitens destinados à análise dos métodos de quantificação do sobrepreço ocasionado por cartel, há diversos fatores macroeconômicos que influenciam a formação do preço e que também se projetam em mercados influenciados pela atuação cartelizada. Dessa forma, para mensuração do *quantum* indenizatório, é fundamental identificar quais dos fatores que influenciaram a variação do preço são imputáveis à atuação dos integrantes do cartel e quais não estão diretamente relacionados à colusão. Só será indenizável o prejuízo diretamente atrelado à formação do cartel.

Aliás, considerando que as consequências do ato ilícito de cartel se projetam sobre uma miríade de prejudicados, caso comprovada a existência de um nexo causal "de caráter geral", na definição de Díez-Picazo, bastará ao demandante comprovar que "se encontrava em situação de ser alcançado por aquela causa para que se possa presumir a causalidade, cabendo ao demandado a carga da prova da exclusão"[227]. Suponhamos, por exemplo, que restou comprovado que determinado cartel atuou de modo a majorar o preço dos automóveis comercializados no Brasil em 10%. Caso um consumidor que adquiriu um veículo ingresse com uma demanda indenizatória, bastará comprovar que o bem foi comprado no período e no mercado sob influência do cartel, não sendo necessário comprovar a influência sobre o preço daquele veículo em específico, não se podendo afastar, no entanto, a possibilidade de as empresas rés realizarem prova negativa do direito do autor.

Desafio maior apresentado pelo nexo de causalidade se dá naqueles casos em que existentes agentes diversos aos quais pode-se imputar a causalidade do dano. Como se sabe, o parágrafo único do art. 942 do Código

[226] Mazeuad; Mazeuad; Tunc, *op. cit.*, 1977, p. 5.
[227] Díez-Picazo, *op. cit.*, 1999, p. 168.

Civil estabelece a responsabilidade solidária aos causadores do dano. É certo, todavia, que o referido dispositivo legal está voltado às hipóteses de concausas simultâneas, em que todos os autores contribuíram por igual para a verificação do dano. O problema reside, portanto, na análise das concausas sucessivas (aquelas em que se observa uma cadeia de causas e efeitos do dano), uma vez que há uma dificuldade natural em se definir qual das concausas deve ser definida como a causadora dos danos observados pela vítima.

Para superar tais dificuldades, foram desenvolvidas três teorias principais voltadas à definição do nexo causal quando observadas concausas sucessivas: (i) a teoria da equivalência das condições (também denominada teoria da *conditio sine qua non*); (ii) a teoria da causalidade adequada; e (iii) a teoria da causalidade necessária (ou do dano direto e imediato).

A teoria da *conditio sine qua non* realiza a análise do nexo causal por meio de uma ótica inversa, suprimindo o ato ou omissão do réu para verificar se, em tal cenário, o dano não seria observado[228]. Como aponta Gisela Sampaio da Cruz, tal teoria é comumente atribuída ao magistrado alemão Maximiliano Von Buri, que defendia que toda condição da qual dependeu a produção do resultado, independentemente da sua relevância, deve ser tida por equivalente na investigação do nexo causal[229], daí porque também denominada teoria da equivalência das condições.

Há, portanto, uma série de incongruências na aplicação da teoria da equivalência das condições, advindas sobretudo da ampliação exacerbada do nexo causal.[230] Com efeito, com base na aplicação da teoria da aparência seria, em tese, possível de se admitir a existência de nexo causal entre qualquer majoração do preço de determinado serviço ou produto a partir do início da atuação do cartel, desconsiderando-se os demais fatores macroeconômicos que influenciam a formação do preço, o que não se pode admitir.

[228] Trimarchi, *op. cit.*, 1967, p. 5.

[229] Cruz, Gisela Sampaio da. *O problema do nexo causal na responsabilidade civil*. Rio de Janeiro: Renovar, 2005, p. 37.

[230] Neste sentido, Massimo Bianca aponta que "esta teoria não faz distinção entre antecedentes próximos e distantes e contrasta, assim, com o princípio legislativo do imediatismo, o qual afasta a possibilidade de que a causa do dano possa ter origem remota" (Bianca, *op. cit.*, 1994, v. V, p. 129). Tradução livre do original, em italiano: "[q]uesta teoria non distingue tra antecedenti prossimi e lontani e contrasta quindi col principio legislativo dell'immediatezza, il quale esclude che la causa del danno possa essere fatta risalire ad origini remote.".

Por sua vez, a teoria da causalidade adequada, esta atribuída ao fisiologista alemão von Kries[231], parte da análise de uma relação entre o ato ilícito praticado e sua aptidão natural para gerar os efeitos do dano sofrido pela vítima[232]. Segundo António Menezes Cordeiro, com base na teoria da causalidade adequada, é necessário "não só que o facto tenha sido, em concreto, condição 'sine qua non' do dano, mas também que constitua, em abstracto, segundo o curso normal das coisas, causa adequada à sua produção."[233] Dessa forma, como acentua Gisela Sampaio da Cruz, há de se realizar um juízo de probabilidade, "cujo objetivo é responder se a ação ou omissão do sujeito era, por si só, capaz de provocar normalmente o dano."[234] Se, no caso concreto, a causa não pode ser considerada como *elemento central* do efeito observado, mas apenas como *circunstância acidental*, afasta-se o liame de causalidade.

Embora apresente critérios mais razoáveis para a verificação do nexo causal se comparada à teoria da equivalência das condições, a teoria da causalidade adequada também é alvo de críticas, mormente em virtude da falta de precisão em sua aplicação prática[235]-[236]-[237].

Já a teoria da causalidade necessária requer a existência de uma relação de causa e efeito direta e imediata (até por isso é também denominada

231 Marino, *op. cit.*, 2011, p. 682.

232 Alpa, Guido. *La responsabilità civile*: principi. Milão: Wolters Kluwer, 2017, p. 201-202.

233 Cordeiro, *op. cit.*, 2017, v. 8, p. 534.

234 Cruz, *op. cit.*, 2005, p. 65.

235 Pietro Trimarchi, ao criticar tal teoria, chega a afirmar que esta seria "inutilizável" dada a discricionariedade do juízo de probabilidade no qual se funda a teoria da causalidade adequada. (Trimarchi, *op. cit.*, 1967, p. 41).

236 António Menezes de Cordeiro, em sua obra, apresenta exemplos práticos que facilitam a visualização das falhas da referida teoria. "A atinge B, no peito, com um tiro; B morre; há causalidade, uma vez que o disparo no peito é 'causa adequada' da morte; A deixa cair os óculos e B morre de susto: não há causalidade, por falta de 'adequação'; porém, se A, herdeiro de B e conhecedor de uma sua insuficiência cardíaca, agravada por grande sensibilidade ao inesperado, deixa cair os óculos, para matar B que, de facto, morre, já haverá responsabilidade. E adequação? Se a resposta for positiva, veremos a fórmula da 'adequação' já não é bitola de coisa nenhuma: trata-se, apenas, de um espaço que iremos preenchendo com base no senso comum e em juízos de tipo ético, até que a Ciência do Direito seja capaz de explicar o fenómeno". (Cordeiro, *op. cit.*, 2017, v. 8, p. 535).

237 Vale pontuar, todavia, que João de Matos Antunes Varela, outro relevante nome do Direito Civil português, é defensor da aplicação da teoria da causalidade adequada naquele ordenamento jurídico (Varela, João de Matos Antunes. *Das obrigações em geral.* 10ª ed. Coimbra: Almedina, 2018. p. 900-903).

teoria do dano direto e imediato). Há, portanto, o nexo de causalidade para aplicação da obrigação de indenizar quando o ato praticado pelo réu é necessário e suficiente para a ocorrência do dano[238].

O racional da teoria da causalidade necessária fica ainda mais claro com o escolar exemplo colocado por Wilson Melo da Silva[239], no sentido de que, caso uma vítima de atropelamento venha a falecer em virtude de um segundo abalroamento ocorrido no trajeto de ambulância até o hospital, o responsável pelo primeiro acidente automobilístico responderá pela obrigação de indenizar no limite dos danos causados pelo ato ilícito por ele praticado, não respondendo pelos danos e pelo evento morte relacionados ao choque na ambulância.

Anderson Schreiber apresenta, no entanto, crítica à supracitada teoria ressaltando a não definição de critérios objetivos para sua aplicação prática, o que pode dificultar a identificação precisa de qual seria, dentre todas as causas do dano, aquela que possa ser considerada como sua principal causadora[240].

A análise das teorias do nexo causal leva à inafastável percepção de que cada uma delas apresenta aspectos positivos e negativos em sua aplicação prática. Não obstante a inexistência de entendimento pacífico acerca da teoria a ser aplicada no direito brasileiro[241], a maior parte dos julgados de nossos Tribunais opta pela aplicação das teorias da causalidade adequada ou da causalidade necessária[242], o que se justifica sobretudo pela maior falibilidade observada na aplicação da teoria da equivalência das condições, conforme já demonstrado alhures.

[238] Esta teoria é positivada no direito civil brasileiro no art. 403 do CC, que estabelece que "Ainda que a inexecução resulte de dolo do devedor, as perdas e danos só incluem os prejuízos efetivos e os lucros cessantes por efeito dela direto e imediato, sem prejuízo do disposto na lei processual."

[239] SILVA, Wilson Melo da. *Da responsabilidade civil automobilística*. 3ª ed. São Paulo: Saraiva, 1980, p. 237.

[240] SCHREIBER, *op. cit.*, 2013, p. 60.

[241] Diversamente do que ocorre, por exemplo, no ordenamento português, em que o legislador acolheu expressamente a teoria da causalidade adequada, na medida em que o artigo 563º do Código Civil português estabelece que "A obrigação de indemnização só existe em relação aos danos que o lesado provavelmente não teria sofrido se não fosse a lesão.". Muito embora a teoria da causalidade necessária tenha sido refletida no art. 403 do Código Civil brasileiro, tal dispositivo legal não se aplica indistintamente a toda e qualquer demanda indenizatória, como é o caso do art. 563º do Código Civil português.

[242] CRUZ, *op. cit.*, 2005, p. 83-85.

Seja qual for a teoria eleita pelo operador do direito na verificação do nexo causal, a averiguação da causalidade entre o ato ilícito e o dano é, sem sombra de dúvidas, ponto fulcral para análise da responsabilidade civil relacionada à formação de cartel.

Primeiramente, cumpre observar que, verificada a existência do nexo de causalidade entre a atividade do cartel e o dano causado ao prejudicado, todos os partícipes do conluio devem responder solidariamente, nos termos do art. 942 do Código Civil. Há de se frisar, inclusive, que nos casos em que houver uma relação contratual entre o prejudicado e determinado membro do cartel, os demais integrantes também responderão pelos danos causados, uma vez que, conforme elucidado no Item 3.7, os danos oriundos da formação de cartel se projetam principalmente como danos extracontratuais[243].

O problema se coloca, no entanto, na realização da prova do nexo de causalidade no âmbito das ARDCs. Como destaca Luis Díez-Picazo, a realidade atual apresenta casos em que a prova do nexo causal se revela extremamente complexa, podendo o prejudicado se apresentar indefeso quando carecer de conhecimento suficiente ou não dispuser de meios documentais e periciais para comprovação da vinculação entre o ato ilícito e o dano experimentado. Diante de tal constatação, segundo Díez-Picazo, alguns autores defendem que a prova do nexo de causalidade, nos casos em que esta se mostrar excessivamente complexa, poderia se dar por meio da constatação, pelo adjudicador, da existência da mera probabilidade da existência do vínculo causal ou de que o grau de probabilidade se revela elevado[244]. De modo geral, diante das particularidades do cartel, atuando seus integrantes de modo a mascarar e ocultar quaisquer provas da existência do conluio, deve orientar o instituto da reparação civil pela prática de cartel a lição de Agostinho Alvim, para quem, nos casos em que não há "certeza absoluta de que certo fato foi o que produziu determinando

[243] Nessa mesma linha, sustenta Daniel Caselta que "há nexo causal – e, portanto, dever de indenizar – mesmo nos casos em que o prejudicado adquire os produtos ou serviços de um determinado membro do cartel e, não obstante, promova ação indenizatória contra os outros membros do cartel, com quem não manteve qualquer relação contratual. Isto porque o nexo causal a ser examinado é entre a celebração do cartel e o dano sofrido, independentemente das relações contratuais porventura existentes entre as partes". (Caselta, *op. cit.*, 2016. p. 133).

[244] Díez-Picazo, *op. cit.*, 1999, p. 238.

dano", bastaria a demonstração de um "grau elevado de probabilidade" para verificação do nexo causal[245].

Outra solução encontrada por doutrina e jurisprudência espanholas é a inversão do ônus da prova da causalidade, imputando-o àquele que "dispõe da informação necessária ou àquele a quem [a prova] se mostra mais acessível"[246]. A questão da distribuição dinâmica do ônus da prova é objeto de estudo no Item 6.2.2.5 deste trabalho. Todavia, cumpre pontuar, desde logo, que, em nosso entender, o racional de inversão do ônus da prova do nexo causal é totalmente aplicável às ARDCs processadas sob a legislação brasileira. Há clarividente desequilíbrio de acesso a informações essenciais para o julgamento da demanda entre prejudicados e cartelistas, a justificar a imposição do ônus probatório a estes últimos, com fulcro nos artigos 373, §1º e 139, inciso VI, do Código de Processo Civil.

Nos EUA, Hovenkamp aponta que a jurisprudência americana se consolidou com base no precedente instituído pela Suprema Corte no julgamento do caso Zenith[247], em que se entendeu que, para estabelecimento do nexo causal entre o ilícito concorrencial e o dano, bastaria ao autor demonstrar que a violação às normas de concorrência constituiu uma "*material cause*" do prejuízo auferido pelo autor da ARDC, aproximando-se da teoria da causalidade adequada, desenvolvida em jurisdições de *civil law*. A partir de tal precedente, algumas cortes americanas estabeleceram o entendimento de que, presentes concausas do dano, seria necessário ao autor comprovar que o ilícito concorrencial foi a principal delas, ao passo em que, outras, consolidaram seus julgados pela simples demonstração da influência do ilícito concorrencial para ocorrência do dano[248].

No que tange à utilização das teorias clássicas de identificação do nexo causal, há de se frisar que a aplicação da teoria da *conditio sine qua non*, é basicamente ineficaz quando se está diante da análise de danos oriundos da formação de cartel. Isso porque há uma dificuldade natural, gerada pelas próprias incertezas do mercado, na realização da análise inversa acerca

245 Alvim, Agostinho. *Da inexecução das obrigações e suas consequências.* 3ª ed. Rio de Janeiro: Jurídica e Universitária, 1965, p. 341.

246 O próprio Díez-Picazo aponta, no entanto, que a regra de inversão do ônus da prova do nexo causal não pode, em nenhum caso, se generalizar (Díez-Picazo, *op. cit.*, 1999, p. 238).

247 EUA. Zenith Radio Corp. vs Hazeltine Research Inc., 395 U.S 100, 114 n. 9, 89 S. Ct. 1562, 1571 n. 9, on remand, 418 F. 2d 21 (7th Cir. 1969), cert. denied, 397 U.S. 979, 90 S. Ct. 1105 (1970).

248 Hovenkamp, *op. cit.*, 2016, p. 813.

do impacto do cartel no mercado, principalmente, como sói acontecer, se o cartel é formado por empresas integrantes de mercado extremamente concentrado, controlado pelos próprios partícipes do conluio[249].

Ao se falar em danos causados pela formação de cartel, é muito comum que se pense, primeiramente, nos danos oriundos de relações verticais de mercado, ou seja, relações de fornecimento ou de consumo. Em tais cenários, a verificação do nexo de causalidade entre a conduta cartelizada e o sobrepreço é mais simples de ser realizada. Há, no entanto, uma dificuldade mais acentuada de comprovação do nexo de causalidade, por exemplo, ao se proceder à análise entre a formação do cartel e os danos causados às atividades de empresas concorrentes das integrantes do conluio. Para averiguação do nexo de causalidade nessa hipótese, a teoria da causalidade adequada parece ser aquela de maior assertividade, tendo em vista que as outras duas apresentam determinados subjetivismos que, na análise de responsabilidade civil pela prática de cartel, implicariam maior probabilidade de se cometer injustiças[250].

Ainda no que atine à prova do nexo de causalidade, a utilização de métodos similares aos aplicáveis à identificação do sobrepreço, tratados no Item 6.2.3.1 desta obra, pode ser de grande valia para auxiliar a comprovação (ou o afastamento) do nexo de causalidade entre a atuação colusiva e o prejuízo.

Interessante pontuar, aliás, que a formação de cartel pode gerar efeitos diversos nas atividades de seus concorrentes. Bruno Oliveira Maggi cita o exemplo de determinada empresa que, ao verificar a formação de cartel por seus concorrentes, opta por beneficiar-se do sobrepreço artificialmente criado, aumentando seus próprios preços. Nesse caso, os adquirentes de

[249] Há algumas formas de se realizar este tipo de análise que se confundem com os próprios critérios para quantificação do dano, em especial o de análise comparativa de mercados, melhor explicada no Item 6.2.3.1.1.3 desta obra e muito utilizada no direito norte-americano.

[250] Bruno Oliveira Maggi também defende a utilização da teoria da causalidade adequada para a análise da responsabilidade civil em casos de cartel, sobretudo diante da complexidade das relações de mercado que podem vir ou não a ser afetadas pela formação do conluio. Nessa linha, sustenta o referido autor que "essa solução [aplicação da teoria da causalidade adequada] permite a indenização de prejuízos efetivamente sofridos em decorrência do ato lesivo, mas sobre os quais é impossível comprovar que inexistiriam outras circunstâncias que interfeririam na produção do dano. O cartel seria um evento adequado e suficiente para a produção de tais efeitos e do qual eles seriam um resultado esperado." (MAGGI, Bruno Oliveira. *Cartel*: responsabilidade civil concorrencial. São Paulo: Thompson Reuters Brasil, 2018, p. 226).

seus produtos poderiam, no entender do autor, buscar a indenização devida da referida empresa, ainda que esta não tenha participado da formação do cartel, haja vista o nexo causal entre o aumento do preço e conduta diretamente imputável a ela[251]-[252].

Mas e na hipótese em que a empresa concorrente, de boa-fé, se viu obrigada (ou até mesmo influenciada) a majorar o preço do produto em virtude da atuação do cartel, não havendo, portanto, sido praticado ilícito por tal empresa a culminar o sobrepreço? O prejuízo causado ao adquirente daquele produto não será passível de indenização? Em nosso entender, sim, será, mas não por parte da empresa vendedora. Nessa hipótese, o adquirente do produto terá o direito de buscar a reparação dos prejuízos causados pelo sobrepreço das empresas que participaram do cartel, pois restará caracterizado o nexo causal entre o ato ilícito de formação do cartel e o sobrepreço[253].

Cumpre acentuar, ainda, que, por ser o nexo de causalidade o elo entre o ato ilícito e o dano causado à vítima, é em sua análise que se dá a verificação da existência de excludentes de responsabilidade, que são aquelas situações em que o próprio legislador coloca como inexistente o liame de causalidade necessário à responsabilização do réu[254].

É por meio da demonstração da existência de excludentes de responsabilidade que se poderá observar a interrupção do nexo causal, colocando-se

[251] Maggi, *op. cit.*, p. 227.

[252] Trata-se, no entanto, de ponto controvertido. A maior parte da jurisprudência e da doutrina antitruste (especialmente as estrangeiras) parece entender como lícita a majoração de preços por concorrentes não envolvidos no cartel, mesmo quando tal majoração se dê em um contexto no qual a empresa possuía conhecimento da existência do cartel, se valendo de tal fato para majorar seus lucros. Nesse sentido: Inderst, Roman; Maier-Rigaud, Frank; Schwalbe, Ulrich. Umbrella effects. *Journal of Competition Law and Economics*, Oxford, v. 10, n. 3, p. 739-763, 2014, p. 742-743; e Hovenkamp, *op. cit.*, 2016, p. 842-843. Na jurisprudência internacional, destaca-se o precedente da Comissão Europeia no caso Kone (COMISSÃO EUROPEIA, Caso C-557/12. *Kone AG vs ÖBB-Infrastruktur AG*, EU:C:2014:917. Julgado em 05.06.2014).

[253] O sobrepreço ocasionado pelo cartel nos preços praticados por concorrentes não envolvidos no conluio é comumente denominado pela doutrina como "efeito guarda-chuva" (*umbrella effect*) do cartel, tratado mais a fundo no Item 4.1.3 deste trabalho.

[254] Até porque, como ressaltam Mazeaud e Tunc, "se o dano não pode ser atribuído ao demandado, ou às pessoas ou às coisas pelas quais responde, esta último deve ser absolvido necessariamente" (Mazeaud; Mazeaud; Tunc, *op. cit.*, 1977, p. 5). Tradução livre do original, em espanhol: "si el daño no puede ser atribuido al demandado, o a las personas o a las cosas por las que responde, este último debe ser absuelto necesariamente.".

determinado fato externo como verdadeiro causador do dano. De suma importância, no entanto, o alerta de Gisela Sampaio da Cruz, no sentido de que a interrupção do nexo causal é exceção à regra da obrigação de indenizar o dano, pressupondo:

> (i) a existência de um nexo de causalidade, a ser interrompido, entre o 1º fato e o dano; (ii) que o 2º fato seja completamente independente do 1º, no sentido de que não seja uma sua conseqüência necessária; (iii) que o 2º fato tenha provocado o efeito independentemente do 1º fato, de tal maneira que só a eficácia causal do 2º fato tenha operado o dano[255].

Nessa linha, segundo a citada autora, são três as excludentes de responsabilidade civil que podem romper o nexo de causalidade entre o ato praticado pelo agente e o dano causado à vítima de modo a afastar a obrigação de indenizar: (i) o fato exclusivo da vítima; (ii) o fato exclusivo de terceiro; e (iii) o caso fortuito ou de força maior[256].

Facilmente se percebe a dificuldade de se aplicar, na prática, as hipóteses de excludente de responsabilidade civil em ações indenizatórias cujo objeto são atos ilícitos praticados por cartel. Bruno Maggi chega a afirmar que "as excludentes de responsabilidade são incompatíveis com a própria essência do acordo de cartel e não há como qualquer uma dessas hipóteses eximir o participante do cartel da obrigação de reparar os danos gerados."[257]

De fato, é difícil de se cogitar hipótese em que as excludentes de responsabilidade possam ser aplicadas para isentar os agentes cartelizados. Daniel Caselta chega a analisar a possível aplicabilidade das excludentes de responsabilidade nos casos dos denominados "cartéis de crise", formados por empresas em momento de forte instabilidade econômica, com o pretexto de mitigar os efeitos da crise sob seus integrantes. No entanto, a conclusão do autor, pautada em estudo realizado por Enrico Spini Romanielo, é pela impossibilidade de se utilizar a crise como justificativa para a prática da infração econômica[258]. Com efeito, parece deveras impensável que a situação de crise econômica – que, vale frisar, afeta o mercado como

[255] Cruz, *op. cit.*, 2005, p. 159.
[256] Cruz, *op. cit.*, 2005, p. 165.
[257] Maggi, *op. cit.*, 2018, p. 245.
[258] Caselta, *op. cit.*, 2016, p. 136.

um todo –, possa servir como justificativa para os graves efeitos causados pela formação do cartel em si.

3.4. Culpa

Como visto, a culpa do agente causador do dano foi tida, por muito tempo, como elemento central da responsabilidade civil, notadamente em razão do tratamento dado à matéria pelo Código Napoleão[259]-[260]. Os irmãos Mazeaud e André Tunc, no entanto, já indicavam que a problemática da conceituação de responsabilidade civil, muitas vezes, passava pelo embate entre a doutrina tradicional, atrelada à culpa, e a moderna, voltada à análise do risco[261].

De fato, o sistema da responsabilidade civil, nas principais codificações, ancorava-se nos pilares da culpa, do dano e do nexo causal[262]. Com isso, a pretensão indenizatória costumava encontrar barreira justamente na necessidade de a vítima demonstrar a culpa por parte do ofensor ou a existência do nexo causal entre o ato ilícito e o dano. A concepção de que a obrigação de indenizar estaria diretamente atrelada à verificação da culpa em muito se relaciona com o conceito desenvolvido por juristas da Modernidade acerca da responsabilidade civil[263]. À época, a preocupação principal dos legisladores era a proteção da propriedade e, com isso, desenvolve-se, nas palavras de Alpa e Bessone, uma regra geral de responsabilidade por prejuízos causados a terceiros por comportamento negligente, imprudente ou por omissão voluntária[264]-[265].

259 VISINTINI, Giovanna. *Fatti illeciti*: fondamenti e nuovi sviluppi della responsabilità civile. Pisa: Pacini, 2019. p. 9-11.

260 Segundo Giselda Hironaka, "quando os legisladores franceses concebem a responsabilidade civil, eles consideram que a culpa é o seu fundamento maior" (HIRONAKA, *op. cit.*, 2005, p. 73).

261 MAZEUAD; MAZEUAD; TUNC, *op. cit.*, 1977, p. 1.

262 SCHREIBER, *op. cit.*, 2013, p. 11.

263 Anderson Schreiber esclarece que "a ideologia liberal e individualista, então dominante, impunha a construção de um sistema de responsabilidade que se fundasse no mau uso da liberdade individual, justificando, desta forma, a concessão de um amplo espaço à atuação dos particulares." (SCHREIBER, *op. cit.*, 2013, p. 12).

264 ALPA, Guido; BESSONE, Mario. *La responsabilità civile*. I – prospettiva storica – colpa aquiliana, illecito contrattuale. II – responsabilità oggettiva – rischio d'impresa, prevenzione del danno. Milão: Giuffrè, 2001. p. 25.

265 O Código Civil brasileiro de 1916 também aplicava tal entendimento, ao dispor, no art. 159, que "Aquele que por ação ou omissão voluntária, negligência, ou imperícia, violar direito, ou causar prejuízo a outrem, fica obrigado a reparar o dano."

O entendimento que imperava nos ordenamentos jurídicos do final do século XIX fundava-se, ainda, na tradicional correlação entre culpa, responsabilidade e pena, que Alf Ross coloca como conceitos comuns tanto ao direito quanto à moral[266], moral esta umbilicalmente ligada à ética cristã, como bem observa Giselda Hironaka[267]. Sem culpa, não haveria de se falar em responsabilidade e sem responsabilidade não há pena.

Evidentemente, esta necessidade de demonstração da existência de um elemento subjetivo por parte do autor do ato ilícito para que seja configurada a obrigação de indenizar tem potencial para tornar inviável a configuração da responsabilidade civil em relações cuja prova da culpa se torna basicamente impossível para a vítima[268]. Tal dificuldade é ainda mais evidente nos casos em que observadas relações de maior complexidade, com diversos atores envolvidos, como é o caso dos cartéis.

Assim, com o desenvolvimento das relações humanas, tornou-se premente o afastamento do entendimento clássico, que Fernando Noronha imputa a Von Jhering, no sentido de que não existiria responsabilidade civil sem culpa[269]. No estágio atual da responsabilidade civil, é possível verificar um processo, ao menos parcial, de rompimento das antigas barreiras ou filtros da responsabilidade civil, em processo definido por Anderson Schreiber como "erosão dos filtros tradicionais da reparação."[270]-[271]

[266] Ross, Alf. *Colpa, responsabilitá e pena*. Milão: Giuffrè, 1972, p. 5.

[267] Hironaka, *op. cit.*, 2005, p. 77-81.

[268] Nas palavras de Claudio Godoy, "a produção industrializada e o desenvolvimento das atividades de indústria e de risco fizeram proliferar a potencialidade da ocorrência de acidentes, de danos chamados anônimos, em que dificilmente se conseguia identificar um culpado. [...] Os vínculos de trabalho, a produção industrializada, o manuseio de insumos perigosos, a circulação de veículos, tudo enfim contribuiu para o surgimento de múltiplos e multifacetários acidentes, causa de danos à vítima, a quem passou, porém, a estar afeta especial dificuldade de provar o nexo com conduta culposa de algum específico lesante, exigência do modelo tradicional da responsabilidade civil" (Godoy, *op. cit.*, 2010, p. 29).

[269] Noronha, Fernando. Responsabilidade civil: uma tentativa de ressistematização. In: Nery Junior, Nelson; Nery, Rosa Maria de Andrade (Orgs.) *Doutrinas essenciais*: responsabilidade civil. São Paulo: Revista dos Tribunais, 2010., v. 1.

[270] Schreiber, *op. cit.*, 2013, p. 11-12.

[271] De forma similar, assevera Giovanna Visintini, que "a culpa, como critério de imputação da responsabilidade, nunca deixou de desempenhar seu papel, mesmo que a essa se tenham somado outros critérios de imputação, erodindo ou seu alcance original de aplicação" (Visintini, *op. cit.*, 2019, p. 28). Tradução livre do original, em italiano: "la colpa come criterio di imputazione della responsabilità non ha mai cessato di svolgere il suo ruolo anche se ad essa si sono affiancati altri criteri d'imputazione erodendo il suo originario ambito di applicazione".

Alvino Lima, em basilar obra acerca do tema, destaca que, com o avanço da tecnologia e o galopante crescimento populacional, verificou-se a necessidade de expansão do espectro de proteção da vítima, "assegurando-lhe a reparação do dano sofrido, em face da luta díspar entre as emprêsas poderosas e as vítimas desprovidas de recursos."[272]

Foi no afã de adequar a responsabilidade civil à evolução das relações interpessoais – impulsionada sobretudo pela revolução industrial[273] –, que a teoria da responsabilidade objetiva foi desenvolvida no final do século XIX na França e na Alemanha[274]. Como elucida Antonio Junqueira de Azevedo, enquanto a teoria tradicional da responsabilidade subjetiva tem como elemento central a culpa do agente (em sentido lato), o fundamento da responsabilidade objetiva é o *risco*[275]. Se o desenvolvimento de uma determinada atividade é tido como gerador de riscos, estabelece-se a responsabilidade objetiva do criador de tal risco, até mesmo como forma de reforçar a *prevenção* de incidentes danosos[276].

Para Díez-Picazo, há uma "elementar ideia de justiça" no estabelecimento da responsabilidade civil objetiva, uma vez que, "se com sua atividade uma pessoa visa um benefício [econômico], é justo que repare os danos que causa"[277]. O racional, ainda na linha da lição do doutrinador espanhol, é eminentemente econômico, dado que as empresas, ao desenvolverem suas atividades, realizam contas de ativo e passivo considerando os valores produzidos e destruídos por elas, incluindo-se, nestes últimos, os danos que o exercício da empresa normalmente causa a terceiros[278].

No Código Civil de 2002, foi estabelecida uma cláusula geral de responsabilidade objetiva no parágrafo único do art. 927, que prevê a responsabilidade objetiva do autor em virtude do risco da atividade por ele

272 LIMA, *op. cit.*, 1960. p. 117-118.

273 Segundo Díez-Picazo, o advento da revolução industrial introduziu na sociedade uma série de novos danos causados pelas constantes transformações tecnológicas da indústria, o que culminou a necessidade de evolução dos sistemas codificados de responsabilidade civil (DÍEZ-PICAZO, *op. cit.*, 1999, p. 93 e ss.).

274 MARINANGELO, Rafael. Um panorama histórico sobre a evolução da responsabilidade civil objetiva. *Revista do Instituto dos Advogados de São Paulo*, São Paulo, v. 33, p. 55-96, 2014.

275 AZEVEDO, *op. cit.*, 2009, p. 392.

276 VISINTINI, *op. cit.*, 2019, p. 33.

277 Tradução livre do original, em espanhol: "si con su actividad una persona se procura un beneficio es justo que repare los daños que causa" (DÍEZ-PICAZO, *op. cit.*, 1999, p. 108).

278 DÍEZ-PICAZO, *op. cit.*, 1999, p. 112.

desenvolvida[279]. Em análise ao referido dispositivo legal, Junqueira de Azevedo esclarece que o risco a que se refere o parágrafo único do art. 927 "é o risco criado por um agente que, pela atividade que desenvolve como empresa ou como profissional (isto é 'normalmente'), tira vantagem econômica dessa atividade, a qual habitualmente (isto é 'por natureza') pode prejudicar os demais". Ou seja, o nosso ordenamento jurídico adota a noção da existência de estruturas sociais geradoras de risco[280]-[281].

A opção por uma cláusula geral de responsabilidade objetiva, pontua Claudio Luiz Bueno de Godoy, não é uma particularidade do Código Civil Brasileiro, sendo esta comumente observada, por exemplo, em outros códigos civis recentes na América Latina, "invariavelmente animada pela imputação da obrigação de indenizar a quem, com sua atividade, submeta terceiros a risco ou perigo."[282]-[283]-[284].

Em seu estado da arte, a disciplina da responsabilidade civil se afasta da investigação do culpado para centrar-se em seu objetivo central: a reparação do dano. Ou, como resume Maria Celina Bodin de Moraes, radicou-se na consciência coletiva "a ideia de que a vítima merece ser ressarcida, ainda que não tenha havido conduta culposa ou dolosa (isto é, ilícita) por parte do autor do dano"[285]. Indo além, Bodin de Moraes assevera que adoção da teoria do risco representa uma importante "libertação política", sendo graças a ela que "a política da responsabilidade desvinculou

[279] "Parágrafo único. Haverá obrigação de reparar o dano, independentemente de culpa, nos casos especificados em lei, ou quando a atividade normalmente desenvolvida pelo autor do dano implicar, por sua natureza, risco para os direitos de outrem."

[280] Azevedo, *op. cit.*, 2009, p. 392.

[281] No mesmo sentido, vide: Alpa; Bessone, *op. cit.*, 2001, p. 116.

[282] Godoy, *op. cit.*, 2010, p. 64.

[283] Nessa linha, Álvaro Villaça Azevedo esclarece que a origem do termo "responsabilidade objetiva" vem justamente do atrelamento da responsabilidade ao risco, isso porque "basta a ocorrência, objetivamente, de algum dos fatos previstos em lei, para que ela se materialize, responsabilizando aquele que, em decorrência de sua atividade, ensejou a existência do risco". (Azevedo, Álvaro Villaça. Proposta de classificação da responsabilidade objetiva: pura e impura. *Revista dos Tribunais*, São Paulo, v. 698, p. 7-11, 1993).

[284] Godoy elucida, ainda, que a inserção de uma cláusula geral de responsabilidade sem culpa foi também a opção dos legisladores nas duas codificações que mais inspiraram o Código Civil de 2002, os Códigos Civis italiano e português, que admitem "excludente atinente à demonstração da adoção das medidas de cautela adequada" (Godoy, *op. cit.*, 2010, p. 64).

[285] Bodin de Moraes, Maria Celina. Conceito, função e quantificação do dano moral. *Revista IBERC*, Belo Horizonte, v. 1, n. 1, p. 1-24, 2019.

a relação de simbiose que havia entre a sanção da conduta e a proteção da vítima."[286].

Pode-se dizer, em síntese – e com esteio no escólio de Hironaka – que, a responsabilidade civil se afasta da teoria da culpa para garantir o maior nível possível de proteção às vítimas de danos por meio da redução, ao máximo, das hipóteses de "irressarcibilidade" de danos[287].

Para fins do presente estudo, importa saber se a responsabilidade civil por danos oriundos da formação de cartel seria hipótese de responsabilidade objetiva ou até mesmo de culpa presumida[288].

Muito embora não se possa enquadrar o cartel na regra geral de responsabilidade objetiva pelo risco da atividade[289], o art. 36 da Lei nº 12.529/2011 estabelece, de forma expressa, que a infração à ordem econômica, como é o caso da formação de cartel, se constitui "independentemente de culpa,"[290] ao passo em que o art. 47 da mesma lei estabelece legitimidade aos prejudicados pela infração à ordem econômica para ingressarem com demandas individuais para cessação da conduta, bem como para reparação dos danos.

Tércio Sampaio Ferraz Júnior, interpretando os dispositivos da Lei nº 12.529/2011, ressalta que "ao lidar-se com indenizações privadas pela violação de direito difuso não estamos propriamente no terreno do dano estritamente civil em termos de obrigações privadas contratuais, posto que a infração que lhe dá causa tem uma natureza própria e peculiar". Com isso, conclui o autor que, mesmo nas ações individualizadas de responsabilidade civil por infrações à ordem econômica, há de ser aplicada a teoria da responsabilidade objetiva[291]-[292].

[286] Moraes, *op. cit.*, 2017, p. 13.

[287] Hironaka, *op. cit.*, 2005, p. 106.

[288] Aqueles casos em que há a presunção da culpa do réu, cabendo a este, portanto, demonstrar que o dano não se deu por uma falta de diligência de sua parte ou comprovar a existência de excludentes de responsabilidade.

[289] Daniel Caselta bem observa que a responsabilidade civil pela prática de cartel "decorre de um ilícito cometido pelos infratores com o objetivo de aumentar os lucros, não guardando qualquer relação com a natureza da atividade normalmente desenvolvida pelas empresas cartelizadas." (Caselta, *op. cit.*, 2016, p. 127).

[290] Vale ressaltar, aliás, que a responsabilidade objetiva por danos concorrenciais já se encontrava insculpida no art. 20 da antiga Lei de Defesa da Concorrência, a Lei nº 8.884/94.

[291] Ferraz Júnior, Tércio Sampaio. Direito da concorrência e enforcement privado na legislação brasileira. *Revista de defesa da concorrência*, Brasília, v. 1, n. 2, p. 11-31, 2013. p. 19-20.

[292] No mesmo sentido, vide, dentre outros: Caselta, *op. cit.*, 2016, p. 126-128; Maggi, *op. cit.*, 2018, p. 242; e Buchain, *op. cit.*, 2006, p. 137-140.

De fato, o entendimento de que a responsabilidade civil pela prática de cartel configura hipótese de responsabilidade objetiva no ordenamento jurídico pátrio encontra-se consolidado. Portanto, para indenização dos danos oriundos da formação de cartel, seria suficiente a comprovação do dano e do nexo de causalidade entre este e o ato ilícito praticado, dispensando-se a prova da culpa.

Daniel Caselta entende, no entanto, que a responsabilidade civil dos administradores das empresas cartelizadas não prescindiria a prova da culpa, haja vista que o inciso III, do art. 37, da Lei de Defesa da Concorrência exige a prova do dolo ou da culpa dos administradores para aplicação a estes das penas previstas na referida lei[293]. A nosso sentir, no entanto, a ressalva feita pelo inciso III, do art. 37, da LDC quanto à necessidade de demonstração do dolo ou da culpa do administrador parece se aplicar exclusivamente às multas previstas na Lei nº 12.529/2011 e não à análise da responsabilidade civil por ilícito concorrencial. Por outro lado, o art. 32 da LDC estabelece que as infrações à ordem econômica (que, nos termos do art. 36, independem da demonstração de culpa) implicam a responsabilização solidária da empresa e de seus administradores e dirigentes, o que impõe, em nosso entendimento, a aplicação da teoria da responsabilidade objetiva também para a responsabilização destes últimos.

3.5. A separação das figuras do dano e do prejuízo

Antes de passarmos à análise específica dos danos oriundos da atuação cartelizada, objeto do Capítulo 4, faz-se necessário diferenciar as figuras jurídicas do dano e do prejuízo, tratadas corriqueiramente (e incorretamente) como figuras indistintas no bojo da responsabilidade civil. A melhor doutrina, no entanto, revela a importância da separação das figuras do dano e do prejuízo no estudo da responsabilidade civil.

Em célebre obra acerca dos pressupostos da responsabilidade civil, Fernando Pessoa Jorge aponta não o dano, mas o *prejuízo reparável*, juntamente do ato ilícito, como pressupostos essenciais da responsabilidade civil[294]. De fato, há de se distinguir o que Hans Albrecht Fischer define como sendo

[293] Caselta, *op. cit.*, 2016, p. 127.

[294] Segundo Pessoa Jorge, embora o nexo de imputação e o nexo causal sejam necessários ao estabelecimento da responsabilidade civil, "o primeiro se integra no acto ilícito, como seu elemento inseparável, e o segundo pertence à caracterização do prejuízo reparável" (Jorge, *op. cit.*, 1995, p. 55).

o conceito *vulgar* de dano[295] (tido por Alfredo Orgaz como conceito "mais amplo" de dano)[296] daquele conceito de dano afeito à matéria da responsabilidade civil. Como ensina Adriano De Cupis, esse conceito mais amplo de dano está justamente ligado à noção geral de prejuízo.[297] Acentua, no entanto, o autor italiano a necessidade de estabelecimento de critérios adequados a fim de "distinguir o dano, como fato jurídico, do dano como simples fenômeno de ordem física, ainda que aquele sempre se tenha configurado como uma espécie deste."[298].

Bebendo justamente da fonte do direito italiano, Anderson Schreiber, forte nas lições de Francesco Carnelutti, reconhece e ressalta a relevância prática da distinção do "dano em sentido material", vinculado à análise dos prejuízos de ordem econômica ou emocional, e do "dano em sentido jurídico". Segundo Schreiber, "[a] vantagem desta definição está em concentrar-se sobre o objeto atingido – o interesse lesado –, e não sobre as consequências econômicas ou emocionais da lesão sobre o determinado sujeito"[299].

Em linha semelhante, Antonio Junqueira de Azevedo, também com clara inspiração na doutrina italiana[300], bem como na francesa[301], defende

[295] Fischer, Hans Albrecht. *A reparação dos danos no Direito Civil.* São Paulo: Livraria Acadêmica Saraiva, 1938. p. 7.

[296] Orgaz, *op. cit.*, 1952, p. 38-40.

[297] Cupis, *op. cit.*, 2020, p. 25.

[298] Tradução livre do original, em espanhol: "De manera constante puede advertirse la exigencia de establecer un criterio de discriminación, adecuado para distinguir el daño, como hecho jurídico, del daño como simple fenómeno del orden físico, aunque aquél siempre se haya configurado como una especie de éste." (Cupis, *op. cit.*, 2020, p. 27).

[299] Schreiber, *op. cit.*, 2013, p. 108.

[300] No direito italiano é comum que se faça a distinção entre "*danno-evento*" ou "*danno inigusto*" e "*danno-conseguenze*" ou "*danno-pregiudizio*". Nesse sentido, Giovanna Visintini e Alessandra Pinori lecionam que "occorre chiarire che per quanto riguarda la disciplina dei fatti illeciti il termine danno nel linguaggio del legislatore assume un duplice significato. Infatti quando nell'art. 2043 si legge la espressione *danno ingiusto*, si deve intendere tale espressione come equivalente a *lesione dell'interesse* tutelato dalle norme sui fatti illeciti, ponendosi cioè dal punto di vista della posizione soggettiva della vittima del fatto illecito. Quando invece si parla nella stessa disposizione legislativa di danno oggetto del risarcimento, e cioè della riparazione cui si è obbligati in conseguenza della commissione del fatto illecito, si fa riferimento al significato corrente di danno-pregiudizio" (Visintini, Giovanna; Pinori, Alessandra. La nozione di danno e le tecniche risarcitore. In: Visintini, Giovanna (Org.). *Risarcimento del danno contrattuale ed extracontrattuale.* Milão: Giuffrè, 1999, p. 1-2). Em sentido semelhante, também no direito italiano: Bianca, *op. cit.*, 1994, v. V, p. 114.

a necessidade distinguir-se o *dano-evento* do *dano-prejuízo*. O primeiro corresponderia à *lesão* a determinado interesse jurídico, ao passo em que o segundo seria a *consequência* de tal lesão[302]-[303].

O dano-evento, no entanto, não se confunde com a figura do ato ilícito. Vale rememorar o quanto indicado no Item 3.2, no sentido de que é possível observar-se atos ilícitos que não resultem dano. Até mesmo a corrente doutrinária que entende que o ato ilícito está diretamente relacionado ao dano, não os trata como uma coisa só, mas sim entende ser impossível a verificação de ato ilícito sem o elemento dano[304].

Caio Mário da Silva Pereira, por sua vez, aponta que o ato praticado (seja ele ilícito ou não), pode causar efeitos em três esferas distintas: a do bem jurídico; a da lesão; e a do prejuízo[305]. Caso se busque inserir o dano-evento em uma das esferas indicadas por Caio Mário, esta seria a da lesão. Há de se frisar, todavia, que o principal objetivo do estudo do dano-evento é a identificação do objeto do dano, ou seja, a verificação do interesse jurídico lesado pelo ato ilícito. É por meio da análise do dano-evento que se chega à definição do titular do direito afetado pelo ato ilícito, que pode ser uma pessoa física, uma pessoa jurídica[306], uma coletividade ou até mesmo a sociedade como um todo[307]. Por sua vez, a análise da consequência da lesão fica relegada ao momento da verificação do dano-prejuízo[308].

[301] De forma semelhante à do direito italiano, o direito francês costuma segregar os conceitos de "*dommage*" e "*prejudice*". Sobre o tema, Marino cita a lição de Philippe Le Tourneau, de que "o termo *dommage* (dano) advém de *damnum* e era empregado pelos romanos no sentido de atentado à integridade de uma coisa, independentemente de sua consequência jurídica, ao passo que *préjudice* (prejuízo) deriva de *praejudicium*, palavra utilizada em sentido diverso do de dano" (Marino, *op. cit.*, 2011a, p. 655-656).

[302] Azevedo, Antônio Junqueira de. *Estudos e pareceres de direito privado*. São Paulo: Saraiva, 2004. p. 291 e ss.

[303] No mesmo sentido: Marino, *op. cit.*, 2011a, p. 655-657.

[304] Entendimento este que rejeitamos, conforme elucidado no Item 3.2 desta dissertação.

[305] Pereira, Caio Mário da Silva. *Instituições de direito civil*. 22ª ed. Rio de Janeiro: Forense, 2008, v. 1, p. 400-405.

[306] Aqui incluídos outros entes não naturais, mas com tratamento jurídico semelhante ao das pessoas jurídica, como condomínios e massas falidas.

[307] É no espectro dos danos causados à sociedade que poderiam ser verificados aqueles danos à coletividade que têm o condão de afetar o bem-estar social, definidos por Junqueira de Azevedo como "danos sociais" (Azevedo, *op. cit.*, 2009, p. 377-384) e difundidos na doutrina e na jurisprudência com a denominação "dano moral coletivo". Esta modalidade de dano é melhor analisada no Item 4.1.7 deste estudo.

[308] Maggi, *op. cit.*, 2018, p. 192.

O dano-prejuízo constitui o resultado causado à esfera jurídica do prejudicado pelo ato ilícito. É o momento final da verificação do dano, podendo ou não coincidir, na linha temporal, com o momento de ocorrência do dano-evento[309]. É no dano-prejuízo que se verifica os impactos do dano na esfera jurídica tutelada da vítima, de modo a culminar a obrigação de indenizar. Ou seja, é da análise do dano-prejuízo que serão verificados, portanto, os efeitos causados pelo ato ilícito no âmbito patrimonial (danos emergentes, lucros cessantes ou perda de uma chance) ou extrapatrimonial do prejudicado, de modo a tornar possível a quantificação do prejuízo necessária à fixação do valor da indenização.

Importante assinalar, ainda, as subdivisões por meio das quais se projetam os danos-evento e os danos-prejuízo. Conforme elucida Francisco Marino, enquanto o dano-evento se divide em lesão à pessoa, lesão ao patrimônio e lesão à terceira pessoa (dano por ricochete), o dano-prejuízo "pode ser agrupado em dano patrimonial, dano moral (prejuízo não patrimonial) ou dano social."[310].

Com base nos conceitos colocados acima, facilmente se percebe a relevância prática da diferenciação entre os conceitos de dano e prejuízo. Com efeito, na prática, é comum verificar hipóteses em que determinado dano-evento resulte em mais de um dano-prejuízo. É possível, ainda, que se verifique a existência de um dano causado por um ato ilícito, mas que se mostre incapaz de gerar a obrigação de indenizar, notadamente por não implicar prejuízo à vítima que seja digno de tutela judicial[311]. Da mesma forma, é possível que determinado ato cause prejuízo a terceiros sem que tal pre-

[309] O que pode, inclusive, afetar a contagem do prazo prescricional, uma vez que este só deve se iniciar a partir da ocorrência do dano-prejuízo, como indicado no Item 6.1.1.

[310] Marino, *op. cit.*, 2011a, p. 656.

[311] Alfredo Orgaz elucida que, dano, em um sentido amplo, "se identifica simplesmente com a lesão de um direito ou bem jurídico qualquer e é claro que com este conceito todo ato ilícito, por definição, deve produzi-lo: a ação ou omissão ilícitas implicam sempre uma invasão da esfera jurídica de outra pessoa e, neste sentido geral, pode-se dizer que esta pessoa sofre um dano, ainda que o ato não tenha lesionado sua esfera econômica ou sua honra ou intimidades tuteladas pela lei" (Orgaz, *op. cit.*, 1952, p. 38). Tradução livre do original, em espanhol: "se identifica simplemente con la lesión de un derecho o de un bien jurídico cualquiera, y es claro que con esta acepción todo acto ilícito, por definición, debe producirlo: la acción o omisión ilícitas entrañan siempre una invasión en la esfera jurídica de otra persona y en este sentido general puede decirse que esta persona sufre un daño, aunque el hecho no haya lesionado sus valores económicos ni afectado su honor o sus afecciones íntimas tuteladas por la ley".

juízo dê origem à obrigação de indenizar, dada a licitude do ato causador do prejuízo, de modo a afastar a verificação do dano em sentido jurídico.

Estabelecidas as balizas entre dano e prejuízo é possível entender por qual razão afirma Jorge Sinde Monteiro que "o primeiro problema que as normas da responsabilidade hão-de resolver é o de saber em que casos e sob que condições deve ser imposta a obrigação de reparar os danos causados a outrem"[312]. De fato, como visto, nem todo dano resultará a obrigação de indenizar e, também por isso, o entendimento dos conceitos afeitos à responsabilidade civil é fundamental para a correta aplicação prática do instituto.

No que atine ao estudo da reparação de danos concorrenciais, é bastante pertinente o exemplo apresentado por Anderson Schreiber de prejuízo "lícito e irreparável" relacionado à diminuição da margem de lucro de determinada empresa em razão dos efeitos da concorrência[313]. Como vimos no Capítulo 1, a concorrência tem, como efeito natural, o estabelecimento de margens de lucro inferiores àquelas que as empresas aferiríam em um mercado não concorrencial, uma vez que, em um mercado não concentrado, as empresas precisam reduzir preços e investir em melhorias de suas atividades empresariais para atrair a preferência do consumidor. Dessa forma, a livre concorrência acaba por gerar, naturalmente, prejuízo às empresas que, por óbvio, não poderão pleitear a indenização desse prejuízo, que não tem origem em dano em sentido jurídico[314]. Não poderia, por exemplo, uma empresa, até então monopolista, cobrar lucros cessantes de outra empresa que veio a ingressar no mercado e, com isso, reduziu a margem de lucro da antiga monopolista. Como resume Luis Díez-Picazo, "os prejuízos produzidos pela concorrência em geral não são indenizáveis, pois a concorrência é um princípio e uma regra de ordem pública-econômica, sendo sim indenizáveis os prejuízos impostos pela concorrência desleal."[315].

312 MONTEIRO, Jorge F. Sinde. *Estudos sobre a responsabilidade civil*. Coimbra: Almedina, 1983. p. 13.

313 SCHREIBER, *op. cit.*, 2013, p. 104.

314 Vale rememorar que é justamente com o objetivo de afastar os efeitos negativos que a livre concorrência projeta sobre seus lucros que as empresas organizam-se em cartéis

315 Tradução livre do original, em espanhol: "as perdas produzidas pela concorrência em geral não são indenizáveis, pois a competência é um princípio e uma regra de ordem pública-econômica, a não ser que sejam classificados como concorrência desleal" (DÍEZ-PICAZO, *op. cit.*, 1999, p. 295). Tradução livre do original, em espanhol: "los quebrantos producidos por la competencia en general no son indemnizables pues la competencia es un principio y una regla de orden público económico, sí lo son los que determine la competencia desleal".

Especificamente com relação à responsabilidade civil por cartel, é fundamental observar que nem todo cartel será capaz de gerar danos indenizáveis. Cartéis com pouco tempo de atuação ou compostos por empresas incapazes de influenciar os preços ou condições gerais de mercado, notadamente em virtude da ausência dos elementos tratados no Item 1.2 deste trabalho, ainda que pratiquem atos ilícitos de combinação de preços, divisão de mercado etc., podem se mostrar incapazes de gerar prejuízos aos seus compradores ou ao mercado em geral. Nesse caso, o cartel poderá até vir a ser objeto de responsabilização administrativa e penal, mas não gerará responsabilidade civil. É certo, por outro lado, que, em havendo prejuízos a terceiros causados pela operação do cartel, estes sempre serão passíveis de indenização, haja vista que, como apontado no Item 2.1, o cartel é considerado um ilícito *per se*.

Por fim, de rigor que se tenha em mente, ainda, que o dano também não está necessariamente atrelado ao enriquecimento ilícito do ofensor. Os danos causados por cartel, aliás, são perfeitos exemplos de tal afirmação, uma vez que que jamais corresponderão ao lucro que os integrantes do cartel obtêm com a sua atuação. A própria organização do cartel gera custos adicionais para seus integrantes, não só para coordenação da política do cartel, como para a fiscalização de potenciais quebras do cartel por seus integrantes, sendo certo que os cartelistas sempre buscarão repassar o custo do cartel no preço praticado. Assim, o prejuízo dos afetados pela atuação do cartel será sempre superior ao lucro auferido por seus integrantes, o que jamais deverá influenciar a indenização, que deve necessariamente ser fixada com base na extensão do dano, nos termos do art. 944 do CC, não se atrelando, portanto, ao benefício econômico observado com o ato ilícito por parte dos infratores[316].

3.6. Evolução do conceito jurídico de dano e seu reflexo em ações de reparação de danos oriundos de cartel

A identificação e quantificação dos danos ocasionados pela formação de cartéis é, ao mesmo tempo, o elemento central de qualquer ação de reparação de danos ocasionados por cartel e um de seus maiores desafios[317].

[316] É possível de se observar na prática casos de cartéis que sequer chegam a gerar algum tipo de ganho patrimonial ilícito aos seus integrantes, mas que causam danos indenizáveis a terceiros.

[317] O dano, aliás, é o elemento central de qualquer ação de responsabilidade civil, estando, nas palavras de Mazeaud e Tunc, integrado à sua essência (MAZEUAD; MAZEUAD; TUNC,

Objetivamente, sem dano não há o que se indenizar e, portanto, não há de se falar em responsabilidade civil – ao menos não em sua concepção clássica. Justamente por isso, Sérgio Cavalieri Filho chega a classificá-lo como "o grande vilão da responsabilidade civil."[318] E tal assertiva revela-se ainda mais verdadeira no âmbito das ações de reparação de danos de cartel. Não obstante sejam inequívocos os efeitos deletérios da organização cartelizada para a economia, causando, na expressiva maioria das vezes, danos multimilionários ao mercado e à sociedade, a prova do dano causado pelo cartel e sua quantificação podem se revelar tarefas hercúleas.

Inclusive, ponto fulcral para o estudo dos danos ocasionados por cartel é ter em conta a evolução do próprio conceito de dano na doutrina da responsabilidade civil. É comum, sobretudo dentre os doutrinadores clássicos, associar-se o conceito de dano à redução da esfera patrimonial do ofendido. Agostinho Alvim já apontava a imprecisão do entendimento clássico, notadamente por não abarcar a possibilidade de ressarcimento do dano moral. Nesse sentido, Alvim divide o conceito de dano em dano "em sentido estrito", configurado pela efetiva redução da esfera patrimonial, e "em sentido amplo", que seria a lesão de qualquer bem jurídico, aí incluído o dano moral"[319-320]. No entanto, mesmo o conceito de dano adotado por Agostinho Alvim mostra-se insuficiente no atual estágio de evolução da responsabilidade civil.

Por muito tempo, a doutrina da responsabilidade civil parecia dar mais atenção à figura do ofensor que à do ofendido. Dava-se, de certo modo, maior importância à identificação da culpa e do nexo causal que ao objetivo fundamental da responsabilidade civil: a reparação do dano[321]. Com

op. cit., 1977, p. 293). Como ressalta Claudio Godoy, "o dano reduz o ofendido a uma situação de desigualdade, a qual precisa ser reequilibrada", até mesmo em razão do pressuposto do solidarismo, consolidado em nossa Constituição Federal (Godoy, *op. cit.*, 2010, p. 24).

[318] Cavalieri Filho, *op. cit.*, 2012, p. 76.

[319] Alvim, Agostinho. *Da inexecução das obrigações e suas consequências*. 5ª ed. São Paulo: Saraiva, 1980, p. 170-172.

[320] Em sentido semelhante, Sérgio Cavalieri Filho ressalta que "[q]uando ainda não se admitia o ressarcimento do dano moral, conceituava-se o dano como sendo a efetiva diminuição do patrimônio da vítima. Hoje, todavia, esse conceito tornou-se insuficiente em face do novo posicionamento da doutrina e da jurisprudência em relação ao dano moral e, ainda, em razão da sua natureza não patrimonial." (Cavalieri Filho, *op. cit.*, 2012, p. 77).

[321] A responsabilidade civil clássica, como aponta Díez-Picazo, muito se assemelhava à ideia do pecado no cristianismo. "Se paga porque se pecou". Partindo o autor de tal premissa, chega à mesma conclusão de Geneviève Viney, no sentido de que "a disciplina da responsabilidade

o avançar das relações humanas, em especial diante das evoluções científicas e tecnológicas, observou-se verdadeira crise dos conceitos clássicos de responsabilidade civil, que deixaram de ser suficientes para indenizar os novos tipos de dano[322]. Dessa forma, os paradigmas tradicionais da responsabilidade civil passaram a ser gradativamente relativizados em prol da busca pela efetiva reparação do dano[323].

Para Luis Díez-Picazo, a responsabilidade civil encontra-se em um momento "muito sensível de indefinição", ocasionado pelas tendências jurisprudenciais e doutrinárias que ampliaram sua abrangência, com o objetivo de maximizar a viabilidade das indenizações por meio de um "trabalho de socialização" dos danos.[324] De fato, como leciona Teresa Ancona Lopez, o enfoque da responsabilidade civil deixa de ser o ofensor, colocando-se a "vítima do dos danos em seu centro, porquanto o importante é repará-la, custe o que custar, seja quem for seu ofensor"[325]. Daí porque chega a autora a afirmar que a disciplina da responsabilidade civil deve ser vista, hodiernamente, como o "Direito dos Danos"[326]-[327].

civil estava destinada a moralizar as condutas individuais mais do que a assegurar às vítimas a reparação dos prejuízos" (Díez-Picazo, *op. cit.*, 1999, p. 85). Tradução livre do original, em espanhol: "la disciplina de la responsabilidad civil estaba destinada a moralizar las conductas individuales más que a asegurar a las víctimas la reparación de los prejuicios.".

322 Lopez, *op. cit.*, 2010, p. 58.

323 Neste sentido, aponta Paulo de Tarso Sanseverino, forte na lição de Geneviève Viney, que "à medida que o fundamento principal da responsabilidade civil deixou de ser apenas a culpa, crescendo a importância das teorias do risco e da garantia, o dano passou a ocupar um lugar de destaque crescente na doutrina. Diferentemente da responsabilidade penal, que se preocupa com a punição de um ato ilícito necessariamente culposo, a responsabilidade civil centra-se primordialmente na busca da reparação mais completa possível dos prejuízos sofridos pela vítima." (Sanseverino, *op. cit.*, 2010, p. 139). Em sentido semelhante: Costa, Mário Júlio de Almeida. *Direito das obrigações*. 12ª ed. Coimbra: Almedina, 2013. p. 527-539.

324 Díez-Picazo, *op. cit.*, 1999, p. 19.

325 Lopez, *op. cit.*, 2010, p. 76.

326 Segundo Teresa Ancona Lopez, "[a] figura do causador do dano, durante a fase individualista do Direito, ocupa a posição de maior importância, levando a ciência jurídica a preocupar-se com sua capacidade jurídica, que o levaria ou não à imputabilidade, como também com suas possibilidades econômicas, pois a reparação era avaliada em relação a essas condições. Com o declínio da teoria da culpa como informadora da responsabilidade civil, passando a responsabilidade aos entes coletivos que, por razões históricas conhecidas, começam a responder com fundamento na teoria do risco, diante da importância das vítimas em face dos danos devastadores (ex: caso Talidomida), o Direito vem a privilegiar cada vez mais a reparação dos danos, aí incluídas todas as suas espécies [...] (Lopez, *op. cit.*, 2010. p. 58).

Com isso, atualmente é possível de se admitir hipóteses em que configurada a responsabilidade civil sem a verificação de um dos demais requisitos tradicionais (ato ilícito, culpa ou nexo causal)[328]-[329], mas não se configurará a obrigação de indenizar sem a demonstração do dano (ao menos não no estado da arte da disciplina em nosso ordenamento jurídico).

Não se pode perder de vista, todavia, que, mesmo que se atenha apenas à função reparatória da responsabilidade civil, no atual estágio das relações jurídicas (cada vez mais complexas), não são raros os casos em que se revela verdadeiramente impossível o cálculo da alteração quantitativa do patrimônio do prejudicado. Sob o enfoque moderno da disciplina da responsabilidade civil de privilegiar a reparação dos danos causados à vítima, esse tipo de barreira à identificação precisa do dano causado não pode ser tida como óbice à responsabilidade civil. Nessa linha, Bruno Oliveira Maggi cita como exemplo cartel em que seus integrantes mantêm estagnado o nível de qualidade de seus produtos. Em tal hipótese, de fato, o dano não geraria uma imediata redução de patrimônio, mas sim impediria seu aumento, o que também pode ser objeto de responsabilidade civil[330].

Com efeito, em especial no que tange a danos com potencial de causar prejuízos difusos, como é o caso dos danos oriundos da formação de cartel, há de se atentar mais ao campo da ofensa aos interesses juridicamente tutelados do que propriamente à esfera patrimonial do ofendido. Nessa linha, preciso o escólio de Paulo de Tarso Sanseverino:

[327] Muito pautado nos ensinamentos de Teresa Ancona Lopez, Daniel Levy vai além, e defende, em sua obra, o que ele chama de "cisão da responsabilidade civil", dividindo-o em um "Direito dos Danos", voltado à reparação do prejuízo ocasionado à vítima (independentemente até mesmo da identificação do causador do dano) e um "Direito das Condutas Lesivas", que seria exclusivamente voltado à identificação e punição do causador do dano (Levy, *op. cit.*, 2012, p. 217 e ss.). Embora reconheçamos os méritos da proposta de Daniel Levy, parece-nos difícil sua aplicação no atual estágio da responsabilidade civil no Brasil, até mesmo por estar muito pautada em uma maior difusão dos seguros de responsabilidade.

[328] Neste ponto, vale rememorar que, como visto no Item 3.4, a responsabilidade civil por danos oriundos de cartel é hipótese de responsabilidade objetiva, nos termos do art. 36 da Lei nº 12.529/2011.

[329] Há autores, como Carlos Roberto Gonçalves, que entendem, por outro lado, que o único dos pressupostos da obrigação de indenizar que poderia ser dispensado em determinados casos é a culpa, cuja análise é dispensável nos casos de responsabilidade objetiva (Gonçalves, *op. cit.*, 2020, p. 529).

[330] Maggi, *op. cit.*, 2018, p. 183-184.

> A caracterização do dano como lesão a um interesse juridicamente tutelado permite também a superação da orientação clássica, mais restritiva, que o liga aos direitos subjetivos. Efetivamente, no modelo clássico individualista e privatístico, concede-se proteção efetiva apenas às lesões a interesses individuais, que consubstanciem lesão a direitos subjetivos de uma pessoa determinada.
>
> Esse modelo restritivo, entretanto, tem-se mostrado insuficiente para atender às novas demandas da sociedade contemporânea nos casos de ofensas a interesses fragmentários de toda uma coletividade, como ocorre com as agressões a interesses difusos (v.g., meio ambiente, consumidor, patrimônio artístico, histórico)[331].

Como se verá a seguir, um dos principais danos-prejuízo da atuação cartelizada está consubstanciado na redução da eficiência do mercado e do bem-estar social. Caso se restrinja a análise dos danos oriundos de cartel à esfera patrimonial, estar-se-á ignorando alguns dos principais danos ocasionados pelo cartel, afastando-se, consequentemente, do almejado objetivo da reparação integral[332].

É diante de todas as dificuldades supracitadas que a doutrina vem ressaltando a relevância de se afastar a figura do dano em sentido jurídico do dano em sentido material, como indicado já no início deste Item. Nesse diapasão, sustenta Anderson Schreiber que a conceituação do dano como "lesão a um interesse jurídico tutelado" apresenta a vantagem de concentrar a definição "sobre o objeto atingido – o interesse lesado –, e não sobre as consequências econômicas ou emocionais da lesão sobre determinado sujeito"[333].

Assim, dano poderia ser sintetizado como a lesão injustificada à esfera jurídica da vítima,[334] de modo a resultar o dever de reparação[335], ou, nas

[331] Sanseverino, *op. cit.*, 2010, p. 144.

[332] Objetivo este que, como destaca Sanseverino, não obstante configure clarividente utopia, trata-se de um dos princípios centrais da doutrina da responsabilidade civil. Sanseverino, *op. cit.*, 2010, p. 19.

[333] Shcreiber, *op. cit.*, 2013, p. 104.

[334] Fala-se, aqui, em "esfera jurídica" da vítima com base na doutrina de Carlos Alberto da Mota Pinto, para quem o patrimônio se distingue da esfera jurídica, sendo esta última "a totalidade das relações jurídicas de que uma pessoa é sujeito", abrangendo, portanto, "o património e os direitos e obrigações não avaliáveis em dinheiro (pessoais *hoc sensu*), encabeçados na pessoa" (Pinto, Carlos Alberto da Mota. *Teoria Geral do Direito Civil.* 4ª ed. Coimbra: Coimbra, 2005, p. 346).

palavras de Antunes Varela, "é a perda in natura que o lesado sofreu, em consequência de certo facto, nos interesses (materiais, espirituais ou morais) que o direito violado ou a norma infringida visam tutelar"[336]. É esta ideia de dano que se deverá ter em mente ao se buscar identificar os danos causados por cartel.

3.7. Possibilidade de enquadramento do cartel como hipótese de responsabilidade civil aquiliana e contratual

A responsabilidade civil se projeta por meio de dois regimes, ligados à natureza do ato ilícito praticado. Em síntese, se o ato ilícito configura violação contratual, fala-se em *responsabilidade contratual*. De outro giro, quando inexistente o liame contratual, ter-se-á a *responsabilidade aquiliana*[337], também denominada, por alguns autores, como *extracontratual*[338] ou *delitual*[339].

Há, todavia, autores que apontam a imprecisão do uso dos termos *responsabilidade contratual* e *responsabilidade extracontratual*, uma vez que a chamada responsabilidade contratual poderia advir de vínculos obrigacionais não necessariamente oriundos de contrato. Seria, nas palavras de Carlos Alberto da Mota Pinto, a responsabilidade civil originada "pela violação de um direito de crédito ou obrigação em sentido técnico", ou seja, a responsabilidade oriunda do não cumprimento de determinada obrigação, daí porque seria mais adequada a utilização dos termos *responsabilidade negocial* ou *responsabilidade obrigacional*.[340] Para efeito do presente estudo, no entanto, nos valeremos da expressão tradicional *responsabilidade contra-*

[335] Fernando Noronha conceitua dano como "o prejuízo, de natureza individual ou coletiva, econômico ou não-econômico, resultante de ato ou fato antijurídico que viole qualquer valor inerente à pessoa humana, ou atinja coisa do mundo externo que seja juridicamente tutelada." (NORONHA, *op. cit.*, 2003, p. 474).

[336] VARELA, *op. cit.*, 2018, v. I, p. 598.

[337] A expressão "responsabilidade aquiliana" se dá em referência à *lex aquilia de damno*, que, na lição de António Menezes Cordeiro, "foi, na realidade, um plebiscito, rogado por Aquilius, tribuno da plebe", em algum momento entre os anos de 286 e 289 A.C., divido em três capítulos e que, em especial nos capítulos I e III, estabeleceu que a sanção a ser imposta por danos causados ao patrimônio de outrem "consistia num dever de indenizar, por oposição a composições pessoais ou a práticas retorsivas ou taleónicas" que vigoravam à época (CORDEIRO, *op. cit.*, 2017, v. 8, p. 295-297).

[338] CAMMAROTA, *op. cit.*, 1947.

[339] TERRÉ; SIMLER; LEQUETTE, *op. cit.*, 2005, p. 844.

[340] PINTO, Carlos Alberto da Mota. *Teoria Geral do Direito Civil.* 3ª ed. Coimbra: Coimbra, 1991, p. 123.

tual, não só porque a diferenciação entre responsabilidade contratual ou obrigacional tem pouca relevância para o objeto deste trabalho, mas também pelo fato de a alcunha tradicional encontrar-se bastante difundida e consolidada na doutrina e jurisprudência.

Na responsabilidade civil contratual, é comum que se proceda à análise da violação da esfera jurídica do prejudicado sob a ótica da divisão entre interesse contratual *positivo* e *negativo*, com inspiração na obra pioneira de Jhering, publicada em meados do século XIX[341]-[342]. Diante da profundidade e complexidade das discussões atreladas aos interesses contratuais positivos e negativos, cujo esgotamento seria impossível nos limites do presente trabalho[343], valemo-nos, aqui, da síntese apresentada por Hans Fischer acerca dos referidos conceitos:

> Quem pede a indemnização do interêsse contratual positivo não desiste do negócio jurídico válido, pois reclama, pelo contrário, a sua execução, ainda que em vez do cumprimento efectivo, que se tornou impossível ou perdeu todo o interêsse para êle, exija outro objecto, subsidiário da prestação principal: o pedido tem a sua base com contrato ou negócio jurídico válido e perfeito. Por interêsse contratual negativo entende-se, ao invés, aquêle que se deixa invocar, para efeitos de indemnização, a quem confiou na validade dum negócio que no fim das contas vem a ser nulo, quer em conseqüência de vício original quer por causas posteriores[344]-[345].

[341] JHERING, Rudolf. *Culpa in contrahendo ou indemnização em contratos nulos ou não chegados à perfeição.* Coimbra: Almedina, 2008.

[342] Ressalte-se, todavia, que, como aponta Renata Steiner, muito embora seja costumeiro se atribuir a Jhering o mérito da inserção dos conceitos na disciplina da responsabilidade civil, o próprio civilista alemão reconhece que a distinção entre interesse positivo e negativo haveria sido inicialmente proposta por Savigny (STEINER, Renata C. *Reparação de Danos*: interesse positivo e interesse negativo. São Paulo: Quartier Latin, 2018, p. 33).

[343] Para o aprofundamento do tema, sugere-se a leitura da profunda obra de Paulo Mota Pinto (PINTO, Paulo Mota. *Interesse contratual negativo e interesse contratual positivo.* Coimbra: Coimbra, 2008), bem como da obra de Renata Steiner, que analisa os institutos sob a ótica do direito brasileiro (STEINER, *op. cit.*, 2018).

[344] FISCHER, *op. cit.*, 1938, p. 104-105.

[345] Importa destacar, como faz Marino, que "[n]ão se deve confundir o interesse contratual positivo e negativo com, respectivamente, o dano emergente e o lucro. Tanto o interesse positivo como o negativo bipartem-se (ou podem bipartir-se) em dano emergente e lucro cessante" (MARINO, *op. cit.*, 2011a, p. 665).

A divisão dos danos em contratuais e extracontratuais é muito comum de ser observada na doutrina estrangeira[346], bem como na doutrina clássica brasileira, a exemplo do escólio de José de Aguiar Dias. Embora a investigação da natureza dos danos seja, até certo ponto, negligenciada por boa parte dos autores nacionais contemporâneos, em especial no âmbito dos manuais de Direito Civil, a análise do enquadramento da responsabilidade civil como aquiliana ou contratual é de fundamental relevo prático, tendo grande influência, por exemplo, na identificação e aplicação do prazo prescricional[347].

A principal consequência, no entanto, do enquadramento do dano como contratual se refere à identificação de quais das possíveis sanções aplicáveis ao ofensor em razão do dano contratual deverá ser imposta no caso em tela. Como elucida Francisco Marino, são três as possíveis sanções aplicáveis ao contratante inadimplente: (i) execução coativa da obrigação; (ii) obrigação de indenizar os danos causados pelo inadimplemento; e (iii) resolução do contrato[348].

É de suma importância, portanto, a investigação da natureza do dano ocasionado por cartel. Pode parecer, em um primeiro momento, intuitivo afirmar que a responsabilidade civil pela prática de cartel se enquadra como hipótese de responsabilidade aquiliana. Com efeito, os danos ocasionados por cartel têm origem em infração à ordem econômica, fruto da atuação concertada entre concorrentes com o objetivo de mitigar os efeitos da livre concorrência e projetam-se sobre uma gigantesca quantidade de prejudicados, os quais, em sua maioria, não possuem qualquer vínculo contratual com os autores do ilícito concorrencial. Some-se a isso o fato de ser quase impensável a possibilidade de enquadramento direto do dano de cartel como hipótese de descumprimento contratual, não sendo comum de se observar, na prática, contratos com cláusulas estabelecendo o dever de as partes não integrarem cartéis. Por estes e outros fatores, a expressiva maioria dos autores afirma que os danos oriundos da formação

[346] Dentre outros: Mazeuad; Mazeuad; Tunc, *op. cit.*, 1977; e Cupis, *op. cit.*, 2020, p. 74 e ss.

[347] O prazo prescricional das ações indenizatórias voltadas à reparação de danos oriundos da formação de cartel é analisado no Item 6.1.1 desta dissertação.

[348] Marino, Francisco Paulo de Crescenzo. Responsabilidade contratual: efeitos. In: Lotufo, Renan; Nanni, Giovanni Ettore (Orgs.). *Teoria geral dos contratos*. São Paulo: Atlas, 2011b, p. 410.

de cartel devem sempre ser classificados como danos extracontratuais[349]. Do mesmo modo, naquele que, até o presente momento, é um dos únicos julgados do STJ acerca do tema da responsabilidade civil por danos de cartel, o ministro relator Luis Felipe Salomão, ao analisar demanda relacionada ao chamado "Cartel da Laranja", entendeu pelo enquadramento do dano como extracontratual[350].

Há de se observar, todavia, que o estudo do regime de responsabilidade civil aplicável ao dano oriundo de cartel merece maior aprofundamento do que o conferido até o momento pela doutrina e jurisprudências brasileiras, principalmente em função das consequências práticas de tal análise.

Primeiramente, há de se questionar se o cartel poderia configurar hipótese de violação aos deveres anexos à boa-fé objetiva[351], notadamente aos deveres de lealdade, proteção e informação[352].

Tal hipótese é rejeitada por Bruno Maggi. Para o autor, "a quebra da boa-fé somente poderia ocorrer nos casos em que visasse um contrato específico", o que não é o caso dos cartéis, haja vista que "[o]s agentes participantes do conluio pretendem lucrar mais com as suas atividades de um

[349] Neste sentido, dentre outros: Buchain, *op. cit.*, 2006, p. 118/119; Maggi, *op. cit.*, 2018, p. 164/165; Caselta, *op. cit.*, 2016, p. 132; e Peixoto, Bruno Lanna; Rosa, Renato Xavier da Silveira; Silva Ludmilla Martins da. Ações reparatórias por danos concorrenciais: termo inicial do prazo prescricional. In: Drago, Bruno de Luca. Peixoto; Bruno Lanna (Orgs.). *A livre concorrência e os tribunais brasileiros*: análise crítica dos julgados no Poder Judiciário envolvendo matéria concorrencial. São Paulo: Singular, 2018, p. 62.

[350] STJ – REsp n. 1.971.316/SP, relator Ministro Luis Felipe Salomão, Quarta Turma, julgado em 25.10.2022.

[351] Ensina Judith Martins-Costa que os deveres anexos à boa-fé objetiva "são aqueles insertos também nos *interesses de prestação*, mas de forma *anexa* ao dever principal. Como sua denominação indica, atuam para otimizar o adimplemento satisfatório, fim da relação obrigacional. São deveres que não atinem ao *que* prestar, mas ao *como* prestar." (Martins-Costa, Judith. *A boa-fé no direito privado*: critérios para a sua aplicação. 2ª ed. São Paulo: Saraiva Educação, 2018, p. 241-242).

[352] Luis Díez Picazo, com fulcro no que dispõe o artigo 1.258 do Código Civil espanhol, sustenta que "os deveres assessórios derivados da boa-fé ou dos usos dos negócios, como podem ser os deveres de informação ou os deveres de proteção, são também deveres contratuais, cuja violação gera uma responsabilidade que é estritamente contratual" (Díez-Picazo, *op. cit.*, 1999, p. 265). Tradução livre do original, em espanhol: "los deberes accesorios derivado de la buena fe o de los usos de los negocios, como pueden ser los deberes de información o deberes de protección, son también deberes contractuales cuya violación genera una responsabilidad que es estrictamente contractual".

modo geral, independentemente de quem será o comprador". No entender de Maggi, "[a] análise da boa-fé deve ser feita para cada contrato", ao passo em que a manipulação do preço pelos cartelistas não visaria ganhos em determinado contrato, mas sim no cenário amplo do desenvolvimento da atividade econômica dos cartelistas[353].

Em nosso sentir, no entanto, a análise da violação da boa-fé não deve se dar exclusivamente a partir da perspectiva do ato ilícito em si, mas sim do estudo da relação negocial que culminou na formação do contrato. Ou seja, para efeito de identificação de violação da boa-fé objetiva nas hipóteses de responsabilidade civil por cartel, não se deve analisar a posição ou o *animus* dos cartelistas quando da organização do conluio, mas sim a posição em que se encontravam as partes contratantes ao negociarem os termos do contrato. Em sendo um dos contratantes integrante de cartel voltado à manipulação do preço do objeto do contrato e não estando a contraparte ciente de tal fato, parece-nos claro que, sob o prisma da relação entre contratantes, o integrante do cartel faltou com dever de lealdade contratual.

Da leitura das razões apresentadas por Bruno Maggi para rejeitar a classificação do cartel como hipótese de dano contratual, parece possível inferir que a preocupação principal do autor estaria vinculada às consequências práticas de tal enquadramento. Isto porque – e tal fato não se rejeita – os demais integrantes do cartel não podem, pela simples participação no conluio, ser tidos como responsáveis diretos por eventual dano contratual ao adquirente do produto ou serviço com o qual não tiveram qualquer relação comercial e, portanto, não devem figurar no polo passivo de uma ação que tenha por fundamento a violação do contrato.

Todavia, em nosso entender, a solução para tal problemática passa pela identificação do fato de que um único ato ilícito (cartel) pode se projetar sobre relações jurídicas de modo a gerar, ao mesmo tempo, danos de natureza contratual e extracontratual[354]. Mas não só. Há de se ter em mente, ainda, que, como leciona Adriano De Cupis, um único dano pode enquadrar-se *concomitantemente* como contratual e extracontratual. Em tais casos, como assevera o civilista italiano, nada mais haverá que um "concurso de

[353] MAGGI, *op. cit.*, 2018, p. 164.

[354] Neste sentido, recomendamos a leitura do Item 3.2, em que destacamos a necessidade de distinguir-se as figuras do ato ilícito e do dano no estudo da responsabilidade civil.

normas aplicáveis, cabendo ao prejudicado eleger, dentre elas, aquela que deseja ser aplicada."[355].

Daniel Caselta, embora aponte, na versão comercial de sua dissertação de mestrado, que "a responsabilidade civil por cartel possui natureza extracontratual (aquiliana) e não contratual"[356], sustenta, em artigo publicado *a posteriori*, a possibilidade de o prejudicado pela atuação cartelizada "alegar violação ao dever de boa-fé objetiva previsto no art. 422 do Código Civil, o qual impõe aos contratantes, tanto na celebração como na execução do contrato, a observância dos princípios da probidade e boa-fé".[357]-[358].

Mais do que isso. Em nosso entender, a omissão quanto à existência do cartel pode até mesmo ser enquadrada como hipótese de omissão dolosa (art. 145 e ss. do CC). Como se sabe, o dolo é hipótese de vício de consentimento, consistindo em "artifício, ou manobra, tendente a induzir outrem a erro na celebração do negócio jurídico, que o prejudica"[359], diferenciando-se do instituto do erro (como defeito do negócio jurídico), justamente por haver uma indução, um ardil, da contraparte para que o contrato seja firmado de forma distinta da que seria caso não houvesse o dolo (dolo acidental – art. 146 do CC) ou até mesmo fazendo com que a contraparte aceite firmar contrato que não aceitaria firmar caso estivesse plenamente informada (dolo principal – art. 147 do CC)[360]. No caso, a omissão dolosa do cartelista faz com que o negócio jurídico apresente um desequilíbrio de seu racional econômico desde sua origem, o que, via de regra, faria com

[355] Tradução livre do original, em espanhol: "no hay más un concurso de normas aplicables, correspondiendo al perjudicado elegir, de entre ellas, aquella que quiere que sea aplicada" (Cupis, *op. cit.*, 2020, p. 83).

[356] Caselta, *op. cit.*, 2016, p. 132.

[357] Caselta, Daniel Costa. A arbitragem e o direito da concorrência. In: Drago, Bruno de Luca. Peixoto; Bruno Lanna (Orgs.). *A livre concorrência e os tribunais brasileiros*: análise crítica dos julgados no Poder Judiciário envolvendo matéria concorrencial. São Paulo: Singular, 2018, p. 167

[358] Também opinando pelo possível enquadramento do cartel como violação à boa-fé objetiva: Gabbay; Pastore, *op. cit.*, 2014, p. 24

[359] Batalha, Wilson de Souza Campos. *Defeitos dos negócios jurídicos*. Rio de Janeiro: Forense, 1985. p. 121.

[360] Martins-Costa, Judith. Os regimes do dolo civil no Direto brasileiro: dolo antecedente, vício informativo por omissão e por comissão, dolo acidental e dever de indenizar. *Revista dos Tribunais*. vol. 1046. ano 111. p. 91-113. São Paulo: Ed. RT, dez. 2022.

que o adquirente, sabendo da existência do cartel, não celebrasse o contrato ou exigisse condições distintas para sua celebração[361].

É certo, todavia, que mesmo a identificação da possibilidade de se enquadrar a omissão quanto à existência do cartel como hipótese de violação dos deveres anexos à boa-fé objetiva ou de omissão dolosa ainda não é suficiente, *per se*, para que se possa identificar o dano advindo de tal ato ilícito como responsabilidade civil contratual. Isso porque a omissão quanto à existência do cartel se dá na formação do contrato, ou seja, na fase pré-contratual, havendo grande divergência doutrinária quanto ao regime de responsabilidade civil que se deve atribuir aos danos pré-contratuais (se contratual ou aquiliana).

Nomes de peso da doutrina brasileira e estrangeira divergem acerca do regime de responsabilidade civil aplicável aos danos pré-contratuais. O tema, evidentemente, é complexo demais para ser esgotado em apenas um capítulo da presente obra, mas é fundamental que dediquemos algumas linhas deste capítulo para sua análise.

Primeiramente, há de se ressaltar que, embora haja autores de relevo que sustentem a necessidade de enquadramento do dano pré-contratual como uma "terceira via" da responsabilidade civil, sendo o civilista português Manuel António Carneiro Frada o principal expoente de tal teoria[362], como bem observa Fabio Queiroz Pereira, não se pode ignorar o fato de que o Código Civil brasileiro adotou a teoria dualista da responsabilidade civil. Com isso, a "a qualificação enquanto terceiro gênero em nada resolve os problemas práticos vivenciados, tendo em vista a ausência de uma normatividade própria a resguardar esse tipo de situação"[363]. Até por isso, como indica Orlando Gomes, "a maioria repele, como categoria autônoma, esse tipo de responsabilidade, inserindo-a na responsabilidade contratual ou na extracontratual."[364].

[361] Em princípio, as únicas hipóteses em que parece ser possível questionar o enquadramento do cartel como omissão dolosa seria naqueles casos em que o cartelista logre comprovar que o adquirente do produto influenciado pelo sobrepreço do cartel sabia da existência do conluio ou logrou repassar integralmente o sobrepreço ao próximo elo da cadeia de consumo.

[362] FRADA, Manuel A. Carneiro da. *Uma "terceira via" no direito da responsabilidade civil?* Coimbra: Almedina, 1997.

[363] PEREIRA, Fabio Queiroz. *O ressarcimento do dano pré-contratual*: interesse negativo e interesse positivo. São Paulo: Almedina, 2017. p.162.

[364] GOMES, *op. cit.*, 2011, p. 92.

No Brasil, a exemplo do que ocorre na maior parte dos ordenamentos civis europeus[365], a doutrina majoritária se consolidou no sentido de inserir o dano pré-contratual no regime de responsabilidade civil aquiliana. Posicionam-se, neste sentido, dentre outros, Judith Martins-Costa[366], Fernando Noronha[367], Caio Mário da Silva Pereira[368] e Orlando Gomes[369].

Ana Prata, ao analisar o posicionamento majoritário da doutrina e da jurisprudência internacional pela aplicação do regime extracontratual aos danos pré-contratuais, bem sumariza que tal posicionamento se daria

> já por razões históricas, já porque muitos autores confinam a responsabilidade contratual à que emerge do incumprimento de um contrato, quando tratam desta questão. Colocando-se esta, as mais das vezes, antes da conclusão de um contrato, ela é vista em relação a ele. Não se encontrando o contrato formado, a responsabilidade não pode ser "contratual". Como afirma, Renata Helena Paganoto Moura, a corrente maioritária na doutrina é neste sentido, "pois argumentam seus autores que por ainda não haver contrato a responsabilidade não surgiria de um vínculo entre as partes, mas do dever geral de não prejudicar outrem". E, se não é contratual, é extracontratual.[370]

Embora assevere ser possível compreender as premissas que levam a tal posicionamento, Ana Prata as classifica como premissas "estreitas e, no essencial, erradas"[371]. Subscrevendo as palavras de Francisco A. de Toledo Coelho, a autora sustenta que, por ser a boa-fé "o fundamento e a razão da responsabilidade pré-contratual", e colocando a questão "de um ponto de vista puramente dogmático", não vislumbraria "forma de negar que as vinculações emergentes da boa [fé] pré-contratual constituem obrigações

365 PRATA, Ana. *Responsabilidade pré-contratual*: uma perspectiva comparada dos direitos brasileiro e português. Coimbra: Almedina, 2018. p. 251.

366 MARTINS-COSTA, Judith. Os regimes do dolo civil no Direto brasileiro: dolo antecedente, vício informativo por omissão e por comissão, dolo acidental e dever de indenizar. *Revista dos Tribunais*. vol. 1046. ano 111. p. 91-113. São Paulo: Ed. RT, dez. 2022.

367 NORONHA, Fernando. *Direito das Obrigações*. São Paulo: Saraiva, 2003, p. 479.

368 PEREIRA, Caio Mário da Silva. *Instituições de Direito Civil*. 16ª ed. v. III. Rio de Janeiro: Forense, 2012, p. 32.

369 GOMES, Orlando. *Contratos*. 26ª ed. Rio de Janeiro: Forense, 2008, p. 73.

370 PRATA, Ana. *Responsabilidade pré-contratual*: uma perspectiva comparada dos direitos brasileiro e português. Coimbra: Almedina, 2018. p. 251-252.

371 PRATA, Ana. *Responsabilidade pré-contratual*: uma perspectiva comparada dos direitos brasileiro e português. Coimbra: Almedina, 2018. p. 252.

em sentido próprio: cada uma das partes tem deveres para com a oura, traduzindo-se estes em *facere*, *non facere* e, mais eventualmente, *dare*"[372].

No direito brasileiro, um dos principais nomes a defender a classificação do dano pré-contratual como hipótese de responsabilidade contratual é Antônio Junqueira de Azevedo. Após expor a divergência de opiniões quanto ao tema, assim se posicionou o autor:

> Pessoalmente, tendo em vista nossa idéia de que o contrato é um processo (uma sucessão de "tempos", como ocorre com o próprio negócio jurídico), que vai, desde a fase pré-contratual, passando à fase contratual. distribuída em três fases menores (conclusão do contrato, eficácia do contrato e execução/adimplemento do contrato), e indo até a fase pós-contratual, todas subordinadas à boa-fé objetiva, pensamos que, embora surgindo de ato ilícito, a responsabilidade pré-contratual, por se tratar de descumprimento de deveres específicos, gerados pela boa-fé objetiva, deva submeter-se ao tratamento da responsabilidade contratual;[373]

Fábio Queiroz Pereira, por sua vez, defende a necessidade de uma análise casuística do dano pré-contratual para definição de seu enquadramento no regime contratual ou extracontratual sob a ótica do direito civil brasileiro. Embora o autor entenda que, no mais das vezes, o dano pré-contratual melhor se enquadrará como hipótese de responsabilidade civil contratual, assevera não ser possível "olvidar que o ordenamento jurídico brasileiro acaba por consagrar soluções diversas ligadas a cada uma das hipóteses de responsabilidade pré-contratual, conforme se pode verificar, por exemplo, no caso da ruptura de negociações preliminares"[374].

Sob a ótica específica do dano ocasionado pela omissão quanto à existência do cartel no momento da formação do contrato, parece-nos que a solução mais adequada, de fato, é a sua identificação como hipótese de responsabilidade contratual. Partindo da lição de Clóvis do Couto e Silva quanto à necessidade de exame da relação obrigacional como um

[372] PRATA, Ana. *Responsabilidade pré-contratual*: uma perspectiva comparada dos direitos brasileiro e português. Coimbra: Almedina, 2018. p. 265.

[373] AZEVEDO, Antônio Junqueira de. *Estudos e pareceres de direito privado*. São Paulo: Saraiva, 2004. p. 175.

[374] PEREIRA, Fabio Queiroz. *O ressarcimento do dano pré-contratual*: interesse negativo e interesse positivo. São Paulo: Almedina, 2017. p.168.

processo[375], ecoada por Junqueira de Azevedo em seu posicionamento quanto à investigação do regime de responsabilidade do dano pré-contratual, parece-nos equivocado ignorar a possibilidade de enquadramento da omissão quanto à existência do cartel como hipótese de dano contratual por violação ao dever de informar na fase pré-contratual.

Como dito, a identificação do regime de responsabilidade do dano que se busca indenizar tem relevante aplicação prática. Inclusive, a própria investigação das consequências relacionadas ao possível enquadramento do dano de cartel como dano contratual serve para demonstrar a importância da identificação correta da natureza do dano.

A primeira consequência prática relevante do enquadramento da omissão quanto à existência do cartel no momento da formação do contrato cartel como violação aos deveres laterais da boa-fé objetiva é a possibilidade de resolução contratual em virtude de tal fato, conforme entendimento dominante da doutrina nacional[376], com fulcro no art. 422 do Código Civil.[377] Evidentemente, se o preço contratado foi influenciado pela existência de um cartel do qual era parte um dos contratantes, a manutenção do contrato (sobretudo em se tratando de contrato de longa duração[378]) pode até mesmo gerar novos danos à contraparte, o que não se poderia admitir pura e simplesmente diante da inexistência de disposição contratual que vede

[375] SILVA, Clóvis do Couto e. *A obrigação como processo*. Rio de Janeiro: Editora FGV, 2007.

[376] HAICAL, Gustavo Luís da Cruz. O inadimplemento pelo descumprimento exclusivo de dever lateral advindo da boa-fé objetiva. In: MOTA, Maurício; KLOH, Gustavo. (Org.) *Transformações contemporâneas do direito das obrigações*. Rio de Janeiro: Elsevier, 2011, p. 502-517; SCHUNCK, Giuliana Bonanno. *Contratos de longo prazo e dever de cooperação*. Dissertação (Mestrado em Direito) – Faculdade de Direito, Universidade de São Paulo, São Paulo, 2013, p. 203-208.

[377] Na jurisprudência, vale destacar interessante julgado do Superior Tribunal de Justiça, relatado pelo Ministro Sálvio de Figueiredo Teixeira, no qual restou reconhecido o inadimplemento contratual em acordo de acionistas com fulcro na quebra da *affectio societatis*, tendo o STJ, naquela oportunidade, invocado, além dos tradicionais deveres laterais de boa-fé da *cooperação* e da *lealdade*, a *ausência de confiança* como justificativa para a extinção do negócio jurídico (STJ – REsp. nº 388.423-RS. Rel. Ministro Sálvio de Figueiredo Teixeira. Quarta Turma. Julgado em 13.05.2003).

[378] Karl Larenz aponta, inclusive, que, em contratos de longa duração com carga relacional mais elevada, a observância da boa-fé e a manutenção da confiança entre as partes contratantes pode ser mais relevante até mesmo que o próprio cumprimento das obrigações estabelecidas na avença (LARENZ, Karl. *Derecho de obligaciones*. Madri: Editorial Revista de Derecho Privado, 1958, t. 1, p. 44).

expressamente a participação das partes em conluios anticoncorrenciais. É pressuposto de toda e qualquer relação contratual a premissa de que as partes deverão respeitar a lei e agir de boa-fé.

Sob o aspecto da reparação dos danos, quando a casuística revelar possível o enquadramento do cartel como dano contratual, poderão ser aplicadas, por consequência, todas as regras atinentes à responsabilidade contratual. Assim, poderá caber, a depender do caso concreto, a cobrança da cláusula penal e a aplicação das disposições contratuais atinentes ao procedimento de indenização de danos, como, por exemplo, cláusulas de eleição de foro (inclusive cláusulas compromissórias).

Cumpre ressaltar, no entanto, que, para aplicação das disposições contratuais atinentes à reparação de danos, o prejudicado não poderá buscar a reparação dos danos em face de todos os integrantes do cartel, mas tão somente em face daquele(s) com quem possui vínculo contratual. O próprio princípio da relatividade, segundo o qual os efeitos do contrato "se produzem exclusivamente entre as partes, não aproveitando nem prejudicando terceiros,"[379] já impediria a oposição de disposições contratuais àqueles que não integraram a avença. Como dito anteriormente, não tendo os demais integrantes do cartel integrado a relação contratual, não há como se falar em dano contratual causado por estes. Não há como ato praticado por terceiros, estranhos ao contrato, imputar a estes responsabilidade contratual.

Muito embora, como tratado no Item 6.1.4, seja o cartel hipótese de responsabilidade solidária de todos os integrantes do conluio por quaisquer danos causados pelo ilícito concorrencial, a inexistência de relação contratual impede, por exemplo, que o prejudicado pela atuação do cartel oponha a todos os cartelistas a cláusula penal ou até mesmo eventual cláusula de eleição de foro. Da mesma forma, havendo cláusula arbitral no contrato afetado pelo cartel, caso a abrangência da cláusula permita ao prejudicado valer-se da jurisdição arbitral para reconhecimento da obrigação de indenizar[380], deverá a vítima opor sua pretensão indenizatória exclusivamente em face do partícipe do cartel que integrou a relação contratual[381].

379 GOMES, Orlando. *Contratos*. 26ª ed. Rio de Janeiro: Forense, 2008, p. 47.

380 GABBAY; PASTORE, *op. cit.*, 2014, p. 24.

381 A autonomia da vontade das partes é princípio fundamental do instituto da arbitragem. É com base nela que as partes têm a possibilidade de convencionar a solução de determinados conflitos fora do âmbito judicial. Sendo o direito de acesso ao Poder Judiciário garantia

Caso opte o prejudicado por demandar exclusivamente o integrante do cartel com quem mantinha relação contratual, vindo este a ser condenado a arcar integralmente com o pagamento da indenização, o direito de regresso em face dos demais cartelistas deverá se limitar à responsabilidade extracontratual destes. É dizer, não poderá o integrante do cartel, condenado com fulcro em responsabilidade contratual, exigir dos demais integrantes do conluio, por exemplo, a divisão do custo de eventual cláusula penal moratória cobrada pelo prejudicado no âmbito da ARDC.

Outro ponto de suma relevância a ser observado no âmbito de uma possível ação de regresso posterior à condenação por responsabilidade contratual relacionada a determinado cartel seria a questão da prescrição. Caso os demais integrantes logrem demonstrar que a responsabilidade extracontratual se encontrava prescrita à época do ajuizamento da demanda indenizatória pelo prejudicado, não haverá a possibilidade de ajuizamento de ação de regresso[382].

constitucional insculpida no inc. XXXV, do art. 5º da CF, a solução de litígio em jurisdição arbitral não pode ser oponível àquele que não concordou com o afastamento da jurisdição estatal. Nas palavras de Rafael Branco Xavier, "A escolha pela arbitragem produz efeitos apenas na esfera jurídica daqueles que consentiram com a convenção arbitral. Advindo controvérsia sobre o contrato, o litígio deverá ser resolvido por arbitragem entre aquelas partes que assim optaram e somente sobre as controvérsias relativas ao *vinculum iuris*. O consentimento dos interessados em arbitrar é essencial. O postulado da relatividade dos efeitos do contrato tem máxima aplicação (XAVIER, Rafael Branco. A desconsideração na arbitragem? O consentimento atrás do véu. *Revista Brasileira de Arbitragem*, São Paulo, n. 66, p. 35-66, 2020, p. 37).

[382] Como se verá no Item 6.1.1, a partir do advento da Lei nº 14.470/22. o prazo prescricional para a responsabilidade civil extracontratual oriunda de cartel passou a ser, inquestionavelmente, de 5 anos, com fulcro no §1º do art. 46-A da LDC.

4
DANOS DECORRENTES DA FORMAÇÃO DE CARTEL

4.1. Os danos ocasionados por cartel

Como já suscitado, o ato ilícito de formação de cartel tende a resultar diversos tipos de dano, que se projetam sobre uma miríade de agentes econômicos e sobre a própria sociedade. No Item 1.3 analisamos os efeitos deletérios que o cartel pode causar ao mercado que se encontra sob sua influência. Agora, passaremos ao estudo, sob a ótica da responsabilidade civil, dos principais danos comumente verificados em razão da atuação cartelizada[383].

Destaque-se, desde já, que os danos analisados nos Itens seguintes desta obra não devem ser tidos como os únicos possíveis de se originar da prática de cartel. Até mesmo em razão da evolução das relações interpessoais e econômicas, o instituto da responsabilidade civil, como um todo, vem observando a multiplicação dos tipos de dano e das hipóteses de formação da responsabilidade civil, como visto no Capítulo 3. O mesmo movimento se dá no âmbito da responsabilidade civil pela prática de cartel que, até mesmo por se tratar de ramo intrinsicamente ligado aos movimentos de mercado, encontra-se em constante mutação.

Outra ressalva fundamental de realizarmos, desde já, é a de que a expressiva maioria dos cartéis costuma se organizar de modo a ocasionar os danos analisados nos Itens seguintes de forma cumulada. É comum, por exemplo, que os cartéis de compradores (que, em sua essência, buscam a redução dos preços dos insumos adquiridos pelo cartel) se organizem

[383] As formas de mensuração dos danos tratados neste Item são apresentadas no Item 6.2.3.

também com o objetivo de majorar o preço final dos produtos ou serviços ofertados pelo cartel (sobrepreço). Da mesma forma, é consequência quase natural da formação de cartel a redução do bem-estar social, causada pela perda da eficiência do mercado sob sua influência, gerando, portanto, danos morais coletivos. Importa ter em mente, ainda, o fato de ser usual que um único indivíduo prejudicado pela atuação colusiva venha a sofrer mais de um tipo de dano ocasionado pelo cartel, sendo o exemplo mais intuitivo o do comprador do cartel que, além de sofrer o prejuízo atrelado ao sobrepreço, vê suas vendas diminuírem em razão do inflacionamento do preço e da redução da produção dos insumos comercializados pelo cartel (lucros cessantes).[384]

Apenas a análise casuística será capaz de identificar quais foram os danos ocasionados por cartel em cada caso prático. Por isso, é fundamental que as partes envolvidas na ARDC entendam como se projetam os principais danos comumente atrelados ao cartel para que possam proceder à identificação e individualização dos danos ocasionados pela atuação colusiva entre concorrentes e, com isso, chegar à correta atribuição da responsabilidade civil, bem como à definição do *quantum* indenizatório adequado ao caso concreto.

4.1.1. Sobrepreço

Embora não seja característica indispensável à configuração do cartel, a expressiva maioria das colusões entre concorrentes atua de modo a inflacionar os preços dos produtos e/ou serviços oferecidos por seus integrantes.[385] Com a finalidade precípua de majorar sua margem de lucro, os integrantes do cartel costumam acordar os preços que serão praticados pelos car-

[384] Segundo a doutrina econômica, a dimensão do dano das empresas que compram produtos ou serviços do cartel dependerá de dois fatores principais: "(a) de quanto essas firmas conseguem repassar o aumento de custo para seus consumidores – sob a forma de aumento no preço de seus próprios produtos; e (b) de quanto elas deixam de vender ao fazerem isso. Caso a firma seja uma consumidora indireta do cartel, é possível que o elo acima dela na cadeia tenha absorvido uma parte do aumento de preços e não o tenha repassado integralmente. Neste caso, para os consumidores indiretos, o efeito negativo seria menor" (REZENDE, Gustavo Madi; KLEBER, Solange; MADI, Maria Fernanda Caporale. Métodos de mensuração das indenizações de ações privadas em casos de cartel. *Revista do IBRAC*, São Paulo, v. 20, p. 399-413, 2011, p. 402).

[385] Connor chega a classificar a fixação de preços como o exemplo "quintessencial" de comportamento corporativo. (CONNOR, *op. cit.*, 2008, p. 24).

telistas em valores superiores aos que tenderiam a ser praticados em um mercado competitivo.[386] Dessa forma, Cento Veljanovski, logo no início de sua obra acerca dos danos de cartel, afirma que a "compensação do sobrepreço constituí o cerne de uma ação de reparação de danos concorrenciais", ressaltando, ainda, se tratar do dano relacionado à formação de cartéis de mais fácil mensuração.[387]

Frise-se, todavia, que a importância do entendimento do sobrepreço não se dá apenas por se tratar do dano mais simples de ser constatado dentre aqueles ocasionados pela atuação colusiva de concorrentes. Os efeitos deletérios do sobrepreço praticado por cartéis são expressivos. Roberto Pfeiffer chama à atenção para estimativas da Organização de Cooperação e Desenvolvimento Econômico (OCDE), que indicam que "a operação dos cartéis tem provocado uma elevação de 10% nos preços e uma redução de 20% nas quantidades ofertadas", sendo que "em alguns casos, a elevação dos preços atingiu até 50%".[388] Levantamento empírico realizado por John Connor apresenta percentuais ainda mais alarmantes. Ao analisar 259 estudos publicados contendo estimativas de sobrepreço em 1.040 cartéis *hardcore*, Connor verificou um sobrepreço médio de 25%, tendo sido identificados casos nos quais o sobrepreço chegou ao estarrecedor número de 2500%.[389]

Connor observou, ainda, que o efeito prejudicial do sobrepreço é mais acentuado em casos de cartéis internacionais. Em percentuais históricos (medidos desde o ano de 1890), cartéis internacionais apresentaram uma mediana de 31% de sobrepreço,[390] sendo que os 197 cartéis internacionais identificados por autoridades antitruste entre os anos de 1990 e 2005 implicaram, em média, um sobrepreço de 26% dos produtos ou serviços por estes comercializados, representando um prejuízo total estimado superior a US$ 500 bilhões.[391]-[392]

[386] CONNOR, *op. cit.*, 2008, p. 45.

[387] Tradução livre do original, em inglês: "Compensation for overcharges forms the core of a competition damage action" (VELJANOVSKI, *op. cit.*, 2020, p. 1).

[388] PFEIFFER, *op. cit.*, 2004. p. 19.

[389] CONNOR, *op. cit.*, 2008, p. 7-8.

[390] CONNOR, *op. cit.*, 2008, p. 45.

[391] CONNOR, *op. cit.*, 2008, p. 7-8.

[392] Vale reforçar que os números apresentados por Connor referem-se aos cartéis efetivamente punidos por autoridades antitruste. Se considerarmos o fato de que cartéis são ilícitos sigilosos

Para entender a influência que um cartel pode ter sobre a definição do preço e, consequentemente, para que se possa identificar e mensurar o sobrepreço (dano) ocasionado pelo conluio, é importante entender os princípios básicos da formação de preço, seja em um mercado competitivo ou não. De início, é fundamental que se tenha em mente que, em um mercado competitivo, as empresas vendedoras possuem liberdade reduzida para definir sua margem de lucro. Na realidade, em um mercado competitivo, as empresas não são *formadoras de preço*, mas sim *tomadoras de preço*,[393] sendo que a margem de lucro das empresas tende a se dar por meio da redução de custos operacionais e adequação da produção à demanda do mercado.[394]

e que, em sua maioria, jamais chegam a ser identificados, o prejuízo total causado por esta violação concorrencial tende a ser múltiplas vezes superior ao apontado por Connor.

[393] Veljanovski, *op. cit.*, 2020, p. 68.

[394] Ressalte-se, desde logo, que, quando falamos em "mercado competitivo" não estamos nos referindo necessariamente a um "mercado perfeitamente competitivo", pois este não passa de um cenário teórico e basicamente impossível de ser observado na prática, principalmente por implicar comportamentos dos agentes econômicos que seriam contrários ao objetivo central das empresas: o lucro. John Connor, aliás, resume de forma bastante simplificada e clara, como se daria a organização de um mercado tido por perfeitamente competitivo, que ele próprio reconhece se tratar de cenário irrealista e absolutamente hipotético, construído pela doutrina econômica exclusivamente para fins didáticos. Segundo a lição de Connor, neste tipo de cenário, "depois de checar o preço de mercado, um vendedor define sua produção no nível de maximização de lucros, que é mesmo nível em que todas as outras empresas idênticas definem sua produção. As empresas, individualmente, não prestam atenção para a demanda geral do mercado. O vendedor, então observa os preços de insumos e adquire um misto ideal de mão de obra, capital e outros insumos de mercados que também são perfeitamente competitivos; todos os vendedores escolhem as mesmas combinações de insumos, porque todos eles adotaram as mesmas tecnologias baratas de produção. Todos os vendedores observam zero lucros econômicos (que será uma taxa positiva de retorno de investimento, ajustada para os riscos de mercados, nos registros financeiros da empresa). Empresas perfeitamente competitivas não se preocupam em criar consumidores leais, uma vez que elas sempre conseguem vender tudo o que conseguem à preço de mercado". (Connor, *op. cit.*, 2008, p. 18). Tradução livre do original, em inglês: "[a]fter checking out the market price, a seller sets the firm's output at the profit-maximizing level, which is the same level at which all other identical firms set their output. Individual firms pay no attention to overall market demand. The seller then observes input prices and purchases an optimal mix of labor, capital, and other inputs from markets that are also perfectly competitive; all sellers choose the same mix of inputs because they all have adopted the same low-cost technology of production. All the sellers earn zero economic profits (which will be a positive rate of return on investment, adjusted for market risk, on the company's financial records). Perfectly competitive firms are unconcerned about creating loyal customers because they can always sell all that they can make at the market price.".

Como leciona George Stigler, qualquer sistema empresarial se divide em dois grupos principais: (i) os indivíduos da sociedade, que são os consumidores e detentores dos recursos daquela sociedade, e (ii) as empresas, que compram os serviços e recursos dos indivíduos, os transformam em produtos de desejo e os vendem aos consumidores.[395] O princípio básico de formação de preço está diretamente atrelado à clássica máxima da relação entre a *oferta* do produto naquele sistema social e a *procura* por parte dos consumidores.[396] Ou seja, a margem que um vendedor tem para definir seu preço está umbilicalmente ligada à *elasticidade* do respectivo mercado.[397] Em um mercado elástico – que seria o cenário ideal e desejável –, o aumento do preço de determinado produto implicará a redução de sua procura pelos consumidores e vice-versa, daí porque se diz que, em condições perfeitas de mercado, as empresas vendedoras são tomadoras de preço, e não formadoras deste.

Obviamente, para as empresas, esta sujeição ao preço de mercado não é a situação economicamente mais interessante. Melhor seria que fossem elas as definidoras dos preços, como ocorre em mercados com características monopolísticas[398]. É esse o racional econômico que leva concorrentes a se organizarem em cartel.

É certo, no entanto, que mesmo o cartel observa limites impostos pela estrutura de mercado na definição do preço. Partindo da lição de Stigler,

[395] STIGLER, George J. *The theory of price.* 4ª ed. Nova York: Macmillan, 1987, p. 11-12.

[396] Importa ressaltar, como faz Stigler, que a análise da oferta e procura para definição do preço não se limita ao estudo da situação presente, mas também das condições futuras do bem comercializado. Perspectivas futuras de redução de oferta ou aumento de procura podem influenciar no preço presente (STIGLER, *op. cit.*, 1987, p. 15).

[397] A análise da elasticidade da demanda de determinado produto é comumente realizada, na doutrina econômica, por meio dos estudos de Alfred Marshall, no fim do século XIX, refletidos em seu livro intitulado *Principles of Economics,* publicado pela primeira vez em 1890. Até os dias atuais, a maior parte das análises microeconômicas pautam a aferição da elasticidade de determinada demanda na chamada "curva marshalliana de demanda". Para uma análise detalhada da influência da concorrência na definição da elasticidade da demanda ver: WERDEN, Gregory J. Demand elasticities in antitrust analysis. *Antitrust Law Journal,* Chicago, v. 66, n. 2, p. 363-414, 1998.

[398] Seguindo a linha da já citada lição de John Connor, o modelo econômico diametralmente oposto ao do mercado perfeitamente competitivo é exatamente o do monopólio puro, em que uma única empresa controla o mercado e define livremente o preço, sendo que o preço máximo possível de ser cobrado pelo monopolista para maximização de seu lucro dependerá exclusivamente dos custos de produção e da curva de demanda do mercado (CONNOR, *op. cit.*, 2008, p. 18-19).

é possível concluir que a capacidade de um cartel influenciar o preço praticado em determinado mercado de modo a inflacioná-lo está diretamente ligada ao nível de verificação dos fatores econômicos elencados por Posner e analisados no Item 1.2 desta obra, somado ao percentual de *market share* detido pelos concorrentes que integram o cartel. John Connor aponta que uma demanda muito inelástica combinada com um número extremamente reduzido de concorrentes e a inexistência de uma ameaça real de entrada de novos *players* é o que costuma ser a justificativa para aqueles cartéis capazes de operar cobrando mais de 200% do preço competitivo[399]. E isto porque cartéis que praticam sobrepreços elevados tendem a ser mais convidativos à "trapaça" por um de seus integrantes[400].

Ponto fundamental para a identificação do sobrepreço é o entendimento acerca de quais são as formas de combinação de preços possíveis de serem acordadas por um cartel. O sobrepreço do cartel não necessariamente estará refletido diretamente no preço dos produtos ou serviços oferecidos pelos cartelistas. Segundo Connor, são seis os meios pelos quais os cartelistas podem fixar preços: (i) definição dos preços de transação; (ii) alinhamento das taxas de entrega; (iii) estabelecimento de margens de descontos, abatimentos ou prêmios; (iv) combinação de ofertas em leilões ou licitações; (v) definição das taxas de câmbio; e (vi) cláusulas de proteção de preços (ou seja, a definição dos limites de compras possíveis de serem feitas após o anúncio de um novo preço até sua entrada em vigor).[401] O cartel pode eleger qualquer um (ou alguns) destes meios para implementação do sobrepreço, sendo que alguns deles servem até mesmo para disfarçar a atuação do cartel, por se tratarem de fatores laterais de formação do preço, deixando menos evidente, consequentemente, a existência de um conluio para sua majoração.

[399] CONNOR, John M. Cartel Overcharges. *Research in Law and Economics*, Bingley, v. 26, p. 289-347, 2014, p. 304.

[400] Conforme elucida o autor, "se um acordo de cartel tem sucesso em aumentar o preço de mercado, as empresas integrantes do cartel podem, de forma individual, ter ainda mais lucro 'trapaceando', ou seja, vendendo parte de sua produção a preços inferiores ao preço acordado pelo cartel" (CONNOR, *op. cit.*, 2008, p. 23). Tradução livre do original, em inglês: "[i]f a cartel agreement is successful in raising market price, individual firms in the cartel can make even more profit by 'cheating,' that is, selling some of their output at prices below the agreed-upon price".

[401] CONNOR, *op. cit.*, 2008, p. 25-27.

Importa acentuar, ainda, que, diversamente do que se poderia imaginar inicialmente, o sobrepreço imposto pelo cartel não se dá exclusivamente mediante a majoração do preço anterior à formação do cartel. É comum a formação de cartéis com o fito de evitar ou limitar a *redução* de preços que viria a ser observada em determinado mercado em um ambiente natural de competição[402]. Esse tipo de conluio é bastante comum em mercados de inovação e tecnologia (em que o ingresso de novos *players* e o desenvolvimento da tecnologia de produção tende a reduzir os preços com o passar do tempo), bem como, evidentemente, em mercados em declínio. Com isso, é possível de se constatar a existência de sobrepreço até mesmo em casos nos quais houve, na prática, uma redução do preço em comparação ao praticado antes do conluio, desde que comprovado que o cartel atuou de modo a limitar a redução natural que seria observada no preço daquele bem ou serviço em um cenário competitivo[403].

Em razão de sua relevância e de suas particularidades, cabe tecermos, por fim, algumas considerações específicas acerca do sobrepreço em cartéis formados em licitações. Como já destacado, é possível que concorrentes se organizem para fraudar processos licitatórios, usualmente se valendo do conluio para inflacionar o valor a ser pago pelo licitante.

O sobrepreço em licitações públicas pode ocasionar gigantescos prejuízos à economia de um país. Em média, o mercado de compras públicas (com ou sem licitação) corresponde a aproximadamente 12% do PIB dos países-membros da OCDE, sendo que o Brasil tende a acompanhar a tendência global, observando alguns picos, como no ano de 2008, em que as compras públicas chegaram a representar cerca de 14% do PIB brasileiro daquele ano.[404] Ilustrando em número de reais gastos, nosso País desembolsou, apenas no ano de 2020, aproximadamente R$ 35,5 bilhões na contratação de bens, serviços e obras.[405]

[402] Inclusive, o fato de que a atuação do cartel para congelar ou limitar a redução de preços gera menos indícios de sua atuação serve até mesmo como incentivo para este tipo de alinhamento entre concorrentes.

[403] Evidentemente, a prova do sobrepreço quando inexistente majoração do preço pré-cartel é consideravelmente mais complexa do que a realizada em um mercado no qual o cartel atuou de modo a inflacionar os preços praticados. Tal fato também atua como um incentivador à formação de cartéis com esta finalidade.

[404] BRASIL. Ipea; ONU. CEPAL. *Cadernos Brasil na OCDE*: compras públicas. Brasília, 2021.

[405] OCDE. *Combate a cartéis em licitações no Brasil*: uma revisão das compras públicas federais. Paris, 2021.

Considerando que estudo coordenado por John Connor e Dan Werner verificou que, no período compreendido entre os anos 2000 e 2016, cartéis em licitação implicaram um sobrepreço médio de 17,95%, alcançando uma mediana histórica (desde 1890) de aproximadamente 18,6%,[406] é fácil de se constatar o tamanho do impacto que cartéis em licitações podem gerar aos cofres públicos brasileiros.

4.1.2. Redução de preço em cartel de compradores

Embora seja comum pensar em cartéis como meio de majoração de preços, cartéis podem atuar também com o intuito de reduzir artificialmente os preços praticados em determinado elo da cadeia produtiva.

Não obstante, como visto no Capítulo 1, os cartéis de compradores sejam os menos investigados e punidos pelas autoridades antitruste ao redor do mundo[407], esse número reduzido de investigações e autuações não significa, em absoluto, que a atuação colusiva de compradores seja tão mais incomum que a dos cartéis de vendedores. Ao revés, cartéis de compradores são bastante comuns e, não raras vezes, estes se organizem para, concomitantemente, majorar preços de venda de seus produtos ou serviços e reduzir os preços dos insumos adquiridos dos fornecedores dos cartelistas, aumentando ainda mais sua margem de lucro.

A razão pela qual é incomum observarmos a investigação e punição de cartéis exclusivamente de compradores é bastante intuitiva. Cartéis de compradores atuam no sentido de reduzir preços, o que, em tese, seria algo benéfico ao mercado. Esta análise simplista, no entanto, tende a ser totalmente incondizente com a realidade macro dos efeitos oriundos da atuação desse tipo de cartel.

Repita-se, mais uma vez, que a organização colusiva de concorrentes tem como objetivo central o aumento do lucro dos integrantes do cartel. Cartéis não atuam no sentido de melhorar as condições do mercado. Pelo contrário. Concorrentes se organizam em cartel para afastar os efeitos da livre concorrência sobre suas atividades com o objetivo de conferir ganhos exclusivamente aos integrantes do conluio. Dessa forma, o mais comum de

[406] CONNOR, John M.; WERNER, Dan P. *Variation in Bid-Rigging Cartels' Overcharges*: An Exploratory Study. [S.l.: s.n.], 2018.

[407] Vale remorar, que, segundo Veljanovski, cartéis de compradores representam, em média, cerca de 6% das autuações por parte das agências antitruste (VELJANOVSKI, *op. cit.*, 2020, p. 18).

se observar na prática da atuação de um cartel de compradores é a concentração dos ganhos com a redução dos preços exclusivamente em favor dos integrantes do cartel, que não os refletem no preço do produto ou serviço por eles próprios comercializados.[408]

A atuação do cartel de compradores se baseia, portanto, no enriquecimento ilícito de seus integrantes às custas dos fornecedores do cartel e até mesmo de seus compradores. Consequentemente, não há como negar a possibilidade, a priori, de que vendedores e, a depender do caso prático, compradores do cartel possam buscar a indenização dos prejuízos causados pela atuação do cartel de compradores.

Há, no entanto, diversos fatores que dificultam a reparação dos danos causados por cartéis de compradores. O principal deles será a própria comprovação da existência do dano, dificuldade natural de qualquer ARDC e que pode vir a ser superada com a ajuda dos métodos analisados no Item 6.2.3. O problema específico, no que tange aos cartéis de compradores, é a necessidade de o autor demonstrar ao adjudicador que a redução do preço e/ou o benefício econômico auferido pelo cartel não se deu em razão de aspectos naturais do mercado, mas em razão da atuação colusiva dos cartelistas, que enriqueceram às custas dos demais elos da cadeia produtiva. Trata-se, sem sombra de dúvidas, de prova extremamente complexa de ser produzida, cabendo ao julgador realizar análise extremamente cuidadosa e minuciosa da situação prática para evitar o cometimento de injustiças.

Com efeito, pelas próprias particularidades desse tipo de caso, parece-nos que a distribuição dinâmica do ônus da prova tende a ser uma ferramenta bastante útil para os casos de cartel de compradores. Dado o caráter sigiloso do cartel somado à facilidade de acesso dos integrantes do cartel aos elementos de formação do preço, o mais adequado parece ser a imposição a estes do dever de comprovar que a atuação colusiva não influenciou indevidamente a redução do preço. Isto não quer dizer, no entanto, que esteja o fornecedor demandante desincumbido do dever de apresentar todos os elementos que estejam ao seu alcance para auxiliar na comprovação de que, em um cenário natural de competição, o preço seria superior ao que foi praticado ao longo do período de atuação do cartel[409].

[408] Hovenkamp, *op. cit.*, 2016. p. 205-206.

[409] Tratamos da questão da distribuição do ônus da prova em ARDCs de forma mais minuciosa no Item 6.2.2.5.

Outro fator relevante a ser considerado no caso de cartéis de compradores é a questão da sobreposição de indenizações, caso sejam ajuizadas, concomitantemente, ações indenizatórias movidas por fornecedores e por adquirentes do cartel (estes últimos, com base no fato de o cartel não haver refletido a redução no preço de aquisição no valor de venda). Nesse caso, se estivermos diante de um cenário (pouco usual, há de se frisar) em que o cartel de compradores não gerou outros efeitos negativos ao mercado, além do prejuízo aos fornecedores, os titulares da pretensão indenizatória serão apenas os fornecedores, uma vez que foram estes que efetivamente sofreram a perda patrimonial que permitiu aos cartelistas o aumento de sua margem de lucro. Se, em um cenário contrafactual, afastado o ilícito concorrencial, o preço praticado ao comprador do cartel não seria alterado, não há dano a ser reparado ao adquirente especificamente no que atine ao preço[410].

4.1.3. Efeito guarda-chuva (*umbrella effect*)

Quando cartéis são formados sem a participação de todas as empresas integrantes de um determinado mercado, situação observada com considerável frequência,[411] é comum que a redução de produção e aumento de preços do cartel leve à busca por produtos comercializados pelas empresas não envolvidas na colusão, o que, por sua vez, tende a inflacionar os preços também destes produtos[412]. A esse efeito da atuação cartelizada, conferiu-se a alcunha *umbrella effect* (efeito guarda-chuva)[413].

[410] Há de se ressaltar, todavia, que é bastante usual que os cartéis de compradores reduzam a qualidade e a disponibilidade do produto ou serviço ofertado pelo cartel, o que pode gerar prejuízos aos seus consumidores, que também poderão ser objeto de demandas indenizatórias, como veremos no Item 4.1.2.

[411] Segundo estudo realizado em 113 decisões de cartel proferidas pela Comissão Europeia entre 2001 e 2015, nos 51 casos em que foram disponibilizadas informações acerca do *market share* das empresas envolvidas no conluio, verificou-se que, em média, os cartéis controlavam cerca de 79% do mercado em que atuavam, sendo que em apenas 3 casos o cartel controlava 100% do mercado (Hellwig; Hüschelrath, *op. cit.*, 2017).

[412] As razões pelas quais os concorrentes não envolvidos no cartel majoram seus preços em resposta à atuação do cartel variam a depender da estrutura do mercado em questão, podendo se dar em função de os concorrentes à margem do cartel serem tomadores de preço (*price takers*) ou de as empresas possuidoras capacidade de definir seus preços de forma mais estratégica virem a majorá-los em resposta ao aumento da demanda por seus produtos causado pelo sobrepreço do cartel (Inderst; Maier-Rigaud; Schwalbe, *op. cit.*, 2014, p. 742-743).

[413] Inderst; Maier-Rigaud; Schwalbe, *op. cit.*, 2014, p. 739-763.

Hovenkamp ilustra o efeito guarda-chuva com um exemplo hipotético em que as empresas X, Y e Z constituíram cartel e passaram a comercializar determinado dispositivo eletrônico por $ 1,50, sendo que o preço competitivo desse mesmo produto seria de $ 1,00. As cartelistas controlam 85% do mercado relevante, sendo que os outros 15% são controlados pela empresa Q, que não faz parte da colusão. Considerando a diferença de preços criada pelo cartel, os consumidores deverão, em um primeiro momento, migrar para o produto de Q, que, diante do aumento da procura, se valerá do guarda-chuva de preços estabelecido pelo cartel para majorar o seu próprio preço ao máximo, chegando, no exemplo de Hovenkamp, ao valor de $ 1,45. O comprador P, que adquire os dispositivos de Q ao preço de $ 1,45, sofrerá um prejuízo de sobrepreço na ordem de $ 0,45, que só foi possível graças ao efeito guarda-chuva do cartel.[414]

No exemplo de Hovenkamp, não há dúvidas de que P sofreu um prejuízo. A dúvida, no entanto, é se esse prejuízo seria indenizável e, se sim, quem seria o responsável pela indenização. No caso, o comportamento de Q não é tido por ilegal, afinal, a empresa apenas adequou seu preço à demanda pelo produto, como naturalmente faz qualquer um que vise lucrar com o desenvolvimento de suas atividades[415]. O prejuízo de Q ficaria, então,

[414] HOVENKAMP, *op. cit.*, 2016, p. 842.

[415] Como elucidam Inderst, Maier-Rigaud e Schwalbe: "De um ponto de vista legal, pode ser relevante destacar que as reações das empresas não envolvidas no cartel, sejam no mesmo mercado relevante ou não, não podem ser considerados 'caronas', no sentido de estarem deliberadamente se aproveitando do cartel (e, desta forma, sujeitos a sanções pela lei de defesa da concorrência). Ao revés, seria preferível vê-las como reações econômicas perfeitas às alterações na demanda. De fato, quando as empresas à margem do cartel são tomadoras de preço (constituindo uma 'margem competitiva'), preços mais elevados podem simplesmente refletir custos marginais de produção mais elevados (dado que a demanda foi desviada dos membros do cartel). Quando as empresas à margem do cartel reagem estrategicamente a um aumento na demanda causado pela elevação dos preços praticados por membros do cartel ou pela redução da produção, elas, em algumas oportunidades, até mesmo mitigarão os efeitos negativos do cartel, dependendo da natureza das interações estratégicas no mercado. Dito isso, o preço de produção das empresas à margem do cartel aumenta em comparação ao cenário contrafactual de inexistência de um cartel." (INDERST; MAIER-RIGAUD; SCHWALBE, *op. cit.*, 2014, p. 742). Tradução livre do original, em inglês: "From a legal point of view, it may be noteworthy to point out that cartel outsiders' reactions, whether in the same relevant market or not, cannot be considered free-riding in the sense of being willfully exploitative (and thus subject to sanction by competition law). Instead, they should rather be seen as economically optimal reactions to changes in demand. In fact, when cartel outsiders are price-takers (constituting a "competitive fringe"), higher prices may simply reflect higher

sem reparação? A resposta dada pela maior parte da doutrina e da jurisprudência antitruste global é negativa[416]. O prejuízo de Q constitui dano indenizável, originado do ato ilícito praticado por X, Y e Z, cabendo, portanto, aos cartelistas a responsabilidade pela indenização do sobrepreço.

Trata-se, no entanto, de ponto controvertido. Discute-se se seria possível, nestes casos, o estabelecimento do nexo causal para imputar o sobrepreço ao cartel sem pautar-se em análise excessivamente especulativa. Foi nesse sentido, aliás, que o tribunal do Terceiro Circuito, nos EUA, rejeitou, em 1979, o primeiro caso pleiteando a indenização por *umbrella pricing* processado perante uma das *circuit courts* americanas, caso este que ficou conhecido como Mid-West Paper. Naquela oportunidade, a maioria da turma julgadora entendeu que o nexo de causalidade entre o dano alegado e o cartel seria "tênue" e que qualquer tentativa de cômputo do valor do sobrepreço seria "extremamente conjectural"[417].

Não obstante o precedente estabelecido no julgamento do caso Mid-West Paper, o entendimento que vem prevalecendo e se consolidando na jurisprudência global é no sentido de admitir o ajuizamento de ARDCs voltadas à indenização de danos gerados pelo efeito guarda-chuva do cartel.

Na Europa, a legitimidade de prejudicados pelo efeito guarda-chuva para ingressar com ações de reparação de danos em face dos cartelistas se estabeleceu a partir do julgamento do caso Kone (cartel de elevadores) pela Comissão Europeia[418]. Naquela oportunidade, a Comissão Europeia entendeu pela viabilidade do pleito indenizatório formulado por adquirentes de concorrentes do cartel, ainda que inexistente qualquer vínculo contratual ou comercial direto entre os prejudicados e os integrantes do conluio, desde que comprovado o nexo causal entre o sobrepreço arcado pela vítima e a atuação do cartel.[419]

marginal costs of production at higher output (given the demand diverted away from cartel members). When cartel outsiders strategically react to an increase in demand caused by cartel members' higher prices or lower output, it may sometimes even mitigate the negative effects of the cartel, depending on the nature of strategic interaction in the market. That being said, the price for the cartel outsider's own output does increase relative to the counterfactual case without a cartel.".

416 HAUSFELD, Michael; SCHER, Irving. Umbrella Liability: has its time come? *Competition Policy International*, Boston, 25 out. 2020.

417 EUA. *Mid-West Paper Products Co. v. Continental Group*. 596 F.2d 573 (3d Cir. 1979).

418 VELJANOVSKI, *op. cit.*, 2020, p. 82.

419 Decidiu a Corte Europeia que "[...] a vítima do efeito guarda-chuva pode obter indenização pelos prejuízos causados pelos membros do cartel, mesmo quando não possuir vínculo

Segundo sustou a Advogada-Geral Juliane Kokott no parecer apresentado no caso Kone, o nexo causal, em casos de cartel, pode ser comprovado mediante a aplicação da teoria da *conditio sine qua non*[420], sendo suficiente para estabelecimento da responsabilidade civil por danos de cartel a comprovação de que o cartel foi "ao menos uma causa contributiva" do sobrepreço praticado por empresas não envolvidas na colusão. Na opinião de Kokott, tendo a atuação do cartel influenciado, de algum modo, a formação do preço das empresas concorrentes não integrantes do conluio e sendo o efeito guarda-chuva uma consequência conhecida e facilmente visualizável pelos membros do cartel desde antes da sua formação, não há como se rejeitar, em teoria, a indenização dos danos ligados ao efeito guarda-chuva[421].

Esse é o entendimento que vem prevalecendo também em outras jurisdições. Em setembro de 2019, a Suprema Corte do Canadá acatou a pretensão indenizatória de prejudicados pelo efeito guarda-chuva de cartel de produção de unidades de disco óptico, reconhecendo que o sobrepreço

contratual com estes, quando comprovado que o cartel em questão, diante das circunstâncias do caso e, especialmente, diante dos aspectos específicos do mercado relevante, sendo suscetível à formação dos 'preços guarda-chuva' por terceiros agindo de forma independente, e estas circunstâncias e aspectos específicos não poderiam ser ignorados pelos membros do cartel" (COMISSÃO EUROPEIA, Caso C-557/12. *Kone AG vs ÖBB-Infrastruktur AG*, EU:C:2014:917. Julgado em 05.06.2014. Tradução livre do original, em inglês: "[...] the victim of umbrella pricing may obtain compensation for the loss caused by the members of a cartel, even if it did not have contractual links with them, where it is established that the cartel at issue was, in the circumstances of the case and, in particular, the specific aspects of the relevant market, liable to have the effect of umbrella pricing being applied by third parties acting independently, and that those circumstances and specific aspects could not be ignored by the members of that cartel.").

420 A teoria da *conditio sine qua non* e demais teorias do nexo causal são apresentadas no Item 3.3.

421 A Comissão Europeia acatou o entendimento sustentado por Kokott e concluiu que, quando o cartel inflaciona artificialmente os preços e influencia empresas não integrantes do conluio a também aumentar seus próprios preços, "mesmo se a definição do preço ofertado for tida como uma decisão totalmente autônoma, tomada pela empresa não integrante do cartel, deve mesmo assim ser entendido que tal decisão foi possível de ser tomada em referência a uma distorção de preço criada pelo cartel e, em consequência, de forma contrária às leis concorrenciais" (COMISSÃO EUROPEIA, Caso C-557/12. *Kone AG vs ÖBB-Infrastruktur AG*, EU:C:2014:917. Julgado em 05.06.2014. Tradução livre do original, em inglês: "even if the determination of an offer price is regarded as a purely autonomous decision, taken by the undertaking not party to a cartel, it must none the less be stated that such a decision has been able to be taken by reference to a market price distorted by that cartel and, as a result, contrary to the competition rules.").

dos produtos comercializados por concorrentes dos cartelistas tinha relação direta com a atuação colusiva[422].

Nos EUA ainda não houve pronunciamento da Suprema Corte acerca do tema. Nas cortes inferiores, não obstante o precedente inicialmente estabelecido pela corte do Terceiro Circuito no julgamento do caso Mid-West Paper, o entendimento que tem prevalecido perante as cortes regionais e distritais é pela admissão de pretensões indenizatórias em razão de efeito guarda-chuva do cartel, desde que comprovado o nexo de causalidade pelo autor da demanda.[423] O entendimento pela admissibilidade de ARDC pautada em danos por efeito guarda-chuva é referendado por julgados do Quinto[424] e Sétimo[425] Circuitos, sendo que mesmo o Terceiro Circuito proferiu decisões mais recentes relativizando o precedente estabelecido no caso Mid-West Paper para permitir a indenização de *umbrella damages*[426]-[427].

A importância da indenização dos danos ocasionados pelo efeito guarda-chuva é fácil de ser visualizada. Para que um cartel tenha sucesso no estabelecimento do sobrepreço, ele idealmente deverá ter a capacidade de fazer com que mesmo aquelas empresas não envolvidas no conluio sigam o preço definido pelos cartelistas. Quando cartéis são organizados por empresas que não controlam integralmente o mercado relevante, o estabelecimento do sobrepreço também para os produtos de empresas não integrantes da colusão é mais do que uma consequência, é um objetivo do cartel, já que é nesse cenário que se dará a maximização dos ganhos dos cartelistas (reduzindo as perdas que seriam observadas em caso de migração de seus consumidores para concorrentes com preços mais atrativos que os praticados pelo cartel).

Em algumas situações, cartéis são formados por empresas que sequer controlam a maior a maior parte do mercado relevante e, mesmo assim,

422 CANADÁ. *Pioneer Corp. v. Godfrey*. 2019 SCC 42.

423 Connor, *op. cit.*, 2008, p. 89.

424 EUA. *Beef Industries Antitrust Litig.* 600 F.2d 1148 (5th Cir. 1979).

425 EUA. *U.S. Gypsum Co. v. Indiana Gas Co., Inc.* 350 F.3d 623 (7th Cir. 2003).

426 EUA. *Lower Lake Erie Iron Ore Antitrust Litig.* 998 F.2d at 1168 (3d Cir. 1993); e EUA. *Modafinil Antitrust Litig.* 837 F.3d 238 (3d Cir. 2016).

427 Importa ressaltar que, hoje, mesmo os precedentes do Segundo e Nono Circuitos que se colocaram de forma contrária à indenização de *umbrella damages* não estabeleceram precedentes vinculantes rejeitando o *conceito* de indenização deste tipo de dano. Além disso, a expressiva maioria da doutrina norte-americana se coloca de forma favorável à responsabilidade civil dos cartelistas pelo efeito guarda-chuva (Hausfeld; Scher, *op. cit.*, 2020).

logram inflacionar os preços daquele mercado, prejudicando todo o universo consumidor. Como os agentes não envolvidos no cartel não praticam qualquer ato ilícito na formação de seus preços, caso não se admitisse a possibilidade de exigir dos cartelistas a indenização dos prejuízos ocasionados pelo efeito guarda-chuva, seriam verificadas hipóteses em que a maior parte dos prejuízos gerados pelo cartel não seria indenizável.

Outro efeito relevante da admissão de ARDCs pautadas no efeito guarda-chuva é o dissuasório.[428] De fato, ao se estabelecer o entendimento pela necessidade de o cartel indenizar todos os danos de sobrepreço ocasionados pela atuação colusiva, a "conta" do cartel se apresentará aos potenciais infratores de forma menos atrativa, dado o risco de, em caso de identificação, os cartelistas virem a ser condenados a indenizar o sobrepreço praticado não apenas pelo cartel, mas também pelas empresas concorrentes que não integram o conluio.

Em razão dos fatores destacados acima, sustenta-se, ainda, que a garantia do ressarcimento do efeito guarda-chuva do cartel ajuda a fortalecer os objetivos centrais da política antitruste, notadamente, "promover a concorrência; dissuadir comportamentos anticompetitivos; compensar as partes prejudicadas; e reestabelecer a integridade do mercado".[429]

Por outro lado, o risco de *overdeterrence* é corriqueiramente apontado, principalmente nos EUA, onde as ARDCs são o principal instrumento de política antitruste (como se verá no Item 5.1.1), como potencial efeito

[428] O efeito dissuasório criado ao se admitir a indenização do efeito guarda-chuva do cartel foi um dos fundamentos adotados pela Comissão Europeia no julgamento do caso Kone. Naquela oportunidade, acatando o argumento sustentado pela Advogada-Geral Juliane Kokott, a Comissão destacou que "[o] direito de qualquer indivíduo de pleitear a indenização por tais prejuízos, na realidade, fortalece a atuação das normas concorrenciais da União Europeia, na medida em que desencoraja acordos ou condutas, frequentemente ocultos, que são capazes de restringir ou distorcer a concorrência, contribuindo de forma significativa, consequentemente, para a manutenção de uma concorrência efetiva na União Europeia" (COMISSÃO EUROPEIA, Caso C-557/12. *Kone AG vs ÖBB-Infrastruktur AG*, EU:C:2014:917. Julgado em 05.06.2014. Tradução livre do original, em inglês: "[t]he right of any individual to claim compensation for such a loss actually strengthens the working of the European Union competition rules, since it discourages agreements or practices, frequently covert, which are liable to restrict or distort competition, thereby making a significant contribution to the maintenance of effective competition in the European Union.").

[429] Tradução livre do original, em inglês: "promoting competition; deterring anticompetitive behavior; compensating injured parties; and restoring market integrity" (Hausfeld; Scher, *op. cit.*, 2020).

negativo da admissão de ARDCs embasadas no efeito guarda-chuva.[430]-[431] Ainda na esfera dos efeitos de política concorrencial, é também comum de se apontar que o estabelecimento da responsabilidade civil dos cartelistas pelo efeito guarda-chuva teria o potencial de servir como estímulo à adoção do sobrepreço por parte das empresas não envolvidas na colusão, haja vista que estas só observariam benefícios mediante tal pratica, sendo-lhes conferida a possibilidade de aumentar seus lucros sem correr o risco de serem condenadas ao pagamento de indenizações que, para tornar o cenário ainda mais favorável, seriam impostas aos seus concorrentes[432].

Em nosso entender, muitas das críticas apresentadas à admissão da condenação de cartelistas em razão do efeito guarda-chuva estão relacionadas a um entendimento equivocado do que significa admitir esse tipo de demanda indenizatória. Como pondera David Ashton ao analisar o precedente estabelecido no caso Kone, o entendimento adotado pela Comissão Europeia não foi no sentido de que toda e qualquer majoração de preços em mercados afetados por cartel será automaticamente tida como consequência da colusão. Pelo contrário. A decisão emitida no caso Kone é clara ao estabelecer a importância da demonstração do nexo causal entre o ilícito antitruste e o sobrepreço para que este possa ser tido como um dano concorrencial indenizável[433]. É dizer, a admissão da responsabilidade civil pelo efeito guarda-chuva de cartel não pressupõe qualquer tipo de relativização do ônus de demonstração do nexo de causalidade entre o dano e o ilícito antitruste.

Como observado por Inderst, Maier-Rigaud, e Schwalbe, até hoje, não foram apresentados quaisquer argumentos convincentes a justificar por qual razão os chamados danos guarda-chuva não poderiam ser objeto de ARDCs, na medida em que estes são, em essência, economicamente vinculados à atuação do cartel. Na verdade, é correta a advertência dos men-

[430] Hovenkamp, *op. cit.*, 2016, p. 842-843.

[431] No já citado caso Mid-West Paper, a corte do Terceiro Circuito entendeu que a indenização dos umbrella damages "poderiam sujeitar violadores das normas antitruste a demandas potencialmente ruinosas, muito superiores a seus ganhos ilegais." (EUA. *Mid-West Paper Products Co. v. Continental Group.* 596 F.2d 573 (3d Cir. 1979). Tradução livre do original, em inglês: "could subject antitrust violators to potentially ruinous liabilities, well in excess of their illegally-earned profits.").

[432] Veljanovski, *op. cit.*, 2020, p. 82.

[433] Ashton, David. *Competition damages actions in the EU*: law and practice. 2ª ed. Cheltenham: Edward Elgar, 2018, p. 181.

cionados autores no sentido de que seria incoerente considerar o efeito guarda-chuva como um dano remoto no âmbito do *private enforcement* quando este é amplamente aceito como um dos efeitos do cartel nas análises relacionadas ao *public enforcement*[434].

De toda sorte, se houve discussão acerca da possibilidade de indenização do efeito guarda-chuva do cartel em jurisdições estrangeiras mais avançadas em matéria de reparação de danos de cartel, o cenário tenderá a não ser diferente no Brasil. A afirmação contida na frase anterior é colocada intencionalmente em tempo verbal futuro pelo fato de que, no momento, não há como se falar propriamente na existência de discussão acerca do tema no Direito brasileiro. Além de não se ter notícia de qualquer ARDC (coletiva ou individual) buscando a indenização do efeito guarda-chuva de cartéis no Brasil, são pouquíssimos os trabalhos acadêmicos que se dedicaram ao estudo do tema sob a ótica do sistema brasileiro de responsabilidade civil[435].

Como visto no Item 3.4, em sendo a responsabilidade civil por dano de cartel hipótese de responsabilidade civil objetiva em nosso ordenamento jurídico, deverá o autor da ARDC ajuizada perante tribunal brasileiro comprovar a existência do ato ilícito de cartel e demonstrar o nexo de causalidade entre este e o dano que se pretende indenizar. Há, portanto, dois pontos principais que devem ser analisados para verificar a viabilidade da indenização de *umbrella damages* no Brasil: (i) os danos causados pelo efeito guarda-chuva configuram danos indenizáveis à luz da legislação brasileira? (ii) A comprovação do efeito guarda-chuva é suficiente para estabelecimento do nexo causal entre o sobrepreço praticado por concorrentes do cartel e o referido ilícito antitruste a partir das teorias de causalidade admitidas no sistema brasileiro de responsabilidade civil?

Em nosso ordenamento jurídico, assim como nas principais jurisdições internacionais em matéria antitruste, inexiste previsão legal expressa quanto à reparabilidade dos danos gerados pelo efeito guarda-chuva do

[434] INDERST; MAIER-RIGAUD; SCHWALBE, *op. cit.*, 2014, p. 741.

[435] Até a finalização deste estudo, foram identificados apenas dois trabalhos acadêmicos tratando do tema. São eles: SANTOS, Paulo Márcio Reis. *Umbrella effects e a reparação a cartéis no Brasil*: análise sob a ótica do private enforcement. Tese (Doutorado em Direito) – Faculdade de Direito da Universidade Federal de Minas Gerais, Belo Horizonte, 2019; e OLIVEIRA, Isabela Monteiro de. *A responsabilidade civil por umbrella effects como instrumento de private enforcement.* Trabalho de Conclusão de Curso (Bacharelado em Direito) – Universidade de Brasília, Brasília, 2017.

cartel. É possível, no entanto, sustentar pleito indenizatório de *umbrella damages* no Brasil com fulcro nos mesmos dispositivos legais que embasariam qualquer outra ARDC. Com efeito, enquanto o art. 927 do CC estabelece o dever de reparação de quaisquer danos gerados a terceiros em função do cometimento de ato ilícito (como é o caso do cartel), o art. 47 da LDC confere legitimidade aos "prejudicados" por ilícito antitruste para o ajuizamento de ARDC, não estabelecendo qualquer tipo de limitação quanto à legitimidade exclusiva de prejudicados diretos.

O sobrepreço ocasionado pelo efeito guarda-chuva é perfeito exemplo de dano indireto do cartel. Na lição de Fernando Noronha, citando Manuel de Andrade, dano indireto "é aquele em que o fato, não tendo provocado ele mesmo o dano, 'desencadeia outra condição que diretamente o suscite'"[436]. É exatamente o que se verifica no efeito guarda-chuva do cartel. Embora o cartel não seja diretamente responsável pelo sobrepreço praticado por seus concorrentes, é o chamado guarda-chuva do cartel que confere as condições para estabelecimento desse sobrepreço. Assim, sendo consolidado o entendimento pela ressarcibilidade do dano indireto em nosso ordenamento jurídico[437], não há, hoje, qualquer tipo de limitação legal ao ajuizamento de ARDC pautada no efeito guarda-chuva de cartel.

Verificada, portanto, a inexistência de impedimento legal à configuração dos *umbrella damages* como danos indenizáveis, passemos à análise quanto à viabilidade da imputação do nexo de causalidade para a reparação desse tipo de dano no sistema jurídico brasileiro.

No Item 3.3, apresentamos as razões pelas quais entendemos ser inadequada a aplicação da teoria da *conditio sine qua non* no âmbito da responsabilidade civil por danos concorrenciais. Consequentemente, no que tange à causalidade, a linha de raciocínio seguida pela Advogada-Geral Kokott no caso Kone não poderia, em nossa visão, ser simplesmente aplicada à realidade brasileira. Isso não significa dizer, no entanto, que o racional econômico apresentado por Kokott não possa ser de grande valia para solução da questão em nosso ordenamento jurídico. Ao revés, partindo da correta percepção da Advogada-Geral de que o efeito guarda-chuva é uma consequência natural (e não meramente ocasional) do cartel, sendo este visualizado pelos cartelistas desde a organização da atuação colusiva,

[436] Noronha, *op. cit.*, 2003. p. 577.

[437] Silva. Jorge Cesa Ferreira da. *Inadimplemento das obrigações*. São Paulo: Revista dos Tribunais, 2007, p. 202-203.

entendemos ser clarividente a possibilidade de condenação de cartelistas à indenização de *umbrella damages* no Direito brasileiro a partir da aplicação da teoria da causalidade adequada[438] (talvez a mais assertiva para efeito de verificação de responsabilidade civil concorrencial)[439].

De fato, o efeito guarda-chuva é verificado na quase totalidade dos casos de cartel em que os cartelistas não controlam a totalidade do mercado relevante. Dessa forma, sob o ponto de vista de política econômica e defesa da concorrência, é muito mais prejudicial que se rejeite a possibilidade de indenização do sobrepreço gerado sob o guarda-chuva do cartel do que o acatamento do risco de eventual ruína econômica de cartelistas em função do acúmulo de demandas indenizatórias.[440] Aliás, mesmo sob o ponto de vista da disciplina da responsabilidade civil, a admissão da indenização dos *umbrella damages* está em total consonância com a já citada tendência da responsabilidade civil contemporânea de colocar a reparação dos danos como prioridade.[441]

[438] Em linha semelhante, defende Paulo Márcio Reis Santos que "com base na teoria da causalidade adequada, pode-se afirmar que o Direito da Concorrência nacional não exclui a possibilidade de se buscar, em juízo, a indenização contra os membros de um cartel pelos danos causados por uma empresa estranha ao conluio que, aproveitando a conspiração, aumentou o valor de seus produtos (*umbrella effects*) para montante superior ao que seria praticado se o cartel inexistisse" (Santos, *op. cit.*, 2019, p. 119).

[439] Vale reforçar, aliás, que o efeito guarda-chuva, em nossa visão, é mais que mera consequência do cartel. Como aduzido alhures, a adoção do sobrepreço pelos concorrentes do cartel constitui verdadeira meta dos integrantes do conluio, afinal, é justamente nesse cenário em que os cartelistas conseguirão chegar ao nível máximo do benefício econômico almejado com a colusão.

[440] No que tange à viabilidade da reparação de danos guarda-chuva sob a ótica da política antitruste brasileira, vale pontuar que o CADE, no bojo da Nota Técnica nº 24/2016, não rejeita (e tampouco reconhece expressamente) a viabilidade da indenização do dano guarda-chuva do cartel no Direito brasileiro, sugerindo, inclusive, que a reforma legislativa da LDC contemple a isenção de responsabilidade civil pelo efeito guarda-chuva ao signatário de acordo de leniência. Trata-se, em nosso entender, de sinalização por parte do órgão antitruste brasileiro de que, em um cenário ideal, a reparação do dano indireto do cartel deveria fazer parte da política antitruste brasileira, sendo afastada apenas para fins de preservação da atratividade do Programa de Leniência do CADE, pedra fundamental do sistema de combate a cartéis brasileiro, conforme se verá no Item 6.1.2.

[441] Em linha semelhante ao aqui defendido, sustenta Paulo Márcio Reis Santos que a admissão da reparação dos danos ocasionados pelo efeito guarda-chuva no Brasil, além de servir como mais um fator de desestímulo à formação de cartel, prestigia o princípio da reparação integral (Santos, *op. cit.*, 2019, p. 117).

Em resumo, entendemos plenamente admissível a indenização de danos guarda-chuva no Direito brasileiro, não apenas por se tratar de medida alinhada com as diretrizes da responsabilidade civil contemporânea e das melhores práticas de política antitruste, mas também por inexistir qualquer tipo de vedação legal à busca pela reparação de tais danos. Consideramos, ainda, ser possível o estabelecimento do nexo de causalidade entre a formação do cartel e os danos indiretos experimentados pelos adquirentes de produtos das empresas concorrentes do cartel a partir da teoria da causalidade adequada.

Uma última questão digna de nota acerca do efeito guarda-chuva do cartel é que, embora os métodos de cálculo destes danos sejam, em essência, os mesmos aplicáveis para a quantificação do sobrepreço causado a adquirentes diretos e indiretos do cartel (estudados no Item 6.2.3.1), a própria existência de efeito guarda-chuva do cartel pode vir a afetar a viabilidade de aplicação de alguns dos métodos de quantificação de sobrepreço, especialmente o método *yardstick* (tratado no Item. 6.2.3.1.1.3), uma vez que o mercado utilizado como referencial pode também estar sendo afetado pelo efeito guarda-chuva do cartel.[442] Caberá, portanto, às partes envolvidas na ARDC – e especialmente ao perito econômico – se atentar à possível existência de efeito guarda-chuva ao proceder à escolha do método e à quantificação do prejuízo de sobrepreço sofrido por adquirentes diretos e indiretos do cartel.

4.1.4. Lucros cessantes

Como leciona Fernando Pessoa Jorge, enquanto o dano emergente é caracterizado pela diminuição efetiva do patrimônio, os lucros cessantes são constituídos pelo "não aumento deste [patrimônio], ou seja, a frustração de um ganho"[443]-[444].

Partindo da conceituação apresentada por Pessoa Jorge, não se pode deixar de ressaltar que a palavra *cessante*, empregada na denominação do instituto, não é feliz, pois passível de gerar um equivocado entendimento quanto ao seu conceito. O termo cessante acaba por imprimir a ideia de

[442] Inderst; Maier-Rigaud; Schwalbe, *op. cit.*, 2014, p. 743.

[443] Jorge, *op. cit.*, 1995, p. 377.

[444] Na mesma linha, Fernando Noronha elucida que "o lucro cessante consiste na frustração de um ganho que era esperado, de um acréscimo patrimonial que o lesado teria, se não houvesse ocorrido o fato danoso" (Noronha, *op. cit.*, 2003. p. 568).

que o prejudicado necessariamente haveria de já estar experimentando certo ganho patrimonial, que veio a cessar em virtude do evento danoso. No entanto, a existência de um lucro pretérito não é requisito para a condenação em lucros cessantes. A expectativa de um lucro também é indenizável como lucro cessante. Justamente por isso, mais feliz seria denominar esta modalidade de dano como *lucro frustrado*, como sugere Antunes Varela.[445] Sendo, no entanto, consolidado o uso da terminologia *lucro cessante* para referir-se ao instituto, será ela também utilizada no presente trabalho, até mesmo para evitar-se qualquer tipo de confusão quanto ao tipo de dano que se está tratando.

A indenização do lucro cessante, por tratar da reparação de bens jurídicos que somente viriam a se projetar no futuro, tende, naturalmente, a revelar maior grau de dificuldade para sua apuração. Karl Larenz, ao mesmo tempo em que aponta que a indenização dos lucros cessantes, assim como de todos os danos materiais, visa recolocar o prejudicado na mesma situação patrimonial em que se encontraria caso não houvesse sido praticado o evento danoso, reconhece que a dificuldade de determinação do lucro cessante se dá pelo fato de que jamais se poderá afirmar com certeza como viria a evoluir a situação patrimonial do ofendido não fosse a ocorrência do fato em que se embasa a obrigação de indenizar.[446] A própria redação do art. 402 do CC revela a dificuldade de sua identificação ao falar em obrigação de indenizar aquilo "que razoavelmente deixou de lucrar", consagrando, dessa forma, o *princípio da razoabilidade* como orientador da disciplina dos lucros cessantes, o que, segundo Gisela Sampaio da Cruz, é particularidade do sistema civil brasileiro.[447]

Por se tratar da indenização de prejuízo voltado à reparação do ganho patrimonial que seria naturalmente esperado de ser observado pela vítima caso não houvesse sido praticado o ato ilícito, pode-se dizer que se trata de uma análise teórica de futurologia. A definição do lucro cessante passa, nas palavras de Larenz, pela realização de um "juízo de probabilidade" do que poderia ter ocorrido em um caso imaginário semelhante em que não efetivado o fato gerador da responsabilidade civil.[448]-[449]

[445] VARELA, *op. cit.*, 2018, v. I, p. 599.

[446] LARENZ, *op. cit.*, 1958, t. 1, p. 207-208.

[447] GUEDES, Gisela Sampaio da Cruz. *Lucros Cessantes*: do bom-senso ao postulado normativo da razoabilidade. São Paulo: Revista dos Tribunais, 2012, p. 237-239.

[448] LARENZ, *op. cit.*, 1958, t. 1, p. 208.

Ao analisar o instituto dos lucros cessantes e, especificamente, a redação do artigo 402 do Código Civil, Agostinho Alvim faz precisa análise do significado da expressão "razoavelmente", contida no referido dispositivo legal:

> Ele (o advérbio razoavelmente) não significa que se pagará aquilo que for razoável (ideia quantitativa) e sim que se pagará se se puder, razoavelmente, admitir que houve lucro cessante (ideia que se prende à existência mesma do prejuízo). Ele contém uma restrição, que serve para nortear o juiz acerca da prova do prejuízo em sua existência e não em sua quantidade. Mesmo porque, admitida a existência do prejuízo (lucro cessante), a indenização não se pautará pelo razoável e sim pelo provado[450].

Gisela Sampaio da Cruz, embora assevere que o estabelecimento do princípio da razoabilidade no direito civil brasileiro propicia "maior abertura ao sistema, garantindo sua mobilidade, [erigindo] a dimensão normativa dos princípios também dentro da perspectiva do controle da atuação judicial", não deixa de reconhecer que "o alto grau de vagueza semântica do advérbio 'razoavelmente' também dá margem para que se utilize o discurso principiológico como apanágio para justificar toda e qualquer decisão".[451]

Outra crítica apresentada pela doutrina à redação do art. 402 se refere ao uso da expressão "deixou de lucrar", que, como aponta Francisco Marino, poderia gerar a equivocada interpretação de que os lucros cessantes não poderiam se projetar para o futuro, quando, na realidade, é comum a verificação de lucros cessantes futuros, inexistindo qualquer impeditivo à sua indenização.[452]

Sob a ótica da responsabilidade civil pela prática de cartel, são diversas as formas pelas quais poderão se projetar lucros cessantes. Bruno Maggi cita, como exemplos de lucros cessantes advindos da formação de cartel, "a diferença entre o preço do produto sob a influência do cartel e o preço menor que poderia custar em ambiente concorrencial, decorrente da dimi-

[449] Nessa linha, Pontes de Miranda elucida que, para configuração da obrigação de indenizar o lucro cessante, "[n]ão basta a simples possibilidade. É preciso a grande probabilidade" (MIRANDA, Francisco Cavalcanti Pontes de. *Tratado de Direito Privado.* 3ª ed. Rio de Janeiro: Borsoi, 1970, t. XXVI, p. 214.

[450] ALVIM, *op. cit.*, 1965, p. 190.

[451] GUEDES, *op. cit.*, 2012, p. 240-242.

[452] MARINO, *op. cit.*, 2011a, p. 671.

nuição do custo de produção atingida pela evolução normal do mercado" ou o prejuízo observado pelos demais competidores com a perda de mercado ou de vendas em virtude da ruptura da estrutura do mercado causada pela atuação do cartel[453].

Nesse ponto, parece-nos relevante destacar que os lucros cessantes tendem a ser a hipótese mais comum de dano sofrido por concorrentes não integrantes do conluio, sendo bastante comum de ser observado (cumulativamente ou não com o sobrepreço) também pelos integrantes do elo seguinte da cadeia produtiva, que adquirem produtos ou serviços comercializados pelo cartel[454].

Ainda que os adquirentes de produtos do cartel logrem repassar integralmente o sobrepreço ao consumidor final, o sobrepreço aliado à usual redução da oferta do produto por parte dos cartéis tende a gerar lucros cessantes aos adquirentes do cartel, dada a já destacada correlação entre aumento do preço e redução da demanda. Da mesma forma, o concorrente não envolvido no ilícito antitruste que se veja coagido, pela força econômica exercida pelo cartel, a também elevar seus preços ou reduzir sua produção, pode vir a sofrer com a redução de seus lucros. A doutrina econômica costuma denominar o efeito da perda das vendas em razão da atuação do cartel como *volume effect*.[455]

Considerando, ainda, o já citado fato de que os lucros cessantes podem abranger não só os lucros efetivamente cessados, como também a expectativa de lucros que se visava obter, mas que veio a ser frustrada em razão do ato ilícito, a vítima de cartel também poderá pleitear a indenização das perdas "em operações de venda que se teriam realizado, não fosse a situação anticoncorrencial"[456]. Justamente por isso, não se pode afastar, em princípio, a possibilidade de a vítima pleitear a indenização de lucros que havia projetado obter mediante, por exemplo, a expansão de suas vendas ou de sua área de atuação, desde que consiga comprovar que a expansão

[453] MAGGI, *op. cit.*, 2018, p. 210.

[454] Acerca dos impactos da atuação cartelizada nas atividades de fornecedores, ver: BUEREN, Eckart; SMUDA, Florian. A Primer on Damages of Cartel Suppliers – Determinants, Standing US vs EU and Econometric Estimation. *ZEW – Centre for European Economic Research Discussion Paper*, Mannheim, n. 13-063, 2014.

[455] FRANZISKA, Weber. The volume effect in cartel cases – a special challenge for damage quantification? In Journal of Antitrust Enforcement, Oxford, v. 9, n. 3, p. 436-456, 2021.

[456] BUCHAIN, *op. cit.*, 2006, p. 172.

de seus lucros, em um cenário contrafactual, era não só possível, como altamente provável, tendo sido a atuação do cartel a razão principal para a não observância dos ganhos almejados[457]. É certo, todavia, que a identificação desse tipo de dano exige uma análise ainda mais especulativa que a realizada para identificação dos lucros cessantes de cartel *stricto sensu*, o que pode dificultar a visualização, pelo adjudicador, da existência desse tipo de dano.

De forma semelhante ao que ocorre com a identificação do sobrepreço, não só a quantificação do dano, como a comprovação da própria existência de lucros cessantes ocasionados por cartel tende a ser bastante complexa[458]. Como sói ocorrer com danos oriundos de cartel, o prejuízo alegado pela vítima pode ter sido ocasionado por outros fatores econômicos não necessariamente atrelados ao cartel ou ter tido estes outros fatores atuando como concausas do prejuízo. Com isso, Hovenkamp ressalta a importância de o adjudicador se atentar à forma com que se desenvolveu a relação entre as partes previamente ao ajuizamento da ARDC para identificar quanto do prejuízo se deu em razão do ilícito antitruste e quanto seu deu por causas atribuíveis ao próprio autor ou a outros fatores de mercado.[459]

Fundamental, aliás, o cuidado na análise dos lucros cessantes por cartel, para evitar que se confunda a indenização dos lucros cessantes com a pretensão de indenização de danos tidos como meramente hipotéticos.[460] É dizer, não pode a indenização abarcar expectativas irreais projetadas pela vítima, sob pena de enriquecimento ilícito.

[457] No Item 6.2.3.2, tratamos especificamente da questão da quantificação dos lucros cessantes ocasionados por cartel.

[458] Veja-se, por exemplo, que, segundo Cento Veljanovski, sequer há precedente, nas cortes inglesas, discutindo ou determinando a indenização de "volume damages". A razão identificada pelo autor para tal fenômeno é, justamente, a dificuldade de mensuração deste tipo de dano, por buscar a indenização de perdas "que não ocorreram e não são observáveis", apontando que os tribunais ingleses tendem a tratar tais prejuízos "secundários e especulativos" (Veljanovski, *op. cit.*, 2020, p. 160).

[459] Segundo Hovenkamp, "a natureza da violação a relação pré-litígio entre o réu e o autor será um fator a ser considerado na decisão da corte acerca de quanto do dano sofrido pelo autor foi causado pelo ato ilícito praticado pelo réu e quanto é resultado de ações do próprio autor ou de outras causas" (Hovenkamp, *op. cit.*, 2016, p. 903). Tradução livre do original, em inglês: "the nature of the violation and the pre-litigation relationship between the defendant and plaintiff will be a factor in the court's decision about how much of the plaintiff's injury was caused by the defendant's violation and how much resulted from the plaintiff's own actions or from other causes.".

[460] Cupis, *op. cit.*, 2020, p. 188.

4.1.5. Perda de uma chance

Encontra-se consolidado em nosso ordenamento jurídico o entendimento acerca da possibilidade de indenização da chamada *perda de uma chance*. A indenização por perda de uma chance, assim como ocorre com a indenização dos lucros cessantes, se projeta sobre a esfera patrimonial futura da vítima.[461] A diferença fundamental dos institutos, no entanto, se refere à natureza aleatória dos direitos tutelados na perda de uma chance.[462] Nos lucros cessantes, exige-se a certeza da perda patrimonial, ao passo em que, na indenização da chance perdida, como o próprio nome sugere, basta ser demonstrado que, não fosse o ato ilícito, o lesado teria a probabilidade de um acontecimento favorável.[463] Assim, segundo Rafael Peteffi, havendo probabilidade de chegar-se à vantagem almejada pela vítima, "[a] simples interrupção do processo aleatório no qual se encontrava a vítima é suficiente para caracterizar um dano reparável: a perda de uma chance".[464] Não se trata, precisamente, da indenização de um dano incerto ou hipotético, mas sim da indenização da *chance* que o prejudicado teria de alcançar um resultado favorável, que, ao ser interrompida pelo ofensor, constitui *dano certo*, como aponta Francisco Marino[465].

Sérgio Cavalieri Filho, muito embora reconheça que a perda de uma chance guarda similaridades com os lucros cessantes, até mesmo em virtude da origem do instituto na doutrina francesa, afasta a identidade dos institutos ao conceituar a "chance" como sendo "a probabilidade de se obter um lucro ou de se evitar uma perda.[466]. Todavia, como aponta Sérgio Savi, alguns doutrinadores clássicos tratam os dois institutos de forma indistinta, o que Savi considera um equívoco. Nesse sentido, Savi traz à baila as posições exaradas por Aguiar Dias e Carvalho Santos, que, ao

[461] François Terré *et. al.* apontam, inclusive, que a distinção entre o dano prejuízo futuro (reparável) e o prejuízo eventual (não reparável) se manifesta justamente por meio do instituto da perda de uma chance (Terré; Simler; Lequette, *op. cit.*, 2005. p. 689).

[462] Noronha, *op. cit.*, 2003. p. 665-666.

[463] Nas palavras de Giovanni Ettore Nanni, "É imperativo que a chance perdida seja real e séria, em vez de ter um caráter demasiadamente hipotético" (Nanni, Giovanni Ettore. In: Nanni, Giovanni Ettore (Org.). *Comentários ao Código Civil*: direito privado contemporâneo. São Paulo: Saraiva Educação, 2018, p. 654).

[464] Silva, Rafael Peteffi da. *Responsabilidade civil pela perda de uma chance*: uma análise do direito comparado e brasileiro. 3ª ed. São Paulo: Atlas, 2013, p. 76.

[465] Marino, *op. cit.*, 2011a, p. 677.

[466] Cavalieri Filho, *op. cit.*, 2012, p. 81.

enfrentarem o clássico caso hipotético do advogado que perdeu o prazo para interposição de recurso, apontam a suposta dificuldade ou até inviabilidade, no entender de Carvalho Santos, de se indenizar tal ato, haja vista a impossibilidade de se afirmar, com certeza, que a interposição do recurso resultaria no ganho da causa. Aqui, os dois doutrinadores pautam seus entendimentos, ao analisarem a questão, sob a ótica da possibilidade de indenização dos lucros cessantes em caso de sucesso do recurso não interposto. Todavia, como conclui Sérgio Savi, "o que deve ser objeto de indenização é a perda da possibilidade de ver o recurso apreciado e julgado pelo Tribunal, possibilidade esta que restou definitivamente afastada em razão da negligência do advogado"[467].

No que interessa a este trabalho, a indenização da perda de uma chance é de grande relevância para os casos em que se busca a reparação de danos causados por cartéis formados para fraudar licitações. Como sói ocorrer com os danos oriundos de cartel, a própria identificação da existência do dano pela perda de uma chance, nesse tipo de caso, pode vir a ser consideravelmente complexa, dada a necessidade de analisar como se comportaria um terceiro elemento (o licitador), em um cenário contrafactual no qual a licitação não estivesse sendo influenciada pela atuação do cartel.

O *Competition Appeal Tribunal* do Reino Unido, por exemplo, já se posicionou no sentido de rejeitar pedido de indenização da perda de uma chance em caso no qual o autor da ARDC não logrou comprovar "na balança de probabilidades" que haveria chance "real ou substancial, (i.e. não insignificante)" de que, não fosse pela violação antitruste, pudesse o autor sagrar-se vencedor da licitação.[468] Com efeito, a simples participação do autor em licitação influenciada por cartel não é suficiente para gerar a indenização pela perda de uma chance. Como indicado no precedente britânico, caberá ao autor da ação indenizatória comprovar que possuía condições reais de sagrar-se vencedor não fosse a atuação do cartel.[469] Feita tal prova, configurado estará o direito à indenização da perda da chance.

[467] SAVI, Sérgio. *Responsabilidade civil por perda de uma chance*. 2ª ed. São Paulo: Atlas, 2009, p. 39-40.

[468] Enron Coal Services Ltd. (In Liquidation) v English Welsh & Scottish Railway Ltd [2009] CAT 36. Case Number: 1106/5/7/08.

[469] Não se pode negar, no entanto, o caráter eminentemente subjetivo da análise de probabilidades a ser realizada neste tipo de cenário.

4.1.6. Danos morais

Os danos morais, também denominados imateriais ou não patrimoniais (extrapatrimoniais), podem ser conceituados simplesmente como sendo aqueles que afetam a esfera dos bens jurídicos da vítima não passíveis de mensuração pecuniária.[470]-[471] Justamente por possuírem tal característica, doutrinadores de relevo como Pontes de Miranda[472], Antonio Junqueira de Azevedo[473] e Teresa Ancona Lopez[474] entendem ser possível a verificação do conceito de dano moral por exclusão, ou seja, dano moral seria todo tipo de dano não enquadrável no conceito de dano material. O entendimento do dano moral em sua concepção mais ampla, abrangendo todos os danos não abarcados pelo instituto do dano material é fundamental para sua análise no âmbito da responsabilidade civil por cartel, como veremos adiante.

Muito embora seja evidente a falta de técnica do termo "dano moral", diversamente do que ocorre em países como Itália, França, Espanha ou países anglo-saxões, em que o direito positivado emprega tratamento diferen-

[470] JORGE, *op. cit.*, 1995, p. 373.

[471] É comum de se observar, ainda hoje, aqueles que conceituem o dano moral ligando-o (e limitando-o) a conceitos anímicos como *dor* ou *sofrimento*. Maria Celina Bodin de Moraes aponta a atecnicidade deste tipo de conceituação. Para a autora, "[o] conceito de dano moral não parece dever vincular-se, pois, a sentimentos ou sofrimentos, isto é, a disposições emocionais complexas, sejam quais forem o seu teor, nem a sensações íntimas ou, menos ainda, a percepções psicológicas que são, necessariamente, aspectos subjetivos, intangíveis e inaveriguáveis, e que variam, por definição e de modo significativo, de pessoa para pessoa; deve vincular-se sim a noções jurídicas consolidadas, construídas e tuteladas pelo ordenamento jurídico, garantidas constitucionalmente, e que dizem respeito aos direitos fundamentais de cada pessoa humana.". Com isso, Maria Celina Bodin de Moraes conceitua o dano moral como "a lesão a algum dos substratos que compõem, ou conformam, a dignidade humana, isto é, a violação a um desses princípios: i) liberdade, ii) igualdade, iii) solidariedade e iv) integridade psicofísica de uma pessoa." (MORAES, *op, cit.*, 2019, p. 11-13). Vale ressaltar, todavia, que a autora entende inadequado falar em dano moral para os danos não materiais causados às pessoas jurídicas, uma vez que os danos morais seriam constituídos pela "violação da cláusula geral de tutela da pessoa humana" e, por isso, seria mais adequado falar em "dano institucional" quando se está tratando dos danos imateriais causados às pessoas jurídicas, muito embora a própria autora aponte que tal conceito ainda deverá ser devidamente delineado, sendo comum a doutrina e a jurisprudência tratarem este tipo de dano como inserido no conceito amplo de dano moral (MORAES, *op. cit.*, 2017. p. 183-184 e 191).

[472] MIRANDA, Francisco Cavalcanti Pontes de. *Tratado de Direito Privado*. 2ª ed. Rio de Janeiro: Borsói, 1958, t. XXVI, p. 30.

[473] AZEVEDO, *op. cit.*, 2009, p. 382.

[474] LOPEZ, Teresa Ancona. *O dano estético*: a responsabilidade civil. 3ª ed. São Paulo: Revista dos Tribunais, 2004, p. 24.

ciado aos danos tidos como estritamente morais e aos extrapatrimoniais, "em nosso ordenamento, a alusão a essas categorias é desnecessária, pois vivemos em um sistema aberto que conta com as cláusulas gerais de danos dos artigos 186 e 927 do Código Civil,"[475] não havendo, portanto, qualquer mal no tratamento dos dois conceitos como sinônimos no direito brasileiro.

As atuais discussões acerca da conceituação, abrangência e até da denominação do dano moral, de certa forma, se relacionam com aquelas observadas desde a concepção do instituto. O dano moral, muito embora não seja de criação recente,[476] sofreu diversas críticas ao longo de sua evolução, mormente daqueles que consideravam impossível estabelecer-se um valor pecuniário para ressarcimento da dor.[477]

De fato, diversamente do que se observa no caso dos danos materiais, afetando o dano moral exclusivamente a esfera de direitos intangíveis do ofendido, não há como se falar na possibilidade de a indenização do dano imaterial vir a efetivamente servir como *reparação* do dano, na concepção etimológica do termo, haja vista a impossibilidade de o juiz determinar, na sentença, qualquer providência a ser tomada por parte do causador do dano que tenha o condão de reestabelecer o *status quo ante*.[478]-[479]

Muito embora seja impossível de se cogitar a reparação de fato do dano de esfera moral, nos parece evidente o caráter indenizatório da condenação. Com efeito, o pagamento à vítima de montante em dinheiro, não obstante incapaz de reparar o dano, serve, sem sombra de dúvidas, como forma de compensá-lo, ainda que por via indireta, diante da impossibilidade de reestabelecimento do *status quo*.[480]

[475] Farias; Netto; Rosenvald, *op. cit.*, 2019, p. 372-373.

[476] Humberto Teodoro Júnior ensina que o dever de indenizar por dano moral se verifica desde o Código de Hamurabi, nos tempos da Babilônia, onde ao lado da vingança ('olho por olho, dente por dente'), se admitia, também, a reparação da ofensa mediante pagamento de certo valor em dinheiro" (Theodoro Júnior, *op. cit.*, 1999, p. 4).

[477] Theodoro Júnior, *op. cit.*, 1999, p. 5.

[478] Viney, *op. cit.*, 1988, p. 4.

[479] A quantificação do dano moral, em especial sob a ótica de danos oriundos de cartéis, é objeto de estudo no Item 6.2.3.3.

[480] Como já preconizava Georges Ripert, nos casos em que os prejuízos são irreparáveis em dinheiro, as perdas e danos ganham um papel "hedonístico", por meio da "substituição do prazer desaparecido por um novo prazer" (Ripert, *op. cit.*, 2009. p. 338). Neste mesmo sentido a resposta dada por Inocêncio Galvão Telles àqueles por ele classificados como "negativistas" da indenização moral: "A isto responde-se que não há aqui indemnização no sentido etimológico de fazer desaparecer o prejuízo, concreta ou abstractamente considerado, eliminando-o

Como dito, a reparação do dano moral foi expressamente abraçada por nosso ordenamento jurídico no Código Civil de 2002 em sua concepção ampla (i.e., abrangendo toda a esfera de direitos imateriais), conforme se infere da análise conjunta dos artigos 927 e 186 do referido *codex*.[481]-[482]

Sendo o cartel hipótese de infração à ordem econômica, poder-se-ia questionar sua capacidade de gerar danos de ordem imaterial. É certo, no entanto, que inexiste qualquer óbice legal à verificação de danos de ordem moral oriundos de ilícitos concorrenciais. Dessa forma, como nos lembra Luiz Carlos Buchain, "onde o legislador não restringiu, não caberá ao intérprete fazê-lo"[483].

Afastar a possibilidade de cartéis darem origem a danos imateriais seria o equivalente a fechar os olhos para alguns dos mais graves danos ocasionados pelo citado ilícito concorrencial. Com efeito, o estudo acurado dos impactos gerados por cartel ao mercado como um todo evidencia, a bem da verdade, que a expressiva maioria dos cartéis que se mantêm ativos e funcionais por períodos mais alongados acaba por causar graves danos imateriais.

na sua própria materialidade ou substituindo-o por um equivalente da mesma natureza, como é o dinheiro em relação aos valores patrimoniais. Mas há indemnização no sentido de proporcionar ao lesado meios económicos que dalgum modo o compensem da lesão sofrida. Trata-se, por assim dizer, de reparação indirecta. Na impossibilidade de reparar directamente os danos, pela sua natureza não patrimonial, procura-se repará-los indirectamente através de uma soma de dinheiro susceptível de proporcionar à vítima satisfações, porventura de ordem puramente espiritual, que representem um lenitivo, contrabalançando até certo ponto os males causados." (TELLES, *op. cit.*, 1997, p. 379-380). De fato, como bem aponta João de Matos Antunes Varela, imoral e injusto seria admitir a tese negacionista do dano moral, "negando qualquer compensação a quem sofreu o dano (o qual pode ser bem mais grave do que muitos danos patrimoniais) e deixando absolutamente intacto o patrimônio do autor da lesão, a pretexto da dificuldade ou da impossibilidade de fixar o montante exacto do prejuízo por ele causado" (VARELA, *op. cit.*, 2018, v. I, p. 604).

481 Enquanto o art. 927 estabelece o dever de reparação dos danos, o art. 186 é expresso ao consignar a possibilidade de sua verificação na esfera exclusivamente moral.

482 Muito embora houvesse certa discussão doutrinária acerca da admissibilidade do dano moral no Código Civil de 1916, alinhamo-nos ao entendimento de Sérgio Cavalieri Filho no sentido de que "[o] art. 159 do Código Civil de 1916, ao cogitar do dano como elemento da responsabilidade civil, não fazia qualquer distinção sobre a espécie do dano causado. Falava-se, ali, em 'violar direito ou causar prejuízo', de sorte que, ainda que se apegasse ao entendimento de que o termo prejuízo era restrito ao dano material, a expressão violar direito estendia a tutela legal aos bens personalíssimos, como a honra, a imagem, o bom nome." (CAVALIERI FILHO, *op. cit.*, 2012, p. 91). Portanto, ainda na vigência do Código anterior, já havia margem legal para aplicação do instituto em nosso ordenamento.

483 BUCHAIN, *op. cit.*, 2006, p. 165.

Por certo, não se ignora que os principais danos imateriais ocasionados por cartéis são causados à sociedade ou a determinada parcela do mercado, como se verá no capítulo a seguir, sendo difícil de se imaginar exemplos de danos morais causados por cartel na concepção mais clássica do instituto, no sentido de danos causados à honra ou à esfera anímica de determinado indivíduo. Mesmo assim, não nos parece correto simplesmente refutar, em princípio, a possibilidade de um cartel causar dano moral à esfera individual de determinado prejudicado por sua atuação. Todo e qualquer dano de ordem imaterial, cujo prejudicado logre demonstrar o nexo de causalidade com a atuação do cartel não só pode como deve ser objeto de indenização em ARDC.

4.1.7. Danos morais coletivos: perda de eficiência do mercado

Dentre as matérias que mais vêm sendo objeto de discussão e desenvolvimento ao longo dos últimos anos encontra-se a dos direitos difusos ou coletivos, cuja relevância se torna cada vez mais acentuada diante do dinamismo e intensidade que as relações tomam na sociedade moderna.[484] Nessa toada, hoje, encontra-se consolidado o entendimento acerca da existência de danos causados não a uma única pessoa ou a um grupo identificável de pessoas, mas sim a toda a coletividade.[485]

Esta modalidade de dano é causada de forma quase que automática a partir da organização cartelizada de concorrentes e, por isso, seu estudo é fundamental para o objetivo que se propõe com o presente trabalho.

Antes de avançarmos na análise do tema, cabe rememorar a diferença existente entre direitos difusos, coletivos e individuais homogêneos, previstos, notadamente, no art. 81 do Código de Defesa do Consumidor.[486]

[484] Ao final do século passado, Carlos Alberto Bittar já chamava à atenção para a evolução da responsabilidade civil no que tange à "coletivização da defesa de interesses", de modo que "entes não personalizados e grupos ou classes ou categorias de pessoas indeterminadas passaram também a figurar como titulares de direitos à reparação civil, inclusive a sociedade, ou certas coletividades como um todo" (Bittar, *op. cit.*, 1999, p. 151).

[485] No direito italiano, Guido Alpa elucida que o reconhecimento da existência de danos coletivos é uma recente evolução da disciplina da responsabilidade civil, "que encontra seu homólogo na Itália na indenização do dano *social*, causado à sociedade e às entidades revestidas de personalidade jurídica em geral." (Alpa, *op. cit.*, 2017, p. 393). Tradução livre do original, em italiano: "che trova il suo omologo in Italia nella risarcibilità del danno *sociale*, arrecato a società e in genere ad enti provvisti di personalità giuridica.".

[486] "Art. 81. A defesa dos interesses e direitos dos consumidores e das vítimas poderá ser exercida em juízo individualmente, ou a título coletivo.

Não obstante os dois primeiros serem espécies de direitos transindividuais, os interesses difusos são aqueles que pertencem a toda a sociedade ao mesmo tempo em que não pertencem a ninguém em específico. Assim, um único indivíduo, muito embora tenha interesse na defesa dos direitos tidos como difusos, não possui legitimidade para, individualmente, buscar a defesa de tais direitos em juízo. Por sua vez, os direitos coletivos são aqueles de titularidade de uma categoria ou grupo possível de ser identificado. Já os direitos individuais homogêneos são os que, não obstante afetem uma coletividade, são perfeitamente individualizáveis.[487]-[488]

Exemplos talvez mais comuns de serem associados, quando se fala em danos coletivos, são aqueles causados aos consumidores ou ao meio ambiente. Foi justamente nessas duas modalidades de dano que a doutrina pautou a maior parte da produção acadêmica acerca dos danos difusos. Tomemos como exemplo, portanto, hipótese de um dano ambiental, causado por uma fábrica que lançava resíduos tóxicos em determinado rio de modo a tornar inviável a manutenção da fauna aquática. Nesse caso, um pescador que tirava seu sustento desse mesmo rio teria direito a pleitear

Parágrafo único. A defesa coletiva será exercida quando se tratar de:
I – interesses ou direitos difusos, assim entendidos, para efeitos deste código, os transindividuais, de natureza indivisível, de que sejam titulares pessoas indeterminadas e ligadas por circunstâncias de fato;
II – interesses ou direitos coletivos, assim entendidos, para efeitos deste código, os transindividuais, de natureza indivisível de que seja titular grupo, categoria ou classe de pessoas ligadas entre si ou com a parte contrária por uma relação jurídica base;
III – interesses ou direitos individuais homogêneos, assim entendidos os decorrentes de origem comum."

[487] Segundo Paula Costa e Silva e Nuno Trigo dos Reis, os direitos individuais homogêneos podem ser também considerados como "uma refracção do interesse difuso ou colectivo, distinguindo-se daqueles por se tratar de interesses susceptíveis de individualização autónoma e de apropriação pelos respectivos titulares", sendo a sua homogeneidade, portanto, "meramente qualitativa, denotando, em regra, uma origem partilhada ou uma natureza comum" (Silva, Paula Costa; Reis, Nuno Trigo dos. *Private enforcement e tutela coletiva*. Coimbra: Almedina, 2022, p. 12).

[488] Hugo Nigro Mazzilli, esclarece que só se verificará a legitimidade para ajuizamento de ação civil pública em defesa de interesse individual de um grupo específico quando a defesa de tais direitos afeta à sociedade como um todo: "[...] no tocante à defesa de interesses *coletivos* e *interesses individuais homogêneos*, é preciso distinguir: a defesa de interesses de meros grupos determinados ou determináveis de pessoas só se pode fazer pela instituição quando isso convenha à coletividade como um todo [...]" (Mazzilli, Hugo Nigro. *A Defesa dos Interesses Difusos em Juízo*. 27ª ed. São Paulo: Saraiva, 2014, p. 115).

indenização da fábrica poluidora com base nos lucros cessantes. Sem prejuízo, no entanto, dos danos causado a esse pescador e a outros sujeitos individualizados, tem-se evidente que o ato ilícito praticado pela fábrica causa danos à sociedade. A mesma lógica vale para o caso de cartéis. Ao mesmo tempo em que a sua atuação causa prejuízos individualizáveis em razão, por exemplo, do sobrepreço, o cartel gera, também (e como se verá a seguir), uma redução do bem-estar social, em razão de ineficiências econômicas naturalmente produzidas pela atuação colusiva entre concorrentes. Todos estes danos, individuais e coletivos, merecem reparação.

Os danos causados à sociedade, assim como se dá com os danos individuais, podem se caracterizar por meio da lesão a bens tangíveis e/ou intangíveis. A despeito de ambas as esferas serem merecedoras de tutela, é no âmbito dos bens intangíveis que os danos à coletividade se mostram não só mais graves, como mais difíceis de serem especificados e, consequentemente, quantificados. Considerando que estes danos ao patrimônio intangível da sociedade encontram-se na órbita dos danos morais, a maior parte da doutrina e da jurisprudência passou a denominá-los *danos morais coletivos*[489].

Diante de todo o quanto já exposto acerca da forma com que se organizam e atuam os cartéis, facilmente se constata que esse tipo de ilícito tem vocação quase que natural para causar danos morais coletivos. Em uma sociedade capitalista, como é a brasileira, a defesa da livre concorrência exerce papel central na relação entre os indivíduos que a integram, sendo, inclusive, um dos princípios gerais da atividade econômica inseridos no art. 170 da Constituição Federal.[490] Justamente por isso, o cartel, ao falsear os efeitos da concorrência, fere diretamente um dos preceitos centrais em que se funda a nossa sociedade, ocasionando grave dano de repercussão

[489] É o que ensina Carlos Alberto Bittar Filho: "Quando se fala em dano moral coletivo, está-se fazendo menção ao fato de que o patrimônio valorativo de uma certa comunidade (maior ou menor), idealmente considerado, foi agredido de maneira absolutamente injustificável do ponto de vista jurídico: quer dizer, em última instância, que se feriu a própria cultura em seu aspecto material." (Bittar Filho, Carlos Alberto. Do dano moral coletivo no atual contexto jurídico brasileiro. *Jus.com.br*, Teresina, 17 jan. 2005).

[490] "Art. 170. A ordem econômica, fundada na valorização do trabalho humano e na livre iniciativa, tem por fim assegurar a todos existência digna, conforme os ditames da justiça social, observados os seguintes princípios:

[...]

IV – livre concorrência".

social que deve necessariamente ser objeto de compensação em montante condizente com a gravidade do dano ocasionado.

Como visto de forma pormenorizada no Item 1.3, dedicado à análise dos efeitos da atuação cartelizada, um mercado sob influência de cartel tende a sofrer, além do aumento de preços, a redução da oferta, o aumento de custos aos fornecedores e o atraso nas adaptações tecnológicas e de inovação, causados pelo desinvestimento.[491] Em estudo realizado com base na análise de 49 cartéis europeus, identificados no período de 1983 a 2007, Andrea Günster, Martin Carree e Mathijs Van Dijk identificaram três tipos de ineficiências econômicas ocasionadas pela atuação de carteis, a saber: (i) ineficiência alocativa (constituída pela redução do bem-estar social em razão da alocação inadequada de recursos);[492] (ii) ineficiência produtiva (oriunda do desinteresse das empresas cartelizadas em maximizar sua capacidade de operação e produção); e (iii) ineficiência dinâmica (dada a falta de incentivos às empresas integrantes do cartel para investimentos em tecnologia e inovação).[493] Todos estes efeitos afetam as bases nas quais se funda a política antitruste,[494] constituindo graves danos à eficiência do mercado que, portanto, devem ser indenizados.

[491] Como bem lembra Bruno Maggi, o desinvestimento comumente observado em casos de cartel se dá por uma opção estratégica de alocação de recursos pelos integrantes do cartel, que, se valendo do afastamento ou abrandamento dos efeitos da concorrência, reduzem seus custos operacionais com o objetivo de auferir ganho imediato, mediante o aumento de sua margem de lucro (MAGGI, *op. cit.*, 2018, p. 137).

[492] Como o monopólio ou figuras afins – como é o caso do cartel – reduz a produção, parte dos recursos que seriam alocados para a produção do produto afetado pelo monopólio será destinada a outros fins, que geram menos valor aos consumidores. A esta alocação de recursos de forma a reduzir o bem-estar social é dada a alcunha "ineficiência alocativa" (SULLIVAN, E. Thomas *et al. Antitrust law, policy, and procedure*: cases, materials, problems. 7ª ed. São Francisco: LexisNexis, 2014, p. 7).

[493] GÜNSTER, Andrea; CARREE, Martin; VAN DIJK, Mathijs A. Do cartels undermine economic efficiency? In: WORKSHOP: INDUSTRIAL ORGANIZATION, 2nd, 2011, Otranto. *Anais do 2nd Workshop: Industrial Organization*, Otranto, 2011.

[494] Afinal, como resume Robert Bork: "toda a missão do antitruste pode ser resumida como o esforço em majorar a eficiência alocativa sem impactar grandemente a eficiência de produção a ponto de implicar nenhum ganhou ou uma perda líquida no bem-estar do consumidor" (BORK, Robert H. *The antitrust paradox*: a policy at war with itself. New York: Basic Books, 1978, p. 91). Tradução livre do original, em inglês: "The whole task of antitrust can be summed up as the effort to improve allocative efficiency without impairing productive efficiency so greatly as to produce either no gain or a net loss in consumer welfare.".

Perfeito exemplo de como um cartel pode gerar danos morais coletivos de alta repercussão social, sem necessariamente causar danos individualizáveis, pode ser tirado de investigação realizada pela Comissão Europeia que resultou na condenação das montadoras Volkswagen, Porsche, Audi e BMW ao pagamento de multas que, somadas, ultrapassam a casa dos € 875 milhões (inserindo-se no rol das maiores já aplicadas pela autoridade antitruste europeia), em razão do alinhamento realizado entre as citadas montadoras para limitar o desenvolvimento de tecnologia voltada à redução da emissão de poluentes na fabricação de automóveis. A investigação da Comissão Europeia teve origem em denúncia realizada pela montadora Daimler, no âmbito de acordo de leniência, no qual esta admitiu que as empresas acordaram, por anos, qual seria o nível de utilização, na fabricação de seus veículos, da tecnologia denominada "AdBlue", cuja finalidade era limpar óxido de nitrogênio dos gases de escapamento produzidos por veículos movidos a diesel. De acordo com a conclusão da autoridade antitruste europeia, a despeito de as empresas possuírem capacidade de implementação imediata do potencial total desta nova tecnologia, as integrantes do cartel acordaram adotá-la de forma limitada aos níveis exigidos pelas autoridades reguladoras europeias, falseando, dessa forma, a concorrência e majorando a margem de lucro das empresas envolvidas no conluio dado o custo elevado da implementação da citada tecnologia.[495]

O exemplo colocado acima é bastante elucidativo quanto à capacidade da atuação cartelizada de gerar graves danos à sociedade não necessariamente vinculados a um sobrepreço. Na realidade, segundo apuração da Comissão Europeia, o mais provável é que o cartel tenha até mesmo impedido uma majoração dos preços dos automóveis que tenderia a ser observada em razão do repasse do custo para implementação da tecnologia AdBlue ao consumidor final. No entanto, os prejuízos causados pelo cartel ao bem-estar social, em razão da limitação da implementação de tecnologia capaz de reduzir a emissão de poluentes, são imensuráveis, configurando, dessa forma, dano moral coletivo passível de indenização[496].

495 Disponível em: <https://ec.europa.eu/commission/presscorner/detail/en/ip_21_3581>. Acesso em 2 nov. 2021.

496 Vale pontuar que o comunicado à imprensa emitido pela Comissão Europeia com relação ao cartel das montadoras de automóveis para controle da tecnologia AdBlue destaca, de forma expressa, a possibilidade de os prejudicados pela atuação do cartel buscarem a reparação de danos oriundos da atuação do cartel, haja vista que as multas aplicadas pela autoridade

Parece-nos difícil imaginar um cartel que tenha sido capaz de produzir os efeitos almejados por seus integrantes e que não venha a ocasionar danos morais coletivos[497]. Cumpre destacar que, como aponta Cento Veljanovski, sob o aspecto puramente econômico, o sobrepreço praticado pelo cartel sequer configuraria um custo (impacto) à economia como um todo, mas sim uma mera transferência de riquezas. O verdadeiro custo econômico do cartel advém justamente dos danos por este causados à sociedade, em especial em função da má alocação de recursos e dos meios de produção, chamada na doutrina econômica de *peso morto* (*dead-weight loss*) do cartel, além, é claro, da redução da oferta do produto ou serviço comercializado pelo cartel[498].

Por fim, partindo da premissa de que a indenização por dano moral coletivo, em especial nos casos de cartel, se reveste fortemente de caráter punitivo, é natural que se questione se a condenação de indenizações fundadas exclusivamente nessa modalidade de danos poderia configurar *bis in idem*, dada a possibilidade de o cartel ser também punido nos âmbitos administrativo ou penal[499]. A resposta nos parece ser negativa. A mera existência de punição pecuniária em âmbito administrativo ou penal não pode servir como óbice à aplicação do caráter punitivo da indenização moral em âmbito cível. Aqui, a ressalva feita por Fernando Noronha, ao analisar a aplicabilidade da função preventiva da indenização para hipóteses de dano ambiental, no sentido de que "[a] responsabilidade civil não deve ser erigida em substitutivo das multas e outras sanções que devem ser impostas no âmbito da responsabilidade penal (incluindo a contravencional)"[500]

antitruste não interferem no direito à reparação dos danos. Disponível em: <https://ec.europa.eu/commission/presscorner/detail/en/ip_21_3581>. Acesso em 2 nov. 2021.

[497] Posner ressalta, inclusive, que mesmo cartéis que não chegam a alcançar a finalidade almejada pelos cartelistas são capazes de gerar custos sociais, uma vez que estariam inseridos, em tal conceito, os custos arcados pelos próprios cartelistas no afã de organizar o cartel, bem como os custos arcados pelas autoridades antitruste e demais agentes econômicos com o objetivo de impedir a atuação do cartel. (Posner, Richard A. The Social Costs of Monopoly and Regulation. *Journal of Political Economy*, Chicago, v. 83, n. 4, p. 807-828, 1975, p. 811-812).

[498] Connor, *op. cit.*, 2008, p. 19.

[499] Daniel Caselta, por exemplo, citando expressamente a modalidade de dano social na forma proposta por Antonio Junqueira de Azevedo, rejeita a atribuição de danos punitivos por cartel no ordenamento jurídico brasileiro, justamente sob a premissa de evitar *bis in idem* com multas administrativas (Caselta, *op. cit.*, 2016, p. 205-211).

[500] Noronha, *op. cit.*, 2003, p. 442.

pode ser aplicada em seu sentido inverso. Não há, sob a égide da legislação vigente, nenhum impeditivo à cumulação da punição em âmbito administrativo ou penal com a punição na esfera civil. Admitida a existência de caráter punitivo na indenização moral no direito brasileiro, como aqui se admite, a mera aplicação de sanção pecuniária nas demais esferas ligadas à repressão à formação de cartéis não seria razão suficiente para afastar a condenação das empresas cartelizadas à indenização do dano moral coletivo.

5
O CAMINHAR DA INDENIZAÇÃO DE DANOS ORIUNDOS DE CARTÉIS

5.1. Evolução da reparação de danos de cartel no Brasil e nas principais jurisdições que inspiram o sistema brasileiro de defesa da concorrência

Para compreender o estágio atual de maturação das ações de reparação de danos por cartel no Brasil é fundamental, preliminarmente, entender como se desenvolveram os sistemas de reparação de danos nas principais jurisdições que inspiram o SBDC na busca pelo estabelecimento de um sistema eficaz de reparação de danos concorrenciais no Brasil.

Como bem nos lembra Richard Posner, o que determina a eficiência de determinada política antitruste não é apenas a existência de uma regulação concorrencial bem estruturada, mas sim o estabelecimento de mecanismos eficazes para sua aplicação prática, aliados a uma sólida doutrina legal para tratamento do tema[501]. Justamente por isso, nos próximos Itens, traremos uma visão geral da evolução e do estado da arte dos sistemas de reparação de danos concorrenciais nos EUA (principal fonte de inspiração não só do direito brasileiro, como da expressiva maioria dos sistema antitruste do mundo) e na Europa (cujos países possuem um sistema de defesa de concorrência estruturalmente e tradicionalmente mais próximo ao brasileiro do que o americano).

Antes, no entanto, de passarmos à análise de cada um, é fundamental reforçar o alerta feito pela International Competition Network (ICN), ao analisar o estágio de desenvolvimento do *private enforcement* ao redor do globo, no sentido de que nenhum dos sistemas de defesa da concorrência

[501] Posner, *op. cit.*, 2001, p. 266.

atualmente vigentes deve ser tido como ideal[502]. Cada um deles se funda em raízes históricas distintas e apresenta vantagens e desvantagens na busca pelos objetivos centrais da política antitruste e, até mesmo por isso, seguimos observando uma acentuada dificuldade de harmonização de sistemas para lidar com casos internacionais de antitruste[503].

O que é comum a todos os sistemas de defesa da concorrência, como ressalta Roger van den Bergh, é o fato de se fundarem no ideal de criar desestímulos à prática de ilícitos concorrências, de modo a tornar a prática do ato ilícito economicamente desinteressante ao potencial ofensor. Tais desestímulos se dão, sobretudo, por meio de atos de justiça punitiva (no sentido de aplicar sanções ao ofensor que reflitam adequadamente a desaprovação da sociedade com relação ao ato ilícito praticado) e corretiva (obrigando o ofensor a reparar os danos causados)[504]. Reconhece o autor, no entanto, que "é difícil de perseguir todos os objetivos apontados acima simultaneamente, razão pela qual os responsáveis pela criação das políticas [antitruste] não conseguirão escapar de difíceis escolhas"[505].

Vejamos, portanto, quais foram as escolhas legislativas adotadas nos principais sistemas antitruste no que tange à reparação de danos concorrenciais, para que possamos melhor entender em que estágio de desenvolvimento se encontra o Sistema Brasileiro de Defesa da Concorrência.

5.1.1. EUA: *private enforcement* como base da política antitruste

Não há, hoje, nenhum sistema de defesa da concorrência mais maduro em matéria de reparação de danos concorrenciais que o americano, até mesmo pelo fato de que, por décadas, os EUA foram a única jurisdição com um sistema efetivamente ativo de ações de reparação de danos

[502] ICN. *Development of Private Enforcement of Competition Law in ICN Jurisdictions*: Subgroup 2 of the Cartel Working Group. Haia, 2019, p. 18.

[503] Como destaca Clifford Jones, esta dificuldade de harmonização de sistemas aparece até mesmo em casos envolvendo os EUA e a União Europeia, que são, hoje, os dois sistemas mais avançados de antitruste (Jones, *op. cit.*, 2006, p. 37).

[504] Posner aponta, no entanto, que a função punitiva, em um sistema antitruste bem elaborado, deve assumir papel subsidiário, uma vez que o ideal é o estabelecimento de medidas dissuasórias eficazes, de modo a reduzir a incidência de violações concorrenciais (Posner, *op. cit.*, 2001, p. 266).

[505] Tradução livre do original, em inglês: "it is difficult to pursue all the above goals simultaneously, so that policy makers will not be able to escape from difficult trade-offs." (Bergh; Camesasca; Giannaccari, *op. cit.*, 2017, p. 383).

concorrenciais[506]. Com efeito, é mais comum de se verificar, no sistema estadunidense, casos em que determinado cartel não vem a ser condenado ao pagamento de multas administrativas pela divisão antitruste do Department of Justice (DoJ), principal órgão estatal responsável pela defesa da concorrência nos EUA[507], do que casos em que não tenham sido ajuizadas ARDCs em face dos cartelistas para reparação dos danos causados pela atuação colusiva[508]-[509]. A explicação para tal fenômeno se extrai da análise do histórico de formação do sistema de defesa da concorrência estadunidense e da própria cultura jurídica americana.

O primeiro ponto que merece ser destacado é que o direito norte-americano foi um dos pioneiros a reprimir a formação de monopólios. Desde a época colonial, as restrições à formação de monopólios eram impostas de forma mais rigorosa nos EUA que na própria Grã-Bretanha[510], que só veio a adotar uma política antitruste mais restritiva a partir da década de 1930, influenciada, em grande medida, justamente pela política americana[511].

Como indicado no Item 2.1, a política antitruste americana passou a ser regulada a partir da promulgação do Sherman Act em 1890, que, em seu § 1º, estabelece como ilegal qualquer combinação ou conspiração que

[506] OBERSTEINER, Thomas. *Private Antitrust Enforcement in the US and the EU – A Comparison of Key Issues*. [S.l.: s.n.], 2019, p. 3.

[507] Enquanto a Antitrust Division é responsável pelo *enforcement* civil e criminal do Sherman Act, Clayton Act e Robinson-Patman Act, a Federal Trade Commission é responsável pela aplicação do Federal Trade Comission Act, com exceção da seção 12, e tem competência concorrente com a Antitrust Division do DoJ para aplicação das Seções 2, 3, 7 e 8 do Clayton Act.

[508] SHENEFIELD, John H.; STELZER, Irwin M. *The antitrust laws*: a primer. 4ª ed. Washington D.C.: AEI, 2001, p. 111-112.

[509] Estudo realizado em 1985 pela Georgetown Study of Private Antitrust Litigation indicou que, entre os anos 1960 e 1970, a proporção de ações privadas em comparação às movidas por órgão governamentais era de 21 para 1, sendo que até 1965 a proporção era de 6 para 1 (SULLIVAN *et al.*, *op. cit.*, 2014, p. 65). Estima-se que ações privadas de reparação de danos concorrenciais representem, hoje, ao menos 90% de todos os casos federais de antitruste ajuizados nos EUA (JONES, Clifford A. *Private enforcement of antitrust law in the EU, UK and USA*. Oxford: Oxford University, 1999, p. 16), havendo estudos que apontam que este percentual chegaria a alcançar impressionantes 95% (HOVENKAMP, *op. cit.*, 2008, p. 58).

[510] SULLIVAN *et al.*, *op. cit.*, 2014. p. 21.

[511] STIGLER, George J. The Origin of the Sherman Act. In: SULLIVAN, E. Thomas (Org.). *The political economy of the Sherman Act*: the first one hundred years. Oxford: Oxford University, 1991, p. 38.

restrinja o comércio[512]. Diante da clareza da redação do referido dispositivo legal, rapidamente consolidou-se, na doutrina e jurisprudência americanas, o entendimento de que a formação de cartel deve ser considerada ilícita *per se*[513].

É, no entanto, a partir da promulgação do Clayton Act, em 1914, que são estabelecidas as bases do sistema norte-americano de indenização de danos concorrenciais. Dentre tais bases, destaca-se a Seção 4 do Clayton Act, 15 U.S.C. § 15, que prevê que qualquer pessoa prejudicada em virtude de condutas proibidas pelas legislações antitruste americanas poderá ser indenizada em três vezes o valor do dano sofrido pelo ilícito concorrencial[514].

512 "Every contract, combination in the form of trust or otherwise, or conspiracy, in restraint of trade or commerce among the several States, or with foreign nations, is declared to be illegal".

513 Segundo Hovenkamp, um dos principais objetivos do Congresso Americano ao promulgar o Sherman Act era exatamente o de tornar ilegal *per se* a prática de cartel, dado que, até então, a jurisprudência das cortes americanas se posicionava no sentido de que a formação de cartel não seria ilegal, salvo naqueles casos em que o cartel fosse capaz de controlar virtualmente o mercado afetado (Hovenkamp, *op. cit.*, 2016, p. 78-79). Robert Bork alerta, no entanto, para os possíveis efeitos indesejados da definição de um ilícito concorrencial como ilegal *per se*. Bork aponta que "é também verdade que a regra foi distorcida, de certo modo, ao longo do tempo e ocasionalmente produz resultados indesejados. Pode ser facilmente demonstrado que a fixação de preços e a divisão de mercado são benéficas em determinadas circunstâncias. A regra deveria ser atualizada para fazer com que somente seja ilegal per se a fixação de preços ou divisão de mercados (ou a eliminação da concorrência de qualquer outro modo) apenas quando a restrição é 'pura' – ou seja, apenas quando o acordo não é relacionado a atividades de cooperação produtiva adotadas pelas partes integrantes do acordo. Apenas neste cenário o efeito do acordo é claramente voltado a restringir a produção. Muitos acordos de fixação de preços ou divisão de mercados fazem a atividade de cooperação produtiva mais eficiente e isso deveria ser julgado, de acordo com as circunstâncias, pelos padrões aplicados às normas de crescimento interno de empresas ou de concentração horizontal." (Bork, *op. cit.*, 1978, p. 263-264). Tradução livre do original, em inglês: "it is also true that the rule has become somewhat skewed over time, and on occasion produces undesirable results. It can easily be shown that price fixing and market division are beneficial in certain circumstances. The rule should be restated so that it is illegal per se to fix prices or divide markets (or to eliminate rivalry in any other way) only when the restraint is 'naked' – that is, only when the agreement is not ancillary to cooperative productive activity engaged in by the agreeing parties. Only then is the effect of the agreement clearly to restrict output. Many price-fixing and market-division agreements make cooperative productive activity more efficient, and these should be judged, according to the circumstances, by the standards applicable to internal growth of firms or by horizontal merger rules".

514 "[...] qualquer pessoa prejudicada em seus negócios ou patrimônio em razão de qualquer coisa proibida nas leis antitruste poderá ajuizar demanda indenizatória, em qualquer corte distrital dos EUA no distrito em que o réu resida ou seja encontrado ou possua um agente,

A essa indenização triplicada do dano concorrencial, de caráter eminentemente punitivo, a doutrina convencionou chamar *treble damages*[515].

Segundo Sullivan *et al.*, o estabelecimento da indenização em triplo de danos concorrenciais tem dois objetivos centrais: "[u]m é dissuadir potenciais violadores antitruste; o outro é encorajar os litigantes privados a ajuizarem ações"[516]. Interessante notar que, muito embora os *treble demages* sejam, inquestionavelmente, espécie de *punitive damages*[517], a principal justificativa funcional que a doutrina e a jurisprudência americanas sustentam para a indenização em triplo é o seu papel dissuasório. Tal entendimento, aliás, é muitas vezes sustentado com base no racional econômico que supostamente haveria sido adotado pelos legisladores estadunidenses ao instituírem os *punitive damages* para indenização de danos concorrenciais como sendo o triplo do valor do dano causado. Embora Herbert Hovenkamp ressalte que os registros do Congresso Americano indicam que os congressistas não dedicaram muito tempo ao debate acerca do multiplicador estabelecido no Clayton Act[518], o estabelecimento de danos triplicados haveria se pautado na estimativa de que uma em cada três violações antitruste seriam efetivamente identificadas e punidas[519]-[520]. Buscou-se, assim,

independentemente do valor em controvérsia, e devera ser indenizado em três vezes o valor dos danos por esta sofridos, além dos custos do processo, incluindo honorários advocatícios adequados [...]" (tradução livre do original, em inglês: " [...] any person who shall be injured in his business or property by reason of anything forbidden in the antitrust laws may sue therefor in any district court of the United States in the district in which the defendant resides or is found or has an agent, without respect to the amount in controversy, and shall recover threefold the damages by him sustained, and the cost of suit, including a reasonable attorney's fee. [...]").

515 Shenefield; Stelzer, *op. cit.*, 2001, p. 24.

516 Sullivan *et al.*, *op. cit.*, 2014. p. 159.

517 Cavanagh, Edward D. Detrebling antitrust damages in monopolization cases. *Antitrust Law Journal*, Chicago, v. 76. n. 1, p. 97-125, 2009.

518 Hovenkamp, *op. cit.*, 2016, p. 886.

519 Posner, *op. cit.*, 2001, p. 272.; e Hovenkamp, Herbert. Antitrust's protected classes. *Michigan Law Review*, Ann Arbor, v. 88, n. 1, p. 1-48, 1989, p. 7.

520 Este, no entanto, é um dos pontos da legislação antitruste americana mais criticados pela doutrina. Isso porque os *treble damages* são aplicáveis, indistintamente, a todos os atos potencialmente vistos como violações de antitruste, desde a prática de cartel até a atos de concentração que restrinjam a concorrência. Sobre o tema, vale, mais uma vez, a leitura do escólio de Hovenkamp: "A regra dos *treble damages* tem efeitos diversos em diferentes áreas do direito antitruste substantivo. Algumas violações antitruste, como fixação clandestina de preços, são quase criminosas ou criminosas por natureza. Um valor considerável de

o estabelecimento de uma regra geral de *punitive damages* capaz de evitar que a prática de atos anticompetitivos viesse a ser lucrativa ao ofensor. Objetivava-se que um potencial infrator, ao observar o peso das indenizações aplicadas àqueles já condenados pela prática de ilícitos antitruste, deixasse de realizar a conduta antieconômica porque o risco da detecção e punição do ato ilícito a tornaria economicamente desinteressante.

Se há qualquer dúvida com relação à eficiência do objetivo dissuasório (*deterrence*) dos *treble damages*, não há dúvida quanto ao atingimento do objetivo de incentivar o ajuizamento de ações de reparação de danos concorrenciais. Os *treble damages*, desde os primórdios da política antitruste americana, serviram de grande incentivo ao ajuizamento de ações indenizatórias pelos prejudicados por infrações concorrenciais, fazendo com que o *private enforcement* assumisse papel central na política antitruste estadunidense, superando em relevância (com grande margem) o *public enforcement* das autoridades antitruste americanas. Inclusive, quando da edição da legislação antitruste americana, o senador Sherman (que deu nome ao Sheman Act) já deixava claro ser esse o objetivo da norma, ao apontar que a indenização em triplo deveria servir de incentivo para que entes privados atuassem como "*private attorneys general*" (algo como *promotores de justiça privados*, em tradução imprecisa do termo para importá-lo ao nosso ordenamento jurídico)[521] na defesa da livre-concorrência e, consequente-

desincentivo ou talvez de indignação moral expressada por danos punitivos é apropriada. Outras violações antitruste, como fusões, geralmente são praticadas apenas após as partes haverem realizado algum tipo de cálculo de verificação da legalidade do ato. A linha entre práticas criadoras e aniquiladoras de eficiência é difícil de ser traçada e um fator exagerado de desestimulo produz custos sociais muito mais elevados." (Hovenkamp, *op. cit.*, 2016, p. 887). Tradução livre do original, em inglês: "The treble damages rule has different effects in different areas of substantive antitrust law. Some antitrust violations, such as clandestine price fixing, are quasi-criminal or even criminal in character. A large amount of deterrence and perhaps even moral outrage expressed by punitive damages is appropriate. Other antitrust violations such as mergers generally take place only after the parties have made some kind of calculation that the act is legal. The line between efficiency-creating and efficiency-destroying practices is difficult to locate, and overdeterrence comes with much higher social costs.".

[521] Conforme escólio de Mollers e Heinemann, "em seu uso comum, o termo 'attorney general' se refere ao promotor público – i.e., a pessoa que decide se um caso criminal deve ser submetido a juízo. Aqui, no entanto, ele se refere ao uso da litigância privada como meio de trazer potenciais violações a juízo assistindo, com isso, às autoridades públicas em seu papel de aplicação das normas de defesa da concorrência. Neste contexto, o autor de litígio privado exerce um papel público: ele é invocado como substituto do governo." (Mollers, Thomas M.

mente, a legislação antitruste deveria se organizar de forma a favorecer o *private enforcement*[522].

O primeiro questionamento que naturalmente surgiria quanto à opção do legislador americano, de relegar aos entes privados o papel de principais executores das normas antitruste, poderia ser quanto à capacidade e isenção de entes privados para agirem como principais defensores da concorrência. No entanto, Hovenkamp apresenta interessante contraponto ao indicar que um dos períodos em que mais se observou decisões vistas atualmente como excessivamente agressivas se deu em meados da década de 1960, sendo que a maioria destas decisões foi proferida exatamente no âmbito de ações movidas por agentes públicos e seguiram à risca o quanto requerido pelos autores. Tal constatação, no entender de Hovenkamp, demonstraria que a atuação dos órgãos públicos é normalmente pautada pela política econômica adotada pelo governo daquele período específico, sendo tais agentes, portanto, tão desprovidos de isenção quanto os agentes privados, que, por sua vez, são naturalmente influenciados pelo interesse particular de ver cessada a prática do suposto ato ilícito ou de ver ressarcido o dano por este causado[523]. No que tange à capacidade técnica para promoção da ação, concorrentes de cartelistas, por exemplo, tendem a possuir condições mais elevadas que qualquer agente público para identificar a existência da atuação colusiva e, sobretudo, para precisar o impacto do conluio sobre o mercado afetado[524].

É certo, todavia, que a principal justificativa que se costuma apresentar para a opção legislativa americana é de natureza eminentemente econômica (e não no sentido científico do termo). Como ressalta Edward Cavanagh, "por faltar ao governo federal os recursos necessários para detectar e processar todas as violações antitruste, as ações privadas servem como

J.; Heinemann, Andreas. *The enforcement of competition law in Europe*. Cambridge: Cambridge University, 2008, p. 437). Tradução livre do original, em inglês: "[i]n general usage, the term 'attorney general' refers to the public prosecutor – i.e., the person who decides whether a criminal case should be submitted to the courts. Here, however, it refers to the use of private litigation as a means of bringing potential violations into courts and therefore assisting public authorities in their enforcement role. In this context, the private plaintiff plays a public role: she is cast as a surrogate for the government.".

522 EUA. Antitrust Modernization Comission. *Report and Recommendations*. Wahsington, D.C., 2007, p. 243.

523 Hovenkamp, *op. cit.*, 2016, p. 82-83.

524 Hovenkamp, *op. cit.*, 2016, p. 90-91.

um importante componente para execução do sistema antitruste pensado pelo Congresso"[525].

Seja qual for a justificativa para tanto, é seguro afirmar que, diversamente do que ocorre na expressiva maioria das principais jurisdições ao redor do mundo, a legislação antitruste americana, desde a sua concepção, foi desenhada de modo a privilegiar a atuação de entes privados em defesa da concorrência[526], sendo que uma das principais ferramentas pensadas para tal fim foi justamente o estabelecimento da indenização em triplo dos danos concorrenciais.

Embora nos primeiros 50 anos de vigência do Sherman Act tenham sido registradas não mais de 175 ações privadas relacionadas a ilícitos concorrenciais[527], entre os anos de 1941 e 1985 foi registrado o ajuizamento de

[525] Tradução livre do original, em inglês: "Because the federal government lacks the resources necessary to detect and prosecute all antitrust violations, private enforcement actions serve as an important component of the antitrust enforcement scheme envisioned by Congress." (CAVANAGH, Edward D. Attorney's fees in antitrust litigation: making the system fairer. *Fordham Law Review*, Nova York, v. 57, p. 51-110, 1988, p. 58). No mesmo sentido: SHENEFIELD; STELZER, *op. cit.*, 2001, p. 112; e POSNER, *op. cit.*, 2001, p. 275.

[526] Vale destacar, no entanto, que é comumente apontado, pela doutrina, o fato de que o legislador estadunidense, ao eleger as ações privadas como principal ferramenta de execução da legislação antitruste, o fez sem uma análise cuidadosa das alternativas possíveis, até mesmo pelo fato de que inexistiam, à época, outros sistemas de defesa de concorrência em jurisdições estrangeiras que pudessem ser utilizados para comparação ou inspiração do sistema americano. Simplesmente se assumiu o entendimento de que o *private enforcement* seria o instrumento principal de execução do sistema americano de defesa da concorrência (MOLLERS; HEINEMANN, *op. cit.*, 2008, p. 434).

[527] Segundo lecionam Mollers e Heinemann: "durante a primeira fase de desenvolvimento, que durou até a Segunda Guerra Mundial, o papel do direito antitruste era muitas vezes incerto. Por vezes se travava intenso debate quanto à sua eficiência e os tribunais constantemente enfrentavam dificuldades com a aplicação de suas vagas disposições legais. Tanto a sua persecução pública quanto a privada eram episódicas. Havia períodos em que os tribunais pareciam receptivos a ações de antitruste e isso usualmente levava ao crescimento do número de litígios, mas havia outros períodos nos quais observava-se o ajuizamento de poucas ações tratando do tema, sejam privadas ou públicas. Em diversas ocasiões era observado o incremento da força política por trás do *enforcement* público, levando autoridades administrativas a 'pressionar' os tribunais e a encorajar litigantes privados. Ao final do New Deal, na década de 1930, houve renovados esforços para revigorar a aplicação do direito antitruste, mas foi só após a Segunda Guerra Mundial que o papel e a relevância do sistema antitruste expandiram rapidamente." (MOLLERS; HEINEMANN, *op. cit.*, 2008, p. 435). Tradução livre do original, em inglês: "During the first phase of development, which lasted until the Second World War, the role of antitrust law was often uncertain. At times there was significant debate about

um total de 29.588 ações privadas de reparação de danos concorrenciais perante as cortes estadunidenses[528]. A partir da década de 1980, passou-se a observar uma certa contração no número de ações privadas ajuizadas, que, segundo Hovenkamp, pode ser atribuída ao cenário político ocasionado por reiteradas eleições de presidentes relativamente conservadores (i.e. de perfil menos intervencionista) em matéria antitruste[529], além da evolução das teorias de análise econômica do direito, que passaram a ser fator de forte influência perante as cortes americanas, especialmente em casos de antitruste[530]. Ainda assim, estima-se que o total de ações privadas de matéria concorrencial ajuizadas perante as cortes americanas gira, desde 1985, em torno de 600 a 1.000 por ano[531]. Tais números demonstram, com precisão, que o objetivo de fazer dos entes privados os principais responsáveis pela execução das normas antitruste foi efetiva e amplamente alcançado no direito norte-americano.

Não obstante o papel central exercido pelo *private enforcement* e pelos *treble damages* no sistema estadunidense, a forma como se organiza a legislação antitruste americana não escapa de críticas por parcela da doutrina. A maior parte das críticas apresentadas ao instituto dos *treble damages* segue a linha de Cavanagh de atacar a abrangência de sua aplicação, sustentando, principalmente, a necessidade de sua limitação com relação a atos enquadráveis na Seção 2 do Sherman Act[532]. No que mais interessa ao presente

its effectiveness, and the courts often wrestled with the application of its vague statutory provisions. Both public and private forms of enforcement were episodic. There were periods during which the courts seemed hospitable to antitrust suits, and this usually led to increased litigation, but there were other periods during which there was little litigation, private or public. On several occasions there was increased political force behind public enforcement, leading administrative authorities to 'push' the courts and to encourage private litigation. Towards the end of the New Deal in the 1930s there were renewed efforts to reinvigorate antitrust law enforcement, but it was not until after the Second World War that the role and significance of the antitrust system expanded rapidly.".

528 Jones, *op. cit.*, 1999, p. 79.

529 Hovenkamp, *op. cit.*, 2008, p. 60-61.

530 Mollers; Heinemann, *op. cit.*, 2008, p. 436-437.

531 Jones, *op. cit.*, 1999, p. 79.

532 A Seção 2 do Sherman Act estabelece, em linhas gerais, a vedação ao monopólio ou à tentativa de monopólio. Ocorre que, como bem aponta Cavanagh, em diversas situações, atos enquadráveis na Seção 2 do Sherman Act podem ser mais favoráveis que prejudiciais ao bem-estar do consumidor e ao mercado como um todo. Dessa forma, ao estabelecer a aplicação indiscriminada de *treble damages*, a legislação antitruste acaba produzindo efeito de

trabalho (uma vez que, como indicado anteriormente, a prática de cartel se insere na Seção 1 do Sherman Act), aponta-se que o regramento do Clayton Act, ao prever que o réu sucumbente deve ser condenado ao pagamento de *treble damages* e das custas incorridas pelo autor com a demanda, inclusive honorários advocatícios (Seção 4 (a) do Clayton Act), sendo silente quanto à possibilidade de condenação em honorários sucumbenciais em favor das empresas acusadas de cartel, acabaria por servir de incentivo ao ajuizamento de demandas frívolas[533]-[534].

Não obstante sejam relevantes e pertinentes as críticas apresentadas aos *treble damages*[535], como assevera Herbert Hovenkamp, "poucas normas legais são mais firmemente enraizadas na história [norte-americana] que a indenização de *treble damages* às vítima de violações antitruste"[536]. E tal enraizamento não se dá tão somente por uma questão de tradição jurídica, mas também em razão do entendimento, aparentemente majoritário nos EUA, de que o sistema antitruste americano, embora passível de críticas, seria o mais adequado para defesa da concorrência[537]. Essa, inclusive, foi a conclusão do relatório apresentado pela Antitrust Modernization Commission (AMC)[538].

overdeterrence, na medida em que diversos agentes financeiros, com receio de ações buscando indenizações por *treble damages*, deixarão de adotar práticas que, embora apresentem potencial de causar efeitos positivos ao mercado, podem vir a ser enquadradas na Seção 2 do Sherman Act. (Cavanagh, *op. cit.*, 2009).

533 Cavanagh, *op. cit.*, 1988, p. 59.

534 Em contraposição, o valor elevado de honorários advocatícios comumente observado em casos de antitruste ajuizados perante as cortes americanas é também visto como uma importante ferramenta de atração de profissionais altamente capacitados para litigar neste tipo de demanda que, como visto, é de alta complexidade e apresenta aspectos muito particulares em comparação às ações indenizatórias mais quotidianamente (Mollers; Heinemann, *op. cit.*, 2008, p. 439-440).

535 No Item 7.1, destinado à análise da proposta de alteração legislativa para estabelecimento de indenização em dobro para danos concorrenciais no Brasil, serão destrinchadas as críticas apresentadas aos *treble demages* americanos.

536 Tradução livre, do original, em inglês: "Few legal rules are more firmly rooted in history than treble damages recovery for victims of antitrust violations." (Hovenkamp, *op. cit.*, 2016, p. 886).

537 Lande. Robert H. Introduction: Benefits of Private Enforcement: Empirical Background. In: Foer, Robert A.; Stutz, Randy M. (Orgs.). *Private Enforcement of Antitrust Law in the United States*: A Handbook. Cheltenham: Edward Elgar, 2012.

538 EUA, *op. cit.*, 2007.

A AMC foi constituída em 2004, por ordem do então presidente dos EUA, George W. Bush, e teve como objetivo realizar uma ampla análise da legislação antitruste americana e determinar se esta deveria ou não ser modernizada. Considerando que, como indicado desde o início deste Item, o sistema antitruste estadunidense foi um dos primeiros a se formar, tendo como base leis editadas há mais de um século, é mais que natural questionar-se a necessidade de modernização da legislação que serve de base a tal sistema, sobretudo se considerado o fato de que, no início deste milênio, foi observado um enorme e rápido crescimento das interações globais, por meio dos avanços das *big techs* e do mercado digital. Se, antes, as grandes empresas representavam riscos à economia regional em caso de formação de monopólios ou cartéis, agora, tais empresas, em sua maioria constituídas em solo americano, representam riscos à economia global como um todo[539].

O trabalho realizado pela comissão foi bastante aprofundado, durando cerca de 3 anos e resultando em um extenso e detalhado relatório acerca do cenário geral da política antitruste estadunidense, apontando, ainda, as sugestões de aprimoramento que tiveram apoio da maior parte dos integrantes da AMC.

Interessante notar que a conclusão à qual chegou a AMC foi no sentido de que a comissão "não acredita que novas ou diferentes regulações sejam necessárias para endereçar os problemas da chamada 'nova economia'"[540]. No entender da AMC, o sistema antitruste americano atinge, de forma adequada, os objetivos de: (i) incentivar a inovação; (ii) promover a concorrência e o bem-estar do consumidor; e (iii) punir "agressivamente" (para usar a mesma expressão adotada pelo relatório) cartéis, realizando análises mais cuidadosas na repressão a outras condutas que tenham condão de apresentar benefícios econômicos. Conclui, assim, que a legislação antitruste dos EUA seria "suficientemente flexível" para abarcar a modernização global, e que o "entendimento de como os mercados operam con-

[539] Para uma visão geral acerca da aplicação da doutrina antitruste na chama "economia online", ver: PATTERSON, Mark R. *Antitrust law in the online economy*: selected cases and materials. 2ª ed. Nova York: Mark R. Patterson. 2021.; e BAKER, Jonathan B. *The antitrust paradigm*: restoring a competitive economy. Cambridge: Harvard University, 2019.

[540] Tradução livre do original, em inglês: "the Commission does not believe that new or different rules are needed to address so-called 'new economy' issues" (EUA, *op. cit.*, 2007, p. ii).

tinua a evoluir por meio das decisões proferidas pelas cortes e agências de *enforcement*"[541]-[542].

Especificamente no que tange aos *treble damages*, concluiu a AMC que não haveria qualquer necessidade de alteração do regramento vigente, pois os *treble damages* estariam cumprindo os cinco objetivos para os quais haveriam sido concebidos pelo legislador, quais sejam: (i) desestimular a prática de condutas anticompetitivas; (ii) punir violadores da legislação

[541] "De um modo geral, no entanto, a Comissão acredita que os *enforcement* antitruste dos EUA atingiu apropriadamente seus objetivos (1) fomentando a inovação, (2) promovendo a competição e o bem-estar do consumidor, ao invés de proteger os concorrentes, e (3) punindo agressivamente atividades criminosas de cartel, enquanto outras condutas que podem oferecer benefícios substanciais são avaliadas mais cuidadosamente. As leis são suficientemente flexíveis como escritas, inclusive permitindo sua contínua 'modernização' enquanto o mundo continua a mudar e nosso entendimento de como mercados operam continua a evoluir por meio de decisões dos tribunais e das agências de defesa da concorrência." (EUA, *op. cit.*, 2007, p. i-ii). Tradução livre do original, em inglês: "On balance, however, the Commission believes that U.S. antitrust enforcement has achieved an appropriate focus on (1) fostering innovation, (2) promoting competition and consumer welfare, rather than protecting competitors, and (3) aggressively punishing criminal cartel activity, while more carefully assessing other conduct that may offer substantial benefits. The laws are sufficiently flexible as written, moreover, to allow for their continued "modernization" as the world continues to change and our understanding of how markets operate continues to evolve through decisions by the courts and enforcement agencies.".

[542] Vale destacar que a conclusão à qual chegou a AMC é bastante alinhada com os princípios gerais de ordenamentos jurídicos de *common law*, fortemente pautados na adoção dos precedentes jurisprudenciais como vinculantes, enquanto os ordenamentos de tradição romano-germânica, como é o caso do brasileiro, organizam-se em torno do direito codificado. Essa particularidade de sistemas jurídicos de *common law* que acaba por permitir, mais facilmente, a adequação do sistema antitruste dos EUA aos novos tempos, sem que sejam propriamente necessárias mudanças legislativas. Como bem observado por Díez-Picazo, a liberdade conferida aos juízes nos sistemas jurídicos anglo-saxões para adaptar o direito às transformações sociais é justamente o que fez destes sistemas terreno fértil para o crescimento e desenvolvimento da doutrina da análise econômica do direito, ao passo em que os sistemas codificados têm a lei como amarra à liberdade decisória do adjudicador, que fica limitado à aplicação da análise econômica para o preenchimento de eventuais lacunas legais (Díez-Picazo, *op. cit.*, 1999, p. 216). Hovenkamp sustenta, inclusive, ser possível de se imaginar que o congresso americano, ao redigir a legislação antitruste empregando linguagem consideravelmente ambígua e aberta a interpretações, o fez justamente pautado na premissa de que o sistema antitruste americano se desenvolveria da mesma forma que se desenvolve qualquer sistema jurídico de *common law*, ou seja, com base na criação de precedentes jurisprudenciais e, por isso, tal sistema seria sempre capaz de se adaptar às evoluções econômicas e tecnológicas dos EUA (Hovenkamp, *op. cit.*, 2016, p. 74-75).

antitruste; (iii) forçar a perda dos benefícios auferidos pelos violadores com a prática de condutas anticompetitivas; (iv) prover compensação plena às vítimas de condutas anticompetitivas; e (v) servir de incentivo às vítimas para agirem como *private attorneys general*[543].

Quanto às críticas apresentadas à regra geral dos *treble damages*, entendeu a comissão que não haveriam sido apresentados casos concretos ou evidências capazes de comprovar a existência de uma *overdeterrence* causada em razão da regra geral de indenização triplicada. Mesmo as críticas realizadas à abrangência da regra dos *treble damages* (incidindo, inclusive, para condutas anticompetitivas de menor grau de gravidade) foram tidas pela AMC como insuficientes para justificar qualquer alteração na regra geral de danos multiplicados em casos de ilícitos concorrenciais, cabendo frisar que houve consenso entre os integrantes da comissão quanto à pertinência da indenização triplicada para os casos de cartel *hardcore*.

Alguns membros da comissão, inclusive, chegaram a defender a majoração do fator multiplicador para casos de cartel *hardcore*, dada a dificuldade de detecção desse tipo de ilícito concorrencial. A conclusão da comissão, no entanto, foi pela desnecessidade de majoração do fator multiplicador, por entender que o ideal seria a manutenção de um fator único de multiplicação para todas os casos de ilícitos antitruste, destacando, ainda, que cartéis *hardcore* são também sujeitos a consequências de ordem criminal, garantindo, assim, uma punição ampla e adequada dos infratores[544].

A forma com a qual o direito norte-americano mitigou os possíveis efeitos deletérios da indenização triplicada (especialmente o risco de *overdeterrence* e de ajuizamento de demandas aventureiras voltadas ao enriquecimento indevido de seus autores) foi limitar o rol de legitimados para o ajuizamento de ARDCs[545] e aumentar o rigor com que as cortes americanas analisam as provas da existência do cartel. Contribuiu, ainda, para redução da quantidade de ARDCs o precedente estabelecido pela Suprema Corte dos EUA em 1986, no julgamento do caso Matsushita[546], que conferiu ao juiz a possibilidade de proceder a uma análise sumária quanto à

[543] EUA, *op. cit.*, 2007, p. 246.

[544] EUA, *op. cit.*, 2007, p. 247.

[545] Como veremos mais detidamente no Item 6.2.1, nos EUA, a legitimidade ativa é conferida exclusivamente àqueles prejudicados que possuem relação mais próxima com o cartel, como compradores e concorrentes diretos (Shenefield; Stelzer, *op. cit.*, 2001. p. 112).

[546] Matsushita v. Zenith Radio Corp., 475 U.S. 574 (1986).

viabilidade do pedido antes de submetê-lo à apreciação do júri[547]. Veja-se, por exemplo, que levantamento realizado pela University of San Francisco School of Law, em parceria com o Huntington National Bank, aponta que a expressiva maioria das ações coletivas por dano concorrencial julgadas improcedentes pelas Cortes Federais dos EUA entre os anos de 2009 e 2020 tiveram julgamentos preliminares de improcedência, seja em sede de *judgment on the pleadings* (61%), seja em *summary judgment* (29%)[548].

Não obstante tenha a AMC concluído pela desnecessidade de mudanças substanciais na legislação antitruste dos EUA, é relevante ressaltar que houve uma importante inovação legislativa, três anos antes da finalização do relatório da AMC, que serviu basicamente como a peça final para o amplo funcionamento do ideal, pensado por Sherman e pelos demais criadores do sistema legislativo antitruste americano, de fazer dos entes privados *private attorneys general,* auxiliando a máquina estatal na defesa da concorrência. Trata-se da Antitrust Criminal Penalty Enhancement and Reform Act (ACPERA), promulgada em 2004 pelo Congresso Americano e que teve como principal inovação o afastamento da regra dos *treble damages* às empresas signatárias de acordos de leniência[549].

[547] Hovenkamp reforça a importância do precedente criado pelo caso Matsushita, principalmente por reduzir o risco de decisões atécnicas resultantes da manipulação do júri (composto por cidadãos comuns). Segundo Hovenkamp, "[u]ma consequência do precedente estabelecido no caso Matsushita tem sido o crescente número de casos resolvido sem um julgamento. Por exemplo, casos em que a prova de mercado ou econômica é fraca, mas há declarações de intenção que podem induzir um júri em erro devem ser resolvidos por um juiz. Juízes costumam possuir um melhor entendimento de como funciona o mundo dos negócios e de que tipos de retórica são utilizados. Eles são menos suscetíveis a serem ludibriados por declarações de 'campo de batalha' feitas acerca de rivais." (Hovenkamp, *op. cit.*, 2008, p. 62-63). Tradução livre do original, em inglês: "[o]ne consequence of Matsushita has been an increase in the number of cases that are resolved without a trial. For example, cases where market or economic evidence is very weak but the are statements of intent that can mislead a jury should be resolved by a judge. Judges typically have a better understanding of how the business world works and what kinds of rhetoric it uses. They are less likely to be deceived by 'field of battle' statements about rivals.".

[548] UNIVERSITY OF SAN FRANCISCO; HUNTINGTON. *2020 Antitrust annual report*: class action filings in federal court. São Francisco, 2021.

[549] A ACPERA estabeleceu, ainda, a majoração das multas aplicáveis a indivíduos e empresas que pratiquem violação antitruste, passando, respectivamente, de US$ 350 mil para US$ 1 milhão e de US$ 10 milhões para US$ 100 milhões, além de aumentar a pena máxima de prisão de 3 (três) para 10 (dez) anos.

Importante deixar claro que a ACPERA não afasta a possibilidade de as empresas signatárias de acordo de leniência virem a ser condenadas ao pagamento de indenizações em razão dos danos concorrenciais por estas praticados. Apenas a regra da indenização em triplo é afastada no âmbito das ações movidas contra lenientes, mantendo-se a possibilidade de indenização até o limite dos danos causados (*single damages*). O entendimento geral, mormente por parte da Divisão Antitruste do DoJ, era de que, embora a regra dos *treble damages* seja um importante elemento dissuasório para a prática de violações antitruste, ela também servia como desincentivo à delação de ilícitos concorrenciais por meio de acordos de leniência, haja vista que a assinatura de tais acordos pressupõe a confissão da participação do leniente em condutas anticompetitivas, confissão esta que tendia a ser naturalmente seguida do ajuizamento de ações em face do delator, voltadas à indenização em triplo dos danos concorrenciais[550].

A versão original da ACPERA, promulgada em 2004, continha um prazo de expiração de tal lei em 5 anos, oportunidade em que sua manutenção seria reavaliada pelo Congresso Americano. Após certa discussão a partir do encerramento de seu prazo de validade em 2009, o Congresso aprovou, em 2010, a extensão da ACPERA por mais 10 anos. Esgotado esse novo prazo, em 22 de junho de 2020, houve, mais uma vez, discussão acerca da manutenção ou não da ACPERA, mas, já no dia 1º de outubro de 2020, foi promulgada, pelo então presidente Donald Trump, a Antitrust Criminal Penalty Enhancement and Reform Permanent Extension[551], que estabeleceu a validade definitiva da ACPERA.

Como veremos no Item 6.1.2, a leniência é instrumento fundamental de detecção de cartéis, sobretudo em ordenamentos jurídicos como o brasileiro, nos quais o sistema antitruste se organiza a partir de investigações

[550] Em nota à imprensa, o DoJ se posicionou no sentido de que "enquanto a indenização de *treble damages* pode ser um importante fator de desincentivo à participação em condutas anticompetitivas, a exposição em âmbito cível pode também dissuadir a confissão do ilícito criminal". Disponível em: <https://www.justice.gov/opa/pr/department-justice-applauds-president-trump-s-authorization-antitrust-criminal-penalty>. Acesso em 15 nov. 2021. Tradução livre do original, em inglês: "[w]hile treble damages liability can be an important deterrent for engaging in anti-competitive behavior, civil exposure also can deter self-reporting of criminal wrongdoing.").

[551] Antitrust Criminal Penalty Enhancement and Reform Permanent Extension Act, S. 3377, 116th Cong. (2020). Disponível em:<https://www.congress.gov/bill/116th-congress/senate-bill/3377>. Acesso em: 15 nov. 2021.

por parte das agências públicas de antitruste. Mesmo em um modelo como o estadunidense, tradicionalmente organizado em torno de ações privadas de reparação de danos, o estabelecimento de regras voltadas à garantia da atratividade do programa de leniência tende a favorecer todo o sistema de defesa da concorrência, inclusive o próprio sistema de reparação de danos privados. A delação por um dos cartelistas supera a gigantesca barreira encontrada no âmbito de ações *stand alone* que é a comprovação da prática do ato ilícito, valendo rememorar que as cortes americanas têm sido cada vez mais rigorosas para reconhecimento da formação de cartéis. Com a leniência, os prejudicados poderão ingressar com ARDCs pautadas em prova firme do conluio, nas quais, além de buscarem a reparação simples de danos em face do leniente, poderão ser indenizados por *treble damages* pelos demais integrantes do cartel, não privilegiados pela regra da ACPERA.

Outro ponto bastante positivo da extensão definitiva da ACPERA – e que muito interessa ao presente trabalho – é o fato de que é justamente por meio do programa de leniência do DoJ que vêm sendo identificados alguns dos principais casos de cartéis internacionais, como frisou o Division Deputy Assistant Attorney General for Criminal Enforcement Richard A. Powers, ao celebrar a aprovação da extensão da ACPERA pelo Congresso[552].

O principal exemplo da importância do programa de leniência americano para a detecção de cartéis internacionais, sem sombra de dúvidas, é tirado do chamado "Cartel do Câmbio", identificado por meio de delação realizada pelo banco UBS à Divisão Antitruste do DoJ, que denunciava a existência de cartel internacional, formado pelas principais instituições bancárias ao redor do mundo com o objetivo de manipular as taxas de câmbio. Segundo o comunicado à imprensa do DoJ, datado de 20 de maio de 2015, cinco instituições bancárias admitiram participação no cartel e aceitaram pagar multas superiores a um total de US$ 2,5 bilhões (as maiores já aplicadas pela autoridade antitruste americana)[553].

O acordo de leniência firmado nos EUA deu origem a processos administrativos processados por autoridades antitruste ao redor de todo o

[552] Disponível em: <https://www.justice.gov/opa/pr/department-justice-applauds-congressional-passage-reauthorization-antitrust-criminal-penalty>. Acesso em 15 nov. 2021.

[553] Disponível em: <https://www.justice.gov/opa/pr/five-major-banks-agree-parent-level-guilty-pleas>. Acesso em 15 nov. 2021.

mundo[554]. No Brasil a UBS firmou acordo de leniência com o CADE em 29 de junho de 2015[555], dando origem a dois processos administrativos que investigam a influência do cartel no mercado brasileiro de câmbio[556].

Além do programa de leniência – que atualmente se apresenta na expressiva maioria dos sistemas antitruste (inclusive o brasileiro) – um fator particular do sistema estadunidense que é de grande valia na instrução probatória das ARDCs é o sistema de *discovery* americano, que confere às partes litigantes um poder muito mais amplo e impositivo de requisição de apresentação de documentos por terceiros do que se costuma observar nas demais jurisdições. Como resumem Thomas Mollers e Andreas Heinemann,

> [s]obre este sistema [*US Discovery Sistem*], litigantes em ações privadas adquirem amplo direito de requerer e, costumeiramente, de compelir a "produção" (ou apresentação) de informações de outras partes e às vezes até mesmo de terceiros não inseridos no litígio. Litígios privados perante as cortes federais americanas impõem aos litigantes o dever de apresentar às partes contrárias toda informação requisitada por estas que possem levar a provas "admissíveis" (i.e., que possam ser apresentadas em juízo). Isso costuma permitir que litigantes adquiram uma larga quantidade de informação que eles podem usar no litígio em si, mas que também podem ser utilizadas para outros propósitos estratégicos[557].

[554] Na Europa, por exemplo, foram também firmados acordos de delação e aplicadas multas superiores à casa dos € 1.07 bilhão (vide comunicado à imprensa disponível em: <https://ec.europa.eu/commission/presscorner/detail/en/IP_19_2568>. Acesso em 15 nov. 2021.

[555] Conforme Nota Técnica nº 7/2015/CHEFIA GAB-SG/SG/CADE. Disponível em: <https://sei.cade.gov.br/sei/modulos/pesquisa/md_pesq_documento_consulta_externa.php?xgSJHD3TI7Rh0CrGYtJb0A1Onc6JnUmZgGFW0zP7uM-F2-_ju1wCvJe24J5YCgcFbHHleu-EGleKs0hxi6J57bxRpbdqcCiafYK9G5kUAW2zprvWKcxID17B3_BZSie3>. Acesso em 15 nov. 2021.

[556] PA nº 08700.004633/2015-04 e PA nº 08700.008182/2016-57.

[557] Tradução livre do original, em inglês: "Under that system, litigants in private litigation acquire extensive rights to request and, often, to compel the 'production' (or presentation) of information from other parties and sometimes even from others who are not parties to the litigation. Private litigation in the US federal courts requires litigants to make available to opposing litigants all information requested by them that can reasonably be expected to lead to evidence that is 'admissible' (i.e., that can be presented in court). This often enables litigants to acquire large amounts of information which they can use in the litigation itself, but which they can also use for other strategic purposes." (Mollers; Heinemann, *op. cit.*, 2008, p. 437-438).

Uma última questão digna de nota acerca da forma com que se organiza o sistema norte-americano de reparação de danos concorrenciais é a constatação de que a expressiva maioria das ARDCs ajuizadas perante as cortes dos EUA sequer chega a ser julgada. Estima-se que aproximadamente 80% dos casos são resolvidos em acordo antes mesmo de irem a julgamento[558], fenômeno que, como se verá a seguir, também é observado na maior parte dos países europeus.

A explicação para esse número elevado de acordos é, de certo modo, bastante intuitiva. O custo de ações concorrenciais (normalmente de alta complexidade), somado ao risco de uma condenação ao pagamento de indenização por danos concorrenciais nos EUA (com a aplicação de danos triplicados e honorários advocatícios) e ao impacto reputacional gerado por ações desta natureza, fazem com que seja mais interessante ao réu, sob o ponto de vista econômico, a busca por um acordo. Olhando para o outro lado da moeda, Shenefield e Stelzer ressaltam que, em muitas oportunidades, pode ser economicamente mais interessante aos réus buscar um acordo até mesmo quando são demandados em ações indenizatórias desprovidas de qualquer fundamento[559]. Não obstante a pertinência da observação feita por Shenefield e Stelzer, os incentivos criados pela legislação americana para a autocomposição parecem servir, de certo modo, como meio eficaz de solução alternativa para os casos em que o dano concorrencial é evidente, levando a julgamento definitivo apenas aquelas demandas em que efetivamente há dúvida relevante acerca da ocorrência do dano. Prova do quanto alegado são levantamentos realizados perante as cortes americanas que apontam que os autores de ARDCs que vieram a ter seus casos efetivamente julgados sagraram-se vencedores em apenas 30% deles[560].

Como veremos nos Itens seguintes, o sistema americano tem servido de modelo e inspiração às demais jurisdições para a consolidação de seus próprios sistemas de reparação de danos de cartel. Por ser o mais antigo e consolidado sistema de reparação de danos concorrenciais do mundo, a análise do modelo norte-americano serve até mesmo para que se possa entender quais de suas regras poderiam ou não funcionar em sistemas

558 Jones, *op. cit.*, 1999, p. 82.

559 Shenefield; Stelzer, *op. cit.*, 2001, p. 112.

560 Jones, *op. cit.*, 1999, p. 82.

organizados por meio da atuação das agências públicas de defesa da concorrência, como é o caso Brasil e dos principais países europeus. Por isso, o estudo da doutrina antitruste norte-americana, principalmente no que se refere às críticas formuladas ao sistema de *private enforcement* vigente há séculos nos EUA, é fundamental para entendermos em que estágio estamos e onde queremos chegar em matéria de reparação de danos de cartel.

5.1.2. Europa: fortalecimento das ações de reparação de danos de cartel a partir do caso Crehan e a consolidação do sistema comum por meio da Diretiva de Danos de 2014

Enquanto o sistema americano se organiza de modo a privilegiar a atuação privada dos prejudicados como política antitruste, os sistemas dos países europeus se organizam de forma mais próxima à política brasileira de defesa da concorrência, isto é, centrando a atuação fiscalizatória, investigativa e punitiva das normas de antitruste nas figuras dos órgãos estatais de defesa da concorrência[561].

Como visto no Item anterior, o direito concorrencial norte-americano se organizou em torno do *private enforcement* pautado na premissa de que as agências públicas de antitruste não possuiriam recursos (financeiros e humanos) suficientes para investigar e combater todas as violações concorrenciais. O sistema europeu, por sua vez, se organiza com base no *public enforcement*, assumindo, conforme elucida Pablo Ibáñez Colomo, que a concentração da aplicação da disciplina antitruste nas agências públicas de defesa da concorrência a tornaria menos suscetível a "erros e inconsistências", principalmente no sentido de filtrar quais possíveis violações devem

[561] Frise-se, desde logo, que esta constatação não quer dizer, em absoluto, que a execução privada não tenha fundamental relevância no direito antitruste europeu. Em todo e qualquer sistema moderno de defesa da concorrência, as esferas públicas e privadas exercem conjuntamente o papel de execução das normas antitruste. O que tende a varia de sistema para sistema é apenas e tão somente qual das duas esferas assume o papel de principal responsável pela execução do antitruste. Prova inequívoca da relevância do *enforcement* privado na aplicação das normas de defesa da concorrência da UE é o fato de que as cortes nacionais de justiça são as únicas com competência para processar e julgar as demandas reparatórias de danos concorrenciais, ainda que as agências administrativas de defesa da concorrência sejam, hoje, as principais responsáveis pela identificação das condutas anticompetitivas (KOMNINOS, Assimakis P. Private Enforcement in the EU with Emphasis on Damages Actions. In: LIANOS, Ioannis; GERARDIN, Damien (Orgs.). *Handbook on European competition law*: enforcement and procedure. Cheltenham: Edward Elgar, 2013, p. 228).

ou não ser objeto de investigação,[562] o que, em tese, evitaria a proliferação de demandas frívolas, costumeiramente apontada como uma potencial falha do sistema estadunidense.

Clifford Jones atribui essa diferença organizacional de sistemas antitruste às heranças culturais de EUA e Europa no que se refere à organização da concorrência.[563] Enquanto a cultura concorrencial norte-americana se organizou pautada na desconfiança dos cidadãos estadunidenses com o intervencionismo estatal, aliada a uma rejeição à ideia de concentração de poder econômico, o desenvolvimento histórico europeu faz com que a população do velho continente tenha um maior grau de confiança no poder estatal, além de uma maior tolerância à concentração de poder econômico em um número mais reduzido de empresas.[564] Com isso, é mais natural à cultura europeia a ideia de concentrar nos órgãos governamentais a função de defesa da concorrência.

A doutrina europeia não ignora, no entanto, as fragilidades dos sistemas organizados em torno da atuação das agências públicas de antitruste. Ibáñez Colomo, por exemplo, aponta que, ao se relegar às agências públicas o papel de principais responsáveis pela investigação e punição das violações concorrenciais, acaba-se, de certo modo, enviesando a atuação das cortes quando da apreciação das ações privadas de reparação de danos, uma vez que os tribunais tenderiam a prestar deferência às conclusões às

562 Colomo, Pablo Ibáñez. *The shaping of EU competition law*. Cambridge: Cambridge University, 2018. p. 4-5.

563 Anestis Papadopoulos ressalta, inclusive, que a relação entre as raízes culturais de cada sociedade é costumeiramente apontada por historiadores, antropólogos e sociólogos como um fator relevante na organização dos mercados de cada país e, consequentemente, na organização das políticas concorrenciais (Papadopoulos, *op. cit.*, 2010, p. 32-33).

564 Nas palavras do autor, "estes excertos de um agora distante período do antitruste serve para nos lembrar que, em sua origem nos EUA, o antitruste buscava controlar o poder econômico. Nos EUA, há também um forte ceticismo no poder governamental que, mesmo o agora, não aparenta existir na maior parte da Europa. O histórico de antitruste europeu reflete uma confiança no poder governamental não observada nos EUA e uma tolerância ao poderio econômico que provavelmente excede à encontrada nos EUA." (Jones, *op. cit.*, 2006, p. 20). Tradução livre do original, em inglês: "[t]hese excerpts of a now somewhat distant period of antitrust serve to remind us that at root in the USA antitrust has sought to control economic power. In the USA, there is also a strong suspicion of governmental power that may even now not exist in much of Europe. Europe's antitrust history reflects confidence in governmental power not found in the USA and a tolerance of economic power that probably exceeds that found in the USA.".

quais chegaram as agências de defesa da concorrência no bojo das investigações administrativas[565].

De fato, como asseverado desde a introdução deste Item 5.1, não há como se afirmar a existência de um sistema de política antitruste ideal ou isento de falhas. Todos os modelos existentes possuem vantagens e desvantagens. No entanto, seja qual for a estrutura organizacional de antitruste eleita, a função de reparação dos danos concorrenciais sempre estará mais relegada à atuação privada, no âmbito de ações indenizatórias, do que às agências de defesa da concorrência.

Embora o sistema concorrencial europeu se organize de forma similar ao brasileiro, há de se ter em mente que o *private enforcement* europeu se encontra em estágio já bastante mais avançado de maturação.

As regras gerais de concorrência em âmbito comunitário europeu estão inseridas nos artigos 101 e 102 do Tratado de Funcionamento da União Europeia (TFUE)[566]. A formação de cartéis, em específico, é vedada pelo artigo 101.1 do TFUE[567]. As normas contidas no TFUE, como se sabe, são normas gerais de orientação aos Estados-Membros, cabendo a cada um dos integrantes da UE inserir as diretrizes estabelecidas na TFUE em suas respectivas legislações nacionais de antitruste[568] e regular seus próprios sistemas de reparação de danos concorrenciais.[569]

[565] Colomo, *op. cit.*, 2018, p. 5-6.

[566] Correspondentes aos antigos artigos 81 e 82 do Tratado de Constituição da Comunidade Europeia, que vigoraram até o advento do Tratado de Lisboa, assinado em dezembro de 2009.

[567] "Artigo 101. 1. São incompatíveis com o mercado interno e proibidos todos os acordos entre empresas, todas as decisões de associações de empresas e todas as práticas concertadas que sejam suscetíveis de afetar o comércio entre os Estados-Membros e que tenham por objetivo ou efeito impedir, restringir ou falsear a concorrência no mercado interno, designadamente as que consistam em: a) Fixar, de forma direta ou indireta, os preços de compra ou de venda, ou quaisquer outras condições de transação; b) Limitar ou controlar a produção, a distribuição, o desenvolvimento técnico ou os investimentos; c) Repartir os mercados ou as fontes de abastecimento; d) Aplicar, relativamente a parceiros comerciais, condições desiguais no caso de prestações equivalentes colocando-os, por esse facto, em desvantagem na concorrência; e) Subordinar a celebração de contratos à aceitação, por parte dos outros contraentes, de prestações suplementares que, pela sua natureza ou de acordo com os usos comerciais, não têm ligação com o objeto desses contratos."

[568] Cite-se, como exemplo, de legislações nacionais de antitruste de Estados-Membros da EU, o Competition Act 1989, no Reino Unido, o GWB, na Alemanha, o KartG, na Áustria e a Legge nº 287/90 (Norme a tutela della concorrenza e del mercato), na Itália.

[569] Veljanovski, *op. cit.*, 2020, p. 3.

Não obstante a vedação expressa da TFUE à formação de cartéis, o referido tratado nada dispõe acerca da reparação de danos relacionados a infrações concorrenciais. Embora já em 1974 tenha a *European Court of Justice* proferido uma primeira decisão reconhecendo o direito à reparação de danos por infração às leis europeias de concorrência, [570] os primeiros casos nos quais tal direito foi firmemente admitido pela Corte Europeia se deram nos anos de 2001 (no caso conhecido como Crehan)[571] e 2008 (no caso Manfredi, que confirmou o precedente de 2001)[572].

Jurgita Malinauskaite aponta a existência de quatro estágios principais de desenvolvimento do sistema antitruste da União Europeia.[573] O foco no desenvolvimento do *private enforcement* seria o terceiro destes quatro estágios, tendo início justamente com o julgamento do caso Crehan. Após o precedente instituído no referido julgamento pela Corte Europeia, a Comissão Europeia passou a atuar mais ativamente com o escopo de garantir o necessário ao desenvolvimento de um sistema efetivo e harmônico de reparação de danos concorrenciais em nível comunitário.

Considerando que a busca pela reparação dos danos concorrenciais deve se dar perante as cortes dos Estados-Membros, as discrepâncias existentes entre as regulações nacionais podem levar a um cenário desigual de execução das normas de concorrência da UE no âmbito das ações

[570] Case C-127/73, *BRT and SAVAM*, EU:C:1974:25.

[571] Case C-453/99, *Courage Ltd v Crehan* [2001] ECR I-6297. Interessante observar, aliás, que, no caso Crehan, não obstante o reconhecimento, pela Corte Europeia, do direito à indenização, a justiça inglesa, em julgamento que passou por todas as instâncias daquele país, chegando à Câmara dos Lordes (corte suprema do Reino Unido), que reverteu o entendimento das instâncias inferiores, sob a premissa de que inexistiria infração à lei na conduta do réu e, consequentemente, não haveria de se falar em ato ilícito a justificar a indenização de danos em favor do sr. Crehan (*Inntrepreneu Pub Company (CPC) v Crehan* [2006] UKHL 38).

[572] Case C-295/04 Manfredi v LOyd Adriatico Assicurazioni spA EU:C:2006:461; [2006] ECR I-6619

[573] A saber: "o desenvolvimento inicial da defesa da concorrência da UE e a Regulação 17/62; (2) a descentralização da defesa da concorrência da UE e a Regulação 1/2003; (3) uma guinada em direção ao *enforcement* privado – a Diretiva de Danos Antitruste; e (4) a volta ao *enforcement* público – constituindo agência nacionais efetivas para defesa da concorrência." (Malinauskaite, *op. cit.*, 2020, p. 93). Tradução livre do original, em inglês: "(1) the early development of EU competition enforcement and Regulation 17/62; (2) decentralization of EU competition enforcement and Regulation 1/2003; (3) a turn to private enforcement–the Antitrust Damages Directive; and (4) back to public enforcement–building effective NCAs.".

indenizatórias.[574] Com isso, a Comissão passou a estudar a necessidade de harmonização das regras para reparação de danos concorrenciais perante as cortes dos Estados-Membros[575].

O primeiro passo dado pela Comissão Europeia nesse sentido foi encomendar, ao escritório Ashurst, um estudo comparativo acerca das condições para ajuizamento de demandas voltadas à reparação de danos em casos de infrações às normas concorrenciais da União Europeia nos Estados-Membros[576]. Tal levantamento foi finalizado em 2004 e chegou à alarmante conclusão de que, à época, o cenário geral quanto às condições para ajuizamento de ações de reparação de danos concorrenciais perante os Estados-Membros era de "assombrosa diversidade e total subdesenvolvimento"[577]. O estudo apontou que, até o ano de 2004, foram identificados cerca de apenas 60 casos julgados de ações de reparação de danos concorrenciais perante todas as cortes dos Estados-Membros, tendo sido apontados diversos obstáculos aos potenciais prejudicados por ilícitos concorrenciais para o ajuizamento de ações indenizatórias em tais jurisdições.

A partir das constatações do estudo Ashurst, a Comissão Europeia publicou, em dezembro de 2005, o *Green Paper on damages actions for breach of the EC antitrust rules*. Tal documento tinha por objetivo "identificar os principais obstáculos a um sistema mais eficaz para as acções de indemnização e apresentar diferentes pistas de reflexão e de possível intervenção para melhorar o funcionamento das acções de indemnização"[578]. Como sói ocorrer com os chamados "livros verdes" publicados pela Comissão Europeia, o documento buscava mais identificar e elencar os problemas

[574] VELJANOVSKI, *op. cit.*, 2020. p. 4-5.

[575] MALINAUSKAITE, *op. cit.*, 2020, p. 109.

[576] ASHURST. *Study on the conditions of claims for damages in case of infringement of EC competition rules*. Bruxelas, 2004.

[577] Quanto à questão da "diversidade" apontada pelo relatório, vale lembrar que estamos tratando de uma análise macro dos sistemas de reparação de danos concorrências de diversos Estados independentes, mas integrantes da União Europeia, um dos mais integrados e consolidados sistemas de união política e econômica do mundo. Esta forte integração entre os Estados-Membros faz com que seja de suma importância a existência de uma harmonização entre os sistemas jurídicos de tais Estados, principalmente quando estamos tratando de questões jurídicas com repercussão internacional, como sói ocorrer em casos de formação de cartel na Europa.

[578] COMISSÃO EUROPEIA. *Green Paper on damages actions for breach of the EC antitrust rules*. Bruxelas, 2005.

relacionados ao tema do que apresentar sugestões efetivas para melhoria do sistema de *private enforcement* europeu.[579] A ideia, na realidade, era convidar as partes interessadas a apresentar observações e sugestões de medidas para que a Comissão, em um segundo momento, decidisse "quais as medidas que devem ser tomadas a nível comunitário para melhorar as condições da introdução destes pedidos de indemnização"[580].

Importa destacar que o Livro Verde de 2005, além de reforçar o entendimento de que as diferenças existentes perante cada uma das cortes dos Estados-Membros servia de empecilho à efetividade do direito de reparação dos prejudicados[581], fez coro ao quanto sustentado pelo Tribunal Europeu no âmbito do julgamento do caso Crehan[582], no sentido de que as ações indenizatórias por danos concorrenciais têm por objetivo não apenas a compensação do dano, mas também "garantir a plena eficácia das regras do Tratado no domínio *antitrust*, dissuadindo os comportamentos anticoncorrenciais e contribuindo dessa forma para a manutenção de uma concorrência efectiva na Comunidade (dissuasão)"[583]. Vê-se, portanto, que desde o primeiro documento oficial publicado pela Comissão Europeia, a função dissuasória da responsabilidade civil por danos concorrenciais foi apontada como sendo um de seus objetivos centrais.

A primeira oportunidade em que foram apresentadas recomendações efetivas aos Estados-Membros para harmonização e modernização do sis-

[579] Os principais problemas identificados pelo Livro Verde foram bem sumarizados por Jessica Simor *et. al.*, como sendo: "a inusual natureza arriscada de ações antitruste, resultada especialmente das dificuldades enfrentadas por seus autores em acessar documentos suficientes para provar condutas dissimuladas de cartel; a complexidade e custo das análises econométricas necessárias para identificar o prejuízo; e os constantemente difusos ou reduzidos prejuízos observados em muitos casos, especialmente naqueles envolvendo compradores indiretos." (SIMOR, Jessica *et al.* Private Enforcement. In. KELLAWAY, Ros; THOMPSON, Rhodri; BROWN, Christopher (Orgs.). *UK competition law*: the new framework. Oxford: Oxford University, 2015, p. 240). Tradução livre do original, em inglês: "the unusually risky nature of antitrust claims, as a result in particular of the difficulties faced by claimants in gaining access to documents sufficient to prove concealed cartel conduct; the complexity and cost of the econometric analysis required to establish loss; and the often diffuse and/or relatively modest losses suffered in many cases, especially those concerning indirect purchasers.".

[580] COMISSÃO EUROPEIA, *op. cit.*, 2005, p. 5.

[581] Razão pela qual, como destaca Jurgita Malinauskaite, a harmonização dos sistemas se mostrava desejável (MALINAUSKAITE, *op. cit.*, 2020, p. 110).

[582] Case C-453/99, *Courage Ltd v Crehan* [2001] ECR I-6297. Pontos 26 e 27.

[583] COMISSÃO EUROPEIA, *op. cit.*, 2005, p. 4.

tema europeu de *private enforcement* se deu com a publicação do *White Paper on damages actions for breach of the EC antitrust rules*, em abril de 2008. Como destacado na própria introdução ao Livro Branco, a conclusão geral à qual se chegou no âmbito do Livro Verde foi a de que a quantidade reduzida de ações de reparação de danos ocasionados por infrações às normas europeias de defesa da concorrência se dava em razão dos "inúmeros obstáculos legais e processuais criados pelas regras dos Estados-Membros que regem as acções de indemnização por infracção às normas *antitrust* intentadas junto dos tribunais nacionais"[584]-[585]. Segundo concluiu a Comissão Europeia, as ações de reparação de danos concorrenciais apresentam particularidades não devidamente abarcadas pelos sistemas tradicionais de responsabilidade civil. Nessa linha, o Parlamento Europeu e diversos outros intervenientes, concordando com as conclusões do Livro Verde, convidaram a Comissão "a preparar um Livro Branco com propostas específicas destinadas a eliminar os obstáculos à eficácia das acções de indemnização por incumprimento das regras *antitrust*"[586].

No âmbito do Livro Branco, a Comissão, reforçou a importância do estabelecimento de uma harmonização dos sistemas de reparação de danos concorrenciais de cada Estado-Membro, ressaltando, ainda, a relevância do papel dissuasório exercido por um sistema de responsabilidade civil por danos concorrenciais que seja capaz de garantir a "plena indenização" dos prejudicados. Dessa vez, no entanto, a Comissão Europeia frisou, como dois dos principais princípios a pautar o sistema europeu de reparação de danos concorrenciais, além da reparação integral dos danos, (i) a adoção de uma abordagem antitruste "genuinamente europeia", pautada "em medidas equilibradas, assentes na cultura e tradições jurídicas europeias", e (ii) a preservação da esfera pública de aplicação das normas europeias de defesa da concorrência, deixando claro que o desenvolvimento do sis-

[584] COMISSÃO EUROPEIA. *White Paper on damages actions for breach of the EC antitrust rules*. Bruxelas, 2008, p. 2.

[585] Dentre as dificuldades apontadas pelo Livro Verde, pode-se destacar a problemática da produção de provas (notadamente pelo fato de que a maior parte dos documentos que comprovam o dano estão em posse dos infratores), as incertezas quanto à forma e os métodos de quantificação dos danos concorrenciais, a questão do repasse (*passing-on*) do sobrepreço ao longo da cadeia produtiva, os altos custos relacionados ao ajuizamento de ARDCs, dentre outros.

[586] COMISSÃO EUROPEIA, *op. cit.*, 2008, p. 3.

tema privado de reparação de danos deve servir para "complementar, sem substituir nem prejudicar, a acção dos poderes públicos neste domínio"[587]. Tem-se, portanto, o reforço da cultura europeia de antitruste que, em oposição ao que ocorre nos EUA, atribui às agências de antitruste o papel de principais executoras das normas de defesa da concorrência, como destacado desde o início deste Item[588].

No total, foram apresentadas 9 (nove) recomendações efetivas pela Comissão Europeia no âmbito do Livro Branco. Dentre elas, podemos destacar (i) o entendimento de que "qualquer pessoa" estaria legitimada a ajuizar ações de reparação de danos concorrenciais, inclusive os adquirentes indiretos; (ii) a criação de mecanismos capazes de assegurar, mediante o preenchimento de determinadas condições, o acesso dos prejudicados a documentos e informações em posse dos cartelistas ou de terceiros; (iii) a atribuição de efeito vinculativo quanto à prova do ato ilícito às decisões definitivas, proferidas pela Comissão Europeia ou por qualquer das autoridades nacionais de concorrência dos Estados-Membros; (iv) a definição de prazo prescricional de pelo menos dois anos, a fluir da decisão definitiva que declara verificada a infração concorrencial; e (v) a criação de um sistema de interação e harmonização entre os programas de leniência da União Europeia e dos Estados-Membros e as ações de indenização.[589]

Uma das principais recomendações do Livro Branco foi a de "codificar num instrumento comunitário de carácter legislativo o acervo comunitário actual sobre o âmbito dos danos decorrentes de infracções às regras *antitrust* susceptíveis de serem indemnizados", com o estabelecimento de um "quadro de orientações pragmáticas e não vinculativas para o estabelecimento do montante da indemnização nos processos *antitrust*".[590]

[587] COMISSÃO EUROPEIA, *op. cit.*, 2008, p. 3-4.

[588] Ressalte-se, aliás, que algumas das críticas direcionadas ao White Paper foram justamente quanto ao não aproveitamento devido da experiência norte-americana no sentido de garantir o direito à reparação de danos concorrenciais, notadamente "suas normas permissivas no que tange à apresentação de documentos para fins probatórios, custas e ações de classe, e a aplicação de *treble damages* contra infratores" (Simor *et al.*, *op. cit.*, 2015, p. 241). Tradução livre do original, em inglês: "its permissive rules on disclosure, costs and class actions, and its awards of treble damages against wrongdoers.".

[589] Ressalte-se que cada uma das recomendações feitas pela Comissão Europeia no Livro Branco é objeto de análise mais aprofundada nos Itens específicos deste trabalho destinados ao tratamento dos temas a que se referem.

[590] COMISSÃO EUROPEIA, *op. cit.*, 2008, p. 9.

Para endereçar a recomendação citada acima, foi primeiramente encomendado um estudo à consultoria Oxera, com o objetivo de apresentar diretrizes para quantificação de danos em ARDCs.[591] O Relatório Oxera foi preparado com a participação de um time multidisciplinar de advogados das mais diversas culturas jurídicas, assistido, ainda, por uma equipe de economistas e de integrantes da Comissão Europeia. O resultado foi a apresentação de um detalhado relatório com recomendações práticas para a quantificação de danos concorrenciais, que serão objeto de estudo no Item 6.2.3 abaixo.

Quanto à elaboração de uma codificação comunitária de reparação de danos por violação às normas concorrenciais da UE, ainda no ano de 2009 chegou a ser elaborada uma proposta de regulação legislativa que veio a receber a alcunha "minuta de Diretiva" ("*draft Directive*"),[592] mas que jamais chegou a ser publicada. A partir de então, iniciou-se o que Jurgita Malinauskaite classificou como "um longo caminho da elaboração da minuta até a publicação da Diretiva de Danos Antitruste".[593] No ano de 2012, o Commission Work Programme anunciou "uma iniciativa legislativa de ações de danos antitruste para estabelecer padrões mínimos para um efetivo *private enforcement* em todos os Estados-Membros".[594] A partir desta iniciativa, foram discutidas diversas alternativas de instrumentos legislativos, que culminaram na escolha, em junho de 2013, pela elaboração de uma diretiva de danos. A Diretiva de Danos foi aprovada pelo Conselho da União Europeia em 10 de novembro de 2014, entrando em vigor em 25 de dezembro de 2014,[595] estabelecendo como prazo máximo para os Estados-Membros adaptarem seus regulamentos e sistemas nacionais de antitruste às diretrizes por ela impostas o dia 26 de dezembro de 2016.[596]-[597]

[591] OXERA. *Quantifying antitrust damages*: towards non-binding guidance for courts. Bruxelas, 2009.

[592] ASHTON, *op. cit.*, 2018, p. 5.

[593] No original, em inglês: "a long way from the drafting to publishing the Antitrust Directive". (MALINAUSKAITE, *op. cit.*, 2020, p. 111).

[594] No original, em inglês: "a legislative initiative on antitrust damages actions to set common minimum standards for effective private enforcement in all Member States" (MALINAUSKAITE, *op. cit.*, 2020, p. 111).

[595] Artigo 23 da Diretiva de Danos.

[596] Artigo 21(1).

[597] Em alguns casos, as inovações trazidas pela Diretiva de Danos implicaram a necessidade de mudanças substanciais nos sistemas legais de determinados Estados-Membros da UE,

A Diretiva de Danos de 2014, portanto, foi publicada com o objetivo não só de fomentar o ajuizamento de ARDCs nos Estados-Membros (como foi com a publicação do Livro Verde e do Livro Branco), mas também, e principalmente, de regular a forma com que as cortes e legislações nacionais deveriam lidar com o tema.[598]

De modo geral, a Diretiva acabou por confirmar e reforçar as recomendações do Livro Branco, que, agora, tornam-se impositivas aos Estados-Membros, que tiveram de ajustar seus sistemas legislativos próprios às suas diretrizes até o fim de 2016.[599] Assim como os dois livros que a antecederam, a Diretiva confirma que os princípios orientadores do *private enforcement* europeu devem ser o da reparação integral e o da harmonização dos sistemas nacionais, com a particularidade de que, desta feita, são invocados, nomeadamente, os princípios de direito comum europeu da efetividade e da equivalência.[600]

Dentre as diretrizes impostas pela Diretiva, merecem destaque (i) o reforço do sistema de disponibilização de elementos de prova para instrução de ARDCs (Capítulo II, artigos 5 a 8 da Diretiva); (ii) a confirmação

conforme reconhecido pela Comissão Europeia em levantamento realizado ao final de 2020 (COMISSÃO EUROPEIA. *Commission Staff working document*: on the implementation of Directive 2014/104/EU of the European Parliament and of the Council of 26 November 2014 on certain rules governing actions for damages under national law for infringements of the competition law provisions of the Member States and of the European Union. Bruxelas, 2020).

598 Diretiva 2014/104/EU do Parlamento Europeu e do Conselho.

599 Raimundas Moisejevas destaca, no entanto, que nem todos os Estados-Membros lograram implementar a Diretiva de Danos na legislação nacional dentro do prazo estabelecido na Diretiva. A autora cita o exemplo da Lituânia, em que se discutiu longamente se, para implementação da Diretiva na legislação nacional, bastaria emendar a legislação de defesa da concorrência daquele país ou se também seriam necessárias alterações nos Códigos Civil e de Processo Civil então vigentes (MOISEJEVAS, Raimundas. Passing-On of Overcharges and the Implementation of the Damages Directive in CEE Countries. *Yearbook of Antitrust and Regulatory Studies*. Varsóvia: CARS, 2017). Segundo levantamento realizado pela Comissão Europeia, o objetivo de implementação da Diretiva por todos os Estados-Membros só foi efetivamente atingido na primeira metade de 2018 (COMISSÃO EUROPEIA, *op. cit.*, 2020).

600 Como reza o artigo 4 da Diretiva, o princípio da efetividade impõe aos Estados-Membros o dever de assegurar que as regras e processos nacionais não façam com que seja "praticamente impossível ou excessivamente difícil o exercício do direito, garantido pelo direito da União, à reparação integral dos danos causados por infração ao direito da concorrência", ao passo em que o princípio da equivalência deve assegurar que os processos de indenização de danos concorrenciais não sejam "menos favoráveis para as partes alegadamente lesadas do que aqueles que regem ações de indemnização análogas resultantes de infrações ao direito nacional."

do efeito vinculante das decisões definitivas proferidas por autoridades nacionais como prova *prima facie* da infração concorrencial (artigo 9); (iii) a definição de um prazo prescricional mínimo de 5 (cinco) anos, que não começará a correr antes de o prejudicado ter, ou presumivelmente ter, ciência da infração concorrencial (artigo 10); (iv) o estabelecimento da responsabilidade solidária dos infratores do direito da concorrência pelos danos causados, salvo nos casos de pequenas e médias empresas ou de signatários de acordos de leniência (artigo 11); (v) a previsão de legitimidade para o adquirente indireto pleitear a indenização de danos e a presunção relativa do repasse do prejuízo ao adquirente indireto (artigos 12.1 e 14); (vi) a vedação à condenação em danos punitivos (artigos 3.3 e 12.2); (vii) a admissão da *pass-on defense*, ou seja, o desconto do repasse do prejuízo na cadeia produtiva para efeito de quantificação do dano (artigo 13); (viii) o dever de os Estados-Membros garantirem meios para que a quantificação dos danos não seja um empecilho à reparação (artigo 17.1), comprometendo-se a Comissão a emitir orientações acerca das formas de quantificação dos danos concorrenciais (artigo 16); e (ix) a presunção relativa do dano concorrencial nos casos de cartel (artigo 17.2).[601]

Não obstante seja, em um cenário macro, exaltada a contribuição das iniciativas adotadas pela Comissão Europeia no sentido de promover a execução privada das normas antitruste comunitárias, especialmente por revolucionar o sistema de instrução probatória de demandas indenizatórias por danos concorrenciais em determinados Estados-Membros que basicamente não contavam com sistemas eficientes nesse sentido[602], o resultado final da Diretiva não deixou de ser objeto de críticas por parte da comunidade europeia. Uma das principais críticas apresentadas por alguns dos Estados-Membros (notadamente Alemanha, Polônia e Eslovênia) é no sentido de que a Diretiva de Danos seria insuficiente para garantir o direito de reparação de danos concorrenciais por pequenas e médias empresas (*small or medium-size enterprise* – "SME")[603]-[604]. Outra crítica bastante comum de

[601] Assim como as recomendações contidas no Livro Branco, cada uma das diretrizes da Diretiva de Danos será objeto de análise mais detida nos Itens deste trabalho com estas relacionados.

[602] Veljanovski, *op. cit.*, 2020, p. 5.

[603] Malinauskaite, *op. cit.*, 2020, p. 111.

[604] Segundo o artigo 2 (1) da Commission Recommendation 2003/361/EC, "[a] categoria de micro, pequenas e médias empresas (SMEs) é composta por empresas que empregam menos

ser observada é acerca da inexistência, na Diretiva de Danos, de normas voltadas ao tratamento de ações coletivas de reparação de danos concorrenciais[605]-[606]-[607].

Embora a Diretiva de Danos de 2014 seja tida como o principal marco de "um longo e tortuoso projeto de harmonização desta área do direito entre os Estados-Membros",[608] após a publicação da Diretiva, a Comissão Europeia ainda chegou a publicar um estudo de repasse de sobrepreços[609] e um guia para auxiliar as cortes nacionais no tratamento do repasse (*pass-on*) na quantificação dos danos concorrenciais[610].

Como parte dos estudos realizados para a publicação da Diretiva de Danos, a Comissão Europeia, ao final do ano de 2014, apontou que, na maioria dos casos em que reconhecida a existência de danos concorren-

de 250 pessoas e que possuem um faturamento anual que não exceda EUR 50 milhões e/ou um balanço anual não superior a EUR 43 milhões." (COMISSÃO EUROPEIA. *Commission recommendation of may 2003 concerning the definition of micro, small and medium-sized enterprises.* Bruxelas, 2003). Tradução livre do original, em inglês: "The category of micro, small and medium-sized enterprises (SMEs) is made up of enterprises which employ fewer than 250 persons and which have an annual turnover not exceeding EUR 50 million, and/or an annual balance sheet total not exceeding EUR 43 million.".

605 Simor *et al.*, *op. cit.*, 2015. p. 241-242.

606 Como aponta Veljanovski, a Comissão chegou a apresentar propostas para regulação do sistema de ações coletivas de danos, mas nenhuma deles chegou a vingar até o presente momento. As propostas apresentadas foram fortemente criticadas pela comunidade europeia em razão da restrição de seu alcance, seja por pressuporem um sistema de adesão dos prejudicados a grupos de classe, seja por limitarem o rol de entidades de classe legitimadas para ajuizamento de ações coletivas (Veljanovski, *op. cit.*, 2020, p. 5).

607 Veljanovski apresenta uma série de críticas relevantes à Diretiva de Danos (Veljanovski, *op. cit.*, 2020, p. 147/153). Dentre elas, destaca-se a possível limitação à plena compensação de lucros cessantes, por parte da Diretiva, ao admitir a *pass-on defense* como instrumento capaz de limitar o alcance do prejuízo sofrido pelos adquirentes diretos do cartel. Segundo Veljanovski, ao estabelecer a necessidade de desconto do sobrepreço repassado aos elos seguintes da cadeia produtiva, a Diretiva tende a relegar o direito à indenização do lucro cessante observado pelo adquirente direto em razão do sobrepreço praticado pelo cartel, uma vez que tal prejuízo é extremamente complexo de ser comprovado na prática, sendo que qualquer método aplicado neste sentido deverá adotar cenários hipotéticos de venda, sendo, portanto, inevitavelmente especulativo.

608 Simor *et al.*, *op. cit.*, 2015, p. 239.

609 RBB ECONOMICS; CUATRECASAS, GONÇALVES PEREIRA. *Study on the passing-on of overcharges.* Bruxelas, 2016.

610 COMISSÃO EUROPEIA. *Guidelines for national courts on how to estimate the share of overcharge which was passed on to the indirect purchaser.* Bruxelas, 2019.

ciais pela Comissão, não houve a efetiva reparação dos danos pelos prejudicados, estimando que cerca de 23 (vinte e três) bilhões de euros em indenizações deixariam de ser pagos aos prejudicados por danos concorrenciais todos os anos, se somados os países membros da União Europeia. Na mesma oportunidade, a Comissão Europeia apontou que a expressiva maioria dos casos de indenização de danos concorrenciais foram ajuizados em apenas três jurisdições (Reino Unido, Alemanha e Holanda),[611] sendo que aproximadamente 20 (vinte) Estados-Membros não apresentavam qualquer ação de reparação de danos concorrenciais pautada em decisão proferida em julgamento da *European Court of Justice*, reconhecendo o ilícito concorrencial.[612]

Não obstante a dificuldade de auferir-se, com precisão, dados acerca de ARDCs ajuizadas perante os Estados-Membros da União Europeia, haja vista o grande número de jurisdições envolvidas, estudo mais recente, coordenado por Jean-François Laborde, identificou 299 (duzentos e noventa e nove) casos de dano concorrencial por sobrepreço efetivamente julgados pelos Estados-Membros da União Europeia, Reino Unido, Noruega e Suíça até dezembro de 2020. Tal número representa um salto gigantesco com relação ao cenário constatado pelo já mencionado estudo Ashurst, de 2004, em que se falava em um total de 60 (sessenta) decisões em casos de reparação de danos concorrenciais como um todo (não se limitando às violações de cartel) em toda a história de atuação das cortes nacionais europeias, principalmente se considerado o fato de que o levantamento de Laborde considera como um único caso aqueles cartéis que tiveram número elevado de ARDCs ajuizadas.[613]

Dentre os casos analisados, 58 resultaram na efetiva definição e quantificação dos danos a serem reparados, 93 definiram a existência de responsabilidade civil a ensejar reparação de danos e 134 foram julgados improcedentes[614].

[611] Estas três jurisdições permanecem sendo, até hoje, as mais visadas por aqueles que buscam a reparação de danos por violações às normas de defesa da concorrência da UE.

[612] COMISSÃO EUROPEIA. The Damages Directive: Towards more effective enforcement of the EU competition rules. *Competition policy brief*. Bruxelas, 2015.

[613] Merece destaque, neste sentido, o cartel de caminhões que já teve cerca de 500 ARDCs julgadas (Laborde, Jean-François. Cartel damages claims in Europe: how courts have assessed overcharges (2021. ed.). *Concurrences*, Paris, n. 3, p. 232-242, 2021).

[614] Laborde, *op. cit.*, 2021.

Apesar de o número de casos julgados improcedentes ser consideravelmente elevado, em especial se considerado o fato de que aproximadamente 97% dos casos se tratavam de *follow-on actions*,[615] o estudo aponta justamente para um crescente aumento dos índices de sucesso desse tipo de demanda nos países europeus até 2018, com uma considerável regressão nos dois anos seguintes (sendo entendido como sucesso a definição dos danos ou ao menos o reconhecimento da responsabilidade civil), conforme se infere do quadro comparativo abaixo, tirado do referido estudo :

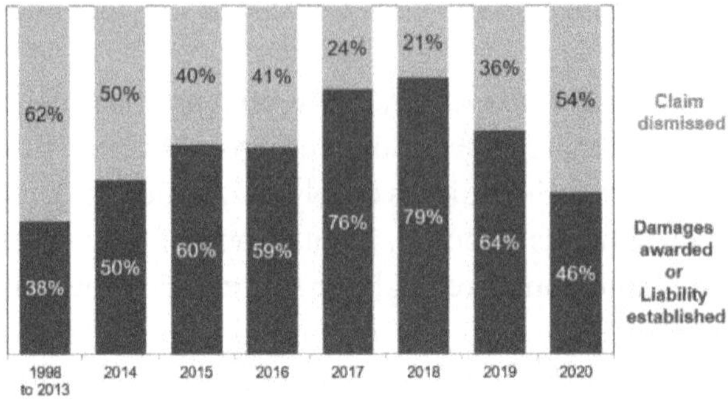

Apesar da regressão no índice de sucesso das ARDCs entre 2019 e 2020, mesmo nestes anos a taxa de sucesso se apresentou superior à média histórica observada até 2013. Esse crescimento no índice de sucesso das ARDCs na Europa é ainda mais animador se considerado o crescimento exponencial do número de ações do gênero ajuizadas perante as cortes dos países europeus desde a entrada em vigor da Diretiva Europeia, em 2014, conforme se observa do gráfico abaixo, também extraído do estudo coordenado por Jean-François Laborde:[616]

615 São classificados pela doutrina e jurisprudência internacional antitruste como "*follow on actions*" aqueles casos de ações de reparação de danos precedidos de julgamento de órgãos administrativos de defesa da concorrência reconhecendo o ilícito concorrencial. Por sua vez, são denominados "*stand-alone actions*" aquelas ações indenizatórias ajuizadas independentemente da existência de uma decisão administrativa reconhecendo a existência do ilícito concorrencial.

616 Há uma pequena redução no número de casos julgados no ano de 2020 em comparação aos dois anos anteriores que é atribuída, pelos pesquisadores que integraram a equipe coordenada por Laborde, à pandemia do Novo Coronavírus.

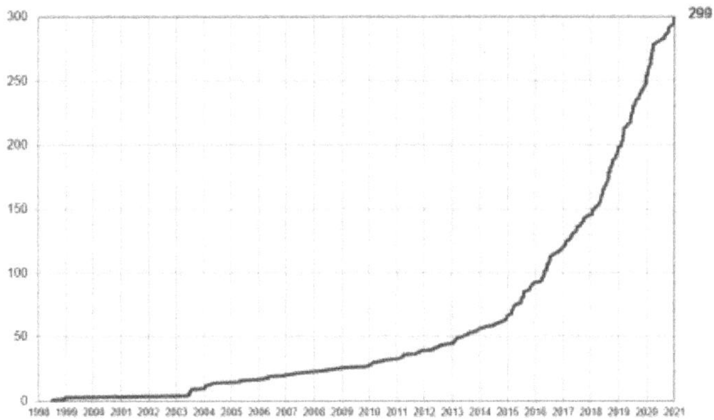

Fundamental, no entanto, a análise das razões que levaram ao julgamento de improcedência de um número consideravelmente elevado de ARDCs que, como dito, pautavam-se, em sua maioria, em julgamento anterior da autoridade administrativa reconhecendo a formação do cartel. Na pesquisa realizada no ano de 2019, além de um número considerável de ações rejeitadas em virtude da falta de alguma das condições de ação, a equipe coordenada por Laborde identificou, dentre as razões de improvimento das ações: (i) a inexistência de ato ilícito (principalmente em virtude de o réu não haver constado dentre os condenados por formação de cartel em âmbito administrativo); (ii) não comprovação do dano; (iii) não comprovação do nexo de causalidade entre o alegado dano e a formação do cartel; (iv) repasse do prejuízo, pelo adquirente direto, aos adquirentes indiretos do produto ou ao consumidor final (*passing-on*).[617]

Ressalte-se, aliás, que, não obstante tenha sido observado um vertiginoso crescimento nas ações de reparação de danos por cartel na Europa, o número de demandas identificadas pelo apontado estudo ainda é bastante pequeno. Estamos falando de um total de 299 ações efetivamente julgadas ao longo de um período de aproximadamente 20 anos em nada menos que 14 países[618].

[617] LABORDE, Jean-François. Cartel damages claims in Europe: how courts have assessed overcharges (2019. ed.). *Concurrences*. Paris, n. 4, 2019.

[618] Vale reforçar, mais uma vez, que o referido estudo computa como uma única ação aqueles casos de cartel que tenham resultado no ajuizamento e julgamento de um número muito elevado de ações de reparação de danos. Se fossem computadas todas as ações de forma isolada, o número de ARDCs europeias estaria próximo à casa das mil ações.

Não se pode ignorar, por outro lado, que uma possível explicação para o número reduzido de condenações pode estar no fato de que, assim como ocorre nos EUA, grande parte das ações de reparação de danos de cartel ajuizadas perante as cortes europeias é encerrada por meio de acordo antes mesmo da prolação da sentença. Como indicado no Item anterior desse trabalho, a complexidade de ações de reparação de danos oriundos de cartel, os altos custos envolvidos na tramitação desse tipo de demanda e até mesmo a exposição negativa causada à imagem das empresas acusadas de cartel são elementos que tendem a levar as partes a buscar a via conciliatória, que sói ser menos traumática e custosa para todos os envolvidos.

O Reino Unido é perfeito exemplo desse fenômeno. O estudo coordenado por Laborde apontou que houve apenas duas condenações indenizatórias relacionadas à prática de cartel no Reino Unido desde 1998. No entanto, o Reino Unido, é considerado, juntamente da Alemanha e da Holanda, como uma das jurisdições mais favoráveis ao ajuizamento de ARDCs na Europa[619]. O baixo número de sentenças condenatórias no Reino Unido se dá justamente pelo fato de que os casos ajuizados perante os tribunais ingleses costumam ser encerrados por meio de acordo[620].

Muito embora seja desejável que a maior parte das demandas reparatórias relacionadas a infrações antitruste seja solucionada com a maior brevidade possível e por meio de vias alternativas que não a do Judiciário – o que, em princípio, tornaria celebrável a constatação de que a maior parte das demandas relacionadas a violações das normas concorrências europeias tende a se resolver em acordo –[621], tal fato acaba por dificultar uma melhor constatação do número exato de indenizações pagas (dado que os acordos costumam ser firmados com cláusulas de confidencialidade), além, evidentemente, de retardar a formação e consolidação da jurisprudência europeia acerca do tema[622].

Por fim, um último ponto digno de nota com relação ao sistema europeu de reparação de danos concorrenciais é que, a despeito da Diretiva de Danos não ter estabelecido a necessidade de criação de varas especializa-

[619] Veljanovski, *op. cit.*, 2020, p. 6-7.

[620] Rodger, Barry. Competition law private enforcement in the UK courts: case-law developments 2013-2016. *Global Competition Litigation Review*, Mytholmroyd, v. 10, 2017.

[621] A resolução amigável de litígios, aliás, é uma das diretrizes impostas pela Diretiva de Danos (artigos 18 e 19).

[622] Ashton, *op. cit.*, 2018, p. 6-7.

das para julgamento de ARDCs, parcela expressiva dos Estados Membros da UE optaram por constituí-las como parte dos esforços para garantia da indenização desses tipos de danos. Segundo reporte da Comissão Europeia, até o final de 2020, Bélgica, Alemanha, Grécia, Espanha, França, Itália, Portugal, Suécia e Eslováquia, possuíam sessões especializadas em ARDCs no âmbito de suas cortes cíveis, ao passo em que Dinamarca, Croácia, Lituânia, Letônia e Romênia possuíam cortes especializadas na matéria[623].

5.1.3. Brasil: da aridez ao atual estágio embrionário

O Sistema Brasileiro de Defesa da Concorrência, a exemplo do Europeu, se organiza com forte esteio na atuação do órgão brasileiro de defesa da concorrência, o CADE. É dizer, a aplicação das normas de defesa da concorrência se dá principalmente a partir da atuação administrativa da agência antitruste brasileira, fazendo do chamado *enforcement* público o principal responsável pela garantia da livre concorrência no País.

Isso não quer dizer, no entanto, que o *enforcement* privado não seja tido como elemento fundamental do SBDC. Pelo contrário. Tanto a Lei nº 8.884/97, quanto a atual LDC (Lei nº 12.529/2011) trazem dispositivos estabelecendo, de forma expressa, o direito dos prejudicados por infrações à ordem econômica de ingressar com ações judiciais para "obter a cessação de práticas que constituam infração da ordem econômica, bem como o recebimento de indenização por perdas e danos sofridos, independentemente do inquérito ou processo administrativo".[624]

Não obstante o fato de que o direito dos prejudicados à indenização dos danos concorrenciais já pudesse ser tirado do Código Civil, há dois aspectos do dispositivo legal supratranscrito que merecem destaque. O primeiro é que o art. 47 da LDC, da mesma forma que o antigo art. 29 da Lei nº 8.884/94, prevê, para além do direito ressarcitório, a possibilidade de os prejudicados por infrações à ordem econômica buscarem em juízo a própria *cessação* do ilícito concorrencial, independentemente da atuação do órgão de defesa da concorrência. Confere-se, portanto, legitimidade para os prejudicados, até certa medida, atuarem como fiscais da defesa da concorrência mesmo naqueles casos em que o CADE não venha a investigar a conduta.

[623] COMISSÃO EUROPEIA, *op. cit.*, 2020.

[624] Art. 29 da Lei nº 8.884/1994 e 47 da Lei nº 12.529/2011.

O segundo ponto que merece destaque da norma contida no art. 47 da LDC é que, a despeito de o direito indenizatório por ilícitos antitruste ser possível de ser inferido a partir das normas gerais do Código Civil, o fato de tal direito ser reforçado expressamente pela LDC não deve ser interpretado como disposição supérflua. Como elucidam Bruno Lanna Peixoto e Ludmilla Martins da Silva, por meio do citado dispositivo legal, "o legislador reconheceu o caráter complementar do *public enforcement* e do *private enforcement*, estabelecendo ambos os mecanismos como sustentáculos da política antitruste brasileira".[625]

É certo, no entanto, que, apesar da intenção manifestada pelo legislador desde a edição da primeira lei de defesa da concorrência, o *private enforcement* brasileiro era basicamente inexistente até tempos bastante recentes. Segundo levantamento realizado pelo IBRAC, desde a entrada em vigor da Lei nº 8.884/1994 até o ano de 2020, foram contabilizadas um total de 39 ARDCs ajuizadas por entidades privadas, sendo que 13 destas ações foram ajuizadas entre 2017 e 2020.[626] Em pesquisa mais recente, Luana Graziela Alves Fernandes identificou um total de 49 ARDCs ajuizadas por entidades privadas até 2021, sendo que 31 destas ações já teriam tido julgamento de mérito, com a alarmante constatação de que apenas 2 ações indenizatórias foram julgadas procedentes.[627]-[628]

Por óbvio, é impossível precisar qual o percentual de cartéis formados no Brasil que são efetivamente identificados pelo CADE. É possível, no entanto, realizar a análise comparativa entre o número de cartéis investigados e/ou reconhecidos pelo CADE e o número de ARDCs ajuizadas com o objetivo de ver reparados os danos causados por estes para se che-

[625] PEIXOTO; SILVA, *op. cit.*, 2018, p. 113.

[626] OLIVON, Beatriz. Empresas recorrem ao Judiciário contra cartéis. *Valor Econômico*. Brasília, 6 dez. 2021.

[627] FERNANDES, Luana Graziela Alves. Passing on defense: jurisprudência brasileira atual em ações de reparação de danos por cartel. *Revista do IBRAC*, São Paulo, n. 1, p. 19-38, 2021.

[628] É fundamental que se tenha em mente, desde logo, que os números apontados nas pesquisas aqui indicadas são fortemente impactados pela elevada quantidade de ARDCs que tramitam em segredo de justiça e, portanto, correspondem apenas a uma fração do universo real de ações ajuizadas nas cortes brasileiras. Veja-se, por exemplo, que Bruno Lanna Peixoto e Carolina Pagotto Trevizo, em artigo publicado em setembro de 2021, estimaram existir mais de setenta casos ativos buscando indenizações individuais ou coletivas de danos concorrenciais, sendo a maioria deles voltados à reparação de danos por cartel (PEIXOTO, Bruno Lanna; TREVIZO, Carolina Pagotto. Antitrust Litigation 2021: Brazil. *Chambers and Partners*. Londres, 2021).

gar à conclusão de que o *private enforcement* ainda engatinha no direito brasileiro, principalmente se considerado o fato de que a expressiva maioria das ARDCs ajuizadas até o presente momento é voltada à indenização de danos relacionados a alguns poucos cartéis de maior expressão, como o do cimento e o do câmbio.[629]

Aliás, embora seja impossível precisar quantos cartéis jamais chegam a ser identificados e investigados pela autoridade antitruste brasileira – ou por qualquer outra agência de defesa da concorrência ao redor do mundo –, não se pode deixar de apontar o baixíssimo número de ações *stand alone* ajuizadas perante as cortes brasileiras como indicativo da ausência de uma cultura e de um sistema jurídico adequado à reparação de danos de cartel. Com efeito, em sendo o Brasil, como visto anteriormente, um país com estrutura bastante favorável à formação de cartéis, houvesse um sistema de reparação de danos concorrenciais mais eficaz, por certo se observaria um número minimamente relevante de ações voltadas à indenização de danos de maior gravidade causados por cartéis ainda não identificados pelo CADE.[630]

Mesmo no âmbito das ações indenizatórias pautadas em reconhecimento prévio do cartel pelo CADE (ações *follow-on*) chama à atenção a quase inexistência de acordos firmados entre potenciais prejudicados e cartelistas para indenização dos danos objeto das ações de reparação de danos.[631] Trata-se, a nosso sentir, de evidência fulcral da falta de efetividade do sistema de reparação de danos concorrenciais brasileiro, haja vista que, como visto nos dois Itens anteriores, a expressiva maioria das ARDCs ajui-

[629] Vale lembrar que, situação semelhante se observava na UE até a implementação da Diretiva de Danos de 2014, conforme apontado no Item 5.1.2 supra. Neste sentido, ver: COMISSÃO EUROPEIA, *op. cit.*, 2015.

[630] Em sistemas nos quais o arcabouço normativo e o preparo das cortes e demais operadores do Direito conferem ao autor um sistema de *private enforcement* efetivamente capaz de garantir uma perspectiva real de provimento de demanda indenizatória por danos ocasionados por cartel não investigado previamente pela autoridade antitruste, a expressividade de tais danos (especialmente em casos de cartéis formados por grandes empresas) é capaz de tornar economicamente justificável ao prejudicado o desafio de enfrentar as dificuldades vinculadas ao ajuizamento de ARDC não ancorada no reconhecimento administrativo da existência do ato ilícito.

[631] Na pesquisa realizada por Luana Fernandes foi identificada uma única ARDC com acordo firmado entre as partes dentre as 49 ações localizadas pela pesquisa (FERNANDES, *op. cit.*, 2021).

zadas nos EUA e na União Europeia termina em acordo antes mesmo do julgamento de primeiro grau. A provável explicação para o baixo número de acordos em ARDCs é o fato de que os cartelistas ainda vislumbram uma grande probabilidade de se sagrarem vencedores nas ações indenizatórias, mesmo após o reconhecimento da existência do cartel em âmbito administrativo, em função das dificuldades impostas pelo nosso sistema jurídico aos autores de ARDCs, especialmente no que tange à prova e quantificação do dano.

Não se pode perder de vista, no entanto, que os resultados obtidos com pesquisas jurisprudenciais acerca de ARDCs no Brasil tendem a ser consideravelmente enganosos. Todos aqueles que se lançaram na empreitada de realizar levantamentos jurisprudenciais acerca do tema ressaltaram como empecilhos à obtenção de resultados mais precisos a falta de sistemas unificados e eficientes de pesquisa perante as dezenas de tribunais brasileiros – mormente para realização de pesquisas em primeiro grau –, além da relevante quantidade de ações indenizatórias que tramitam em segredo de justiça[632].

Há uma explicação um tanto intuitiva para a existência de uma grande quantidade de ações de reparação de danos de cartel que tramitam em sigilo. Muitos dos documentos que embasam esse tipo de demanda contêm segredos industriais, cuja abertura ao público pode causar sérios prejuízos às partes envolvidas. É possível, ainda, que venham a ser juntados aos autos da ARDC documentos sigilosos obtidos pelo CADE no âmbito de processos administrativos e que devem ser mantidos em sigilo também no âmbito judicial[633].

[632] Cite-se, como exemplo, o estudo realizado IBRAC em 2017, refletido nos artigos que integram a obra coletiva A Livre Concorrência e os Tribunais Brasileiros (Drago, Bruno de Luca. Peixoto; Bruno Lanna (Orgs.). *A livre concorrência e os tribunais brasileiros*: análise crítica dos julgados no Poder Judiciário envolvendo matéria concorrencial. São Paulo: Singular, 2018). Em declaração dada em Webinar promovido pelo Instituto Brasileiro de Estudos de Responsabilidade Civil (IBERC), Bruno de Luca Drago, presidente do IBRAC, asseverou que o número real de ARDCs em tramite perante os tribunais brasileiros seria cerca de três vezes maior ao indicado nas pesquisas realizadas pelo IBRAC, se consideradas as ações em segredo de justiça ou aquelas que ainda não chegaram a ser discutidas em segundo grau de jurisdição. Conferir evento do IBERC realizado em 5 de julho de 2022: <https://www.youtube.com/watch?v=-ayzTHlgHKs>. Acesso em 9 jul. 2022.

[633] Sobre o acesso a documentos de processos administrativos para instrução de ações judiciais de reparação de danos de cartel, ver Item 6.2.2.3.

Importante realizar, no entanto, a mesma observação crítica bem colocada por Bruno de Luca Drago, ao introduzir a pesquisa jurisprudencial realizada pelo IBRAC no ano de 2017, no sentido de que o sigilo sob os autos de ARDCs é autorizado "muitas vezes sem procedimentalização adequada ou considerações de política pública."[634] Acrescentaríamos, ainda, que a consolidação dos processos de tramitação eletrônica, com a instituição de sistemas, como o do Tribunal de Justiça de São Paulo, que permitem à própria parte a colocação dos autos em segredo de justiça desde a distribuição, também acaba sendo um fator relevante na equação, uma vez que, infelizmente, é bastante comum que os autos distribuídos em segredo de justiça tenham todo o tramite processual sem que venha a ser efetivamente realizada a análise jurisdicional acerca da pertinência ou não do sigilo. Como, até pela sensibilidade reputacional atinente à matéria, não interessará aos réus questionar o sigilo, é comum que processos que deveriam ser públicos tenham toda a sua tramitação em segredo de justiça sem que tenha sido sequer prolatada decisão que efetivamente o determine.

A nosso sentir – e sem pretensão de esgotar ou se alongar demasiadamente no tema, por não ser esse o foco desta obra –, a melhor solução para a questão do sigilo de informações sensíveis no âmbito de ARDCs seria a sua juntada como documentos sigilosos, cujo acesso é restrito às partes devidamente habilitadas para tanto. O restante dos autos do processo, via de regra – e quando possível[635] –, deverá ser mantido público, por força do princípio da publicidade dos atos processuais, consagrado pela Constituição Federal[636] e pelo Código de Processo Civil[637]. Com efeito, a garantia do acesso público às ARDCs é fundamental, principalmente nesse momento

[634] Drago, Bruno de Luca. Panorama e desafios: análise qualitativa e quantitativa das ações no Judiciário. In: Drago, Bruno de Luca; Peixoto; Bruno Lanna (Orgs.). *A livre concorrência e os tribunais brasileiros*: análise crítica dos julgados no Poder Judiciário envolvendo matéria concorrencial. São Paulo: Singular, 2018.

[635] Não se ignora a existência de diversos casos em que as próprias manifestações das partes e decisões judiciais conterão, inevitavelmente, informações cujo sigilo é protegido por lei. Nesse tipo de caso, de fato, ao menos no atual cenário de organização dos processos eletrônicos brasileiros, em que inexistente um sistema de divulgação de versões parciais de decisões ou documentos – como ocorre no âmbito do CADE –, a única alternativa tenderá a ser mesmo a decretação do sigilo dos autos.

[636] Art. 5º, LX.

[637] Art. 189.

ainda inicial de formação e amadurecimento da cultura jurídica brasileira de responsabilidade civil pela prática de cartel[638].

A despeito das dificuldades indicadas acima quanto à assertividade dos sistemas de pesquisa de ARDCs, não há como se afastar a conclusão de que o sistema brasileiro de reparação de danos concorrências é ainda incipiente. É certo, todavia, que, mesmo nesse estágio embrionário da reparação de danos de cartel no Brasil, já é possível identificar alguns dos temas que mais têm gerado discussão ou dificuldade no âmbito das ARDCs brasileiras.

Dentre os principais problemas enfrentados por aqueles que buscam a indenização de danos concorrenciais no Brasil, destacam-se, (i) as discussões relacionadas à prescrição; (ii) a insuficiência de normas legais capazes de criar uma sinergia efetiva entre os processos administrativos do CADE e as ARDCs;[639] (iii) as dificuldades para produção de provas pelos prejudicados, seja quanto à existência do ato ilícito, seja para quantificação do prejuízo[640]; (iv) a falta de especialização de magistrados para lidar com o tema; e (v) os custos elevados para ajuizamento de ARDCs, que costumam implicar a necessidade de recolhimento de custas judiciais de alta monta, contratação de escritórios de advocacia especializados, pagamento de honorários periciais e de assistentes técnicos, além, evidentemente, do risco de condenação em ônus sucumbenciais atrelados ao valor pretendido com a indenização.

Cada um dos pontos destacados é mais bem tratado em Itens específicos destinados à sua análise ao longo deste trabalho. Para este tópico, interessa observar que há considerável divergência jurisprudencial no tratamento dos pontos (i) a (iii), havendo, ainda, diferenças consideráveis em cada

[638] Até porque, como aponta Raisa Dvorah Rechter, o Código de Processo Civil de 2015 valoriza a transparência e publicidade dos atos jurisdicionais até mesmo para formação de jurisprudência, principalmente nos casos que versam sobre direitos coletivos (Rechter, Raisa Dvorah. Do sigilo e do segredo de justiça. In: Drago, Bruno de Luca; Peixoto; Bruno Lanna (Orgs.). *A livre concorrência e os tribunais brasileiros*: análise crítica dos julgados no Poder Judiciário envolvendo matéria concorrencial. São Paulo: Singular, 2018, p. 36).

[639] Diversos problemas de ordem prática derivam desta constatação, como, por exemplo, (i) a ausência de dispositivo legal que estabeleça caráter vinculante às decisões do CADE; (ii) o potencial atual de o crescimento das ações indenizatórias afetar a atratividade do Programa de Leniência do CADE; e (iii) a problemática relacionada à utilização de documentos que instruem os Processos Administrativos para instrução de ARDCs.

[640] Também relacionado a esse tópico, pode-se destacar a inexistência de definições claras quanto à distribuição do ônus da prova em casos não consumeristas.

região do Brasil no que tange aos pontos (iv) e (v). É certo, por outro lado, que, a partir da identificação dos principais gargalos para o crescimento da reparação de danos concorrenciais no Brasil, já vem sendo adotadas importantes medidas em sedes legislativa e administrativa para superação de tais entraves.

Em sede legislativa, não há como deixar de mencionar as recentes alterações da LDC impostas pela promulgação da Lei nº 14.470/22, que (i) mitigam sensivelmente as discussões acerca da prescrição; (ii) reforçam a atratividade do Programa de Leniência do CADE, por meio de maior harmonização entre este e as ARDCs; (iii) afastam qualquer margem para dúvidas quanto à impossibilidade de presunção do repasse do prejuízo na cadeia produtiva; (iv) conferem à decisão do Plenário do Tribunal do CADE força vinculante para concessão de tutelas de evidência em ARDC; e (v) preveem a indenização em dobro dos danos causados por cartéis, salvo para signatários de acordo de leniência ou TCC, estabelecendo, com isso, caráter inequivocamente punitivo à responsabilidade civil pela prática de cartel.

Em âmbito administrativo, o CADE vem adotando uma série de medidas para ajudar no fomento às ARDCs. Além da publicação da Resolução nº 21, de 11 de setembro de 2018, que regula o acesso de prejudicados aos documentos produzidos ao longo de Processos Administrativo[641], o órgão de defesa da concorrência vem, já há alguns anos, inserindo, em suas decisões, menção expressa aos potenciais prejudicados pelo cartel identificados ao longo do Processo Administrativo, sendo que, em alguns casos, como no do cartel dos gases industriais[642], o CADE chegou a notificar os potenciais prejudicados acerca da decisão administrativa, ressaltando a possibilidade de os cartelistas serem acionados judicialmente para indenização dos danos causados. Mais recentemente, destaca-se o movimento do órgão antitruste brasileiro no sentido de inserir, em seu Programa de Leniência, benefícios de redução no valor de multas administrativas para empresas que comprovem ter ressarcido danos aos prejudicados pela atuação colusiva[643].

641 A Resolução nº 21/2018 é objeto de estudo no Item 6.2.2.3.

642 Processo Administrativo nº 08012.009888/2003-70.

643 Esta medida foi adotada no bojo de TCCs firmados com ao menos quatro grandes empreiteiras investigadas por supostos cartéis organizados no mercado de infraestrutura, tendo sido estabelecida a possibilidade de redução das multas administrativas em 15%, caso comprovada a indenização judicial ou extrajudicial de danos causados pelo cartel.

Interessante notar, ainda, que o número de trabalhos acadêmicos e fóruns de discussão tratando do tema da reparação de danos concorrenciais, especialmente de cartéis, vem crescendo exponencialmente nos últimos anos em nosso País. Alguns institutos, como o IBRAC, se colocam como protagonistas na adoção de medidas para auxiliar no fortalecimento do *private enforcement* brasileiro, devendo ser destacada, além dos diversos estudos e debates organizados pelo instituto, a criação de grupos de pesquisa que vêm mantendo constantemente atualizada a base jurisprudencial disponibilizada gratuitamente no site oficial do IBRAC[644]. Tais iniciativas, somadas ao crescente aumento do interesse de empresas prejudicadas e das principais bancas de advocacia no tema (dado o grande potencial financeiro atrelado a esse tipo de demanda) vem fazendo com que o número de ARDCs ajuizadas no Brasil cresça (ainda que timidamente) ano após ano.

A partir do crescimento do interesse no tema e da judicialização de ações visando à reparação de danos concorrenciais, o Poder Judiciário brasileiro passou a se deparar com ações tratando de danos multimilionários e cuja análise é de altíssima complexidade. Como asseverado reiteradas vezes ao longo desta obra, há uma série de particularidades da reparação de danos concorrenciais que extrapola os limites do conhecimento da boa maioria dos operadores do direito, o que, como nos lembra Posner, não é diferente para magistrados[645]. Justamente por isso que muito se discutiu – e se discute até hoje – a necessidade de criação de varas especializadas no tema concorrencial.

Não obstante todos os empecilhos, é possível constatar, atualmente, a consolidação dos primeiros casos paradigmáticos de maior relevância no Judiciário brasileiro. Alguns casos relevantes de cartéis investigados pelo CADE foram objeto de ações indenizatórias movidas por possíveis prejudicados por sua atuação. Destaque-se, nesse sentido, além do já citado cartel dos gases industriais, o Cartel das Cimenteiras e o Cartel do Câmbio.

O chamado Cartel das Cimenteiras deu origem à Ação Civil Pública nº 5030542-89.2021.4.03.6100, em trâmite perante a 10ª Vara Cível Federal de

Disponível em: <https://www.gov.br/cade/pt-br/assuntos/noticias/cade-celebra-19-acordos-em-investigacoes-no-mercado-de-infraestrutura>. Acesso em: 12 jun. 2022.

644 Disponível em: <https://www.ibrac.org.br/planilha.htm>. Acesso em 12 jun. 2022.

645 Posner, Richard, A. The Law and Economics of the Economic Expert Witness. *Journal of Economic Perspectives*, Nashville, v. 13. n. 2, p. 91-99, 1999.

São Paulo, por meio da qual o Ministério Público Federal busca a condenação de seis empresas do ramo de cimento, além de diversas pessoas físicas, por danos causados por cartel que haveria operado no setor entre 1987 e 2007 e que foi objeto de investigação pelo CADE no Processo Administrativo nº 08012.011142/2006-79. O MPF parte da condenação das empresas em âmbito administrativo para requerer a condenação ao pagamento de indenização no valor de R$ 28,9 bilhões, apurado a partir do sobrepreço de 20% indicado pelo CADE no âmbito do Processo Administrativo. A ACP ainda se encontrava em fase inicial quando da finalização desta obra, mas já constitui uma das maiores ações indenizatórias por danos de cartel processadas perante tribunais brasileiros, havendo, ainda, uma quantidade relevante de ações individuais de indenização ajuizadas por empresas que alegam haver sofrido danos desse mesmo cartel.

O Cartel do Câmbio, objeto dos Processos Administrativos nº 08700.004633/2015-04 e nº 08700.008182/2016-57, possui papel de destaque no *private enforcement* nacional, e não apenas pela expressividade dos danos causados pelo cartel. Trata-se de cartel internacional descoberto a partir de denúncia feita ao DoJ americano (conforme visto no Item 5.1.1) e que passou a ser investigado pelo CADE a partir da celebração de acordo de leniência, em que o banco UBS confessou participar do cartel formado por diversas instituições financeiras, tanto brasileiras quanto estrangeiras, com o intuito de manipular o mercado de câmbio. Segundo apuração da SG, há fortes indícios de que as instituições financeiras investigadas estabeleciam condições comerciais entre concorrentes, visando, principalmente, fixar níveis de preços de moedas estrangeiras, além de criarem barreiras à entrada de novos *players* no mercado de câmbio. Com os atos praticados, as investigadas haveriam tornado praticamente inexistente a competição entre as instituições financeiras atuantes no setor.

Quando da finalização desta obra, os PAs relacionados ao Cartel do Câmbio ainda estavam pendentes de julgamento pelo Tribunal do CADE, mas até maio de 2021, já haviam sido firmados um total de 9 acordos com instituições financeiras que, consequentemente, confessaram participação no ilícito concorrencial. Embora ausente o julgamento de mérito, foi ajuizado um número considerável de ações indenizatórias em face das empresas investigadas, pautadas nas confissões apresentadas pelas lenientes, havendo sido ajuizada, inclusive, ação coletiva movida pela Associação de Comércio Exterior do Brasil (AEB) em face de 22 instituições bancárias, buscando a reparação de supostos danos causados pelo cartel estimados pela associação autora da demanda em R$ 19 bilhões[646].

Embora o *private enforcment* brasileiro ainda se encontre em estágio embrionário, o surgimento das primeiras ações indenizatórias de maior expressividade tem contribuído sobremaneira para o fomento das discussões e estudos relacionados ao tema da reparação de danos por cartel no Brasil, impulsionando, ainda, propostas de alteração legislativa como a que resultou na promulgação da Lei nº 14.470/22. Embora a alteração legislativa tenda a reduzir diversos dos problemas enfrentados por aqueles que buscam a reparação de danos de cartel no Brasil, é certo que ela não deu solução a todos os problemas práticos das ARDCs brasileiras. Desta forma, até mesmo diante da crescente procura de potenciais prejudicados pelo exercício do direito indenizatório (que já vinha se apresentando antes mesmo da promulgação da Lei nº 14.470/22), entendemos ser de fundamental importância o aprofundamento do estudo de cada uma das principais questões pragmáticas que servem de gargalo ao amadurecimento do sistema brasileiro de indenização de danos por cartel.

Passaremos, portanto, no Capítulo a seguir, à análise de cada uma delas, avaliando as soluções apresentadas pela Lei nº 14.470/22 para parte delas e apresentando potenciais alternativas para solução destes entraves à luz da experiência internacional, principalmente dos EUA e da União Europeia. A experiência europeia, em especial, pode nos apresentar algumas das possíveis soluções para aprimorar os mecanismos de reparação de danos concorrenciais em um sistema de defesa da concorrência centrado na atuação do órgão administrativo de antitruste, além, evidentemente, de adiantar alguns dos desafios que poderão se apresentar a partir do fortalecimento do *private enforcement* nacional.

[646] Processo nº 1044341-56.2021.8.26.0100, em trâmite perante a 11ª Vara Cível do Foro Central Cível da Comarca de São Paulo. Vale ressaltar, no entanto, que foi proferida sentença de extinção da demanda sem resolução do mérito em 23.02.2022, por inadequação da via eleita, tendo o magistrado de primeiro grau entendido que "a pretensão não se reflete em direitos individuais homogêneos, cuja tutela se busca por procedimento coletivo". Segundo entendeu o adjudicador, os direitos que embasam a pretensão indenizatória são "individuais heterogêneos", beneficiando exclusivamente os associados da autora e não uma coletividade. Entendeu, portanto, o magistrado que o direito invocado na ação deveria ser objeto de ações individuais de reparação de danos e não de Ação Coletiva. Foram interpostas apelações em face da sentença, mas os recursos ainda pendiam de julgamento pelo Tribunal de Justiça de São Paulo quando da finalização desta obra.

6
QUESTÕES PRAGMÁTICAS DA INDENIZAÇÃO DE DANOS DE CARTEL

6.1. Questões de ordem material

6.1.1. Prescrição

Desde as primeiras ARDCs ajuizadas em solo brasileiro, um dos pontos de maior problemática para os prejudicados pela atuação cartelizada buscarem a reparação dos danos sofridos em função do cartel é a questão da prescrição. Até meados de 2022, imperava grande divergência jurisprudencial acerca, principalmente, do *dies a quo* do prazo prescricional.

Embora houvesse precedentes aplicando a contagem do prazo prescricional para ARDCs com base na letra fria dos artigos 189 c/c 206, § 3º, V, ambos do CC[647], e existissem alguns precedentes pontuais (principalmente de primeiro grau) definindo marcos distintos do curso do processo administrativo para efeito de definição da data da ciência inequívoca do ato ilícito pela vítima,[648] a jurisprudência majoritária nos tribunais brasileiros vinha se consolidando no sentido de entender que o prazo prescricional da pretensão indenizatória deveria ter seu cômputo iniciado, em regra, a partir da decisão terminativa reconhecendo a formação do cartel pelo CADE[649].

[647] Vide: TJSP. Apel nº 1000964-64.2020.8.26.0037; Desª. Relª. Maria Lúcia Pizzotti; 30ª Câmara de Direito Privado; Data do Julgamento: 21.07.2021.

[648] MAGGI, *op. cit.*, 2018, p. 181.

[649] Foram identificados diversos precedentes de tribunais estaduais aplicando a teoria da *actio nata* (nomeadamente ou não) para considerar que o prazo prescricional das ARDCs deve ser iniciado a partir do julgamento da infração concorrencial pelo CADE. A linha adotada na maior parte dos julgados localizados era bem semelhante à que consta da ementa do

No final do ano de 2022, foram observados dois marcos relevantes para o aumento da segurança jurídica no que tange à verificação da prescrição em ARDCs brasileiras: o julgamento do REsp 1.971.316/SP pelo STJ, em 25.10.2022, voltado justamente à definição do cômputo da prescrição em ARDCs[650], e a entrada em vigor da Lei nº 14.470/22, poucos dias depois, em 16.11.2022. A inovação legislativa introduziu o art. 46-A na LDC, para estabelecer o prazo prescricional de 5 (cinco) anos à pretensão de reparação de danos por infrações à ordem econômica, dispondo, ainda, que "não correrá a prescrição durante o curso do inquérito ou do processo administrativo no âmbito do Cade" e que o prazo prescricional terá "sua contagem a partir da ciência inequívoca do ilícito", que, nos termos do § 2º, será considerada presumida "quando da publicação do julgamento final do processo administrativo pelo Cade."

Embora o julgamento do REsp 1.971.316/SP tenha se dado antes da entrada em vigor das inovações legislativas impostas pela Lei nº 14.470/22, é importante a análise cuidadosa do conteúdo do referido julgado para que se possa aferir a eventual aplicabilidade de suas conclusões mesmo após o advento da Lei nº 14.470/22.

julgado de uma apelação processada no TJSP, tratando do cartel de CTR: "Apelação. Cartel CTR (tubo de raios catódicos para televisores). Protesto judicial interruptivo de prescrição. Sentença de extinção nos termos do arts. 487, I, do CPC, sem declaração de interrupção do prazo prescricional (art. 206, §3º, V, do CPC), porque reconheceu que a pretensão já estava prescrita antes do ajuizamento da ação. Prescrição. Aplicação do princípio da actio nata, como termo a quo do lapso prescricional. Decisão do CADE que reconhece a existência do Cartel, no caso, TCC (Termo de Compromisso de Cessação de Prática) assinado entre as empresas integrantes do cartel e o CADE. Caso em que o lapso prescricional não estava esgotado na data do ajuizamento do protesto judicial, o que permitia a pretensão de sua interrupção. Prescrição afastada. Carta rogatória devolvida solicitando nova tentativa em outro endereço informado. Determinação para que sejam verificados os endereços diligenciados por rogatória e apreciação pelo Juízo de origem da necessidade de nova diligência. Sentença anulada. RECURSO PARCIALMENTE PROVIDO." (TJSP. Apel. nº 1014284-14.2015.8.26.0020, Des. Rel. L. G. Costa Wagner, 34ª Câmara de Direito Privado, Data do Julgamento: 02.08.2021). Em sentido semelhante, dentre outros: TJSP. Apel. nº 1050023-31.2017.8.26.0100, Des. Rel. Almeida Sampaio, 25ª Câmara de Direito Privado, Data do Julgamento: 19.11.2020; TJSP. AI nº 2103903-90.2018.8.26.0000, Des. Rel. Luiz Eurico, 33ª Câmara de Direito Privado, Data do Julgamento: 18.02.2019; TJRS. AI nº 0475465-52.2014.8.21.7000, Des. Rel. Voltaire de Lima Moraes, 19ª Câmara Cível, Data do Julgamento: 19.03.2015.

[650] STJ – REsp n. 1.971.316/SP, relator Ministro Luis Felipe Salomão, Quarta Turma, julgado em 25.10.2022.

No âmbito do referido julgado, o STJ se posicionou no sentido de que, para as ARDCs precedidas de condenação administrativa do cartel pelo CADE (ações *follow-on*), aplicar-se-ia a decisão terminativa do CADE como *dies a quo* do prazo prescricional. Por sua vez, no caso das ações *stand-alone*, ou seja, quando não reconhecido previamente o conluio pelo CADE, deveria ser aplicada o entendimento já consolidado pela corte superior para casos complexos de responsabilidade civil aquiliana, no sentido de que o prazo prescricional somente poderia ser iniciado a partir da ciência do dano-prejuízo pela vítima.

De fato, no caso específico da reparação de danos por cartel, a contagem do prazo prescricional a partir do evento danoso seria o equivalente a impedir o exercício da pretensão indenizatória[651]. Com efeito, a ciência inequívoca do prejudicado quanto aos danos de cartel pode se dar muitos anos após a efetivação do dano em si. Sob a ótica do sistema jurídico brasileiro, um importante fator que contribui para o decurso de um longo período entre o dano e sua ciência pelos prejudicados é o fato de que o CADE costuma entender pela aplicação de prazo prescricional de 12 anos para aplicação da sanção administrativa ao cartel[652]. Com isso, as decisões de condenação em âmbito administrativo (ou até mesmo os acordos de leniência e TCCs) efetivam-se, em sua maioria, anos depois do período investigado[653].

[651] Foi neste sentido que se posicionou a Corte Europeia, no âmbito do julgamento do caso Manfredi, elucidando que o cômputo do prazo prescricional a partir da data da cobrança com sobrepreço tornaria "praticamente impossível ou extremamente difícil" ao prejudicado exercer a pretensão à reparação dos danos (Case C-295/04 Manfredi v LOyd Adriatico Assicurazioni spA EU:C:2006:461; [2006] ECR I-6619).

[652] Embora o art. 46 da LDC estabeleça prazo quinquenal para as ações punitivas da administração pública federal, o § 4º do mesmo dispositivo legal estabelece que o prazo prescricional será o mesmo aplicado pela legislação penal "quando o fato objeto da ação punitiva da administração também constituir crime", aplicando-se, dessa forma, o prazo prescricional de 12 (doze) anos, com fulcro na Lei nº 8.137/90. Sobre o tema, ver: BUAIZ NETO, José Alexandre; IASBECH, José Rubens Battazza; PORTO, Giovana Vieira. A aplicação do prazo prescricional penal em processos administrativos para apuração de cartel pelo CADE. *Revista do IBRAC*, São Paulo, v. 24, n. 2, p. 164-181, 2018.

[653] Esta, aliás, é uma tendência em jurisdições que organizam seu sistema de defesa da concorrência de modo a concentrar as investigações acerca das violações concorrenciais nos órgãos públicos de antitruste. É possível tomar como exemplo o cenário observado nos Estados integrantes da União Europeia somados ao Reino Unido. O já citado estudo coordenado por Jean-François Laborde acerca do cenário das ações reparatórias ajuizadas perante as

De modo geral, os preceitos invocados pelo STJ no REsp 1.971.316/SP estão em linha com a alteração legislativa imposta pela Lei nº 14.470/22. Vale observar, aliás, que o voto do relator, Ministro Luis Felipe Salomão, faz expressa menção ao então PL nº 11.275/2018, que ainda se encontrava em trâmite na Câmara dos Deputados na oportunidade do julgamento, tendo o ministro relator consignado que, "pelo projeto, quando houver processo e julgamento pelo CADE, somente a partir daí poderá fluir o prazo prescricional". No entanto, em nosso entender há uma particularidade da situação fática julgada pelo STJ no REsp 1.971.316/SP que impediria a adoção da conclusão final daquele julgamento à luz da Lei nº 14.470/22.

De fato, no mais das vezes, deve valer, para as *stand alone actions*, a regra geral de contagem do prazo prescricional a partir da ciência do dano pelo prejudicado pelo cartel, como bem apontado no julgado em questão. Ocorre, no entanto, que, no caso julgado pelo STJ no âmbito do REsp 1.971.316/SP, embora não tenha sido proferida decisão condenatória do cartel pelo CADE, o órgão antitruste investigou a suposta atuação colusiva que serviu de base à pretensão indenizatória, tendo a empresa investigada assinado TCC no qual, de fato, não restou expressamente admitida a formação do cartel.

Veja-se, todavia, que a redação do *caput* do art. 46-A, introduzido na LDC pela Lei nº 14.470/22, estabelece que "não correrá a prescrição durante o curso do inquérito ou do processo administrativo no âmbito do Cade". Ou seja, o novo art. 46-A da LDC não limita a suspensão do prazo prescricional àqueles casos em que o julgamento do processo administrativo pelo CADE resulte na condenação do investigado. Desta forma, se a lei não impôs restrição neste sentido, seria incorreta, em nosso entender, interpretação restritiva do dispositivo legal para aplicar a suspensão exclusivamente aos casos em que o CADE venha a condenar a empresa pela prática de condutas anticoncorrenciais.

cortes europeias nas últimas duas décadas apontou que os 299 casos identificados pelo levantamento tiveram a primeira decisão reconhecendo a violação à concorrência proferida, em média, após 8,4 anos da data da venda com sobrepreço, com o primeiro julgamento civil acerca dos danos concorrenciais vindo a ser proferido 4,5 anos depois. Com isso, a média do tempo transcorrido entre a compra do produto com sobrepreço e a primeira decisão acerca da pretensão indenizatória na Europa tende a ser de nada menos que 12,9 anos, tendo sido identificados casos em que a primeira decisão em âmbito de ARDC veio a ser proferida mais de 20 anos após a data da compra (Laborde, *op. cit.*, 2021).

Mais do que isso. Interpretação neste sentido constituiria limitação ilegal ao direito dos potenciais prejudicados de buscar a reparação dos danos em face dos cartelistas quando, por qualquer razão, o órgão antitruste não houver entendido pela condenação administrativa dos supostos cartelistas. Se o art. 46-A da LDC estabelece, de forma expressa, a suspensão do prazo prescricional no curso do inquérito administrativo ou do PA no âmbito do CADE, é natural que os potenciais prejudicados aguardem a conclusão do julgamento administrativo pelo CADE antes de ingressarem com suas demandas indenizatórias. No entanto, se aplicado o mesmo entendimento exarado pelo STJ no julgamento do REsp 1.971.316/SP após a entrada em vigor da Lei nº 14.470/22, considerando o já destacado longo tempo que o CADE tende a levar para concluir os julgamentos administrativos de casos de cartel, quando, por qualquer razão, não houver sido definida a existência do cartel em âmbito administrativo, o prazo prescricional para ajuizamento da demanda indenizatória estará, no mais das vezes, esgotado após o encerramento da fase administrativa.

Como é cediço, uma das premissas fundamentais do instituto da prescrição é a de que esta existe para afastar a exequibilidade da pretensão não exercida em razão da *inércia* de seu titular[654]. Foi muito em função disso que se consolidou o entendimento de que a contagem do prazo prescricional do dano extracontratual deve se dar a partir da ciência do dano pelo prejudicado[655]. Assim, até mesmo para preservação do equilíbrio entre justiça e segurança jurídica que permeiam o instituo da prescrição[656], evitando-se

[654] Não são poucos os autores que imputam à prescrição um papel de punição da negligência do titular da pretensão que não a exerceu dentro do prazo legal. Dentre as doutrinas clássicas, caminham neste sentido as lições de Savigny (Savigny, Friedrich Carl. *Traité de droit romain*. Paris: Firmin Didot, 1846) e de Câmara Leal (Leal, Antônio Luís da Câmara. *Da Prescrição e da Decadência*. São Paulo: Livraria Acadêmica, 1939). Pontes de Miranda, por sua vez, aponta que o instituto da prescrição "serve à segurança e à paz públicas" (Miranda, *op. cit.*, 1970, t. VI, p. 100).

[655] Amorim Filho, Agnelo. Critério científico para distinguir a prescrição da decadência e para identificar as ações imprescritíveis. *Revista dos Tribunais*, São Paulo, v. 744, p. 725-750, 1997, p. 734.

[656] José Fernando Simão ressalta a importância de se buscar a conciliação entre justiça e segurança ao se estabelecer os critérios de contagem dos prazos prescricionais e decadenciais. Nas palavras de Simão, "não se nega que, conforme leciona Heleno Taveira Tôrres, o direito, na forma de ordenamento jurídico, organiza-se para garantir a segurança jurídica. Contudo, o drama reside no fato que a justiça e a segurança, embora caminhem normalmente a par, podem, em certos casos, ter exigências não coincidentes. Pode-se falar de uma repetida

premiar a torpeza da parte ofensora ou cercear qualquer possibilidade do exercício da pretensão indenizatória por seu titular, que, em nosso entender, a suspensão do prazo prescricional prevista pelo art. 46-A da LDC deve ser aplicada indistintamente, sempre que o suposto cartel for objeto de investigação pelo CADE, ainda que em âmbito administrativo, por qualquer razão, não seja expressamente reconhecida a conduta anticoncorrencial.

Assim, o termo inicial do prazo prescricional de 5 (cinco) anos para ajuizamento de ARDC pautada em dano extracontratual oriundo de cartel deve ser tido como sendo a data do julgamento definitivo do processo administrativo pelo CADE, salvo se o réu lograr demonstrar que o autor teve ciência dos danos ocasionados pelo cartel em momento anterior, ônus da prova que lhe é imposto pelo inciso II, do art. 373, do Código de Processo Civil. Demonstrada a ciência anterior, o prazo prescricional se iniciará a partir desta, sendo suspenso ao longo da apuração administrativa do cartel pelo CADE e reiniciado a partir de seu encerramento.

Por sua vez, naquelas hipóteses em que a demanda indenizatória for pautada em dano contratual, conforme visto no Item 3.7, o prazo prescricional a ser aplicado deve ser o de 10 (dez) anos previsto no artigo 205 do Código Civil, na linha do entendimento geral firmado pelo Superior Tribunal de Justiça acerca da prescrição de danos contratuais[657].

Como indicado no Item 3.7, defendemos o entendimento (aparentemente minoritário e contrário ao exarado pelo STJ no âmbito do julgamento REsp 1.971.316/SP) de que não se pode afastar, ao menos em princípio, a configuração de determinados danos relacionados ao cartel como hipótese de responsabilidade civil contratual, com fulcro, principalmente, na violação dos deveres anexos à boa-fé objetiva. Dessa forma, de rigor que analisemos a forma com que a doutrina costuma tratar o marco inicial do prazo prescricional em casos de responsabilidade contratual, para que cheguemos à definição do tratamento a ser dado à questão nos casos em que danos relacionados à formação de cartel possam ser classificados como danos contratuais.

confrontação dos dois valores, cabendo à política resolver o conflito em cada caso. Com frequência, será necessário sacrificar a justiça por amor à segurança ou sacrificar a segurança por amor à justiça – ou sacrificar ambas parcialmente" (Simão, José Fernando. *Prescrição e decadência*: início dos prazos. São Paulo: Atlas, 2013, p. 201).

[657] STJ. Embargos de Divergência nº 1.281.594/SP, Rel. Min. Felix Fischer, Data do Julgamento: 15.05.2019.

Na responsabilidade contratual, as hipóteses de violação são reguladas pelos artigos 390[658] e 397 do Código Civil[659]. Ou seja, a regra geral é a de que, realizado o ato pelo devedor ou não realizado o adimplemento da obrigação contratada dentro do termo estabelecido na avença, inicia-se o cômputo do prazo prescricional, por expressa disposição dos mencionados dispositivos legais. Não contendo termo a obrigação, estabelece o parágrafo único do art. 397 que o prazo prescricional se iniciará mediante a constituição do devedor em mora, seja pela via judicial ou extrajudicial.

Com isso, a doutrina costuma se posicionar no sentido de que, para o caso das responsabilidades contratuais, "a noção de Savigny pela qual a *actio nata* surge com a violação e independe do conhecimento do surgimento da pretensão revela-se absolutamente adequada"[660], até porque, como destaca Simão, o estudo de Savigny acerca da *actio nata* está intrinsecamente relacionado às obrigações contratuais. Embora concordemos com o entendimento de Simão no que tange aos danos contratuais em geral, tal conclusão não nos parece adequada para aplicação em casos de danos relacionados à violação da boa-fé objetiva em função da formação de cartel. Caso se entenda pelo início do prazo prescricional a partir da violação dos deveres anexos à boa-fé objetiva por parte do cartelista, abrir-se-ia a mesma margem já apontada para que o ofensor seja premiado por sua própria torpeza, caso logre ocultar a existência do cartel por um longo período. Imperioso, portanto, que, também nos casos em que o dano de cartel se projete como responsabilidade contratual, seja aplicado o entendimento pelo início do prazo prescricional a partir da ciência do dano.

Voltando à análise da inovação legislativa imposta pela Lei nº 14.470/22, vale ressaltar que esta está alinhada com as normas atinentes à prescrição vigentes nos principais sistemas antitruste. Nos EUA, o prazo prescricional para ajuizamento de ARDC é de 4 anos, computados a partir da cessação da conduta, para casos de prática continuada. Há, ainda, a suspensão do prazo prescricional durante as investigações do cartel pelo poder público, reiniciando o prazo prescricional após proferida a decisão pelo órgão

658 "Art. 390. Nas obrigações negativas o devedor é havido por inadimplente desde o dia em que executou o ato de que se devia abster".

659 "Art. 397. O inadimplemento da obrigação, positiva e líquida, no seu termo, constitui de pleno direito em mora o devedor".

660 Simão, *op. cit.*, 2013, p. 212.

antitruste[661]-[662]. Já o artigo 10 da Diretiva de Danos da UE estabelece um prazo prescricional mínimo de 5 anos[663] e prevê, ainda, que o cômputo do prazo prescricional só se iniciará após o decurso de um prazo mínimo de 1 ano, contado do momento em que cessada a prática do cartel e que a parte interessada no ajuizamento da ARDC tiver tomado conhecimento, cumulativamente, "(i) da conduta em causa e de que essa constitui uma infração ao direito da concorrência; (ii) do nexo causal entre a infração concorrencial e o dano; e (iii) da identidade do infrator"[664]-[665].

Vê-se, portanto, que, a recente inovação legislativa brasileira guarda grande semelhança com o regramento europeu, que se coloca de forma

[661] Clayton Act, §§ 4B c/c 5.

[662] Jones, Alison. Private Enforcement of EU Competition Law: A comparison with, and lessons from, the US. [S.l.: s.n.], 2016.

[663] Justamente por se tratar de um prazo prescricional mínimo, há Estados-Membros cujas legislações estabelecem prazos prescricionais mais longos. É possível citar como exemplo o Reino Unido que, até o advento da Diretiva de Danos, aplicava às ARDCs um prazo prescricional de 2 anos (Ashton, *op. cit.*, 2018, p. 236-237), mas, após a entrada em vigor da Diretiva (e antes de deixar a União Europeia) estabeleceu, por meio do *Consumer Rights Act* de 2015, um prazo prescricional de 6 anos para ARDCs.

[664] "Artigo 10. Prazos de prescrição.
1. Os Estados-Membros estabelecem, nos termos do presente artigo, as regras aplicáveis aos prazos de prescrição para intentar ações de indemnização. Essas regras determinam quando começa a correr o prazo de prescrição, a duração do mesmo e as circunstâncias em que este é interrompido ou suspenso.
2. O prazo de prescrição não começa a correr antes de cessar a infração ao direito da concorrência e de o demandante ter conhecimento, ou se poder razoavelmente presumir que teve conhecimento: a) Do comportamento em causa e de que este constitui uma infração ao direito da concorrência; b) Do facto de a infração ao direito da concorrência lhe ter causado dano; e c) Da identidade do infrator.
3. Os Estados-Membros asseguram que o prazo de prescrição para intentar a ação de indemnização seja pelo menos de cinco anos.
4. Os Estados-Membros asseguram que o prazo de prescrição seja suspenso ou, consoante o direito nacional, interrompido, se a autoridade da concorrência tomar medidas no âmbito de uma investigação ou de um processo relativo a uma infração ao direito da concorrência com a qual a ação de indemnização esteja relacionada. A suspensão termina, no mínimo, um ano depois de a decisão em matéria de infração se ter tornado definitiva ou depois de o processo ter sido de outro modo concluído".

[665] Embora o art. 10 da Diretiva estabeleça o prazo prescricional mínimo de cinco anos, alguns Estados-Membros da UE estabelecem prazos ainda mais alongados em suas respectivas legislações nacionais. É possível citar, como exemplos, os prazos prescricionais de seis anos previstos nas legislações do Chipre e da Irlanda, além do prazo de dez anos estabelecido na legislação da Letônia (COMISSÃO EUROPEIA, *op. cit.*, 2020).

ainda mais protetiva ao lesado pela prática do cartel que o estadunidense[666]. A grande diferença entre o novo regramento brasileiro e a norma vigente na UE está relacionada com o marco inicial do prazo prescricional, que, sob o regramento europeu, depende da ciência não apenas do ato ilícito, como do nexo causal entre este e o dano, além da identificação do infrator.

Parece-nos, no entanto, que a alteração legislativa imposta pela Lei nº 14.470/22 é bastante adequada à realidade brasileira. Além de estar em consonância com o entendimento que doutrina e jurisprudência já vinham aplicando acerca do marco inicial do prazo para indenização de danos por cartel, a alteração legislativa brasileira ampliou o prazo prescricional então vigente para os casos de dano extracontratual em dois anos, o que confere aos prejudicados por cartel, após a tomada da ciência da pretensão indenizatória, prazo bastante razoável para reunir todas informações, provas e suportes jurídico e econômico necessários ao ajuizamento de ação tão complexa quanto a de reparação de danos concorrenciais.

Aliás, importa consignar que, ciente da importância de levar aos prejudicados por cartéis a informação de que estes possuem o direito de pleitear a reparação de danos, o CADE vem adotando a postura de notificar os potenciais lesados pela prática do cartel, identificados no curso do PA, ou as entidades que os representem (como associações de classes ou até mesmo o Ministério Público, que possui legitimidade para representar os lesados, principalmente consumidores, em ações coletivas), informando a condenação das empresas e a possibilidade de ajuizamento da ARDC.

O CADE notificou associações e empresas lesadas, por exemplo, pelo cartel dos gases industriais[667], informando acerca da condenação em âmbito administrativo das empresas envolvidas no cartel. A mencionada notificação culminou no ajuizamento de ARDC pela Associação de Hospitais de Minas Gerais[668], que ainda pendia de julgamento quando da finalização desta obra, mas que já representa um importante marco no cenário do *private enforcement* brasileiro.

[666] Prova disso é tirada do levantamento jurisprudencial coordenado por Jean-François Laborde, que não localizou um único caso de ação de reparação de danos por cartel que tenha sido julgado improcedente perante as cortes europeias em razão da prescrição da pretensão indenizatória (Laborde, *op. cit.*, 2021).

[667] Processo Administrativo nº 08012.009888/2003-70.

[668] Ação Civil Pública Nº 7099345-90.2009.8.13.0024, em tramite perante a 28ª Vara Cível de Belo Horizonte.

6.1.2. A necessária harmonização entre indenização dos danos de cartel e o Programa de Leniência do CADE

Como visto nos Itens anteriores, a detecção e investigação de cartéis no Brasil, assim como na Europa[669], é fortemente ancorada nas delações realizadas por meio de acordos de leniência. Mesmo nos EUA, em que boa parcela das ARDCs são ajuizadas independentemente de investigação por parte do DoJ – e, consequentemente, sem o amparo de acordos de leniência –, os principais casos de detecção de cartéis de maior proporção (principalmente internacionais) têm origem em acordos de leniência[670].

Em resumo, a leniência pode ser definida como sendo espécie de acordo de delação premiada, em que um dos infratores denuncia a existência do ilícito antitruste, passando a colaborar com a autoridade de defesa da concorrência na investigação e punição do ilícito em troca de isenção ou abrandamento das sanções que lhe seriam impostas em razão da prática do ilícito concorrencial.

Christopher Leslie explica que o racional da leniência é ancorado concomitantemente na "teoria dos jogos" e no "dilema do prisioneiro". É dizer, os programas de leniência são eficazes na medida em que são capazes de criar incentivos econômicos à sua adesão e, ao mesmo tempo, de despertar nos cartelistas uma constante sensação de desconfiança de que um dos integrantes do cartel pode vir a ser seduzido a realizar a delação premiada para gozar dos benefícios advindos desta[671]-[672].

[669] Veljanovski, *op. cit.*, 2020. p. 55-56.

[670] Leslie, Christopher R., Antitrust amnesty, game theory, and cartel stability. *Journal of Corporation* Iowa City, v. 31, p. 453-488, 2006, p. 454.

[671] Para uma análise mais aprofundada, ver: Leslie, *op. cit.*, 2006.

[672] A criação de um programa de leniência capaz de preencher os objetivos indicados por Leslie não é tarefa trivial. Como pondera o citado autor, o cartel é capaz de gerar lucros multimilionários aos seus integrantes e a simples perspectiva da isenção de punições pode não ser suficiente para despertar nos cartelistas o interesse em colaborar (haja vista que os lucros ilícitos do cartel cessarão a partir da denúncia) ou de gerar a almejada sensação constante de que outro integrante do cartel poderá fazê-lo. Além disso, é pertinente o alerta feito por Lucia Helena Salgado quanto à possibilidade de a leniência ser utilizada pelas empresas de maior poderio econômico, que costumam liderar os cartéis, como forma de maximização do lucro com o ato ilícito, tirando o máximo do cartel ao longo de seu período de operação e denunciando o conluio posteriormente para afastar a punição administrativa e penal, além de prejudicar seus concorrentes diretos, especialmente as empresas de menor porte, controladoras de parcelas menores do mercado, que podem vir a ter sua existência inviabilizada após a aplicação das multas e demais sanções relacionadas à identificação do

No Brasil, o Programa de Leniência do CADE é regulado pelos artigos 86 e 87 da LDC, que conferem ao leniente a possibilidade de ser isentado de quaisquer sanções de natureza administrativa e penal em caso de sucesso na punição do ilícito concorrencial a partir da colaboração do delator.

Considerando, no entanto, que, até o advento da Lei nº 14.470/22, inexistia qualquer tipo de benefício de ordem cível ao signatário de acordo de leniência, o sistema jurídico brasileiro se encontrava em estado de verdadeira assimetria, pois, ao assinar o acordo de leniência, a empresa delatora passava imediatamente a uma situação jurídica de maior exposição a condenações de ordem indenizatória em comparação às demais integrantes do cartel, que não estão colaborando com as autoridades.

Como já destacado, no Brasil, é requisito para a assinatura de acordo de leniência a confissão da prática anticoncorrencial[673]. Dessa forma, enquanto não houver a condenação do cartel em âmbito administrativo (condenação esta que tende a levar anos), todos os eventuais prejudicados pelo cartel (inclusive aqueles que não contrataram diretamente com o leniente, como elucidado no Item 6.1.4) poderiam ajuizar ações indenizatórias em face do leniente, nos termos do art. 942 do Código Civil, utilizando a confissão da prática do ato ilícito como prova fulcral da participação do leniente nos danos alegados.

É bem verdade que, no estado da arte do sistema jurídico brasileiro, boa parte daquelas empresas que buscam o CADE para firmar acordo de leniência sequer chegam a considerar a exposição a demandas indenizatórias como potencial aspecto negativo da assinatura de acordo de leniência, por ainda ser incomum o ajuizamento de ARDCs em solo brasileiro. Não se pode ignorar, todavia, que, conforme colocado no Item 5.1.3, o *private enforcement* brasileiro, mesmo antes da entrada em vigor da Lei nº 14.470/22, já vinha começando a tomar forma. Nos últimos anos, vem se multiplicado o número de ARDCs – que, por ora, ancoram-se principalmente no crescimento do interesse da doutrina, da jurisprudência e de outros profissionais do ramo no fomento desse tipo de demanda –, sendo

cartel, sendo que, na expressiva maioria dos casos, estas empresas de menor porte são coagidas pelas líderes do mercado a participar do cartel (Salgado, *op. cit.*, 2022).

673 Martinez, Ana Paula; Cordovil, Leonor. Política de leniência: avanços e perspectivas. In: Carvalho, Vinicius Marques de (Org.), *A Lei 12.529/2011 e a Nova Política de Defesa da Concorrência*, São Paulo: Singular, 2015, p. 313-315.

que uma boa parcela destas demandas se pauta justamente na confissão dos signatários dos acordos de leniência e TCC como prova do ato ilícito.

O próprio CADE, embora venha se colocando de forma ativa nas discussões de medidas para fortalecimento do *private enforcement* brasileiro, demonstra uma clara preocupação em garantir um equilíbrio entre o fomento à reparação de danos de cartel no Brasil e a proteção da atratividade de seu Programa de Leniência. A preocupação do CADE se justifica não apenas por ser a leniência o principal meio de identificação e de persecução pública de cartéis no sistema brasileiro, mas também por constituir, por via reflexa, a base probatória do sistema de indenização de danos de cartel no Brasil, haja vista que, como visto nos Itens anteriores desta obra, nosso sistema jurídico segue a tendência da expressiva maioria dos sistemas antitruste estrangeiros, possuindo um número esmagadoramente superior de *follow-on actions* em comparação às *stand alone actions.*

Esta preocupação consta de forma expressa na Nota Técnica nº 24/2016, em que o órgão antitruste brasileiro, ao justificar as medidas que limitam o acesso de prejudicados a documentos produzidos em sede administrativa (analisadas no Item 6.2.2.3), aponta que

> [e]mbora no contexto das ARDC, por um lado, o acesso a materiais oriundos de Acordos de Leniência e TCC possa ser justificado pelo caráter de acervo probatório necessário para o sucesso da pretensão indenizatória dos consumidores lesados, por outro, pode expor os signatários do Acordo de Leniência e os compromissários do TCC a uma situação pior do que a dos coautores que não cooperaram com as autoridades antitruste, criando assim um desincentivo ao *enforcement* público[674].

Outro receio já expressado publicamente por representantes do CADE é que uma exposição prematura dos réus colaboradores às ações de reparação de danos acabe por prejudicar o uso efetivo, pelo CADE, dos acordos de leniência e TCC[675]. De fato, caso os colaboradores sejam acionados em ações reparatórias enquanto ainda em curso a investigação administrativa, estes tendem a adotar mais cautela e ser menos prestativos na apresentação de provas e documentos à autoridade antitruste no afã de mitigar os

[674] Nota Técnica do CADE nº 24/2016.

[675] Conferir evento da OAB/SP *Concorrência e o admirável mundo novo.* Disponível em <https://www.youtube.com/watch?v=WAOWZw01kRA>. Acesso em 26 mar. 2022.

riscos de condenação em âmbito cível, o que, ao fim e ao cabo, prejudica tanto a persecução pública quanto a privada do cartel.

Embora já estejamos observando, no Brasil, a adoção de medidas de política legislativa e administrativa para garantia da harmonização entre a reparação dos danos de cartel e o Programa de Leniência do CADE nesse estágio ainda embrionário do *enforcement* privado brasileiro, é importante questionarmos se, de fato, as medidas que estão sendo implementadas são suficientes e adequadas para garantir a preservação da atratividade do programa de leniência brasileiro quando o ajuizamento de ARDCs se tornar prática consolidada em nosso ordenamento jurídico. Para tanto, o estudo da experiência internacional se mostra, mais uma vez, de extrema relevância.

Os EUA acabam não servindo como melhor parâmetro para análise do potencial impacto do *private enforcement* sobre os acordos de leniência, dado que a política antitruste americana, como visto no Item 5.1.1, historicamente se esteia na persecução privada de danos. Tal característica, no entanto, não faz da leniência uma ferramenta desimportante para o sistema norte-americano. Pelo contrário, desde a década de 1990, os americanos passaram a identificar a importância da preservação da atratividade de seus programas de leniência para identificação de cartéis de maior porte, adotando medidas mais efetivas para tal fim a partir da implementação de uma ampla reforma de tais programas em 1993. A mais recente inovação legislativa americana com objetivo de fortalecimento dos programas nacionais de leniência se deu em 2004, a partir da entrada em vigor da ACPERA, que afastou a regra da indenização triplicada dos danos concorrenciais aos aderentes ao Programa de Leniência do DoJ, instituindo-se a limitação da indenização dos lenientes aos danos efetivamente causados por estes (*single damages*)[676].

Outra particularidade bastante interessante do sistema estadunidense é a de obrigar as empresas signatárias de acordos de leniência a comprometer determinado valor, definido junto da assinatura do acordo de leniência, para indenização dos prejudicados pela atuação do cartel[677]. Embora esta possa, em um primeiro momento, soar como uma regra capaz de afastar

[676] Até o advento da ACPERA, os *treble damages* eram vistos como um dos principais fatores de desestímulo à adesão de cartelistas aos programas de leniência dos órgãos antitruste americanos (Cavanagh, *op. cit.*, 2009, p. 103).

[677] Franceschini, José Inácio Gonzaga; Bagnoli, Vicente. *Tratado de Direito Empresarial.* 2ª ed. São Paulo: Revista dos Tribunais, 2018, v. VII, p. 1266.

a atratividade da delação, a realidade é rigorosamente a oposta. Um dos maiores problemas observados pelas empresas delatoras ao assinarem a leniência não é propriamente a exposição às demandas indenizatórias, mas sim a impossibilidade de estimar e contingenciar adequadamente esse risco. Ao se pré-estabelecer um valor a ser pago pela delatora aos prejudicados, a empresa consegue ter uma melhor visualização do impacto financeiro da leniência, o que aumenta a atratividade do programa. Em paralelo, tal regra também confere amparo aos prejudicados pelo cartel, que terão a garantia de um valor mínimo ressarcitório, além da possibilidade de buscar eventual saldo do prejuízo perante as demais integrantes do cartel, contando, para tanto, com o reforço probatório da existência do ato ilícito conferido pela confissão do leniente[678].

Partindo para a análise de um sistema antitruste de características e histórico mais próximos ao brasileiro, a Diretiva de Danos de 2014, além de apresentar inovações para fomento do sistema de reparação de danos de cartel europeu, também instituiu dispositivos voltados à redução da exposição do leniente, como o afastamento da responsabilidade solidária, tratado no Item. 6.1.4 desse trabalho. Mesmo assim, constatou-se uma sensível redução das aplicações para o programa de leniência da Comissão Europeia a partir da entrada em vigor da Diretiva de Danos. Levantamentos indicam uma redução de quase 50% no número anual de pedidos de aplicação para o programa de leniência europeu entre os anos de 2014 e 2016, passando de 46 em 2014, para 32 em 2015, até 24 em 2016. Também no ano de 2016 foi realizado um levantamento com 30 advogados atuantes na área antitruste, em que 83% dos participantes da pesquisa responderam haver sentido uma redução do interesse de seus clientes em participar de programas de leniência nos últimos anos[679].

Ysewyn e Kahmann apontam que a redução do número de pedidos de aplicação para o Programa de Leniência da UE até pode ser interpretada a partir de uma visão otimista, no sentido de que o aumento do *private enforcement* europeu haveria alcançado o almejado efeito dissuasório à formação de cartéis. Todavia, os mesmos autores destacam que o mais provável

[678] É certo, todavia, que esta regra não poderia ser simplesmente importada e instituída no sistema jurídico brasileiro sem adequações, dada a impossibilidade de os acordos firmados em sede administrativa limitarem o direito ressarcitório dos prejudicados.

[679] Ysewyn, Johan; Kahmann, Siobhan. The decline and fall of the leniency programme in Europe. *Concurrences*, Paris, n. 1, p. 44-59, 2018, p. 45.

é que os cartelistas tenham simplesmente passado a adotar medidas mais eficazes de proteger seus interesses individuais do que o ingresso em uma "corrida" pela imunidade das sanções administrativas e penais[680].

Não obstante as questões levantadas acima, é fundamental observar que o risco de exposição do leniente a indenizações não é o único fator capaz de reduzir o interesse na adesão aos programas de leniência. As incertezas quanto à concessão ou não da imunidade pela autoridade antitruste a partir da denúncia e da própria extensão desta imunidade são comumente indicadas como justificativas para afastar o interesse das empresas na delação[681]. Além disso, um dos fatores de desincentivo que mais tem gerado preocupação às autoridades de defesa da concorrência e que, consequentemente, mais vem sendo estudado pela doutrina especializada é o risco de exposição do leniente a multas e sanções penais em outras jurisdições nos casos de cartéis internacionais[682]-[683].

Não se pode negar, de fato, o potencial conflito entre o crescimento do *private enforcement* brasileiro e a manutenção da atratividade do Programa de Leniência do CADE. É bem verdade que, como indicado, esse é um problema *potencial* e não hodierno. No cenário atual, em que o ajuizamento de ARDCs é basicamente inexistente, seria exagero afirmar que um número relevante de empresas deixa de buscar o acordo de leniência por receio de contingências de natureza cível. De toda sorte, não podemos deixar de exaltar as iniciativas legislativas trazidas pela Lei nº 14.470/22 para preservar e, em nosso sentir, reforçar, a atratividade do Programa de Leniência do CADE ao mesmo tempo em que se busca uma harmonização entre este e o sistema de reparação de danos por cartel. Melhor já construir um sistema de reparação de danos e de repressão de cartéis inspirado nas melhores práticas internacionais do que simplesmente aguardar o aparecimento dos problemas para resolvê-los após o crescimento do número de ARDCs.

As principais medidas trazidas pela Lei nº 14.470/22 para fortalecimento do Programa de Leniência do CADE são o afastamento da respon-

680 Ysewyn; Kahmann, *op. cit.*, 2018, p. 44.

681 Ysewyn; Kahmann, *op. cit.*, 2018, p. 45.

682 Leslie, *op. cit.*, 2006, p. 460.

683 Para uma análise aprofundada da problemática relacionada aos cartéis internacionais, ver: Santos, Karla Margarida Martins. *Cartéis transnacionais*: a transnazionalização das decisões do direito concorrencial e as ações de reparação de danos em defesa da concorrência. Curitiba: Juruá, 2016.

sabilidade solidária dos lenientes (por meio da inserção do § 3º ao art. 47 da LDC)[684] e o afastamento da proposta de indenização duplicada para os colaboradores (§ 2º da LDC)[685]. Nossa análise de cada uma das citadas propostas é apresentada nos Itens 6.1.4 e 7.1, do mesmo modo em que apresentamos no Item 6.2.2.3 nossas impressões acerca das normas instituídas pelo CADE, no âmbito da Resolução nº 21/2018, para regular o acesso aos documentos obtidos por meio de acordos de leniência. De modo geral, embora tenhamos algumas críticas às propostas, em especial em razão de os benefícios concedidos aos lenientes serem também aplicados, de forma indistinta, aos signatários de TCC, parece-nos certo que a implementação das medidas sugeridas será capaz de reforçar (e não apenas preservar) a atratividade do Programa de Leniência do CADE.

Para além das alternativas inseridas na Lei nº 14.470/22 e na Resolução CADE nº 21/2018, existem diversos métodos propagados pela doutrina antitruste e pela experiência internacional para fortalecer a atratividade de programas de leniência sem prejudicar o direito ressarcitório dos prejudicados pela atuação do cartel. Evidentemente, a análise pormenorizada de cada um deles extrapolaria a proposta do presente trabalho.[686] No entanto, é possível citarmos algumas das que se destacam, como o estabelecimento de multas administrativas bastante elevadas (idealmente fixadas com base no lucro dos cartelistas), o aumento da pena por crime de cartel, o enquadramento da omissão de diretores ou funcionários em denunciar o cartel como crime de responsabilidade ou até mesmo a criação de prêmios financeiros aos delatores.

Aliás, na Europa – que, como visto desde o Item 5.1.2, está alguns passos à frente do Brasil no fortalecimento de seu sistema de reparação de

[684] "§ 3º Os signatários do acordo de leniência e do termo de compromisso de cessação de prática são responsáveis apenas pelo dano que causaram aos prejudicados, não incidindo sobre eles responsabilidade solidária pelos danos causados pelos demais autores da infração à ordem econômica."

[685] "§ 2º Não se aplica o disposto no § 1º deste artigo [indenização em dobro] aos coautores de infração à ordem econômica que tenham celebrado acordo de leniência ou termo de compromisso de cessação de prática cujo cumprimento tenha sido declarado pelo Cade, os quais responderão somente pelos prejuízos causados aos prejudicados."

[686] Para um aprofundamento do tema, sugerimos ver: LESLIE, *op. cit.*, 2006; e YSEWYN; KAHMANN, *op. cit.*, 2018; além do manual elaborado pela ICN, em 2014: ICN. *Anti-cartel Enforcement Manual*: Chapter 2: drafting and implementing an effective leniency policy. Haia, 2014.

danos de cartel, servindo como excelente referencial do que podemos esperar para o sistema brasileiro nos próximos anos –, tem-se discutido a necessidade de a Comissão Europeia passar a investir em outros meios de detecção de cartéis para além da leniência.[687] Com efeito, o fortalecimento de métodos investigativos, além de reduzir os impactos do *enforcement* privado sobre o público, pode servir como importante reforço à atratividade da própria leniência. Ao tornar a detecção do cartel por meio de investigações autônomas das autoridades concorrenciais um risco real, aumenta-se a instabilidade do cartel o que, consequentemente, reforça a atratividade da delação premiada a partir da lógica do dilema do prisioneiro apontada por Leslie.

6.1.3. Compradores indiretos e repasse do prejuízo na cadeia produtiva (*pass-on*)

Como é cediço, no atual estágio do desenvolvimento industrial e comercial, é necessária a participação e atuação de uma miríade de agentes econômicos, responsáveis pela produção de insumos ou prestação de serviços indispensáveis ao desenvolvimento de determinado produto até que este chegue às mãos do consumidor final. É também de conhecimento amplo que o preço praticado por cada um destes *players* tem influência direta no preço que será cobrado dos elos seguintes da cadeia produtiva até a formação do preço pago pelo consumidor final. Com isso, considerando o fato de ser incomum a formação de cartéis que comercializam produtos ou serviços diretamente com o consumidor final[688], é de suma importância auferir quanto do sobrepreço cobrado pelo cartel foi efetivamente arcado por cada um dos integrantes da cadeia produtiva para identificar qual o dano sofrido por cada um deles.

Com efeito, até mesmo para mitigar o impacto do sobrepreço sobre seus próprios ganhos, é comum – e, diga-se, um comportamento absolutamente natural para qualquer um que vise o lucro com suas atividades – que os adquirentes diretos do cartel, quando possível, repassem o sobrepreço (ou parte dele) ao próximo elo da cadeia produtiva. Esse repasse do sobrepreço, *per se*, não pode ser tido como ato ilícito por parte dos adquirentes de insumos do cartel, até porque, em diversas oportunidades, tais

[687] Ysewyn; Kahmann, *op. cit.*, 2018, p. 45-46.

[688] Veljanovski, *op. cit.*, 2020, p. 31.

empresas repassam o prejuízo a jusante na cadeia produtiva como repassariam qualquer incremento de preço, muitas vezes sequer imaginando que tal aumento se deu em razão da formação de cartel.

No entanto, embora o repasse do prejuízo pelos adquirentes do cartel ao longo da cadeia produtiva não configure ato ilícito, isso não quer dizer que o prejuízo do adquirente indireto do cartel, ao qual foi repassado o sobrepreço, ficará sem reparação. Longe disso. Todos os elos da cadeia produtiva que, de alguma forma, tenham sofrido prejuízo por parte da atuação do cartel terão legitimidade para propositura de ARDC em face dos integrantes do cartel, ainda que não tenham adquirido produtos diretamente das empresas integrantes do conluio. Com efeito, há inequívoco nexo de causalidade entre a atuação do cartel (ato ilícito) e o sobrepreço (prejuízo) arcado por cada um dos elos da cadeia produtiva, estabelecendo-se, portanto, a responsabilidade civil[689].

Para melhor elucidar a questão, analisemos um exemplo prático. Como citado no Item 1.2 deste trabalho, o setor de produção de automóveis é altamente suscetível à formação de cartéis. As autoridades antitruste europeias investigaram e puniram uma série de cartéis de produtores de peças de automóveis. Foram identificados cartéis de produtores de freios, airbags, cintos de segurança, faróis, dentre outros. A atuação destes cartéis inflacionou os preços dos insumos vendidos às montadoras de veículos (compradores diretos). Todavia, se as montadoras repassaram (como é natural) o sobrepreço às concessionárias revendedoras dos veículos, serão estas as legitimadas a cobrar a indenização do sobrepreço. Na mesma linha, caso as concessionárias tenham repassado o sobrepreço ao consumidor final, será este o legitimado a ingressar contra a ação de reparação de danos que, frise-se, terá como réus os integrantes do cartel.

[689] Em sentido contrário ao que aqui se defende, Luiz Carlos Buchain sustenta entendimento minoritário no sentido de que "[e]mbora os sujeitos do direito à indenização por infração da ordem econômica sejam os 'prejudicados', conceito este indeterminado, a especificada da LDC não poderá indistintamente abarcar todos consumidores finais de mercadorias e serviços, pois esse grupo social está ao abrigo de lei própria que lhe confere amplas garantias à defesa de seus direitos, em esfera peculiar e bem circunscrita pelo sistema jurídico. Os prejudicados legitimados a ingressar em juízo para o recebimento de indenização, ainda que através de legitimidade processual substituta, são os consumidores concorrenciais, ou seja, os demais agentes econômicos que operam no mercado concorrencial." (Buchain, *op. cit.*, 2006, p. 116-117).

Vê-se, portanto, que o legitimado ativo poderá, em diversas hipóteses, estar bastante distante dos cartelistas na cadeia produtiva. Além disso, caso o repasse do sobrepreço na cadeia produtiva seja realizado de forma parcial, ou seja, caso o revendedor absorva uma parte do prejuízo, repassando apenas uma fração do sobrepreço ao próximo elo da cadeia produtiva, ter-se-á uma série de prejudicados, em diversos níveis da cadeia produtiva, por um único ato ilícito. Todos estes prejudicados terão legitimidade para ingressar com demandas judiciais para reparação dos danos sofridos pela atuação do cartel.

Embora o repasse do sobrepreço possa ser invocado para justificar a legitimidade ativa, como aduzido acima, bem salienta Tércio Sampaio Ferraz Júnior ser corriqueira a alegação do repasse (ou *pass-on*) como "uma defesa processual dos cartelizadores, consistente na imputação aos autores (prejudicados diretos) de repasse aos consumidores (prejudicados indiretos) de eventuais sobrepreços (*overcharge*) praticados pelo cartel".[690] A alegação de repasse costuma ser utilizada pelos demandados com o objetivo central de afastar a legitimidade ativa do autor da demanda ou, alternativamente, para afirmar que o prejuízo ocasionado pelo cartel seria menor do que o alegado.

Trata-se de um expediente de defesa utilizado por cartelistas em basicamente qualquer jurisdição em que existentes ARDCs, sendo que o tratamento dado à questão varia consideravelmente em cada ordenamento jurídico. Naqueles ordenamentos jurídicos em que admitida a utilização da alegação de repasse como meio de defesa, esta costuma ser a principal estratégia utilizada por cartelistas para tentar afastar (ou reduzir) o dever de indenização[691] e mesmo o jovem sistema brasileiro de reparação por danos de cartel já se depara com a questão. De suma importância, portanto, entender como que o repasse do sobrepreço pode afetar demandas de reparação de danos por cartel.

Primeiramente, deve-se deixar claro que, em razão da forma com que organizado o sistema de responsabilidade civil brasileiro, inclusive no que tange especificamente à reparação de danos por cartel, é sim possível a

[690] Ferraz Júnior, *op. cit.*, 2013, p. 27.

[691] Nos países integrantes da União Europeia, por exemplo, constatou-se que a alegação do repasse do prejuízo foi utilizada como meio de defesa em aproximadamente metade das ARDCs julgadas desde 1998 até 2020 (Laborde, *op. cit.*, 2021).

utilização do repasse do prejuízo como argumento de defesa por parte dos cartelistas.[692] Há de se ressaltar, no entanto, que a admissão da chamada *pass-on defense* em nosso ordenamento jurídico não significa que a simples constatação da existência do repasse seja capaz de afastar o direito de ação do comprador direto.[693] Por óbvio, seguirá o comprador direto do cartel possuindo direito à indenização de eventuais danos não cobertos pelo repasse, seja em razão de não haver logrado repassar integralmente o sobrepreço ao próximo elo da cadeia produtiva, seja em razão da observação de outros tipos de dano, como, por exemplo, eventual lucro cessante, em razão de uma redução das vendas como consequência do sobrepreço (o chamado *volume effect* do cartel).[694]

Outra questão indispensável de se ter em mente, quando estamos falando de ARDCs processadas em solo brasileiro, é que o repasse do sobrepreço não pode ser simplesmente presumido, devendo ser comprovado por quem o alega. Tal entendimento, inclusive, foi codificado a partir da entrada em vigor da Lei nº 14.470/22, que incluiu o § 4º ao art. 47 da LDC, que afasta, de forma expressa, a possibilidade de se presumir o repasse do dano em ARDCs.[695] Trata-se de alteração legislativa que visou orientar partes e adjudicadores quanto a um fato que, em nosso sentir, já seria lógico e intuitivo com base nas próprias regras gerais do CPC quanto ao ônus da prova. No entanto, diante da existência, até o advento da nova lei, de um número elevado de decisões judiciais nas quais o repasse do sobrepreço foi, de fato, simplesmente presumido pelo magistrado ou turma julgadora,[696] entendemos que foi válida a inserção do referido dispositivo

[692] CASELTA, *op. cit.*, 2016, p. 158.

[693] BUCHAIN, *op. cit.*, 2006, p. 147.

[694] VICENTINI, Pedro C. E. Dano antitruste aos compradores diretos e indiretos: breves considerações sobre o pass-on effect nos regimes norte-americano, europeu e brasileiro. In: DRAGO, Bruno de Luca. PEIXOTO; Bruno Lanna (Orgs.). *A livre concorrência e os tribunais brasileiros*: análise crítica dos julgados no Poder Judiciário envolvendo matéria concorrencial. São Paulo: Singular, 2018, p. 173.

[695] "§ 4º Não se presume o repasse de sobrepreço nos casos das infrações à ordem econômica previstas no art. 36, § 3º, incisos I e II, cabendo a prova ao réu que o alegar."

[696] É possível citar como exemplo o seguinte julgado, do Tribunal de Justiça de São Paulo: "RESPONSABILIDADE CIVIL – Compra e venda de cimento – Ação indenizatória – Danos materiais – Ato ilícito – Pretensão de reparação de danos emergentes decorrentes de sobrepreço cobrado na venda de cimento à autora, por força de cartel formado pelas rés – Desnecessidade de produção de prova pericial, com vistas à comprovação do alegado repasse dos sobrepreços

como forma de se jogar uma pá-de-cal em uma problemática que vinha se apresentando no ainda incipiente universo de ARDCs brasileiras. Se o cartelista alega que o autor da demanda repassou o prejuízo a terceiros, reduzindo ou afastando qualquer dano, cabe a ele comprovar o alegado repasse, que jamais poderá ser simplesmente presumido.[697]

Ponto importante de ser observado quanto ao § 4º ao art. 47 é que este estabelece que a prova do repasse caberá ao "réu que o alegar". Como lembra Raimundas Moisejevas, o argumento do repasse do sobrepreço pode também ser utilizado como "espada", ou seja, como fundamento de legitimidade do autor da ação de reparação de danos (caso trate-se de um adquirente indireto) e não apenas como um "escudo" do cartelista[698]. Assim, até a entrada em vigor da Lei nº 14.470/22, com base na regra geral do art. 373, I, do CPC, caberia ao autor (*in casu*, ao adquirente indireto) a prova do fato constitutivo de seu direito (o repasse). Todavia, partindo da máxima de que "a lei não tem palavras inúteis", parece-nos possível a interpretação de que o legislador, ao impor o ônus da prova ao "réu que o alegar", está admitindo a *presunção relativa* do repasse nos casos em que o adquirente indireto o alegar como elemento constitutivo de seu direito.

Até mesmo as regras do Código de Processo Civil de 2015 de distribuição dinâmica do ônus da prova serviriam para reforçar o entendimento

praticados pelas rés aos consumidores finais, inerentes às suas atividades empresariais, haja vista que constitui fato notório – Ausência de pressupostos da responsabilidade civil, quais sejam, o dano e o nexo causal – Inexistência do dever de indenizar – Precedentes – Sentença confirmada – Majoração dos honorários advocatícios, ante o trabalho realizado em grau recursal – Recurso improvido. (TJSP. Apel. nº 1049985-19.2017.8.26.0100; Rel. Des. Caio Marcelo Mendes de Oliveira; 32ª Câmara de Direito Privado; Data do Julgamento: 13.05.2021). Em sentido semelhante: (i) TJSP. Apel. nº 1077205-89.2017.8.26.0100, Rel. Des. Carlos Russo, 30ª Câmara de Direito Privado, Data do Julgamento: 27.11.2019; (ii) TJSP. Apel. nº 1076944-27.2017.8.26.0100, Rel. Des. Pedro de Alcântara da Silva Leme Filho, 8ª Câmara de Direito Privado, data do julgamento: 09.12.2020; (iii) TJSP. Apel. nº 1076730-36.2017.8.26.0100, Rel. Des. Fábio Podestá, 5ª Câmara de Direito Privado, data do julgamento: 29.05.2019.

[697] Como bem observa Tércio Sampaio, "se de um lado, cabe ao autor a prova do dano sofrido, mediante prova da aquisição dos bens a preços cartelizados (faturas, essencialidade do insumo, impossibilidade ou dificuldade para aquisição de fornecedores alternativos) em confronto com preços em mercados não cartelizados, cabe ao réu, de outro lado, provar a alegação do repasse ao consumidor" (Ferraz Júnior, *op. cit.*, 2013. p. 28). Este, aliás, já era o entendimento que vinha sendo defendido majoritariamente pela doutrina especializada acerca do tema, como, por exemplo: Caselta, *op. cit.*, 2016, p. 158-159; e Vicentini, *op. cit.*, 2018. p. 186/187.

[698] Moisejevas, *op. cit.*. 2017.

supra colocado[699], pois, de modo geral, tende a ser mais fácil ao réu integrante do cartel comprovar que não houve o repasse do sobrepreço até o consumidor indireto do que seria a este a produção da prova do repasse. A conclusão aqui colocada se torna ainda mais evidente se estivermos tratando de consumidor final, cujo próprio Código de Defesa do Consumidor reconhece a situação de vulnerabilidade em comparação ao fornecedor, estabelecendo a inversão do ônus da prova[700].

Não obstante entendamos que a novidade legislativa supra tenha sido bem-vinda, talvez fosse mais adequado o estabelecimento, pelo legislador brasileiro, de regras de ônus probatório em ações movidas por adquirentes indiretos um pouco mais próximas às previstas pela Diretiva de Danos da UE.

Para entender como o tema do *pass-on* é tratado na Diretiva de Danos, é necessário, primeiramente, compreender que a Diretiva de Danos tem como premissa geral a garantia do direito a *qualquer prejudicado* de ter reparados os danos sofridos em razão de violação às normas comunitárias de defesa da concorrência[701], razão pela qual o art. 12 (1) prevê a legitimidade dos adquirentes diretos e/ou indiretos pleitearam a indenização de danos, que deverá ser fixada em observância ao princípio da reparação integral, refletido no art. 3 da Diretiva[702].

[699] Segundo estabelece o § 1º, do art. 373, do CPC, "diante de peculiaridades da causa relacionadas à impossibilidade ou à excessiva dificuldade de cumprir o encargo nos termos do caput ou à maior facilidade de obtenção da prova do fato contrário, poderá o juiz atribuir o ônus da prova de modo diverso, desde que o faça por decisão fundamentada, caso em que deverá dar à parte a oportunidade de se desincumbir do ônus que lhe foi atribuído."

[700] Art. 6º, VIII, do CDC.

[701] Urszula Jaremba e Laura Lalikova apontam que as raízes do tratamento da questão do repasse do sobrepreço no direito comunitário europeu são encontradas nos julgamentos dos casos Crehan e Manfredi, analisados no Item 5.1.2, oportunidade em que a Corte Europeia assentou que qualquer indivíduo é legitimado para pleitear a indenização de danos concorrenciais (Jaremba, Urszula; Lalikova, Laura. Effectiveness of private enforcement of European competition law in case of passing-on of overcharges: implementation of antitrust Damages Directive in Germany, France, and Ireland. *Journal of European Competition Law & Practice*, Oxford, v. 9, n. 4, p. 226-236, 2018, p. 226). Tal entendimento é reforçado por Moisejevas, que complementa que a Corte Europeia, ao falar, naqueles casos específicos, em "qualquer indivíduo", se referia aos compradores diretos e/ou indiretos do cartel (Moisejevas, *op. cit.*, 2017).

[702] A problemática envolvendo o repasse do sobrepreço foi um dos temas de maior preocupação pela Comissão Europeia desde a promulgação da Diretiva de Danos. Para auxiliar os Estados-

Apesar de a Diretiva conferir a qualquer prejudicado o direito de reparação de danos, esta reparação não poderá superar o valor do dano sofrido (nem tampouco ser inferior a este).[703] Com isso, à exemplo do novo § 4º ao art. 47 da LDC, a Diretiva de Danos possui dispositivo voltado a deixar clara a possibilidade de utilização do repasse como instrumento de defesa pelo demandado. Trata-se do art. 13 da Diretiva, que assim dispõe:

> Os Estados-Membros asseguram que o demandado numa ação de indemnização possa invocar como meio de defesa contra um pedido de indemnização o facto de o demandante ter repercutido total ou parcialmente os custos adicionais resultantes da infração ao direito da concorrência. O ónus da prova de que os custos adicionais foram repercutidos recai sobre o demandado, que pode razoavelmente requerer a divulgação de informações pelo demandante ou por terceiros.

Embora a redação do art. 13 da Diretiva também impute ao réu o ônus da prova do repasse, esse não é o único dispositivo da Diretiva voltado à questão do repasse. Com efeito, o artigo subsequente serve justamente ao tratamento do repasse no âmbito de ARDC movida por adquirente indireto. O art. 14 da Diretiva, apesar de imputar ao demandante "o ónus da prova da existência e do âmbito" da repercussão do cartel sobre os preço praticados "a jusante da cadeia de abastecimento", prevê a possibilidade de o autor da ARDC "razoavelmente requerer a divulgação de informações pelo demandado ou por terceiros" – o que também encontra amparo em nosso ordenamento jurídico no âmbito da já mencionada distribuição dinâmica do ônus da prova no CPC –, além de estabelecer, de forma expressa, a presunção do repasse do sobrepreço na demanda movida por adquirente indireto quando o autor da ARDC lograr demonstrar que:

> a) O demandado cometeu uma infração ao direito da concorrência; b) A infração ao direito da concorrência teve como consequência um custo adicional para o adquirente direto do demandado; e c) O adquirente indireto adquiriu os bens ou serviços que são objeto da infração ao direito da concor-

Membros no tratamento da questão, a Comissão encomendou um estudo econômico-jurídico acerca do tema (RBB ECONOMICS; CUATRECASAS, GONÇALVES PEREIRA, *op. cit.*, 2016) e, recentemente, divulgou um guia para orientação das cortes nacionais responsáveis pelo julgamento das ARDCs (COMISSÃO EUROPEIA, *op. cit.*, 2019).

[703] JAREMBA; LALIKOVA, *op. cit.*, 2018, p. 227.

rência, ou adquiriu bens ou serviços derivados dos bens ou serviços que são objeto dessa infração ou que os contêm.

Ao final do citado art. 14, é estabelecido, ainda, que a presunção do repasse não será aplicada quando "o demandado possa demonstrar de maneira credível ao tribunal que o custo adicional não foi repercutido, ou não o foi na íntegra, no adquirente indireto", o que, a nosso sentir, trata-se de mero consectário lógico, afinal, se o réu lograr demonstrar que não houve o repasse do sobrepreço ao adquirente indireto, não haverá sido causado dano a este e, portanto, não haverá de se falar em obrigação de indenizar.

Não se ignora, todavia, que mesmo o art. 14 da Diretiva Europeia é passível de críticas. Cento Veljanovski entende que a presunção de repasse trazida pela Diretiva tem pouco efeito prático, já que não são pré-estabelecidos critérios para definição do valor do prejuízo. Assim, recaindo o ônus probatório do *quantum debeatur* sobre o autor da demanda, acaba sendo pouco eficaz, na prática processual, a presunção do *an debeatur*[704].

Outro ponto bastante sensível atrelado à questão do repasse do sobrepreço é a possibilidade de ajuizamento de múltiplas ações indenizatórias visando a reparação do mesmo dano, justamente em razão da dificuldade de se identificar, a princípio, quanto do sobrepreço foi absorvido por cada um dos elos da cadeia produtiva.

Nos EUA, após anos de ajuizamento de demandas múltiplas atreladas aos mesmos danos de cartel – o que, de certo modo, é fomentado pela indenização triplicada de danos concorrenciais, objeto de estudo nos Itens 5.1.1 e 7.1 –, a Suprema Corte Americana entendeu que a legitimidade para a indenização deveria ser *exclusivamente* do *comprador direto* do produto que sofreu o sobrepreço do cartel, pois seria ele quem teria melhores condições de mensurar a exata dimensão do sobrepreço, além de que, por possuir maior carga relacional com o infrator, tenderia a ter maior facilidade para identificar a existência do ato ilícito e, consequentemente, de judicializar a questão[705]-[706].

[704] Veljanovski, *op. cit.*, 2020, p. 115.

[705] Os julgamentos que consolidaram a jurisprudência americana no sentido de vedar a chamada *pass-on defense* se deram nos casos *Hannover Shoe* (Supreme Court: 392 U.S. 481 [1968] Hannover Shoe.) e *Illionis Brick* (Supreme Court, 431 U.S. 720 [1977] Illinois Brick Co v Illinois). Há, no entanto, algumas raras exceções à regra geral, como a estabelecida no

A jurisprudência federal norte-americana se consolidou calcada no racional, expressado pela Suprema Corte no caso *Illionis Brick*, de evitar-se, justamente, a proliferação de múltiplas ações indenizatórias tratando do mesmo dano[707]. Na realidade, desde o julgamento do caso *Hannover Shoe*, a Suprema Corte Americana se posicionou no sentido de que, por uma questão lógica, nas ações movidas pelos últimos elos da cadeia produtiva (principalmente naqueles casos em que são múltiplos os adquirentes intermediários), ter-se-ia uma dificuldade muito maior para quantificar, de forma precisa, o sobrepreço ou até mesmo para identificação de sua existência, o que, inclusive, afastaria o potencial interesse destes prejudicados em ingressar com ações de reparação de danos (que dependeriam de prova mais complexa e, normalmente, serviriam à reparação de danos de menor monta).

Embora entendamos o racional de organização política do sistema antitruste adotado pela jurisprudência americana para vedação da *pass-on defense*, não nos parece que tenha sido a solução mais adequada[708]. Na introdução deste trabalho, afirmamos que a célebre frase de Mencken,

julgamento do caso *Blue Shield of Virgina vs. McCready*, 475 U.S. 465 [1982], em que a Supreme Court entendeu que a legitimidade do autor (adquirente indireto) se justificaria em razão de que, no caso concreto, haveria restado comprovado que este arcou sozinho com o sobrepreço aplicado pelo cartel.

[706] Embora tenha sido consolidado o entendimento pela legitimidade exclusiva do comprador direto para ajuizamento de ARDCs nos EUA, algumas das legislações antitruste estaduais permitem o ajuizamento de ações de reparação de danos concorrenciais por compradores indiretos (Vicentini, *op. cit.*, 2018. p. 179).

[707] Neste ponto, é válido abrir parênteses para colocação da ressalva efetuada por Pedro Vicentini, no sentido de que, quando se está analisando decisões tomadas pela Suprema Corte americana, "deve-se ter em mente que, por trás dessa decisão, haverá sempre uma análise quanto a própria abrangência da política dissuasória antitruste" (Vicentini, *op. cit.*, 2018, p. 173). Como visto no Item 5.1.1, os EUA, além de possuírem um sistema jurídico geral de *common law*, organizado por meio de precedentes jurisprudenciais, elegeram o *enforcement* privado como principal responsável pela execução das normas de antitruste americanas. É natural, portanto, que as decisões da Suprema Corte americana levem sempre em consideração a organização de todo o sistema de antitruste do País e não apenas o caso concreto.

[708] Vale ressaltar, aliás, que, mesmo nos EUA tem-se observado um movimento, ainda que tímido, de admissão de ajuizamento de ARDCs por adquirentes indiretos, em sentido diametralmente oposto ao precedente estabelecido no caso *Hannover Shoe*, tendo algumas jurisdições estaduais adotado instrumentos legislativos que permitem o ajuizamento de ações reparatórias por adquirentes indiretos (ICN, *op. cit.*, 2019, p. 17).

de que "sempre haverá uma solução bem conhecida para todo problema humano – elegante, plausível e errada"[709] se aplica em diversas das questões relacionadas à reparação de danos por cartel. Pois é exatamente esse o caso da solução dada pela Suprema Corte Americana à problemática do repasse do sobrepreço de cartel.

Esta opção de política antitruste eleita pela Suprema Corte se trata de um claro reflexo do costumeiro receio de *overdeterrence* que circunda o direito antitruste norte-americano, como visto no Item 5.1.1. Como a legislação americana estabelece o direito de *treble damages* para qualquer prejudicado por danos concorrenciais, já estando enraizado no direito antitruste dos EUA o costume de os prejudicados buscarem o Judiciário para reparação dos danos por cartel, permitir que qualquer elo da cadeia produtiva (por mais distante que seja) ajuíze ARDCs seria abrir margem ao ajuizamento de múltiplas demandas tratando do mesmo dano, até mesmo pela facilidade de concentração de prejudicados por microlesões concorrenciais em *class actions*.

Mesmo assim, simplesmente tolher o direito indenizatório dos compradores indiretos, em razão das dificuldades práticas da judicialização de sua pretensão ou do risco de proliferação de demandas visando a indenização do mesmo dano, nos parece uma alternativa gravemente equivocada. Esse entendimento, aliás, é compartilhado por diversos dos estudiosos do direito antitruste estadunidense. Herbert Hovenkamp sustenta, inclusive, que o argumento quanto à dificuldade de quantificação do prejuízo sequer seria verdadeiro na prática, dado que dois dos métodos mais utilizados para cálculo do sobrepreço ("*before and after method*" e "*yardstick method*", analisados, respectivamente, nos Itens 6.2.3.1.1.1 e 6.2.3.1.1.3) são perfeitamente aplicáveis a casos de repasse do sobrepreço, sequer sendo necessário computar o valor do repasse para se chegar ao prejuízo quando empregados quaisquer destes dois métodos. Segundo Hovekamp, hoje, a orientação da *Supreme Court* também não atinge o objetivo de evitar demandas múltiplas acerca do mesmo dano, haja vista a possibilidade de ajuizamento de ações por compradores diretos perante os tribunais federais (com base no precedente do caso *Illionis Brick*) ao mesmo tempo em que compradores indiretos têm a alternativa de ajuizar demandas indenizatórias perante

[709] Tradução livre do original, em inglês: "there is always a well-known solution to every human problem – neat, plausible, and wrong." (MENCKEN, *op. cit.*, 1920. p. 158).

determinadas cortes estaduais, naqueles Estados em que a legislação antitruste estadual permite o ajuizamento desse tipo de demanda[710].

Sob a ótica do direito brasileiro, qualquer lei ou posicionamento judicial na linha adotada pela Suprema Corte Americana violaria frontalmente o direito de ação, constitucionalmente garantido pelo inciso XXXV, do art. 5º da nossa Carta Magna[711]. É bem verdade que, no cenário ainda incipiente de ARDCs no Brasil, o ajuizamento de múltiplas demandas para tratar de um mesmo dano sequer pode ser tido como um problema. Não se pode ignorar, todavia, que, caso alcancemos o desejado estabelecimento de uma cultura de reparação de danos concorrenciais, esse deve também vir a ser um problema para os nossos tribunais, sobretudo se considerado o já destacado fato de que a ampla maioria dos mercados fornecedores no Brasil é propenso à formação de cartéis, somado à dimensão continental de nosso país e à existência de dezenas de tribunais competentes para apreciar ARDCs.

Mais uma vez, o estudo do tratamento dado pela União Europeia ao repasse do prejuízo de cartel pode ser de grande valia para a adequação do sistema jurídico brasileiro antes mesmo que o tema se apresente como um problema real em nosso ordenamento jurídico.

A União Europeia trata da questão da adoção de medidas para evitar demandas múltiplas acerca do mesmo dano no art. 15 da Diretiva de Danos:

> 1. Para evitar que as ações de indemnização intentadas por demandantes situados em diferentes níveis da cadeia de abastecimento conduzam à responsabilidade múltipla ou à ausência de responsabilidade do infrator, os Estados-Membros asseguram que, ao apreciar se o ónus da prova resultante da aplicação dos artigos 13º e 14º foi cumprido, os tribunais nacionais junto dos quais foi intentada uma ação de indemnização possam ter devidamente em conta, pelos meios disponíveis ao abrigo do direito da União ou do direito nacional:
>
> a) As ações de indemnização relacionadas com a mesma infração ao direito da concorrência, mas intentadas por demandantes situados noutros níveis da cadeia de abastecimento; ou
>
> b) As decisões judiciais proferidas no âmbito de ações de indemnização, como referidas na alínea a); ou

[710] Hovenkamp, *op. cit.*, 2008, p. 72-76.

[711] XXXV – a lei não excluirá da apreciação do Poder Judiciário lesão ou ameaça a direito;

c) As informações relevantes de domínio público decorrentes de casos de aplicação do direito da concorrência por entidades públicas.

Como se vê, a Diretiva Europeia não busca a solução da questão por meio da negativa ao direito de ação por parte dos adquirentes indiretos. Pelo contrário. Estabelece a Diretiva a necessidade de observância da distribuição do ônus probatório na forma estabelecida pelos artigos 13 e 14, já analisados acima, e prevê, ainda, a criação de mecanismos de comunicação e divulgação de informações relacionadas a ARDCs, para permitir que as partes envolvidas no litígio e os próprios tribunais nacionais possam identificar a existência de multiplicidade de ações com o mesmo objeto.

Analisando a questão sob a ótica do direito brasileiro, o primeiro ponto que entendemos relevante destacar é que, pela própria facilidade que o demandado tem de identificar a existência de ações indenizatórias que tratem do mesmo dano, a aplicação, mais uma vez, das regras relacionadas à distribuição dinâmica do ônus da prova já imporia ao réu o dever de constituir prova nesse sentido. Aliás, a imposição ao réu do ônus de informar acerca da existência de demandas múltiplas fica ainda mais clara se considerado o fato de que o direito brasileiro impõe àquele que alega a prova de fato desconstitutivo do direito invocado por outrem[712].

De todo modo, parece-nos de suma importância buscar-se a instituição, no Brasil, de um sistema eficaz de publicidade quanto à existência de ações indenizatórias voltadas à reparação de danos de cartel, de forma semelhante à da diretriz contida no art. 15 da Diretiva da UE[713]. Tal necessidade, a nosso sentir, se evidencia pelo fato já destacado no Item 5.1.3, de

[712] Art. 373, II, do Código de Processo Civil.

[713] Não se pode ignorar, todavia, que a Comissão Europeia, ao estabelecer a diretriz do artigo 15, não conferiu grande atenção à aplicação prática da norma, que é de dificílima execução (principalmente quando estamos falando na necessidade de comunicação entre cortes de Estados independentes, como é o caso dos Estados-Membros da UE). Como indica Veljanovski, a não ser que um único tribunal fique responsável por concentrar todas as demandas contra determiando cartel, ajuizadas por todas as classes de prejudicados diretos ou indiretos, esta será uma norma de impossível aplicação prática. Para elucidar seu entendimento, o autor remete à experiência pretérita das cortes inglesas, quando "o agrupamento de ações de compradores diretos e indiretos levou a obstáculos procedimentais, dado que as demandas não são similares (*Emerald*) e, nos casos de ações coletivas, podem não preencher os requisitos necessários para a aprovação da comunhão de demandas (*Merricks*)." (Veljanovski, *op. cit.*, 2020, p. 153). Tradução livre do original, em inglês: "the bundling actions of direct and indirect purchasers has led to procedural obstacles because the claims are not similar

que uma grande quantidade de ARDCs tramita em segredo de justiça no Brasil, o que, para além de criar barreiras à visualização do estado da arte da jurisprudência brasileira acerca de temas relevantes atinentes à matéria (como é o caso do repasse do sobrepreço), dificulta a identificação de possíveis ações indenizatórias voltadas à reparação do mesmo dano[714].

6.1.4. Responsabilidade solidária dos integrantes do cartel

A responsabilidade solidária dos cartelistas é a regra nos ordenamentos jurídicos mais avançados no que tange à reparação de danos concorrenciais.[715] Esta também é a realidade no sistema brasileiro. Comprovado o nexo causal entre a formação do cartel e o dano causado ao prejudicado, todos os integrantes do cartel responderão solidariamente pela indenização do prejuízo, com fulcro no parágrafo único do art. 942 do Código Civil.

O racional para a aplicação da responsabilidade solidária dos integrantes do cartel por danos causados pelo ilícito antitruste é bastante intuitivo. Com efeito, não fosse a atuação conjunta dos cartelistas, os efeitos danosos do cartel não se materializariam e, portanto, os integrantes do cartel serão sempre tidos como coautores dos danos originados da conduta antitruste.

Importa ressaltar que a responsabilidade dos cartelistas será solidária mesmo quando existente vínculo contratual entre o lesado e um dos integrantes do cartel. Pouco importa quem vendeu o produto com sobrepreço ao prejudicado, pois, como pondera Bruno Maggi, "o nexo causal está na ligação entre o ato ilícito (práticas adotadas pelos membros do cartel) e o dano (pagar mais caro pelo produto ou serviço)".[716] É por tal razão, aliás, que, como vimos no Item 4.1.3, é possível estabelecer a responsabilidade civil dos integrantes do cartel por prejuízos relacionados ao efeito guarda-chuva do cartel, que são sofridos por partes que sequer possuem relação comercial com o cartel.

(*Emerald*) and in the case of collective actions may violate the commonality requirement necessary to certification (*Merricks*).".

[714] Aliás, ainda que não houvesse uma quantidade tão representativa de ARDCs tramitando em sigilo, a identificação de ações indenizatórias com o mesmo objeto seria demasiadamente complexa no Brasil, haja vista que os sistemas de busca atualmente disponíveis nos sítios eletrônicos dos tribunais brasileiros são bastante limitados no que tange à disponibilização de ferramentas para pesquisa de ações ainda não julgadas em segundo grau de jurisdição.

[715] ICN, *op. cit.*, 2019, p. 9.

[716] Maggi, *op. cit.*, 2018, p. 226.

Hoje, é possível afirmar que o sistema brasileiro encontra-se alinhado com os sistemas jurídicos mais avançados em matéria de reparação de danos por cartel ao estabelecer hipóteses de exclusão da responsabilidade solidária. Embora tal afirmativa possa, em um primeiro momento, causar estranheza, o estabelecimento de hipóteses de exclusão da responsabilidade solidária é ferramenta de suma importância para equilíbrio entre os *enforcements* privado e público de defesa da concorrência. Nesse sentido, aponta-se que o sistema jurídico brasileiro, até a entrada em vigor da Lei nº 14.470/22, prejudicava a atratividade do Programa de Leniência do CADE[717], dado que os signatários de acordo de leniência ficavam mais expostos ao risco de serem condenados a indenizar os danos causados pelo cartel do que os demais integrantes da colusão, por ser necessária a confissão da prática do ato ilícito para assinatura do acordo de leniência.

Exatamente por isso que os sistemas mais avançados em matéria antitruste possuem dispositivos legais que diminuem a exposição dos lenientes às demandas indenizatórias, ao mesmo tempo em que garantem aos prejudicados o direito à reparação dos danos. Tanto o ordenamento jurídico estadunidense,[718] quanto a Diretiva de Danos da União Europeia,[719] afastam a responsabilidade solidária dos signatários de acordo de leniência com relação aos danos causados aos adquirentes de produtos e serviços comercializados pelos demais integrantes do cartel, mantendo-se hígida apenas a responsabilidade do leniente de indenizar seus próprios adquirentes.

No Brasil, a entrada em vigor da Lei nº 14.470/22 culminou na inclusão do § 3º ao art. 47 da LDC, que afasta a responsabilidade solidária dos signatários de leniência e TCC.[720] Embora entendamos que a alteração legislativa tenha sido, de modo geral, bem-vinda e necessária para adequar o

[717] Pastore, Ricardo Ferreira; Motta, Lucas Griebeler da; Ignácio, Renata Rossi. Responsabilização solidária de cartelistas em ações indenizatórias: reflexões, limites e desafios. In: Drago, Bruno de Luca. Peixoto; Bruno Lanna (Orgs.). *A livre concorrência e os tribunais brasileiros*: análise crítica dos julgados no Poder Judiciário envolvendo matéria concorrencial. São Paulo: Singular, 2018. p. 90.

[718] A Antitrust Criminal Penalty Enhancement and Reform Act (ACPERA) afasta a responsabilidade solidária dos signatários de acordos de leniência, bem como a possibilidade de condenação destas empresas em *treble damages*, mantendo-se apenas a possibilidade de indenização de *single damages*.

[719] Atrigo 11 da Diretiva de Danos.

[720] "§ 3º Os signatários do acordo de leniência e do termo de compromisso de cessação de prática são responsáveis apenas pelo dano que causaram aos prejudicados, não incidindo

sistema brasileiro de repressão de cartéis às melhores práticas internacionais, consideramos que a extensão indiscriminada do benefício imposta pela Lei nº14.470/22, favorecendo também os signatários de TCC, prejudica o direito indenizatório dos prejudicados pelo cartel.[721]

Evidentemente, não ignoramos a relevância dos TCCs para o *public enforcement* ou mesmo para o *private enforcement*, principalmente porque, em diversas oportunidades, será possível extrair do TCC importantes elementos para estabelecimento da responsabilidade civil pelos danos de cartel. Não nos parece razoável, todavia, conferir aos signatários de TCC os mesmos benefícios de ordem cível conferidos aos lenientes. Enquanto a leniência, como dito, tem papel central na identificação da existência do cartel, os TCCs podem, no máximo, contribuir com a apresentação de informações adicionais acerca da atuação do cartel, mas jamais têm a mesma relevância do acordo de leniência para a identificação e sanção do cartel. É exatamente por isso, aliás, que os lenientes recebem o benefício da *imunidade* das sanções de natureza administrativa e penal, enquanto os signatários de TCC observam apenas o *abrandamento* destas.

Em nosso entender, seria mais adequado limitar o afastamento da responsabilidade solidária apenas aos signatários de acordo de leniência ou, alternativamente, condicionar o afastamento da responsabilidade solidária dos signatários de TCC à apresentação de documentos e informações capazes de colaborar na identificação e quantificação dos danos ocasionados pelo cartel, de forma similar à que estabelecia a redação original do PLS 283 de 2016 no Senado Federal para afastar a aplicação dos *double damages* aos participantes do Programa de Leniência do CADE.[722]

sobre eles responsabilidade solidária pelos danos causados pelos demais autores da infração à ordem econômica."

[721] Como salientado por Pastore, Motta e Ignácio "é possível que, em um caso em que diversos cartelistas firmem acordos com a autoridade e restem apenas os participantes menores da conduta como solidariamente responsáveis pelos danos causados, o objetivo de promoção de private enforcement intentado se esvazie, uma vez que existirão menos legitimados passivos e menos bens disponíveis para execução em caso de procedência das demandas indenizatórias" (Pastore; Motta; Ignácio, *op. cit.*, 2018, p. 92).

[722] O PLS 283 de 2016 propunha a inclusão do § 3º ao art. 47 da LDC que assim disporia: "§3º A aplicação do benefício previsto no §2º [afastamento da indenização em dobro por danos de cartel aos signatários de leniência e TCC] fica condicionada à entrega, pelo signatário do acordo de leniência ou termo de compromisso de cessação de prática, de documentos que permitam ao CADE a estimação do dano decorrente da infração à ordem econômica."

6.2. Questões de ordem processual

6.2.1. A legitimidade ativa e a destinação do valor da indenização

Como visto, o ato ilícito de cartel é capaz de gerar uma miríade de danos (estudados no Item 4.1 e respectivos subitens) que, por sua vez, se projetam sobre um grande número de prejudicados. Com isso, um único cartel é capaz de gerar inúmeras pretensões indenizatórias, que podem ser exercidas em juízo diretamente pelos prejudicados ou por entidades às quais o direito brasileiro confere direito de ação para defesa de direitos supraindividuais.

O primeiro e mais intuitivo rol de legitimados ativos para propositura de ARDCs são os adquirentes ou vendedores diretos do cartel. Aqueles que negociam diretamente com o cartel, caso logrem demonstrar que tiveram qualquer tipo de prejuízo com a atuação colusiva, terão, por óbvio, legitimidade para propositura de ações indenizatórias. Na prática, como cartéis podem se organizar em vários estágios da cadeia produtiva, os prejudicados diretos pelo cartel podem ser empresas intermediárias da cadeia de produção ou até mesmo consumidores finais. Em determinadas hipóteses, notadamente em cartéis organizados para fraudar licitações, até mesmo entes federativos poderão figurar como legitimados para buscar indenização por danos ocasionados por cartel.

Em diversos casos, serão também diretamente prejudicadas pela atuação cartelizada as empresas concorrentes que funcionam à margem do cartel.[723] É bem verdade que, comumente, os concorrentes não envolvidos na colusão mais observam benefícios do que prejuízos em virtude do conluio, principalmente em se tratando de concorrente com poder de mercado semelhante ao dos integrantes do cartel. Isso porque é bastante comum que os concorrentes à margem do cartel adotem a posição de *free riders,* literalmente "pegando carona" nos benefícios gerados pelo cartel aos seus integrantes, mas sem correr o risco de serem punidos pelo ilícito concorrencial.[724]

[723] Buchain, *op. cit.*, 2006, p. 147.

[724] Segundo Hovenkamp, "o espinho na carne de todo cartel é a empresa que se recusa a integrá-lo. Por ouro lado, a empresa não integrante do conluio tem a melhor de todas as situações possíveis em um mercado cartelizado. Primeiro, ela não sofre qualquer risco de responsabilidade antitruste. Segundo, ela consegue pegar carona no aumento de prelos praticado pelo cartel sem reduzir sua própria produção. Na realidade, ela consegue aumentar sua produção e vender tudo o que quiser com uma larga margem de lucro tão somente por

Não há, todavia, como se ignorar a possibilidade de o cartel também afetar negativamente os demais concorrentes de determinado mercado, sendo exemplo comum de concorrentes prejudicados o dos demais participantes em processo licitatório afetado por cartel. Há, também, a possibilidade de concorrentes não envolvidos no conluio terem suas vendas reduzidas em virtude do chamado *volume effect* do cartel, gerando, portanto, lucros cessantes indenizáveis.[725] Na mesma linha, é possível que os cartelistas se organizem para praticar, ao menos por determinado período, preços predatórios, com o objetivo de expulsar do mercado os concorrentes não integrantes do conluio, seja como forma de maximização da força do cartel, seja como forma de punição daqueles que não aceitaram participar da colusão.[726] Em todos estes cenários, os prejudicados terão legitimidade para propositura de ações indenizatórias.

Rol igualmente extenso de legitimados para propositura de ARDC é o dos prejudicados pela atuação do cartel de forma indireta.

Como visto no Item 6.1.3, qualquer comprador indireto dos produtos do cartel (de qualquer grau da cadeia produtiva) que tenha observado prejuízo em virtude da atuação do cartel terá legitimidade para ajuizar ação de reparação de danos. Como destaca Veljanovski, é muito comum que cartéis se organizem no estágio inicial da cadeia produtiva, entre fornecedores de insumos que são adquiridos pelo comprador direto para produção de um outro produto.[727] Nestes casos, o legitimado ativo poderá estar bastante distante dos cartelistas na cadeia produtiva e, mesmo assim, haver sido o principal prejudicado pelo cartel na cadeia de produção.

Caso o repasse do sobrepreço na cadeia produtiva seja realizado de forma parcial, ou seja, caso o revendedor absorva uma parte do prejuízo, repassando apenas uma fração do sobrepreço ao próximo elo da cadeia, será possível observar a existência de uma série de prejudicados, inseridos nos mais diversos níveis da cadeia de produção, afetados por um

cobrar um pouco a menos que o preço do cartel. (Hovenkamp, *op. cit.*, 2016, p. 202-203). Tradução livre do original, em inglês: "The torn in every cartel's flesh is the firm that refuses to participate. Conversely, the outsider in a cartelized market has the best of all possible situations. First, it suffers no risk of antitrust liability. Second, it can ride on the cartel's price increases without reducing its own output. In fact, it can increase output and sell all it wishes at a large profit by charging only slightly less than the cartelized price.".

[725] Para uma análise mais detida acerca do *volume effect*, ver Item 4.1.4.

[726] Hovenkamp, *op. cit.*, 2016, p. 203.

[727] Veljanovski, *op. cit.*, 2020, p. 110.

único ato ilícito. Todos estes prejudicados terão legitimidade para ingressar com demandas judiciais para reparação dos danos sofridos pela atuação do cartel.

Outro relevante grupo de prejudicados de forma indireta pelo conluio é o dos adquirentes de produtos comercializados por concorrentes do cartel que tenham sido afetados pelo efeito guarda-chuva. Conforme tratado no Item 4.1.3, o cartel pode gerar sobrepreço nos produtos e serviços comercializados pelos concorrentes à margem do conluio e, caso comprovado o nexo causal entre tal sobrepreço e a atuação colusiva, será sim possível aos adquirentes destes produtos ou serviços acionar os integrantes do cartel para indenização dos danos.

As maiores controvérsias acerca da legitimidade ativa para ARDCs, no entanto, se encontram no âmbito dos danos coletivos. O cartel, como visto especialmente no Item 4.1.7, costuma gerar danos de alta repercussão social e que são passíveis de indenização. Mas a quem é conferida a titularidade para buscar em juízo a reparação destes danos?

Os danos coletivos, como elucidado no Item 4.1.7, geram prejuízos de repercussão social ao mesmo tempo em que lesam cada um dos integrantes da sociedade de forma individual. Por tal efeito, não obstante o fato de o art. 47 da LDC limitar, de forma expressa, a defesa de interesses individuais homogêneos por infração à ordem econômica ao rol de legitimados trazido pelo art. 82 do CDC[728], questiona-se, no campo doutrinário, se não seria preferível conferir também aos particulares inseridos na coletividade afetada a prerrogativa de pleitear em juízo a indenização de determinados tipos de danos coletivos.

Não se trata, aliás, de uma discussão recente. Gerorge Ripert já ressaltava, há quase um século, a dificuldade de definição da legitimidade ativa para cobrança de danos coletivos, apontando que, caso conferida a cada uma das vítimas a legitimidade para pleitear a reparação integral do prejuízo resultante do dano moral coletivo, "o autor do ato ficaria esmagado sob o número infinito destas ações", ao mesmo tempo em que, caso se buscasse dividir o prejuízo entre cada um dos indivíduos que compõem

[728] Embora, como bem observa Daniel Caselta, o art. 1º, V, da Lei nº 7.347/85 (Lei da Ação Civil Pública) também atribua legitimidade para propositura de ações voltadas à indenização de danos por infração à ordem econômica aos entes elencados no rol do referido dispositivo legal (Caselta, *op. cit.*, 2016, p. 112).

a coletividade atingida, "chegar-se-ia a uma cifra insignificante e a uma condenação de princípio"[729].

Especificamente sob a ótica de danos concorrenciais coletivos, mais precisamente daqueles causados a consumidores, Roberto Augusto Pfeiffer ressalta como barreiras ao ajuizamento das ações individuais não só os custos elevados para ajuizamento destas demandas, mas também a complexidade do tema e a dificuldade de acesso às informações necessárias à instrução da ação[730].

Neste ponto, é pertinente o alerta de Daniel Levy quanto à existência de um "limbo jurídico" para sanção de danos coletivos que, se analisados sob a ótica de cada uma das vítimas prejudicadas, constituiriam "microlesões", mas que, quando analisados em conjunto, refletem "um caráter de desrespeito à coletividade"[731]. Facilmente se visualizam exemplos de cartéis que se enquadram perfeitamente na hipótese de condutas lesivas causadoras de milhares de microlesões que, somadas, representam impacto social relevante.

Como visto nos Itens anteriores, a expressiva maioria dos cartéis se organiza por meio da definição de um sobrepreço aos produtos ou serviços por estes comercializados. Até mesmo para mascarar a existência da atuação colusiva, é comum que o sobrepreço represente uma parcela pequena do preço total do produto ou serviço, se analisado de forma individualizada. Nesse cenário, se somado o lucro obtido com todas as vendas realizadas pelo cartel, o lucro dos cartelistas será expressivo, enquanto o prejuízo do comprador, mormente em se tratando do consumidor final, tenderá a ser inexpressivo.

Para facilitar a visualização, tomemos como exemplo um dos segmentos em que é mais comum de se observar a atuação colusiva no Brasil: um cartel de postos de gasolina. Suponhamos que os postos de combustíveis de um mercado relevante hipotético se organizam em um cartel, acordando um sobrepreço de R$ 0,10 no valor do litro dos combustíveis. Determinado cliente de um destes postos de gasolina, ainda que se trate de cliente frequente, ao abastecer o tanque nesse mesmo posto por meses, observará um prejuízo total consideravelmente pequeno, que dificilmente o levará

[729] RIPERT, *op. cit.*, 2009, p. 345-346.

[730] PFEIFFER, Roberto Augusto Castellanos. *Defesa da concorrência e bem-estar do consumidor.* São Paulo: Revista dos Tribunais, 2015, p. 249.

[731] LEVY, *op. cit.*, 2012, p. 103.

a acionar o Judiciário para reparação dos danos. Por outro lado, o lucro global do posto envolvido no conluio, somado o valor obtido com o sobrepreço de todos os litros de combustíveis vendidos ao longo da operação do cartel para todos seus consumidores, poderá atingir cifras milionárias.

Há, como indicado por Daniel Levy, um "limbo jurídico" para repressão desse tipo de condutas lesivas, que, embora inequivocamente impliquem prejuízos ao bem-estar social, "individualmente, acabam não justificando a movimentação do Poder Judiciário em busca da indenização", conferindo terreno fértil à perpetuação de *ilícitos lucrativos*, como é o caso dos cartéis[732]. A partir de tal constatação, Levy defende a necessidade, para esse tipo de caso, de se conferir a qualquer dos prejudicados legitimidade para ajuizamento de ação indenizatória para cobrança de danos morais coletivos, aproveitando-se, dessa forma, da "capilaridade pela qual cada vítima poderá ser portadora de determinada lesão social, razão de ser da indenização punitiva nas microlesões"[733], desde que se logre estabelecer um sistema efetivo de controle de demandas judiciais com esse intuito, evitando-se, assim, a oneração excessiva do agente ofensor[734].

Embora sejamos entusiastas da proposta sustentada por Daniel Levy que, em certo grau, se assemelha à defendida por Antonio Junqueira de Azevedo ao propor a legitimidade dos indivíduos para propositura de demandas voltadas à indenização do "dano social"[735], parece-nos haver ao menos uma relevante barreira de ordem prática que impede a adoção desse tipo de proposta: a inexistência, hoje, de um meio eficaz de controle de demandas repetitivas em nosso sistema jurídico. Ainda que se admita, em princípio, ser mais interessante à proteção dos direitos coletivos conferir a todos os integrantes da coletividade afetada legitimidade para buscar a indenização do dano coletivo, como proposto por Daniel Levy e Antonio Junqueira de Azevedo, na prática, estar-se-ia criando terreno fértil para proliferação de demandas aventureiras, com objetivo exclusivo de enriquecimento indevido da parte autora.

Defender a adoção de medidas capazes de tornar mais atrativo o ajuizamento de ARDCs, como se defende à exaustão neste trabalho, não sig-

[732] LEVY, *op. cit.*, 2012, p. 103-104.

[733] LEVY, *op. cit.*, 2012, p. 107.

[734] Daniel Levy sugere como alternativa para tal controle o uso dos incidentes de resolução de demandas repetitivas, previsto art. 976 e seguintes do Código de Processo Civil.

[735] AZEVEDO, *op. cit.*, 2009, p. 377-384.

nifica defender a necessidade de abrasileirarmos preceitos consolidados em jurisdições de *common law* (e que, mesmo nestas, são sujeitos a críticas por parcela relevante da doutrina)[736] de modo a desconsiderar as barreiras estruturais e até mesmo culturais que impedem sua adequada aplicação em nosso ordenamento jurídico.

Importa rememorar que, pela própria estrutura de mercado brasileira, é bastante usual a formação de cartéis compostos pelos principais agentes econômicos de determinados segmentos da nossa economia[737]. Partindo do pressuposto de que a expressiva maioria das ARDCs são ajuizadas após a condenação do cartel pelo CADE, ou seja, após a aplicação das multas administrativas previstas na LDC, caso se admitisse a possibilidade de conferir, a cada um dos integrantes da coletividade afetada pelo dano coletivo advindo do cartel, legitimidade para pleitear a indenização integral destes danos, a consequência natural do descobrimento do cartel seria, muito provavelmente, a falência dos cartelistas. Tal cenário, para além de trazer inafastável risco, aí sim, de *bis in idem* desenfreado, seria muito pior do que o atual estágio de quase inexistência de reparação dos danos por cartel, principalmente se considerado o fato de que os prejudicados pelo conluio são, invariavelmente, pessoas físicas e jurídicas que dependem direta ou indiretamente da manutenção das atividades empresariais dos cartelistas para sua própria subsistência.

Recorre-se, mais uma vez, ao escólio de Georges Ripert para frisar o fato de que a indenização do dano moral coletivo tem função marcadamente punitiva, afinal, como nos lembra o jurista francês, "[a]s perdas e danos concedidas a uma coletividade não podem, a título algum, reparar o prejuízo sofrido por essa coletividade ou pelos seus membros". Assim, continua Ripert, o adjudicador, ao condenar o autor do ato ilícito à obrigação de indenizar, deverá considerar mais o espectro do autor que paga a indenização que o das vítimas que sofrem o dano.[738]

Portanto, para que a condenação à obrigação de indenizar danos morais coletivos preencha, da forma mais adequada possível, as três funções bási-

[736] Para uma análise completa acerca da problemática dos *punitive damages* nos EUA, ver: SUNSTEIN, Cass R.; KAHNEMAN, Daniel; SCHKADE, David. Assessing punitive damages. *Coase-Sandor Institute for Law & Economics Working Paper*. Chicago, n. 50, 1997.

[737] A forma com que a estrutura de mercado brasileiro favorece a formação de cartéis é tratada no Item 1.2 deste trabalho.

[738] RIPERT, *op. cit.*, 2009, p. 345-346.

cas da responsabilidade civil por dano moral, não se pode cogitar a abertura de espaço para a proliferação de ações de reparação dos mesmos danos, de modo a tornar inviável a manutenção das atividades empresariais de qualquer empresa eventualmente condenada pela formação de cartel. Há, sim, de se punir as empresas integrantes de cartel e a indenização de danos morais coletivos deve exercer papel central em tal punição. Todavia, a sanção à conduta cartelizada não pode se dar de modo a fazer com que as ARDCs sejam mais prejudiciais ao mercado e à sociedade do que o ilícito concorrencial em si.

Diante de tais constatações, parece-nos mais adequado relegar a legitimidade para pleitear, em juízo, o dano moral coletivo causado por cartéis àquelas figuras legitimadas pelos artigos 82 do CDC e 1º, V, da Lei nº 7.347/85 para persecução dos direitos difusos e coletivos, que, como ressaltado por Ripert, buscarão reparar "não o prejuízo pessoal que atinja cada um dos seus membros, mas o dano moral causado aos interesses coletivos que ela representa".[739]

Se o objetivo é fomentar a cultura de ajuizamento de ARDCs no Brasil, entendemos haver formas mais eficazes de fazê-lo, sendo que diversas delas, inclusive, já foram abarcadas pela entrada em vigor da Lei nº 14.470/22 e são analisadas em outros Itens desta obra, como a suspensão do prazo prescricional até o julgamento do cartel pelo CADE[740] e a indenização em dobro dos danos de cartel[741].

Um último ponto gerador de controvérsias quanto à legitimidade ativa para propositura de ARDCs é se o CADE, por se tratar de autarquia federal, possuiria, com fulcro no art. 82, III, do CDC, legitimidade para propositura de ações coletivas voltadas à indenização de danos oriundos de ilícitos antitruste. O entendimento que vem prevalecendo na doutrina é, hoje, no sentido de afastar tal possibilidade. Mesmo Roberto Pfeiffer, um dos principais nomes da doutrina a inicialmente defender a legitimidade ativa do CADE para propositura de ARDCs[742], após se debruçar novamente sobre o tema e analisar trabalhos acadêmicos criticando sua posição[743],

[739] Ripert, *op. cit.*, 2009, p. 346.

[740] Vide Item 6.1.1.

[741] Vide Item 7.1.

[742] O autor assim se posicionou em artigo publicado em 2004 (Pfeiffer, *op. cit.*, 2004).

[743] Notadamente a obra de Heloisa Carpena (Carpena, Heloisa. *O consumidor no direito da concorrência*. Rio de Janeiro: Renovar, 2005. p.161/162).

reformulou seu entendimento[744]. As principais razões comumente apontadas para afastar a legitimidade ativa do CADE para propositura de ARDCs são: (i) o potencial comprometimento de sua imparcialidade para julgamento das ações administrativas relacionadas aos memos ilícitos concorrenciais; e (ii) a atribuição do papel de assistente processual ao CADE pelo art. 118 da LDC[745].

De fato, em nosso entender, o papel mais adequado a ser desempenhado pelo CADE em ARDCs é mesmo o de *amicus curiae*. Em tal posição, o CADE poderá contribuir de forma relevante para a melhor solução da ação indenizatória sem comprometer seu papel judicante em sede administrativa. É este, aliás, o papel assumido pelas autoridades de defesa da concorrência nas principais jurisdições em matéria antitruste. Nos EUA, é comum que a Antitrust Division do DoJ participe de ações privadas como *amicus curiae*[746]. Na União Europeia, a Comissão Europeia se coloca de forma ainda mais ativa no monitoramento das ARDCs processadas perante as cortes nacionais, atuando como *amicus curiae* e orientando juízes na aplicação da Diretiva.[747]

6.2.2. Produção de provas

A produção de provas é uma das maiores barreiras a serem superadas por aqueles que buscam a reparação dos danos causados por cartéis. São diversos os empecilhos que se colocam para comprovação não apenas da existência do cartel, mas também para a quantificação dos danos causados aos prejudicados em virtude da conduta antieconômica.

Uma primeira importante barreira a ser superada é identificar se o comportamento alinhado de concorrentes se dá em razão da existência de conluio ou simplesmente das circunstâncias econômicas do mercado em que inseridas aquelas empresas. O alinhamento de estratégias comerciais entre concorrentes, em especial quanto à fixação de preços pode se dar no curso natural daquele mercado relevante, em fenômeno comumente chamado de *paralelismo consciente* ou *interdependência oligopolista*, ao qual Posner prefere dar o nome de *colusão tácita*.[748]-[749]. Trata-se de fenômeno comum

[744] Pfeiffer, *op. cit.*, 2015, p. 254-255.
[745] Caselta, *op. cit.*, 2016, p. 115-116.
[746] Hovenkamp, *op. cit.*, 2016, p. 792.
[747] COMISSÃO EUROPEIA, *op. cit.*, 2020.
[748] POSNER, *op. cit.*, 2001, p. 52-53.

de ser observado em mercados com quantidade reduzida de agentes econômicos, ou seja, em mercados de estrutura oligopolista, como é o caso de boa parte do mercado brasileiro.

Não sendo o alinhamento de estratégias fruto de acordos firmados entre os concorrentes com o intuito de controlar as condições de mercado, mas sim resultado direto destas, não haverá ato ilícito a justificar o ajuizamento de ações de reparação de danos por outros agentes inseridos na cadeia produtiva.[750] Assim, como leciona Forgioni:

> [a] mera coincidência de comportamentos não configura prova suficiente para a condenação de agentes econômicos pela prática de cartel, porque essa identidade pode decorrer de fenômeno "natural", denominado "paralelismo consciente" de conduta; é indispensável prova de que os agentes econômicos agiram de forma espontânea ao traçar suas estratégias de mercado[751]-[752].

[749] Para uma análise detalhada dos critérios para distinção entre colusão tácita e colusão expressa, ver: Kovacic, *op. cit.*, 1993, p. 14-21.

[750] A diferenciação destes dois cenários é ainda mais complexa em um país com as condições econômicas do Brasil, que são extremamente favoráveis a este tipo de comportamento alinhado não colusivo entre concorrentes. Neste sentido, ver Itens 1.2 e 6.2.3.1.

[751] Forgioni, *op. cit.*, 2015, p. 354.

[752] Posner por sua vez, apresenta crítica ao entendimento majoritário no sentido de que o paralelismo consciente (ou "colusão tácita", como o autor prefere chamar) não deva ser considerado como um comportamento ilícito. No entendimento do autor, "[a] ideia de que um vendedor em um mercado concentrado relutará em iniciar uma redução de preços por saber que eles serão prontamente equiparados assume que não haverá um considerável lapso temporal entre a redução inicial do preço e a resposta; em havendo, aquele que reduziu o prelo poderá temporariamente obter substanciais lucros com sua redução do preço. Também deverá haver um lapso se o corte do preço puder ser ocultado ou, nos casos em que a ocultação seja impossível, se outros vendedores não conseguirem expandir sua produção tão rapidamente quanto o primeiro para aproveitar a maior demanda a um preço inferior."(tradução livre do original, em inglês: "[t]he idea that a seller in a concentrated market will be reluctant to initiate price reductions because he knows they will be promptly matched assumes there will be no appreciable time lag between the initial price cut and the response; if there is, the price cutter may obtain substantial interim profits from his lower price. There may well be a lag if the price cut can be concealed or, in cases where concealment is impossible, if the other sellers cannot expand their output as rapidly as the first to meet the greater demand at the lower price."). Posner aponta, ainda, que tal teoria superestima o impacto da redução de preços por um dos agentes oligopolistas nas vendas dos demais. Em diversos cenários, a redução dos preços por um dos integrantes de um mercado oligopolista pode não vir a afetar as vendas de outros agentes econômicos, causando, por exemplo, a atração de novos compradores para aquele mercado relevante, o que, evidentemente, não impactará negativamente as vendas

Da mesma forma que é fundamental diferenciar-se o paralelismo consciente da atuação cartelizada, também é de suma importância atentar-se para que outros atos rotineiros e legítimos praticados por concorrentes no curso natural de suas atividades não sejam confundidos com a colusão entre concorrentes. Com efeito, é comum que concorrentes se organizem, por exemplo, em *joint ventures*, em entidades de classe ou estabeleçam fluxos legítimos de troca de informações até mesmo com o objetivo de melhorar a qualidade dos produtos ou a eficiência do mercado em questão[753]. Muito embora, como visto em Itens anteriores desta obra, algumas destas práticas possam favorecer a formação de cartéis, nenhuma delas pode ser tida, *per se*, como prova de colusão.

Importa ressaltar, ainda a título introdutório, que alguns dos elementos comumente utilizados pelo CADE quando da investigação de atos de concentração, como a demonstração do prejuízo à ordem econômica ou a identificação do mercado relevante e do poder de mercado dos agentes envolvidos, não necessitam ser comprovados quando se está diante de uma investigação de cartel.[754] Como visto no Capítulo 1, o alinhamento entre concorrentes com o objetivo de fixar preços ou dividir mercado só será efetivo caso os agentes envolvidos sejam detentores de parcela relevante do *market share*. Se os agentes colusivos não possuírem capacidade de influenciar o mercado relevante em que atuam, o alinhamento entre eles não terá capacidade de gerar efeitos anticompetitivos e, portanto, sequer configuraria ato ilícito. Por outro lado, quando o conluio se dá entre agentes de um mesmo mercado relevante, controladores de parcela expressiva

dos demais *players* daquele mercado. Partindo, portanto, da demonstração da existência de uma miríade de cenários em que a alteração da estratégia de mercado por um dos agentes integrantes de mercado oligopolista pode não afetar direta e imediatamente as vendas dos demais, Posner demonstra que, muito embora a "interdependência" entre oligopolistas possa, na maioria dos cenários, implicar, por assim dizer, a inexigibilidade de conduta diversa, esta assertiva nem sempre será verdadeira, sendo necessária, portanto, uma análise mais detida dos efeitos econômicos das condutas praticadas para que se verifique sua legitimidade ou não (Posner, *op. cit.*, 2001, p. 55-60).

753 Ana Frazão cita, como exemplo de práticas legítimas de troca de informações entre concorrentes, "a criação de estatísticas sobre o setor, a viabilização de pleitos setoriais junto ao governo e mesmo a realização de determinados esforços econômicos pró-competitivos" (Frazão, *op. cit.*, 2017, p. 448).

754 Frazão cita, neste sentido, o voto do Conselheiro Prado no âmbito do julgamento do PA 08012.002127/2002-14, no chamado "Cartel das Britas" (Frazão, *op. cit.*, 2017, p. 442-443).

daquele mercado, os efeitos anticompetitivos de tal prática tendem a sempre gerar prejuízos de grande relevância.

Não obstante seja possível a condenação de cartéis, em âmbito administrativo, pela simples comprovação da existência de um alinhamento entre concorrentes (ou de sua tentativa) com o fito de fixar preços, dividir mercado, dentre outros objetivos anticompetitivos, para efeito da condenação dos integrantes do cartel à reparação de danos, é indispensável a comprovação de dano e do nexo causal entre este e o conluio entre concorrentes. Como visto no Capítulo 3, o mero potencial lesivo não é suficiente para a configuração da responsabilidade civil. Portanto, ainda que o potencial lesado logre comprovar a existência do cartel, haverá, ainda, de superar a complexa barreira da comprovação de que a atuação do cartel lhe causou prejuízo indenizável[755].

Como se vê, são diversos os desafios enfrentados por aqueles que buscam a reparação de danos oriundos de cartel. Ainda que se esteja efetivamente diante de um mercado influenciado por atuação cartelizada, a produção de provas da existência do conluio entre os agentes envolvidos no cartel é extremamente complexa, que dirá a comprovação dos danos concorrenciais sofridos pelos afetados pelo conluio. Normalmente, cartéis são estruturados por seus integrantes de forma velada, buscando maquiar a colusão para dificultar sua identificação, o que torna uma missão praticamente impossível a de colher provas do conluio sem a realização de uma investigação profunda, conduzida por profissionais especializados e contando, principalmente, com o auxílio de informações privilegiadas que, na expressiva maioria das vezes, são obtidas pelos investigadores do CADE por meio dos acordos de leniência e de TCCs.

Justamente em razão dos desafios impostos para produção de prova que há, como destaca César Costa Alves de Mattos, "uma ampla discussão sobre qual o padrão de prova a ser utilizado na condenação de cartéis".[756] Buscaremos, assim, nos próximos Itens, apresentar e analisar as principais alternativas possíveis de serem adotadas pelos prejudicados para superar a barreira da produção de provas em ARDCs.

[755] Alguns dos métodos econômicos possíveis de serem empregados como meio de prova dos danos ocasionados por cartel são apresentados no Item 6.2.3.1.

[756] Mattos, *op. cit.*, 2013, p. 279.

6.2.2.1. O uso de provas indiretas ou circunstanciais e a doutrina do paralelismo *plus*

A dificuldade de produção de provas da formação de cartel não se limita ao âmbito de ações cíveis ajuizadas por particulares prejudicados pela atuação colusiva. Mesmo nos processos administrativos, a reunião de provas do ilícito concorrencial se coloca como importante barreira a ser superada nas investigações feitas pelas autoridades de defesa da concorrência.

A Superintendência-Geral do CADE, no âmbito do Processo Administrativo nº 08700.004617/2013-41, destinado à investigação de suposto cartel formado por algumas das principais empreiteiras do Brasil para fraudar ao menos 21 (vinte e uma) licitações públicas entre os anos de 1998 e 2014, apontou a dificuldade para obtenção de provas diretas da formação de cartel, principalmente em virtude das sofisticadas estratégias utilizadas por seus integrantes para ocultação de sua existência:

> Cientes da ilicitude da conduta que estão cometendo e das repercussões administrativas, criminais e civis a que estão sujeitos, os membros de um cartel costumam ocultar as evidências de seus atos, o que torna a reunião de provas e indícios da conduta tarefa hercúlea. Reuniões, contatos, trocas de informações sobre preços e clientes, entre outros, são geralmente realizados com extrema discrição e sigilo, muitas vezes com a utilização de códigos e siglas, de forma a não deixar transparecer qualquer ilicitude. Cartéis são, sem dúvida, umas das condutas mais difíceis de ser investigada. Por essa razão, técnicas de detecção e apuração mais sofisticadas têm cada vez mais se tornado ferramentas fundamentais para uma investigação de cartel bem-sucedida[757].

Como já apontado anteriormente, são raros os processos administrativos do CADE para apuração de supostos cartéis que não têm origem em delação por parte de algum dos envolvidos[758], sendo ainda mais raros aqueles casos em que há a efetiva condenação. Quais seriam, portanto, as formas de identificar cartéis sem necessariamente se socorrer do auxílio de um delator?

Segundo Kovacic, a comprovação da existência de cartéis pode se dar mediante dois tipos principais de prova: (i) documentos capazes de com-

[757] CADE. Processo Administrativo nº 08700.004617/2013-41.

[758] A importância de programas de leniência para identificação e punição de cartéis é ressaltada ao longo de diversas passagens deste estudo, mas é mais aprofundada no Item 6.1.2.

provar uma troca direta de "garantias" entre concorrentes (como, por exemplo, documentos escritos ou prova testemunhal atestando um plano de ação entre os integrantes do conluio); ou (ii) provas indiretas indicativas da existência de "padrões de comportamento paralelo", ou seja, elementos capazes de evidenciar que os supostos cartelistas adotaram estratégias de negócios similares e simultâneas[759].

Como bem destaca Ana Frazão, o uso de provas indiciárias e circunstanciais é fundamental para comprovação da existência de cartéis, mormente quando inexistente a figura do leniente[760]. Diante da própria sofisticação dos meios utilizados por seus integrantes para ocultar a existência do cartel, a não utilização de provas indiretas prejudicaria a própria eficácia da legislação antitruste, "pois deixaria passar incólumes práticas altamente lesivas à economia e aos consumidores"[761]. Até mesmo por isso, destaca o ex-conselheiro do CADE Ruy Santacruz, que "a maior parte da prova colhida nos processos do CADE pauta-se em indícios que, analisados à luz da teoria econômica, fazem concluir pela existência de uma conduta restritiva da concorrência"[762]. Mesmo a ainda incipiente jurisprudência brasileira no tema de reparação de danos por cartel já apresenta precedentes reconhecendo a importância das provas indiretas nesse tipo de caso[763].

Nos EUA, em que, como visto no Item 5.1.1, as ARDCs são elemento fundamental da política antitruste, agentes públicos e privados costumam focar sua investigação na identificação de provas de um alinhamento entre os agentes econômicos para a fixação de preço.[764] No entanto, a relevância dada a tal estratégia pela política antitruste americana é criticada por

[759] Kovacic, *op. cit.*, 1993, p. 19.

[760] Ressalte-se, neste ponto, que o Direito Civil brasileiro admite, de forma expressa, a prova indireta ao admitir a "presunção" como meio de prova (art. 212, IV do Código Civil).

[761] Frazão, *op. cit.*, 2017, p. 449.

[762] Santacruz, *op. cit.*, 2003. p. 417.

[763] Cite-se como exemplo precedente do Tribunal Regional Federal da 4ª Região em Ação Civil Pública, em que se reconheceu que "A formação de cartel é de difícil comprovação documental, por envolver a atuação de organização informal, mantida na clandestinidade, a qual evita registrar seus acordos ilícitos, o que torna legítima, para esse fim, a prova indireta (presunções e indícios), extraída do contexto fático e seus efeitos" (TRF-4, Ap. Civ. nº 5080116-37.2016.4.04.7100, Quarta Turma, Relª. Desª. Vivian Josete Pantaleão, da do julgamento: 04.09.2019).

[764] Calixto Salomão Filho aponta que essa busca pela prova da existência do acordo colusivo também tem norteado a prática antitruste brasileira (Salomão Filho, *op. cit.*, 2013, p. 566).

Richard Posner, que ressalta o fato de que essa cultura de "criminalização da fixação de preços" acabaria por implicar a identificação e punição de cartéis menos prejudiciais à economia e que são mais fáceis de serem identificados por contar com muitos membros, que acabam se organizando por meio de negociações menos ocultas e mais sujeitas a "quebras do cartel" por alguma das partes envolvidas.[765]

César Costa Alves de Mattos alerta, ainda, para os riscos de cometimento de injustiças ao se presumir como colusiva a simples constatação da existência de alinhamento de preços entre concorrentes. Segundo o autor, essa presunção de ilicitude pode resultar a sanção de comportamentos naturais de determinadas estruturas de mercado, principalmente as oligopolizadas, em que o comportamento de um dos agentes de mercado tende a influenciar o dos demais. Em um mercado concentrado, a redução de preços por determinada empresa tenderá a levar à redução dos preços de seus concorrentes para evitar a perda de clientes. Estes tipos de movimentos, que Kovacic classifica como "coordenação interdependente" entre concorrentes,[766] como bem observa Mattos, "não são nada mais, nada menos que o próprio processo de concorrência acontecendo, fim último da política antitruste".[767]

Segundo Posner, a cultura do direito antitruste americano de, nas palavras do autor, "criminalizar" o alinhamento de preços, está mais atrelada à dificuldade de advogados e magistrados em realizar estudos voltados à identificação das consequências econômicas do cartel do que à eficiência de tal método investigativo – além, evidentemente, do investimento mais elevado que se deve empregar para realização de análises econômicas dos efeitos do cartel. Posner chega até mesmo a afirmar que a importância dada pelos agentes envolvidos na política antitruste americana à comprovação de acordos para fixação de preços se daria simplesmente porque, nas palavras do autor, "nós não sabemos o suficiente sobre cartelização para usar qualquer outra abordagem"[768]-[769].

[765] Posner, *op. cit.*, 2014. p. 351-352.

[766] Kovacic, *op. cit.*, 1993, p. 8.

[767] Mattos, *op. cit.*, 2013, p. 280.

[768] Posner, *op. cit.*, 2001, p. 53-55.

[769] É possível acrescentar às observações de Posner o fato, esmiuçado no Item 5.1.1, de que a política antitruste americana se organiza em torno das ações privadas de reparação de danos, sendo reduzido o número de potenciais condutas anticompetitivas investigadas pelas agências

Dessa forma, Posner apresenta o que seria uma "abordagem econômica" de identificação da colusão entre concorrentes, como alternativa à tradicional "abordagem legal"[770]. Esta abordagem econômica se divide em duas etapas. Na primeira, deve-se identificar aqueles mercados em que as condições econômicas são favoráveis à colusão, a partir dos critérios já elencados no Item 1.2 desta obra. Identificada a propensão do mercado relevante à formação de cartéis, parte-se à análise quanto à efetiva existência ou não de atuação colusiva no mercado em questão, com base nos seguintes fatores:

(i) *Discriminação de preços.* Discriminação de preços é o nome dado à prática de estabelecer preços diferentes para produtos similares e que apresentam mesmo custo marginal de produção[771]. Muito embora a discriminação de preços não seja costumeiramente vista como ilegal, sendo tida mais como uma "mera resposta das companhias às diferentes condições de mercado"[772], a sua implementação é facilitada em mercados monopolísticos. Portanto, a persistência de discriminação de preço em determinado mercado pode evidenciar a atuação cartelizada, haja vista que tal tipo de prática tende a não se manter por período alongado em mercados competitivos[773].

(ii) *Perda de market share pelos líderes do mercado.* Preços inflados em virtude da atuação do cartel tendem a servir como atrativo à entrada de novos agentes econômicos no mercado relevante sob influência

públicas de defesa da concorrência estadunidenses. Por óbvio, ao se relega aos agentes privados o papel de principais responsáveis pela investigação de cartéis, é natural que estes enfrentem dificuldades relacionadas à limitação de recursos (financeiros e humanos) para uma análise mais profunda dos possíveis ilícitos concorrenciais, o que ajuda a explicar a preferência pela investigação de cartéis menos sofisticados e mais explícitos.

[770] Posner apresenta sua sugestão de análise econômica e lista os critérios que deverão ser aplicados para sua utilização prática em ao menos duas de suas obras: Posner, *op. cit.*, 2001, p. 69-100; e Posner, *op. cit.*, 2014, p. 351-358. Partir-se-á, portanto, dos critérios apresentados pelo autor na segunda obra indicada, de publicação mais recente, que serão complementados, quando necessário, pelos critérios apresentados na primeira obra, na qual a questão é tratada de forma mais detida.

[771] Armstrong, Mark. Price discrimination. In: Buccirossi, Paolo (Org.). *Handbook of antitrust economics.* Londres: MIT, 2008, p. 433.

[772] Tradução livre do original, em inglês: "a mere response by the companies to different market conditions" (Salomão Filho, Calixto. *A Legal Theory of Economic Power.* Implications for Social and Economic Development. Northampton: Edward Elgar, 2011, p. 81).

[773] Posner, *op. cit.*, 2001, p. 80.

do cartel. Não obstante possam os cartelistas adotar medidas para barrar a entrada destes novos *players* – como, por exemplo, reduzir momentaneamente os preços para parâmetros competitivos –, é comum que os integrantes do cartel vejam como economicamente mais vantajosa a manutenção dos preços inflados pelo cartel, ainda que a estratégia resulte a perda de parcela do mercado para outras empresas não envolvidas no conluio. Com isso, a verificação de perda constante de *market share* pelas empresas líderes do mercado relevante pode ser tida como indicativa da existência de um cartel.

(iii) *Congelamento do preço de revenda.* Diferentemente do preço de venda, o preço praticado por determinado fornecedor aos seus revendedores não é facilmente verificável pelos demais fornecedores daquele mesmo mercado. Dessa forma, o congelamento dos preços de revenda é prática comumente aplicada por cartéis de fornecedores para evitar a quebra do cartel por seus integrantes, uma vez que, com isso, qualquer cartelista que eventualmente reduza seu preço de venda não virá auferir qualquer ganho efetivo, tornando a quebra do cartel menos interessante economicamente.

(iv) *Não-alternância de market share.* A não observância de flutuação real de *market share* entre concorrentes por relevante período é forte indicativo de que há um acordo vigente para divisão do mercado. Em um mercado competitivo, os concorrentes tendem a estar em constante disputa para aumentar sua margem de controle do mercado, mediante a tomada da parcela pertencente aos demais concorrentes.

(v) *Diferenças injustificáveis de preço por região.* Como cartéis costumam se organizar de forma regional, a existência de uma diferenciação considerável de preços entre regiões que não possam ser justificadas por uma variação de custo ou de demanda é também um bom indicativo da atuação cartelizada.

(vi) *Demanda elástica a preço de mercado.* Uma alta elasticidade de demanda ao preço de mercado, cumulada com a ausência de substitutos compatíveis do produto, é forte indício da influência de um cartel para a formação do preço. Como visto no Item 1.2, mercados em que a demanda é inelástica a preços competitivos são terrenos férteis à formação de cartéis. No entanto, cartéis formados nesse

tipo de ambiente irão inflar o preço até que se atinja a margem máxima de elasticidade deste mercado. Como aponta Posner, este é um bom exemplo da diferença entre as condições econômicas que favorecem a formação de cartéis e aquelas que os evidenciam[774].

(vii) *Padrões anormalmente elevados de retorno.* Como reiteradamente afirmado, o objetivo central das empresas que atuam em colusão com seus concorrentes é eliminar os impactos que a livre concorrência gera em seus lucros. Via de consequência, cartéis de sucesso geram retorno excessivamente elevado para seus integrantes, o que pode servir como indicativo da existência do conluio entre concorrentes. É certo, todavia, que há inúmeros fatores econômicos que podem resultar em margem elevada de lucros (diversos deles, inclusive, oriundos de boas práticas comerciais). Nessa linha, Posner ressalta que a existência de margens anormalmente elevadas de lucro serve como um indicativo ainda mais forte da existência de cartéis quando observadas em mercados em declínio[775], que, como visto no Item 1.2., são bastante suscetíveis à atuação de cartéis.

Por óbvio, todos os indicativos econômicos elencados por Posner como indicadores da existência de cartéis podem se apresentar em mercados não influenciados por atuação cartelizada. Na prática, não será incomum observar, inclusive, a existência de mais de um dos indicadores acima listados em mercados totalmente livres de condutas anticompetitivas. Todavia, ante a dificuldade de comprovação da existência de cartéis, a utilização dos indicativos econômicos elencados por Posner (listados neste Item e no Item 1.2) serve como importante facilitador na investigação de cartéis.

Segundo Hovenkamp, uma aplicação rigorosa de provas indiretas e circunstanciais implica que se tenha em mente o seguinte:

> em razão da ausência de disponibilidade de provas, muitas conspirações antitruste não podem ser comprovadas por evidências "diretas", como acordos escritos, gravações, ou testemunhos possíveis de serem aceitos. No entanto, o simples fato de empresas terem tido a oportunidade de atuar em colusão ou de que a colusão aparentaria ser lucrativa para elas não são suficientes para comprovar o conluio. O autor que se esteia em provas circunstanciais deverá

[774] POSNER, *op. cit.*, 2014, p. 357.
[775] POSNER, *op. cit.*, 2014, p. 357.

demonstrar, adicionalmente, que as ações dos réus são racionais (com racional significando incrementadoras de lucratividade) apenas se adotadas quando já se sabia que as demais empresas concorrentes modificariam seu comportamento de forma similar[776].

As premissas colocadas por Posner e Hovenkamp são perfeitamente aplicáveis ao sistema brasileiro de reparação de danos por cartel, encontrando amparo em nosso ordenamento jurídico. A legalidade da prova indireta no direito civil brasileiro é instituída a partir da leitura conjunta dos artigos 212, IV, do Código Civil, e 374, IV, do Código de Processo Civil, sendo esta amplamente aplicada em matéria antitruste.[777]

Conforme já destacado, são raros os casos em que o CADE procede à investigação de cartéis sem a contribuição da delação de um dos envolvidos e mais raros ainda são os casos em que há a efetiva condenação do cartel sem a existência de um delator. No entanto, a análise destes poucos precedentes de investigação administrativa sem amparo em delação é fundamental para entender a importância do uso de elementos econômicos como provas indiretas da formação de cartel.

No julgamento de processo administrativo voltado à apuração de um suposto cartel no mercado de aquecedores solares, o Conselheiro Relator

[776] Tradução livre do original, em inglês: "(1) because the proof is not available, many antitrust conspiracies cannot be established by "direct" evidence, such as written agreements, tape recordings, or testimony of offer and acceptance. As a result, *some* kind of circumstantial proof must be accepted. However, (2) the mere fact that the firms had an opportunity to collude, or that collusion would appear to be profitable to them, is not sufficient to prove collusion; and (3) the plaintiff relying on circumstantial evidence must show in addition to (2) that the defendants' actions were rational (with rational generally meaning profit-increasing) only if they were undertaken with the understanding that other firms would modify their behavior in a similar fashion." (Hovenkamp, *op. cit.*, 2016, p. 225-226).

[777] Embora majoritário o entendimento doutrinário e jurisprudencial (principalmente na jurisprudência do CADE) pela aceitação das chamadas "provas econômicas" para condenação de cartéis, há aqueles que criticam a capacidade de tais provas, *per se*, serem tidas como suficientes para a condenação de cartel. Para Arthur Barrionuevo e Pedro Dutra, "a 'prova econômica' não traz, porque não pode trazer, a prova do acordo da concentração que deu causa à formação do cartel", razão pela qual, no entender dos citados autores, "não é bastante a amparar a imposição de sanção a uma conduta cartélica" (Barrionuevo, Arthur; Dutra, Pedro. Provas econômicas em cartéis: caso do fornecimento de alimentação em presídios do Rio de Janeiro. In: Cristofaro, Pedro Paulo Salles; Bagnoli, Vicente (Orgs.). *Jurisprudência do CADE comentada*. São Paulo: RT, 2019. p. 287).

Márcio de Oliveira Júnior entendeu pela possibilidade de reconhecimento da formação de cartel com base em provas indiretas do conluio. No caso, os conselheiros julgadores chegaram à conclusão, alinhada com o escólio de Hovenkamp transcrito anteriormente, de que o paralelismo de preços observado entre empresas do mesmo mercado relevante, em diversas licitações com ofertas em envelopes fechados, somado à ausência de concorrência nas segundas fases dos leilões só se justificaria racionalmente em caso de existência de conluio entre as licitantes.[778]

Ana Frazão destaca outro elucidativo caso julgado pelo CADE, em processo administrativo de relatoria da própria autora, em que, não obstante a ausência de provas diretas, os elementos indiretos de prova permitiram "concluir, sem maiores controvérsias, pela existência do cartel".[779] Trata-se de outro caso de procedimento licitatório, em que a primeira colocada no certame deixou transcorrer o prazo para resposta a ofício da entidade responsável pela licitação, sem qualquer justificativa plausível para tanto, resultando em sua exclusão do certame. Constatou-se, todavia, que a referida empresa, no mesmo dia, firmou contrato de sociedade em conta de participação com a segunda colocada no procedimento licitatório, para que ambas as empresas desenvolvessem, em conjunto, a obra objeto da licitação, fato que fez com que o CADE entendesse pela evidência da existência de conluio entre as empresas.[780]

Vê-se, com base nos precedentes analisados acima, que o CADE admite a condenação de cartéis quando identificável a existência de um paralelismo de preços somado à existência de fatores econômicos típicos de mercados sob influência da atuação de cartel e que dificilmente se justificariam por fatores outros que não a existência de um conluio. Esta técnica de análise se convencionou chamar "paralelismo *plus*".[781]

[778] Nas palavras do Conselheiro Relator, "o CADE não poderá condenar pessoas naturais ou jurídica por cartel em razão do mero paralelismo de preços, mas poderá condenar por cartel se esse paralelismo for adicionado a outros elementos que demonstrem a linearização de decisões e de comportamentos no mercado relevante considerado" (CADE. Processo Administrativo nº 08012.001273/2010-24. Rel. Conselheiro Márcio de Oliveira Júnior. Data do julgamento: 16.09.2015).

[779] Frazão, *op. cit.*, 2017, p. 455-456.

[780] CADE. Processo Administrativo nº 08012.009885/2009-21. Relª. Conselheira Ana Frazão. Data do julgamento: 08.04.2015.

[781] Bagnoli, *op. cit.*, 2020, p. 345.

O conceito de *plus factors* se desenvolveu na jurisprudência e doutrina norte-americanas a partir, principalmente, dos precedentes estabelecidos nos casos *Interstate Circuit*,[782] *American Tobacco*[783] e *Theatre Enterprises*[784]. Nos citados precedentes, a Suprema Corte dos EUA concluiu ser possível de se considerar comprovada a formação de cartel naqueles casos em que apresentados elementos circunstanciais de prova quanto à existência de uma atuação concertada entre concorrentes, desde que, acionados judicialmente em razão do suposto conluio, os réus não lograrem apresentar justificativas econômicas suficientes para o comportamento paralelo entre as empresas que não a existência de um alinhamento anticompetitivo.[785]-[786]

Kovacic, em amplo estudo da jurisprudência norte-americana, elenca os principais elementos comumente analisados por litigantes e julgadores para efeito de valoração de *plus factors* como prova da existência de cartéis. São eles:[787]-[788]

(i) *Existência de um motivo racional para o comportamento orquestrado das empresas rés*. A partir do precedente firmado pela Suprema Corte no caso *First National Bank*,[789] diversos julgados em cortes americanas passaram a exigir que, em casos pautados em provas indiretas, seja demonstrado pelo autor da demanda que a atuação colusiva pelos réus é racionalmente justificável, ou seja, que o alinhamento entre os concorrentes tenderia a garantir-lhes uma vantagem econômica.

(ii) *As ações adotadas pelos réus seriam contrárias aos seus próprios interesses, não fossem parte de um plano coletivo*. De forma semelhante à do Item anterior, faz-se uma análise quanto à existência de justifica-

[782] Interstate Circuit, Inc. v. United States, 306 U.S. 208 (1939).

[783] American Tobacco Co. v. United States., 328 U.S. 781 (1946).

[784] Theatre Enterprises v. Paramount Distributing., 346 U.S. 537 (1953).

[785] No caso *Theatre Enterprises*, as empresas demandas judicialmente apresentaram elementos econômicos que vieram a ser tidos pela Suprema Corte como suficientes para justificar que o paralelismo consciente entre as empresas se dava em razão das condições de mercado e não de um alinhamento anticompetitivo entre elas, o que não configura ilícito antitruste.

[786] Kovacic, *op. cit.*, 1993, p. 31-33.

[787] Kovacic, *op. cit.*, 1993, p. 37-55.

[788] Diversos dos elementos indicados por Kovacic são variações ou reflexos dos indícios econômicos apontados por Posner, analisados no início deste Item, bem como das condições facilitadoras à formação de cartéis já estudadas no Item 1.2.

[789] First National Bank v. Cities Service Co, 391 U.S. 253 (1968).

tivas econômicas para as condutas adotadas pelas empresas rés, se consideradas do ponto de vista individual. Caso estas condutas só façam sentido econômico quando também adotadas pelas demais empresas rés, tem-se um forte indício de colusão.

(iii) *Fenômenos de mercado impossíveis de serem justificados racionalmente, salvo em razão da existência de conluio.* Mais um elemento voltado a análises de comportamento de mercado similares às indicadas nos dois Itens anteriores. Trata-se da verificação de comportamentos que dificilmente teriam outra explicação que não a existência de atuação orquestrada entre concorrentes, como, por exemplo, longos períodos de identidade de preços (sendo os aumentos e diminuições de preços realizados sempre de forma coordenada entre os concorrentes) ou a apresentação de propostas fechadas idênticas (ou extremamente semelhantes) em processos licitatórios.

(iv) *Existência de um histórico de condenações anteriores dos réus por violações antitruste.* É comum que se dê maior relevância às provas indiretas de conluio em casos nos quais já existente histórico pregresso de condutas anticompetitivas praticadas pelos réus, especialmente quando a conduta investigada e os possíveis participantes são os mesmos verificados na condenação anterior.

(v) *Evidências de comunicações ou encontros entre os acusados.* A simples existência de encontros ou comunicações entre concorrentes não costuma ser considerada prova suficiente da existência de um alinhamento ilegal entre concorrentes. Há, no entanto, três situações em que estes encontros e/ou comunicações são considerados pelas cortes estadunidenses como fortes indicadores da formação de cartel: (i) casos de encontros clandestinos ou trocas secretas de informações sensíveis; (ii) situações em que os réus ajustaram, de forma orquestrada, seu comportamento de mercado logo após o encontro ou troca de mensagens; e (iii) quando o encontro entre concorrentes envolveu a troca direta de informações indicativas de que os concorrentes estavam alinhando o curso de suas atuações.

(vi) *Uso de práticas facilitadoras da atuação cartelizada.* Trata-se da identificação da existência de condições que favoreçam a atuação e manutenção do cartel, conferindo meios eficazes de troca de informações entre os concorrentes e de identificação e punição de desvios de conduta por algum dos integrantes do cartel.

(vii) *Estrutura de mercado que favoreça ou dificulte a formação de cartel.* Como visto no Item 1.2 deste trabalho, existem diversos fatores de mercado que servem como facilitadores à formação de cartel. A existência destes elementos deve ser considerada para efeito de valoração das provas indiretas de cartel, seja para alegar ou refutar a existência do conluio.

(viii) *Análise de fatores de performance do mercado relevante.* É comum que se proceda à análise de fatores de performance para efeito da verificação de uma possível existência de organização anticompetitiva, em linha semelhante à abordagem econômica sugerida por Posner e analisada mais acima. A verificação de prolongada estabilidade nos percentuais de *market share* e nas margens de lucro das empresas integrantes do mercado ou a manutenção constante, em toda a indústria, de preços supracompetitivos são fortes indicativos da existência de alinhamentos anticompetitivos.

Estes elementos elencados por Kovacic podem ser considerados para identificação de todo e qualquer tipo de cartel. Há, todavia, alguns *plus factors* especificamente aplicáveis para identificação de determinadas modalidades de cartel. Dentre eles, destacam-se, pelas particularidades de tal modalidade, os *plus factors* para identificação de cartéis em licitações, que merecem um olhar mais atento, não só por se tratar de um tipo bastante comum e altamente prejudicial de cartel, mas também em razão de ser um tipo de organização colusiva pouco denunciada por meio de programas de leniência[790].

Considerando, dessa forma, que o meio mais comum de identificação de cartéis (leniência), tende a ser pouco eficaz para descobrimento de cartéis em licitações, a importância da identificação de elementos indicativos da existência desse tipo de cartel torna-se ainda mais acentuada. Ciente de tal fato, a OCDE divulgou, em 2012, versão atualizada de suas recomendações para combate e identificação de cartéis em licitações públicas[791].

As autoridades brasileiras também reconhecem a importância de elementos indiretos de prova para identificação de cartéis em licitações. Os cartéis em licitação foram objeto de recentes estudos realizados pelo

[790] Heimler, *op. cit.*, 2012, p. 849-850.

[791] OCDE. *Recommendation of the Council on fighting bid rigging in public procurement.* Paris, 2012.

CADE e pelo Ministério da Justiça e Segurança Pública. Tais estudos resultaram na publicação de um artigo, assinado por Ricardo Carvalho de Andrade Lima e Guilherme Mendes Resende, sugerindo a utilização da estatística I-Moran para identificação de cartéis em licitações públicas brasileiras[792], além da publicação de guia prático para identificação de elementos indicativos da existência de cartéis em licitação (ou seja, *plus factors*)[793] e de uma checklist simplificada destes elementos.[794]

Dentre os elementos indicativos da existência de cartéis em licitações elencados tanto nas recomendações da OCDE quanto nos documentos publicados pelas autoridades publicadas brasileiras, destacam-se (i) a apresentação de propostas similares entre as empresas perdedoras, destoando injustificadamente da proposta vencedora; (ii) a subcontratação das empresas perdedoras pela empresa vencedora para execução do objeto da licitação; (iii) a verificação de um padrão de alternância entre os vencedores de licitações; (iv) a apresentação de propostas, pelas empresas perdedoras, com erros grosseiros (principalmente se estes forem verificados em todas as propostas perdedoras); (v) uma grande alternância de padrão das propostas apresentadas pela mesma empresa em diferentes licitações, com o mesmo objeto; (vi) a existência de uma aparente divisão de territórios entre fornecedores, que sempre sagram-se vencedores em certames realizados em determinada região geográfica; e (vii) a injustificada desistência de fornecedores em participar de certames ou de apresentar propostas efetivamente competitivas.

Voltando à análise da disciplina geral dos *plus factors*, um ponto bastante ressaltado por Kovacic no levantamento por este realizado em meados da década de 1990 foi o de que a jurisprudência estadunidense costumava não

[792] Segundo a publicação do CADE, "[a] ideia da estatística I-Moran proposta no trabalho é identificar se os lances feitos na primeira fase dos pregões eletrônicos de contratos licitatórios apresentam autocorrelação sistemática, o que poderia indicar a formação de um cartel". O estudo baseou-se na aplicação do referido método estatístico ao suposto cartel no mercado de dispositivos cardíacos implantáveis (PA 08700.003699/2017-31). Segundo concluíram os economistas responsáveis pela publicação do artigo, "aplicando-se a estatística I-Moran a uma base de dados pública foi detectado que os lances ofertados pelas empresas investigadas possuem uma autocorrelação positiva e estatisticamente significante", sendo que "o I-Moran é estatisticamente significante apenas na subamostra quando o cartel provavelmente existiu (2005-2015)" (BRASIL. CADE. *Using the Moran's I to detect bid rigging in Brazilian procurement auctions*. Brasília, 2019).

[793] BRASIL. CADE. *Guia*: combate a cartéis em licitação. Brasília, 2019.

[794] BRASIL. CADE. *Cartel em licitações*: sinais de alerta. Brasília, 2021.

tratar, de forma clara, o peso dado a cada um dos *plus factors* para efeito de verificação da existência de cartel com base em provas indiretas[795].

Ainda é possível de se observar um cenário um tanto nebuloso no tratamento do tema em casos de antitruste ao redor do mundo. Todavia, a doutrina do paralelismo *plus* evoluiu para indicar a existência de ao menos dois níveis distintos de fatores econômicos indicativos da formação de cartel: os "*plus factors*" e os "*super-plus factors*"[796]. Em linhas gerais, hodiernamente, o conceito de *plus factors* fica restrito aos fatores econômicos estruturais indicativos da possível existência de uma atuação cartelizada, ao passo em que os *super-plus factors* seriam aqueles fatores econômicos altamente improváveis de se apresentar na ausência de um acordo colusivo[797]-[798]. Ou seja, *super-plus factors* seriam elementos capazes de comprovar que a conduta adotada pelos concorrentes seria contrária ao próprio interesse individual dos agentes envolvidos e que, portanto, só poderia ser tida como fruto de um comportamento racional em caso de atuação colusiva[799].

[795] Kovacic, *op. cit.*, 1993, p. 80.

[796] Tal evolução se deu, inclusive, com importante contribuição de estudos do próprio Kovacic, em grande parte refletidos em artigo elaborado em coautoria com outros grandes nomes do direito antitruste norte-americano, em que os autores defendem a aplicação de um método matemático de valoração dos *plus factors* e *super plus factors* para determinar a probabilidade de existência de cartéis em procedimentos licitatórios (Kovacic, Willian E.; Marshall, Robert C.; Marx, Leslie M.; Whit, Halbert L. Plus factors and agreemnt in antitrust law. *Michigan Law Review*, Ann Arbor, v. 110, p. 393-435, 2011).

[797] Na lição de Veljanovski, "*plus factors* são fatores estruturais como elevação de preço, limitação quantitativa, etapas para redução da resistência do comprador, alterações de incentivos internos, estruturas de alocação do cartel, conjuntamente com estruturas de operação do cartel (monitoramento e punição) que aumentam a probabilidade de um cartel. *Super-plus factors* são *plus factors* que são altamente improváveis de ocorrer na ausência de um acordo colusivo. A distinção entre *plus factors* e *super-plus factors* não são determináveis *a priori*." (Veljanovski, *op. cit.*, 2020, p. 64). Tradução livre do original, em inglês: "*Plus factors* are structural factors such as price elevation, quantity restriction, steps to reduce buyer resistance, internal incentive shifts; cartel allocation structures, together with cartel enforcement structures (monitoring and punishment) which increase the likelihood of a cartel. *Super-plus factors* are plus factors that are highly unlikely to occur in the absence of a collusive agreement. The distinction between plus factor and super-plus factors is not determined a priori.".

[798] Importa ressaltar, aliás, que o paralelismo plus e/ou os indicativos econômicos indicados por Posner podem ser utilizados não só como prova da existência da atuação cartelizada, como também de sua inexistência. Com efeito, é bastante comum que acusados de formação de cartel apontem a ausência de *plus factors* como prova negativa da existência de cartel.

[799] Hovenkamp, *op. cit.*, 2016, p. 227.

Mesmo com a consolidação global dos *plus factors*, ainda é possível de se verificar casos em que, não obstante a existência de fortes indícios econômicos de formação de cartel, o CADE entendeu pela não condenação das empresas investigadas ante a não comprovação efetiva da formação do conluio. Dentre tais casos, um precedente interessante de ser destacado é relacionado justamente a um suposto cartel de licitações, que haveria sido formado para fraudar licitações públicas para fornecimento de alimentos aos presídios do Estado do Rio de Janeiro[800]. Nesse caso, a conselheira relatora Cristiane Schmidt, em seu voto, elencou 14 (quatorze) indícios de atuação de cartel nas licitações investigadas, opinando pela condenação das empresas representadas. Todavia, o voto da conselheira relatora restou vencido, tendo prevalecido o entendimento capitaneado pelo conselheiro Mauricio Bandeira, que refutou a força dos indícios apontados pela relatora para comprovação efetiva da formação de cartel.[801]

Em resumo, e de modo geral, pode-se concluir que a prova indireta de formação de cartel só poderá ser considerada isoladamente como apta à comprovação da existência do conluio quando o comportamento dos concorrentes não puder ser justificado econômica e racionalmente que não em função da existência de um cartel. Ou seja, somente se admitirá a comprovação do cartel mediante emprego exclusivo de provas circunstanciais quando estas constituírem *super-plus factors*.

Por fim, vale ressaltar que os elementos capazes de constituir prova indireta da formação de cartel jamais podem ser tratados de forma estanque, devendo ser a sua análise adaptada à realidade atual do mercado e ao caso concreto. Tal ressalva se coloca não apenas em razão dos movimentos constantes de modernização dos mercados, mas também (e principalmente, pode-se dizer) ante a capacidade dos agentes econômicos de identificar os elementos que vêm sendo tidos como indicativos da formação de

[800] Processo Administrativo nº 08012.006667/2009-35.

[801] O caso do cartel das marmitas em presídios do Rio de Janeiro foi objeto de artigo de autoria de Arthur Barrionuevo e Pedro Dutra. Em sua análise, os autores ressaltam que as provas econômicas juntadas aos autos do referido processo administrativo "seriam suficientes para se deduzir, indiretamente e inequivocamente, a existência do cartel apontado", o que, em tese, significaria dizer que a conclusão final do CADE poderia ser tida como equivocada. Todavia, para os citados autores, conforme já indicado em nota de rodapé anterior, as provas econômicas da existência de cartel, por serem indiretas, não seriam capazes, *per se*, de justificar a condenação da conduta (Barrionuevo; Dutra, *op. cit.*, 2019, p. 263-287).

cartel.[802] Com isso, os cartelistas passam a evitar a prática de condutas costumeiramente tidas como indicativas da formação de cartéis com o intuito de dificultar sua identificação, o que faz com que a doutrina dos *plus factors* esteja em constante mutação, sendo mais importante a análise casuística do que o apego exagerado aos precedentes anteriores.

6.2.2.2. A decisão do CADE como prova do ato ilícito de formação de cartel

A doutrina especializada convencionou denominar as ARDCs ajuizadas com base em decisões condenatórias da prática de cartel proferidas pela autoridade antitruste como *follow-on actions,* ao passo em que as ações não precedidas de decisões administrativas que reconheçam a formação do cartel são chamadas de *stand-alone actions.*

Como visto no Item 5.1.2, estudo coordenado por Laborde aponta que aproximadamente 97% das ARDCs ajuizadas perante as cortes europeias estavam ancoradas em uma decisão prévia do órgão antitruste reconhecendo a formação do cartel[803] Não é difícil entender a justificativa pela qual *follow-on actions* constituem a expressiva maioria das ações de reparação de danos por cartel em solo europeu. Sem o amparo de uma decisão de um órgão antitruste reconhecendo o ilícito concorrencial, a prova da existência do cartel torna-se quase diabólica[804]. Como visto anteriormente, e conforme lição de Veljanovski, "cartéis operam em segredo, raramente deixam prova documental e potenciais autores de demandas indenizatórias não têm direito de inspecionar documentos internos e e-mails das empresas que suspeitam estar agindo em colusão"[805].

Com isso, consolidou-se, nos principais ordenamentos jurídicos mundiais em matéria antitruste, o entendimento pela atribuição de caráter vinculante à decisão proferida por órgãos de defesa da concorrência na

[802] Kovacic aponta que, desde o início das condenações pautadas na Seção 1 do Sherman Act, as empresas integrantes de cartel passaram a adaptar sua atuação de modo a ocultar os indícios de condutas colusivas, evitando, por exemplo, acordos escritos ou registros de encontros ou conversas entre concorrentes (Kovacic, *op. cit.*, 1993, p. 17-18).

[803] Laborde, *op. cit.*, 2021.

[804] Razão pela qual, como visto no Item 6.2.2.1, consolidou-se o entendimento pela admissão de provas indiretas em casos de reparação de danos por cartel.

[805] Tradução livre do original, em inglês: "cartels operate in secrecy, rarely leave a paper trial and potential claimants have no right to inspect the internal documents and emails of firms they suspect are colluding" (Veljanovski, *op. cit.*, 2020, p. 53).

apuração de condutas antitruste. Nesse sentido, a Diretiva de Danos da União Europeia estabelece, em seu artigo 9.1, que a decisão proferida em âmbito administrativo, pelas autoridades de defesa da concorrência, tem efeito vinculativo perante o Judiciário dos estados-membros[806]-[807]. Em linha similar, o §5(a) do Clayton Act, dos EUA, estabelece que a decisão do órgão antitruste constitui prova *prima facie* do ilícito concorrencial no âmbito de ações privadas, sendo esta a regra também adotada pelos ordenamentos jurídicos do Canadá e da Austrália[808].

Muito embora a legislação brasileira não estabeleça, hoje, que a decisão tomada em âmbito administrativo será vinculante com relação ao fato e à sua autoria (como faz o art. 935 do Código Civil para condenações em âmbito penal), entendemos ser ideal que o Judiciário, em casos já julgados pelo CADE, parta do pressuposto de adequação das conclusões tomadas em âmbito administrativo, somente procedendo à análise quanto à existência do ato ilícito já reconhecido pelo CADE quando apresentadas provas cabais do desacerto da decisão administrativa pelos réus. Qualquer outro cenário causaria verdadeira insegurança jurídica, além de tornar ainda mais moroso, de forma desnecessária, o processo de reparação de danos. Até porque, como bem assevera Luiz Carlos Buchain,

> pode-se vislumbrar uma sincronia entre as decisões do CADE e o emprego das provas que embasam suas decisões, como fundamento na solução de lides em matéria concorrencial, em face das flagrantes dificuldades impostas ao particular na obtenção de provas robustas de infração contra a ordem econômica, especialmente documentos que se encontram em poder dos agen-

[806] "1. Os Estados-Membros asseguram que uma infração ao direito da concorrência declarada por decisão definitiva de uma autoridade nacional da concorrência ou por um tribunal de recurso seja considerada irrefutavelmente estabelecida para efeitos de ação de indemnização intentada nos seus tribunais nacionais ao abrigo do artigo 101.o ou do artigo 102.o do TFUE ou do direito nacional da concorrência."

[807] A importância de tal dispositivo é ressaltada pela Comissão Europeia, que assevera que o artigo 9 da Diretiva "não apenas reforça a aplicação consistente da legislação antitruste da UE e previne a relitigação de questões já decididas em procedimentos perante uma autoridade nacional de concorrência ou corte revisora, ele também favorece vítimas de infrações à legislação concorrencial da UE em ações indenizatórias *follow-on*" (COMISSÃO EUROPEIA, *op. cit.*, 2020). Tradução livre do original, em inlgês: "does not only enhance the consistent application of EU antitrust law and prevent the relitigation of issues that were already decided in the proceedings before a national competition authority or review court, it also supports victims of EU competition law infringements in follow-on damages claims.".

[808] ICN, *op. cit.*, 2019, p. 4

tes econômicos e que não vêm a público por óbvias razões de autoproteção contra eventuais ilegalidades neles expressas[809].

Ressalte-se, aliás, que o CADE, no afã justamente de incentivar o ajuizamento de ARDCs e de auxiliar sua instrução probatória, tem proferido sentenças cada vez mais detalhas, apresentando o máximo possível de informações colhidas em âmbito das investigações do órgão antitruste.[810] Diante do aumento da tecnicidade e detalhamento das decisões do CADE, ressalta Paula Forgioni, aumentou-se o respeito institucional do Judiciário pelas decisões do CADE.[811]-[812]

Em estudo acerca do tema, Giuliana Requena e Paula Bernini citam os casos relacionados ao cartel dos gases hospitalares[813] como exemplo do valor probatório dado pelo Judiciário às decisões do CADE em âmbito de ARDCs. Como apontado pelas autoras, o Judiciário, em *follow-on actions* ajuizadas perante os Tribunais de Justiça de São Paulo[814], Minas

[809] Buchain, *op. cit.*, 2006, p. 116.

[810] É certo que, além de auxiliar a instrução de ARDCS, um dos objetivos centrais do CADE ao proferir decisões mais detalhadas e é permitir que estas possam vir a ser utilizadas como prova perante o Judiciário sem que seja necessária a quebra do sigilo da documentação obtida por meio dos acordos de leniência e TCCs. A resistência do CADE em conferir acesso aos documentos sigilosos dos Processos Administrativos perante ele processados é analisada no Item 6.2.2.3 deste estudo.

[811] Segundo constatou a autora, "a análise das decisões do CADE demonstra que, não obstante os equívocos e exageros naturais para uma agência que vem se consolidando, elevou-se a qualidade das análises empreendidas. O nível das investigações conduzidas também melhorou. A presença do CADE junto aos Tribunais foi incisiva e responsável, com o aumento da qualidade do corpo técnico dedicado à defesa das posições da autarquia. Em resposta, o Judiciário passou a dedicar mais respeito às decisões do CADE." (Forgioni, *op. cit.*, 2015, p. 123).

[812] Corroborando a assertiva de Forgioni, estudo jurisprudencial realizado pelo Instituto Brasileiro de Estudos de Concorrência, Consumo e Comércio Internacional (IBRAC) constatou que o respeito pelas conclusões e decisões do CADE tem imperado no âmbito das ainda incipientes ARDCs ajuizadas perante os tribunais brasileiros (Requena, Giuliana Marchezi Franceschi Gonçalves; Bernini, Paula Müller Ribeiro. Valor probatório da decisão do CADE nas ações de reparação de danos decorrentes de cartel ("ARDCs"). In: Drago, Bruno de Luca. Peixoto; Bruno Lanna (Orgs.). *A livre concorrência e os tribunais brasileiros*: análise crítica dos julgados no Poder Judiciário envolvendo matéria concorrencial. São Paulo: Singular, 2018, p. 143).

[813] CADE. Processo Administrativo nº 08012.004086/2000-21.

[814] Tribunal de Justiça do Estado de São Paulo. Ação nº 0130316-15.2011.8.26.0100. Juíza Carolina de Figueiredo Dorlhiac Nogueira. 38ª Vara Cível do Foro Central da Comarca de São Paulo. Sentença em 14.04.2014.

Gerais[815] e Paraná[816] reconheceram, ao menos em um primeiro momento, o dever de reparação de danos ocasionados por cartel, admitindo a decisão administrativa do CADE como prova hígida da ocorrência do ato ilícito de formação de cartel[817].

É bem verdade, no entanto, que o Tribunal de Justiça de São Paulo, em sede de apelação, reverteu a decisão de primeiro grau de jurisdição para afastar a condenação à obrigação de indenizar em virtude da superveniência de decisão judicial, em sede de ação anulatória processada perante a Justiça Federal[818], que suspendeu a decisão proferida pelo CADE no âmbito do processo administrativo por suposta ilicitude de provas utilizadas pelo órgão antitruste. Com isso, entendeu o tribunal paulista que não haveria prova suficiente do ato ilícito a justificar o dever de reparação[819].

Todavia, em sentido diametralmente oposto, os Tribunais de Justiça de Minas Gerais e do Paraná mantiveram as decisões de Primeiro Grau mesmo após a notícia de suspensão da decisão do CADE. O acórdão proferido pela 12ª Câmara Cível do Tribunal de Justiça do Paraná consignou, inclusive, que "a verossimilhança das alegações se mostram presentes nas alegações da agravada, uma vez que a decisão do CADE, embora suspensa, indica a formação do alegado cartel".

Há de se frisar, nesse ponto, que inexiste óbice para que o Judiciário, no âmbito de ações privadas concorrenciais, adote conclusão diversa da adotada pelo CADE em âmbito administrativo, reconhecendo, por exemplo, a existência de determinado cartel tido por inexistente em processo administrativo julgado pelo CADE,[820] até mesmo pela possibilidade de revisão judicial de decisões administrativas em virtude do princípio de livre acesso à jurisdição.[821]

[815] Tribunal de Justiça do Estado de Minas Gerais. Agravo de Instrumento nº 1.0024.09.709934-5/005. Rel. Des. Alberto Henrique. 13ª Câmara Cível. Julgado em 26.04.2012.

[816] Tribunal de Justiça do Estado do Paraná. Agravo de Instrumento nº 1190338-9. Rel. Des. João Domingos. 12ª Câmara Cível. Julgado em 09.06.2014.

[817] Requena; Bernini, *op. cit.*, 2018, p. 143-145.

[818] Tribunal Regional Federal da 1ª região. Apelação nº 0049539-03.2010.4.01.3400. Rel. Des. Souza Prudente. Quinta Turma. Julgado em 27.04.2016.

[819] Tribunal de Justiça do Estado de São Paulo. Apelação nº 0130316-15.2011.8.26.0100. Rel. Des. Maria de Lourdes Lopez Gil. 32ª Câmara de Direito Privado. Julgado em 22.06.2017.

[820] Buchain, *op. cit.*, 2006, p. 124-125.

[821] Neste sentido, vale ressaltar que a já mencionada pesquisa jurisprudencial realizada pelo IBRAC apontou a existência de número considerável de ações judiciais ajuizadas com

Reforçamos, no entanto, nosso entendimento no sentido de que a conclusão do CADE em processo administrativo – até mesmo em razão do grau elevado de qualidade técnica dos integrantes do órgão antitruste brasileiro e dos meios cada vez mais sofisticados de investigação colocados à disposição destes – deve ser presumida como correta pelo Judiciário no julgamento de ARDCs, cabendo à parte interessada a prova do desacerto da decisão do Tribunal Administrativo de Defesa Econômica.

É, aliás, com base em premissa alinhada com a ora defendida que a Lei nº 14.470/22 incluiu o art. 47-A na LDC, para tornar a decisão do Plenário do Tribunal Administrativo de Defesa Econômica "apta a fundamentar a concessão de tutela da evidência, permitindo ao juiz decidir liminarmente nas ações previstas no art. 47 desta Lei", ou seja, nas ARDCs. Embora o novo dispositivo legal não confira caráter vinculante à decisão administrativa do CADE, ele estabelece, de certa forma, a presunção de acerto da decisão proferida pelo Tribunal Administrativo. Chega-se a tal conclusão a partir da leitura do novo art. 47-A da LDC em conjunto com que dispõe o art. 311 do Código de Processo Civil (principal responsável por regular a tutela antecipada de evidência), que, dentre outras hipóteses, permite a concessão da tutela liminar quando "a petição inicial for instruída com prova documental suficiente dos fatos constitutivos do direito do autor, a que o réu não oponha prova capaz de gerar dúvida razoável" (inciso IV, do art. 311, do CPC). Portanto, a decisão do Tribunal Administrativo do CADE deve ser tida como "prova documental suficiente dos fatos constitutivos do direito do autor", salvo se as empresas rés lograrem comprovar o desacerto da decisão administrativa.

Embora seja possível afirmar que a Lei nº 14.470/22 tenha perdido a oportunidade de instituir, no Brasil, modelo mais alinhado ao dos princi-

o objetivo exclusivo de revisar decisões proferidas pelo CADE. Tal estudo mostrou que as decisões reconhecendo a formação de cartel, em conjunto com aquelas que tratavam de cláusulas de unimilitância, foram as mais questionadas em âmbito judicial. Foram localizadas 42 (quarenta e duas) ações judiciais manejadas com o escopo de questionar decisões do CADE reconhecendo a formação de cartel no período pesquisado, sendo que 28 (vinte e oito) delas, ou seja 67% (sessenta e sete por cento), resultaram na reforma da decisão do órgão de defesa da concorrência. (Donas, Frederico Carrilho. Competência do Poder Judiciário para revisitar o mérito da decisão administrativa e análise qualitativa e quantificativa das ações contra decisões do Cade no Judiciário. In: Drago, Bruno de Luca. Peixoto; Bruno Lanna (Orgs.). *A livre concorrência e os tribunais brasileiros*: análise crítica dos julgados no Poder Judiciário envolvendo matéria concorrencial. São Paulo: Singular, 2018, p. 143-145).

pais sistemas de antitruste globais, conferindo à decisão do CADE força vinculante quanto à existência do ilícito concorrencial, uma alteração legislativa nesse sentido poderia gerar debate acerca da constitucionalidade da norma, uma vez que a Constituição Federal garante a possibilidade de discutir-se judicialmente as decisões administrativas. Nessa linha, Luiz Carlos Buchain, embora sustente que o estabelecimento de força vinculante à decisão do órgão de defesa da concorrência seja "a melhor opção de modelo legislativo a ser buscado", por trazer maior economia e eficiência ao direito concorrência, ressalta que seria impossível sua implementação no Brasil sem uma prévia reforma constitucional, pois o texto constitucional vigente "autoriza a inteira revisão da decisão administrativa-concorrencial pelo Poder Judiciário"[822].

Entendemos, justamente em razão do quanto colocado por Buchain, que a alteração legislativa trazida pela Lei nº 14.470/22 se mostra adequada, sob a égide do atual sistema constitucional brasileiro, para reforçar a força probatória da decisão do Tribunal Administrativo de Defesa Econômica, ao mesmo tempo em que não limita o direito das empresas rés de tentar comprovar o desacerto da decisão proferida pelo CADE em âmbito judicial.

6.2.2.3. Uso e acesso a documentos de processos administrativos do CADE para instrução de ações indenizatórias

Além do uso das decisões proferidas pelo CADE como prova em ARDCs, outro fator que pode servir como grande facilitador na instrução probatória em ações de reparação de danos concorrenciais é o acesso dos potenciais prejudicados às provas produzidas no âmbito de processos administrativos processados pelo CADE para instrução de ARDCs.

Embora a regra para os atos processuais em Processos Administrativos do CADE seja a publicidade, até mesmo em razão do que estabelece o art. 37 da Constituição Federal e o art. 189 do CPC, são inúmeros os documentos e informações dos PAs que acabam sendo protegidos por sigilo em razão de interesse público (art. 189, I, do CPC) ou de normas de proteção de informações empresariais sensíveis (art. 1.191 do CC; art. 5º, XXIX, da CF; e art. 195, XI e XXI, da Lei nº 9.279/96, por exemplo).

A bem da verdade, o sentimento que parece prevalecer na doutrina antitruste brasileira é de que há certo exagero na quantidade de informações

[822] Buchain, *op. cit.*, 2006, p. 126-127.

e documentos que são mantidos em sigilo nos processos administrativos do CADE. Franceschini e Bagnoli, por exemplo, classificam o tratamento conferido pelo próprio legislador à questão do sigilo em PAs do CADE como "verdadeiramente escabroso, com evidente inversão de valores e primazia absoluta do interesse policialesco da Autoridade"[823].

A crítica apresentada por Franceschini e Bagnoli se pauta, em grande medida, na negativa de acesso a documentos pelas próprias partes envolvidas nos processos administrativos do CADE. Se é dificultado o acesso das partes envolvidas no PA a documentos e informações constantes dos autos, que dirá aos potenciais prejudicados pela atuação colusiva que buscam informações para instrução de ARDCs. Há uma tendência histórica do CADE de negar o acesso de terceiros (ainda que terceiros interessados, como seria o caso dos potenciais prejudicados pela atuação colusiva) aos documentos juntados aos autos do PA, especialmente aqueles obtidos por meio do Programa de Leniência.

Não se ignora, por certo, que o acesso irrestrito às provas produzidas em processos administrativos poderia prejudicar o *enforcement* público da lei antitruste[824]. Há, neste ponto, clarividente conflito entre dois interesses legítimos: o dos prejudicados, em ver ressarcidos os danos causados pelo cartel, e o da autoridade de defesa da concorrência (no caso brasileiro, o CADE), em preservar a atratividade do programa de leniência[825]. Ambos são valores fundamentais para que se tenha um sistema de defesa da concorrência eficaz. De suma importância, portanto, que se busque um equilíbrio entre a garantia de acesso dos potenciais prejudicados às importantes provas produzidas em âmbito administrativo e a preservação da higidez do processo administrativo, em especial, no que tange à manutenção da atratividade do Programa de Leniência do CADE[826].

Analisando o cenário internacional, é possível verificar que tanto a União Europeia quanto os EUA possuem políticas bem estabelecidas de

[823] Franceschini; Bagnoli, *op. cit.*, 2018, v. VII, p. 765-772.

[824] Martins, Frederico Bastos Pinheiro. Acesso aos documentos de acordos firmado com autoridade (leniência e termos de cessão de conduta). In: Drago, Bruno de Luca. Peixoto; Bruno Lanna (Orgs.). *A livre concorrência e os tribunais brasileiros*: análise crítica dos julgados no Poder Judiciário envolvendo matéria concorrencial. São Paulo: Singular, 2018, p. 97.

[825] Simor *et al.*, *op. cit.*, 2015, p. 247.

[826] A problemática relacionada ao conflito entre permitir-se o acesso dos prejudicados aos documentos produzidos no âmbito de acordos de leniência e a preservação da atratividade do Programa de Leniência do CADE é tratada no bojo do Item 6.1.2.

acesso, em âmbito das ARDCs, à documentação obtida nas investigações de seus órgãos antitruste. É certo, no entanto, que o regramento da União Europeia é muito mais restritivo ao acesso aos documentos produzidos em PAs do que o norte-americano.

Na União Europeia, a Comissão Europeia tinha como regra negar o acesso aos documentos produzidos em processos administrativos, mormente em razão do receio em prejudicar a atratividade de seu programa de leniência.[827] A questão só passou a ser tratada com um pouco mais de atenção pela Comissão Europeia a partir do julgamento do caso Pfleiderer, em que a Corte de Justiça Europeia entendeu que seria sim possível o acesso de prejudicados a documentos obtidos por meio do programa de leniência, cabendo às cortes nacionais determinar quais documentos haveriam de ser disponibilizados no caso concreto.[828] É certo, todavia, que o precedente estabelecido com o julgamento do caso Pfleiderer, estabeleceu certo conflito entre as regulações antitruste nacionais de cada Estado-Membro, dado que muitas delas proibiam o acesso à documentação justamente no intuito de preservar a atratividade dos programas nacionais de leniência.[829] Com isso, aproveitou-se o advento da Diretiva de Danos de 2014 para unificar e regular (nos artigos 5 a 7) o procedimento de acesso a documentos e informações colhidas no âmbito de processos administrativos de qualquer dos Estados-Membros ou da própria autoridade antitruste comunitária.

Como premissa geral para acesso à documentação, o artigo 5 da Diretiva de Danos estabelece, segundo destaca a Comissão Europeia, três condições básicas: (i) que a pretensão indenizatória seja plausível; (ii) que as provas que se busca acessar junto à autoridade antitruste sejam relevantes para a ARDC; e (iii) que o pedido de acesso seja "proporcional"[830]. Superadas as exigências do artigo 5, o artigo 6 estabelece três níveis de acesso a documentos de processos administrativos: (i) *black list* (artigo 6(6)), (ii) *grey list* (artigo 6(5)), e (iii) *white list* (artigo 6(9))[831].

A *black list* consiste em documentos que não poderão, em hipótese alguma, ser disponibilizados ao público, nem mesmo mediante ordem judicial. A justificativa para a impossibilidade de apresentação desse tipo

827 Veljanovski, *op. cit.*, 2020, p. 206.

828 Case C-360/09, *Pfleiderer AG vs Bundeskartellamt*, EU:C:2011:389.

829 Simor *et al.*, *op. cit.*, 2015. p. 246-248.

830 COMISSÃO EUROPEIA, *op. cit.*, 2020.

831 Malinauskaite, *op. cit.*, 2020, p. 249.

de documento é a de que eles jamais seriam obtidos não fosse por meio do Programa de Leniência, pois se trata de documentos produzidos pelo próprio delator[832]. Como já seria intuitivo concluir, a *black list* tem por principal objetivo proteger a atratividade dos programas de leniência europeus para potenciais colaboradores[833].

Os documentos elencados na *grey list*, por sua vez, possuem proteção temporária e poderão ser apresentados mediante ordem judicial, após a autoridade antitruste proferir decisão final acerca do caso. A proteção temporária se justifica para evitar interferências externas no curso da investigação.

Por fim, os documentos e informações categorizados na *white list* poderão ser apresentados aos tribunais, em âmbito das ARDCs, a qualquer tempo, uma vez que tal documentação, no entendimento da Comissão Europeia, poderia ser obtida mesmo sem a colaboração das empresas delatoras.

Segundo levantamento realizado pela Comissão Europeia em novembro de 2014, todos os Estados-Membros implementaram regras uniformes com relação aos filtros de acesso a documentos produzidos em processos administrativos a partir da Diretiva de Danos, o que, segundo a Comissão, é uma constatação importante "para garantir que tanto o *enforcement* privado quanto o público permaneçam efetivos"[834].

Nos EUA, muito embora inexista um regramento específico tratando do acesso à documentação produzida em âmbito administrativo para ins-

[832] No Brasil, se enquadraria em tal categoria o Histórico de Conduta, produzido no âmbito do Programa de Leniência do CADE, conforme destacado pelo CADE na Nota Técnica nº 24/2016.

[833] Vale ressaltar que o estabelecimento do sigilo absoluto a determinados documentos produzidos no âmbito do processo administrativo da Comissão Europeia é conflitante com as regras processuais ou até mesmo com a tradição jurisprudencial de alguns dos Estados-Membros, como é o caso do Reino Unido, que sempre foi uma das jurisdições mais buscadas por prejudicados para ajuizamento de ARDCs justamente pelo fato de que as regras de processo civil britânicas "impõem que a parte será obrigada a apresentar todos os documentos relevantes para a o litígio, inclusive aqueles que prejudicam sua própria tese ou que fortalecem a tese da parte contrária.". (Rodger, Barry J.; Macculloch, Angus. *Competition law and policy in the EU and UK*. 6ª ed. Londres: Routledge, 2022, p. 114). Tradução livre do original, em inglês: "mandate that a party must disclose all documents which are relevant to the litigation, including those that harm its own case or support the opposing party's case.".

[834] Tradução livre do original, em inglês: "This consideration is important to ensure that both private and public enforcement remain effective" (COMISSÃO EUROPEIA, *op. cit.*, 2020).

trução de ARDCs, são aplicadas as regras de três diplomas legais: *Freedom of Information Act, Federal Rules of Criminal Procedure,* e *Federal Rules of Civil Procedure.* Os três diplomas mencionados estabelecem, como regra, o livre acesso à documentação, desde que proferida ordem judicial neste sentido. As três principais exceções à regra geral de amplo acesso à documentação no direito norte-americano são: (i) o sigilo investigativo; (ii) o sigilo do informante; e (iii) a informação privilegiada.

A ideia por trás das primeiras duas exceções mencionadas acima é justamente evitar que o acesso à informação possa prejudicar o andamento do processo investigativo. Após a conclusão da investigação, via de regra, será permitido o acesso dos prejudicados pelo cartel a tais informações, sendo, portanto, temporário o sigilo destes documentos. Já as informações categorizadas como privilegiadas, estas sim, jamais terão sua confidencialidade encerrada. Normalmente, são categorizadas como informações privilegiadas as comunicações entre clientes e advogados, os segredos comerciais/industriais e os documentos de trabalho elaborados por advogados do órgão antitruste estadunidense ou até mesmo por advogados que assessoraram participantes do programa de leniência[835].

No Brasil, se costuma verificar a negativa total do CADE em apresentar quaisquer documentos e informações, especialmente aqueles colhidos por meio de acordos de leniência ou TCC, *antes* do julgamento do Processo Administrativo, conforme o ex-superintendente adjunto do CADE, Diogo Thomson de Andrade, reconhece em palestra realizada na OAB/SP[836]. De modo geral, o Judiciário costuma apoiar esta posição do CADE, entendendo pela impossibilidade de quebra da confidencialidade imposta pelo agente antitruste às informações provenientes do Programa de Leniência antes do julgamento em âmbito administrativo, entendimento pautado principalmente na ideia de que a exposição prematura das informações obtidas por meio de acordos de leniência poderia causar prejuízo à atratividade do Programa de Leniência.

No entanto, em julgado de relatoria do Ministro Marco Aurélio Bellizze, o STJ, em recurso tirado de ARDC relacionada ao suposto cartel de compressores, havia inicialmente determinado que fossem apresentados

[835] EUA. *In re Flat Glass Antitrust Litigation* (Flat Glass I), MDL No. 1200, Misc. No. 97550, at 56 (W.D. Pa. Mar. 26, 1998).

[836] Conferir evento da OAB/SP *Concorrência e o admirável mundo novo.* Disponível em <https://www.youtube.com/watch?v=WAOWZw01kRA>. Acesso em 26 mar. 2022.

ao Judiciário os documentos obtidos por meio do acordo de leniência antes mesmo do julgamento pelo CADE. Naquela oportunidade, consignou o Superior Tribunal que, após a apresentação do relatório circunstanciado pela SG ao Presidente do Tribunal Administrativo, não haveria mais sentido em manter-se o sigilo de toda a documentação obtida por meio do acordo de leniência e que, inclusive, seria uma obrigação do CADE, nos termos do art. 11, X, da LDC, "prestar informações e fornecer cópias dos autos dos procedimentos administrativos ao Poder Judiciário, quando requeridas para instruir ações judiciais, de modo que eventual sigilo do procedimento administrativo não pode ser oposto ao Poder Judiciário"[837].

Após a oposição de embargos de declaração, a citada decisão foi parcialmente reformada. Embora os embargos opostos pelo CADE tenham sido rejeitados, a decisão reconhece que a autoridade antitruste apresentou "considerações relevantes quanto à inadequação da utilização do envio do relatório circunstanciado pela Superintendência-Geral ao Presidente do Tribunal Administrativo como marco temporal do termo *ad quem* do sigilo" e, com isso, reforma parcialmente a decisão anterior para estender o sigilo da documentação produzida em processos administrativos até a prolação de acórdão pelo Tribunal Administrativo[838].

Não obstante tenha a decisão sido parcialmente reformada pelo STJ, foi este um dos principais fatores que levaram o CADE a realizar Consulta Pública nº 05/2016, acompanhada da Nota Técnica nº 24/2016 e da minuta da resolução, que tinham como principal objetivo regulamentar o acesso aos documentos provenientes das investigações do CADE.

A consulta pública e a NT nº 24/2016 culminaram na publicação da Resolução nº 21, de 11 de setembro de 2018, que basicamente confirmou as premissas estabelecidas na NT de 2016. A Resolução CADE nº 21/2018 estabelece, como regra geral, a publicidade dos documentos constantes dos processos administrativos do CADE (art. 1º). Dentre as exceções à regra de publicidade elencadas no art. 2º, destaca-se o Histórico da Conduta (que, em termos gerais, é o documento elaborado pelo leniente ou signatário do TCC, em que este confessa a participação e apresenta a descrição detalhada da conduta anticompetitiva) e demais documentos de

[837] STJ. Resp nº 1.554.986/SP, Rel. Ministro Marco Aurélio Bellizze, 3 Turma, Julgado em 05.04.2016.

[838] STJ. Embargos de Declaração no Recurso Especial nº 1.554.986/SP. Rel. Ministro Marco Aurélio Bellizze 3ª Turma. Julgado em 20.02.2018.

caráter autoacusatório submetidos por delatores no âmbito de acordos de leniência ou TCCs.

Embora o art. 3º da Resolução CADE nº 21/2018 estabeleça a possibilidade excepcional de acesso aos documentos listados no art. 2º em caso de decisão judicial específica, tal acesso somente será conferido mediante autorização do CADE, que, dentre outros pontos indicados nos incisos do parágrafo único, analisará "a razoabilidade e a proporcionalidade do requerimento" e "a fase processual da investigação do CADE", havendo, portanto, grande margem de liberalidade para o CADE simplesmente recusar o acesso. Além do art. 3º, o art. 7º da Resolução ao Ministério Público, quanto este atuou como interveniente anuente no Acordo de Leniência, o acesso à íntegra dos documentos e informações apresentados no âmbito do acordo, que poderão ser utilizados para instrução de ARDCs, ressalvando, no entanto, a necessidade de o MP "observar a manutenção das regras de confidencialidade previstas em lei e na presente Resolução".

A Seção II da Resolução nº 21/2018 divide o Processo Administrativo em três fases, para efeito de acesso a documentos que instruem o PA: (i) negociação e celebração dos acordos, (ii) instrução, e (iii) decisão final.

Para a fase de negociação dos acordos de leniência o CADE propõe o sigilo absoluto dos documentos e informações fornecidos pelo colaborador, sob a premissa de que, enquanto não for assinado o acordo, se os documentos forem abertos a terceiros, há o risco de o delator cessar sua colaboração, desistindo do acordo.

Na fase de instrução, até a instauração do Processo Administrativo, via de regra, todos os documentos serão confidenciais. Após a instauração, será divulgada a versão pública da Nota Técnica de instauração do PA, com o máximo possível de informações que possam interessar a eventuais prejudicados e que não prejudiquem o andamento das investigações.[839] Com a remessa do PA ao Tribunal, será divulgada a versão pública da NT final da SG e demais conteúdo dos autos públicos, desde que o acesso à documentação não prejudique as investigações e que o pedido de acesso seja bem fundamentado, razoável e legítimo.

[839] Segundo o § 1º do art 10 da Resolução nº 21, as Notas Técnicas disponíveis para acesso público na fase de instrução deverão conter, pelo menos: "I – a indicação do representado e, quando for o caso, do representante; II – a enunciação da conduta ilícita imputada ao representado; III – o resumo dos fatos a serem apurados; IV – a indicação do preceito legal relacionado à suposta infração."

Por fim, após o julgamento pelo Tribunal do CADE, será permitida a apresentação dos principais documentos do PA, desde que mediante ordem judicial e de que os documentos sejam mantidos em sigilo pelo autor da ARDC – ou seja, as ações de reparação deverão correr em Segredo de Justiça ou deverá ao menos ser decretado o sigilo parcial sobre os documentos fornecidos pelo CADE. Há, no entanto, algumas exceções à regra geral de disponibilização de documentos, sendo as principais delas (i) o Histórico de Conduta e seus aditivos; (ii) documentos que contenham segredos industriais; (iii) documentos relacionados à atividade da empresa, cuja divulgação possa representar vantagem competitiva a outros agentes; (iv) e vedações legais.

Cerca de um ano depois da publicação da Resolução nº 21/2018, mais precisamente em 4 de novembro de 2019, foi publicada a Portaria CADE nº 869/2019 que trata dos procedimentos para aplicação das regras de disponibilização de documentos previstas na Resolução nº 21/2018.

Conforme disposto no art. 2º da Portaria, o conselheiro relator do processo, na ocasião do julgamento do processo administrativo, deverá apresentar ao Tribunal do CADE proposta de publicização de documentos e informações classificados como de acesso restrito durante a fase de instrução processual, sendo que os interessados poderão se manifestar acerca da necessidade de manutenção do acesso restrito das informações por meio de embargos de declaração, nos termos do art. 4º da Portaria.

A Portaria nº 869/2019, em sua Seção III (arts. 6º até 11) também regula o procedimento para requisição de acesso excepcional a documentos antes do julgamento do PA, na forma prevista no art. 3º da Resolução nº 21/2018. O pedido deverá ser formulado à Presidência do CADE, que encaminhará o pedido para análise da unidade perante a qual tramita o PA. Ressalvadas as hipóteses de o pedido ter origem em expressa determinação legal ou decisão judicial específica, os interessados deverão ser previamente notificados para se manifestar acerca da necessidade de manutenção do acesso restrito aos documentos e informações e a proposta de decisão do Conselheiro Relator deverá ser submetida para deliberação pelo Plenário do Tribunal do CADE.

A Portaria, ao final, ainda traz o procedimento para acesso aos documentos e informações de Processos Administrativos anteriores à entrada em vigor da Resolução nº 21/2018 (Seção IV, arts. 12 até 18 da Portaria nº 869/2019) e estabelece que o CADE deverá divulgar, em campo próprio do site oficial do CADE, a listagem dos processos julgados com documentos e informações disponibilizadas para fins de fomento de ARDCs (art. 19).[840]

O procedimento e as normas de acesso a documentos e informações constantes de PAs estabelecidos pelo próprio CADE por meio da Resolução nº 21/2018 e da Portaria nº 869/2019 melhoraram o cenário que se observava até a Consulta Pública nº 05/2016, mas ainda não parecem suficientes. Aqui, pode-se levantar o mesmo questionamento que parte da doutrina europeia, principalmente no Reino Unido, apresenta com relação aos critérios estabelecidos pela Diretiva de Danos para acesso à documentação produzida em âmbito administrativo:[841] o CADE não acaba indo longe demais na tentativa de proteção ao seu Programa de Leniência, prejudicando demasiadamente o direito dos potenciais lesados pela conduta anticompetitiva de buscar a reparação dos danos em ARDCs?

Parece-nos, aliás, correta a assertiva de Francisco Martins, no sentido de que, inexistindo margem legal para o acordo de leniência limitar direitos de natureza cível, o estabelecimento de procedimento, como o adotado na Resolução nº 21/2018 e na Portaria nº 869/2019, acaba por criar "obstáculo à comprovação em juízo da responsabilidade civil do beneficiário da leniência ou compromissário no TCC," o que, ao fim e ao cabo, "parece extrapolar os limites de atuação do CADE, criando uma imunidade não prevista em lei."[842] Em diversos casos práticos, caso não concedido o acesso (ainda que limitado) aos documentos e informações colhidos no âmbito de acordos de leniência ou TCCs, jamais logrará o prejudicado reunir as informações necessárias ao cálculo do prejuízo ou até mesmo à comprovação de sua ocorrência.

6.2.2.4. Importância da perícia técnica para identificação do dano de cartel e estabelecimento do nexo causal

Como assevera Sandra Marco Colino, "para frustração de muitos advogados", o direito concorrencial é fortemente pautado em análises econômicas e, justamente por isso, os casos mais complexos, como as ações reparatórias de danos de cartel, necessitam do suporte de peritos especializados

[840] Até a finalização deste trabalho, o CADE ainda não havia disponibilizado a lista de processos administrativos prevista no art. 19 da Portaria.

[841] Neste sentido: Rodger; MacCulloch, *op. cit.*, 2022, p. 104.

[842] Martins, *op. cit.*, 2018, p. 110.

em economia para sua solução.[843] Esta assertiva, aliás, se estende também aos magistrados responsáveis por julgar ARDCs, que dificilmente possuirão o conhecimento econômico – ou até mesmo em matéria de antitruste – para tomarem uma decisão acerca do caso sem o auxílio de prova pericial econômica.[844] Especificamente sob a ótica do direito brasileiro, se considerarmos o atual cenário de organização do nosso Judiciário, em que poucas são as varas realmente especializadas em matéria concorrencial, há uma gigantesca probabilidade de a ARDC vir a ser processada perante uma vara generalista de direito civil.[845]

Mesmo em um cenário hipotético em que advogados e magistrados sejam especialistas em matéria antitruste, não seria possível afastar a conclusão de Raimundas Moisejevas, no sentido de que "a avaliação do exato impacto do sobrepreço é consideravelmente complexa e deve ser devidamente realizada com a assistência de economistas."[846] Na realidade, o trabalho de experts em economia, especializados na quantificação de sobrepreço e demais efeitos da atuação colusiva, é, em muitas situações, indispensável até mesmo para que o autor possa ajuizar a ação de reparação de danos concorrenciais. Com efeito, a própria comprovação do *an debeatur*, ônus que cabe ao autor, por força do art. 373, I, do CPC, tende a pressupor a apresentação de um laudo técnico junto à petição inicial, identificando como que a atuação do cartel causou (ou ao menos apresenta fortes indícios de haver causado) prejuízos ao autor.

Segundo Cento Veljanovski, economistas são rotineiramente utilizados como peritos em ações concorrenciais para imputação da responsabilidade civil, comprovação do nexo de causalidade e determinação do *quantum* indenizatório. Veljanovski explica que a prova pericial econômica foi "decisiva" ou "central" em ao menos três importantes decisões de danos

843 Colino, Sandra Marco. *Competition law of the EU and UK*. 7ª ed. Oxford: Oxford University, 2011, p. 2.

844 Baker, Jonathan B.; Bresnahan, Timothy F. Economic evidence in antitrust: defining markets and measuring market power. In: Buccirossi, Paolo (Org.). *Handbook of antitrust economics*. Londres: MIT, 2008, p. 29.

845 Apenas em algumas das maiores capitais brasileiras, como São Paulo e Rio de Janeiro, é possível encontrar varas ou turmas especializadas em direito empresarial, que costumam concentrar a matéria de concorrência desleal.

846 Tradução livre, do original, em inglês: "the evaluation of the exact impact of an overcharge is quite complex and should be properly done with the assistance of economists." (Moisejevas, *op. cit.*. 2017).

de cartel julgadas por cortes europeias em 2019 (Gibson, Merricks e BritNed). No entanto, em outros casos, como Sainsbury's vs Master Card, as conclusões da perícia acabaram ou relevadas ou, por assim dizer, distorcidas pelos magistrados ao decidirem a ARDC.[847] Baker e Bresnahan elucidam que situações em que a prova pericial econômica é pouco aproveitada pelo magistrado em ARDCs são muitas vezes explicadas em razão do contexto com que se desenvolveu o litígio, o que pode fazer com que a atenção do magistrado seja desviada das questões mais relevantes no momento da avaliação da prova econômica.[848]

No Brasil, talvez até mesmo em razão de ações de reparação de danos por cartel ainda serem um tanto quanto novas para o nosso Judiciário, é possível verificar a existência de alguns preocupantes precedentes, inclusive em segundo grau, em que magistrados determinaram a realização de *perícia contábil* para ARDCs.[849] Um perito contábil, no mais das vezes, não deterá o conhecimento técnico necessário à identificação dos danos causados pelo cartel, haja vista que será necessária a colheita e análise de dados econômicos e não simplesmente a elaboração de cálculos contábeis com base em dados já disponíveis. Em outros casos, como destacado no Item 6.1.3, a inexistência de prejuízo foi simplesmente presumida pelo tribunal, extinguindo a ação antes mesmo da realização de qualquer tipo de perícia.[850]

Aos poucos, no entanto, já começa a se firmar em nosso Judiciário, especialmente no TJSP, o reconhecimento da relevância da produção da prova pericial econômica para julgamento de ARDCs. No caso abaixo, tirado

[847] Veljanovski, *op. cit.*, 2020, p. 368.

[848] Baker; Bresnahan, *op. cit.*, 2008, p. 29.

[849] Diversas destas decisões, principalmente de primeiro grau, foram proferidas em demandas que tramitam em segredo de justiça. Todavia, é possível citar, como exemplo de decisão em que foi designada perícia contábil o seguinte julgado: "AGRAVO DE INSTRUMENTO. Responsabilidade civil. Supostos prejuízos relacionados à aquisição de material de construção (cimento), com sobrepreço, na circunstância de prática de cartel. Abordagem reparatória. Etapa de saneamento do feito. Simples designação de perícia contábil. Relevância de temas a apreciar, prioritariamente. Inobservância de disciplina prevista no artigo 357, do Código de Processo Civil. Recurso de litisconsorte passiva. Provimento." (TJSP. Agravo de Instrumento nº 2246999-66.2018.8.26.0000, Rel. Des. Carlos Russo, 30ª Câmara de Direito Privado, Data do julgamento: 27.11.2019).

[850] Neste sentido: TJSP. Apel. nº 1049985-19.2017.8.26.0100; Rel. Des. Caio Marcelo Mendes de Oliveira; 32ª Câmara de Direito Privado; Data do Julgamento: 13.05.2021.

de uma das ARDCs ajuizadas visando a reparação de danos atribuídos ao cartel das cimenteiras (um dos casos de cartel com maior número de ações indenizatórias ajuizadas no Brasil até hoje), o Tribunal Bandeirante reverteu a decisão de primeiro grau (mais uma das diversas decisões em que o repasse do sobrepreço ao consumidor final havia sido simplesmente presumido pelo magistrado) para determinar a realização da prova pericial econômica:

> APELAÇÃO – AÇÃO DE INDENIZAÇÃO DE DANOS DECORRENTES DE FORMAÇÃO DE CARTEL – SENTENÇA DE IMPROCEDÊNCIA – INSURGÊNCIA DA AUTORA E DE UMA DAS CORRÉS – ACOLHIMENTO DO APELO DA AUTORA – Sentença que julgou pela improcedência da demanda por ausência de comprovação do dano alegado, mas que não permitiu a instrução do feito, para a comprovação da versão apresentada pela parte – Necessidade da realização da prova pericial postulada pela autora e de estudos econômicos, o que pretendido, inclusive, por todas as partes – Nulidade da decisão – Recurso da corré que busca a majoração dos honorários de sucumbência prejudicado – DERAM PROVIMENTO AO RECURSO DA AUTORA e NÃO CONHECERAM DO RECURSO DOS ADVOGADOS DA CORRÉ.[851]-[852]

Até mesmo para mitigar os riscos da nomeação, pelo magistrado, de perito inapto à realização da análise econômica necessária à identificação da existência e/ou quantificação dos danos concorrenciais, é possível que as partes litigantes se valham da do art. 471 do CPC para, em comum acordo, indicarem o perito que deverá realizar a análise econômica da ARDC. A nomeação de perito indicado em comum acordo pelas partes litigantes

[851] TJSP. Apelação nº 1049435-24.2017.8.26.0100; Rel. Des. Alexandre Coelho; 8ª Câmara de Direito Privado; Data do Julgamento: 30.09.2020.

[852] Em sentido semelhante, também em caso ligado ao cartel das cimenteiras: TJSP. Apelação nº 1050035-45.2017.8.26.0100; Rel. Des. Miguel Brandi; 7ª Câmara de Direito Privado; data do Julgamento: 28.08.2019. A importância da prova pericial econômica foi também reconhecida em julgado relacionado ao cartel dos gases industriais: "Ação coletiva para defesa de direitos individuais homogêneos – Insurgência recursal à decisão que indeferiu a exibição de documentos e produção de prova pericial – Prova pericial econômica que se mostra pertinente e relevante para o deslinde da controvérsia – Necessidade – Hipótese que permitirá apuração de eventual existência de sobrepreços de cartel e extensão do dano decorrente das práticas anticoncorrenciais [...]" (TJSP. Agravo de Instrumento nº 2074559-69.2015.8.26.0000, Rel. Des. Sergio Alfieri; 27ª Câmara de Direito Privado; Data do Julgamento: 25.08.2015).

é prática comum de ser observada em procedimentos arbitrais, justamente em razão da complexidade técnica normalmente atrelada às demandas submetidas à arbitragem. Em nossa visão, esta deveria ser uma prática comum também em litígios judiciais complexos, razão pela qual defendemos a aplicação da norma do art. 471 do CPC como método *preferencial* para designação de peritos em ARDCs, só vindo estes a serem nomeados diretamente pelo juiz caso as partes não cheguem a um consenso.[853]

A nomeação de um expert não qualificado em ARDC tende a ser gravosa para ambas as partes envolvidas no litígio. Um laudo técnico elaborado por profissional inapto à realização da perícia pode resultar na identificação de *quantum debeatur* totalmente diverso do dano efetivamente causado ou até mesmo culminar no reconhecimento de dano que jamais ocorreu. Por estes e outros fatores, em ARDCs, mais do que em outras ações menos complexas, tende a ser de interesse comum a nomeação de um profissional com notória capacidade de identificar e quantificar o dano causado pela atuação do cartel.

6.2.2.5. Inversão e distribuição dinâmica do ônus da prova em ações de reparação de danos de cartel

Como visto, pela forma com que se estruturam os cartéis, há uma dificuldade natural de produção de provas, tanto da existência do ato ilícito, quanto dos danos dele decorrentes. A principal razão desta dificuldade de produção de provas se dá pelo fato de que o cartel é organizado de forma sigilosa e, portanto, as informações e documentos que poderiam fornecer os detalhes de sua operação, necessários à instrução da ARDC, estão, em sua maioria, em posse dos próprios cartelistas. Em resumo, como assevera Cento Veljanovski, em casos de cartel, observa-se "uma assimetria de informação", pois "o réu sabe mais do que os autores."[854]

[853] No âmbito do livro verde, a Comissão Europeia, além de ressalta o fato de que "[d]ada a complexidade das acções de indemnização por infracção da legislação *antitrust*, é particularmente importante recorrer a peritos nos tribunais, a fim de assegurar a eficácia dos processos", propôs, como opção para fortalecimento das ARDCs processadas perante as cortes dos Estados-Membros, justamente que fosse conferido às partes o ônus de indicar, em conjunto, o perito judicial (COMISSÃO EUROPEIA, *op. cit.*, 2005, p. 12). Todavia, não chegou a ser inserida disposição neste sentido no bojo da Diretiva de Danos de 2014.

[854] Tradução livre do original, em inglês: "There is what has been called an asymmetry of information inherent in cartel cases – the defendant knows more than the claimants." (VELJANOVSKI, *op. cit.*, 2020, p. 17).

A Comissão Europeia, no âmbito do Livro Verde de Danos Antitruste, apontou que a maior dificuldade para o ajuizamento de ARDCs se tratava, justamente, do fato de a maior parte dos elementos de prova do direito dos prejudicados não estarem facilmente acessíveis, se encontrando mormente em poder da parte que está na origem do comportamento anticoncorrencial, ressaltando que "[o] acesso dos autores das acções a estes elementos de prova é fundamental para garantir a eficácia dos pedidos de indemnização".[855] Com isso, concluiu a Comissão Europeia pela necessidade de ser "analisada a possibilidade de prever uma obrigação de entrega de documentos ou de outro tipo de acesso às provas", principalmente para os casos de *stand alone suits*.[856]

Não obstante o apontamento realizado no Livro Verde, não chegaram a ser inseridos dispositivos na Diretiva de Danos de 2014 voltados a obrigar os réus de ARDCs a apresentar documentos ou informações relevantes que estejam em sua posse. Além do sistema de acesso dos prejudicados a documentos produzidos em âmbito administrativo (já tratados no Item 6.2.2.3), estabeleceu-se apenas uma presunção relativa da existência de dano em casos nos quais a autoridade antitruste já tenha reconhecido a formação de cartel (art. 17), ainda recaindo sobre o autor da demanda o ônus de comprovar o *quantum* e o nexo de causalidade.

Já nos EUA, como visto no Item 5.1.3, a problemática da distribuição do ônus probatório acaba sendo satisfatoriamente resolvida por meio do sistema de *discovery*, que permite ao autor compelir o réu a apresentar documentos e informações que se encontrem em sua posse, mas que sejam fundamentais para embasar a ação indenizatória. Embora o ônus probatório siga sendo atribuído ao autor, a este é conferida a possibilidade de apontar quais os documentos e informações em posse do réu que deverão ser apresentados em juízo para instrução da ação, sendo bastante comum que os juízes acatem pedidos do gênero em ARDC exatamente em função de ser notória a assimetria informacional neste tipo de demanda.[857]

Embora o direito brasileiro não conte com ferramentas processuais tão eficazes para obrigar a contraparte a apresentar documentos que estejam em sua posse, como aquelas conferidas pelo *discovery* americano, o sistema

[855] COMISSÃO EUROPEIA, *op. cit.*, 2005, p. 5.

[856] COMISSÃO EUROPEIA, *op. cit.*, 2005, p. 5.

[857] GAVIL, Andrew I. Burden of Proof in U.S. Antitrust Law. In: ABA (Org.). *Issues in competition law and policy 125 (ABA Section of Antitrust Law)*. Chicago: ABA, 2008, v. 1, p. 128.

processual brasileiro possui uma outra ferramenta bastante útil para lidar com o desequilíbrio informacional das ARDCs: a *distribuição dinâmica do ônus da prova*.

Com o advento do Novo Código de Processo Civil, é possível, nos termos dos artigos 373, §1º, e 139, inciso VI, do referido diploma, que o juiz responsável pelo julgamento da ARDC determine a inversão do ônus da prova, em virtude da maior facilidade de produção da prova por parte do réu, conferindo presunção relativa às afirmações do autor da demanda, que poderão ser refutadas pelo réu em sede de contestação.

Em nossa percepção, aparenta fazer todo sentido a inversão do ônus da prova em ARDC, mesmo naquelas demandas que não sejam regidas pelo Código de Defesa do Consumidor, que já estabelece a inversão do ônus probatório a partir do que dispõe seu art. 6º, VIII. Os acusados da conduta antieconômica possuem meios muito mais adequados de apresentar provas aptas a isentá-los da acusação de formação de cartel do que o contrário.

Não foi encontrado nenhum precedente de ARDC com a aplicação da teoria da distribuição dinâmica do ônus da prova, mas, ao menos em tese, a aplicação do referido instituto legal parece ser totalmente adequada para casos de responsabilidade civil por danos de cartel.[858]

6.2.3. Quantificação do dano

A quantificação do dano é, talvez, o maior desafio a ser enfrentado na busca pela indenização dos prejuízos ocasionados pelo cartel[859], e, infelizmente, a recente alteração legislativa imposta pela Lei nº 14.470/22 foi omissa quanto a este ponto, salvo ao instituir a indenização em dobro dos danos de cartel. É comum que o prejudicado tenha ciência da existência do ato ilícito de cartel (mormente após a condenação pelo CADE ou assinatura de acordo de leniência) e de que este lhe ocasionou danos indeni-

[858] Por outro lado, são diversos os precedentes de rejeição liminar de ARDCs em razão da não comprovação da ocorrência do dano pelo autor da demanda. Neste sentido, dentre outros: TJSP. Apelação Cível nº 1050042-37.2017.8.26.0100; Rel. Des. Marcus Vinicius Rios Gonçalves; 6ª Câmara de Direito Privado; Data do Julgamento: 04.08.2022; e TJSP. Apelação Cível nº 1076944-27.2017.8.26.0100; Rel. Des. Pedro de Alcântara da Silva Leme Filho; 8ª Câmara de Direito Privado; Data do Julgamento: 09.12.2020.

[859] Constatação destacada até mesmo pelo guia oficial de cálculo de danos de cartel, elaborado a pedido do Ministério da Fazenda (BRASIL. SEPRAC. *Manual advocacia da concorrência*: Cálculo de danos em cartéis: Guia prático para o cálculo do sobrepreço em ações de reparação de danos. Brasília, 2018, p. 51).

záveis, mas não saiba dimensionar a extensão do dano. De fato, ainda que se tenha ciência do ato ilícito e da existência do dano de cartel, a quantificação do dano pode ser impossível de ser realizada pelo prejudicado sem o socorro do Judiciário.

Se analisarmos a questão sob a ótica de uma empresa prejudicada pelo cartel e integrante de uma cadeia de produção, como sumariza Tércio Sampaio Ferraz Júnior, a definição do dano "passa pela demonstração (quantificação) dos efeitos da colusão sobre as margens de lucro", sendo o dano "configurado pela soma do *sobrepreço*, menos o preço que seria pago sem a colusão e mais o efeito de eventuais perdas de vendas".[860] A dificuldade, no entanto, está na identificação de qual seria o preço praticado em um cenário hipotético de um mercado não influenciado pela atuação colusiva (o chamado *preço contrafactual*).

Mesmo que o prejudicado reúna, desde o início, todos os elementos de prova necessários à elaboração do cálculo dos danos, este deverá necessariamente ser realizado com o auxílio de um expert em economia (nomeado ou não pelo juízo), que poderá se utilizar de uma miríade de métodos de quantificação do prejuízo, sendo que todos estes métodos apresentam vantagens e desvantagens na busca pela identificação do prejuízo. Este, aliás, é um ponto fundamental de se ressaltar desde logo: não há, hoje, um método de quantificação dos prejuízos de cartel que seja isento de críticas ou falhas.

As falhas que se pode apontar aos métodos comumente utilizados para quantificação de danos causados por cartel têm origem comum: todos se pautam em *análises econômicas hipotéticas*. E, vale ressaltar, nem poderia ser diferente. Considerando tudo o que se analisou neste trabalho quanto à forma com que se organizam os cartéis, a busca por um método 100% eficaz e infalível de quantificação de danos ocasionados pelo citado ilícito antitruste seria, no fim do dia, a busca por um modelo utópico.

A identificação dos danos causados pelo cartel passa, necessária e inevitavelmente, por um exercício hipotético, afinal, não há como se afirmar, com absoluta convicção, qual seria o comportamento do mercado em um cenário contrafactual, em que inexistentes os efeitos do cartel. Jamais se poderá afirmar categoricamente se o fluxo de vendas de uma empresa se alteraria (para mais ou para menos) não fosse a influência do sobrepreço do cartel ou tampouco se poderá garantir que uma outra empresa se sagraria vencedora de um processo licitatório mancomunado pela atuação orques-

860 Ferraz Júnior, *op. cit.*, 2013, p. 24.

trada dos demais licitantes. Na realidade, sequer se poderia afirmar, com precisão, qual seria o preço contrafactual em um mercado não influenciado pela atuação colusiva, uma vez que são diversos os fatores econômicos que influenciam a formação do preço, sendo que diversos deles sequer podem ser controlados pelo cartel.

Por todas estas razões, formou-se consenso na doutrina antitruste quanto à desnecessidade de se buscar a identificação precisa do prejuízo do cartel para efeito de indenização, entendimento este sufragado há décadas pela Suprema Corte Estadunidense.[861] Sustenta-se, como sintetiza Hovenkamp, que o estabelecimento de um regramento que obrigue o autor da ARDC a comprovar, mesmo com grau moderado de precisão, o prejuízo real ocasionado pelo ilícito antitruste seria o mesmo que admitir uma *rule of nonrecovery*, ou seja, estar-se-ia estabelecendo balizas legais que, ao fim e ao cabo, obstariam a indenização dos prejudicados.[862]

De fato, é evidente que a falta de um método perfeito para quantificação dos danos de cartel não pode servir como justificativa para obstar a indenização dos enormes prejuízos ocasionados pelo mais grave ilícito antitruste. Com isso, os operadores do Direito deram à problemática da mensuração dos danos de cartel solução similar à conferida à quantificação dos danos morais. Após décadas de discussões relacionadas à impossibilidade de precificação do dano imaterial, chegou-se à conclusão, bem sumarizada por Díez-Picazo, de que "a reparação pecuniária imperfeita do prejuízo moral deve preferir à falta de reparação".[863] A mesmíssima premissa se aplica ao campo da reparação dos danos de cartel. É melhor indenizar os danos de cartel de forma imperfeita do que deixar os prejudicados desamparados.[864]

[861] "[...] não obstante não possam ser os danos definidos mediante mera especulação ou suposição, será suficiente se a prova mostrar a extensão dos danos para efeito exclusiva e razoavelmente de inferência, embora o resultado seja apenas aproximado" (Supreme Court. Story Parchment Co v Paterson Parchment Paper Co 282 U.S. 555 [1931]. Tradução livre do original, em ingles: "[...] while the damages may not be determined by mere speculation or guess, it will be enough if the evidence show the extent of the damages as a matter of just and reasonable inference, although the result be only approximate").

[862] Hovenkamp, *op. cit.*, 2016, p. 889.

[863] Tradução livre do original, em espanhol: "la reparación pecuniaria imperfecta del prejuicio moral debe preferirse a la falta de toda reparación" (Díez-Picazo, *op. cit.*, 1999, p. 95).

[864] Aliás, a opção pela reparação imperfeita do dano de cartel para garantia do direito indenizatório das vítimas é perfeito exemplo do tratamento que vem sendo dado pela doutrina

Há de se ressaltar, no entanto, que admitir uma reparação dita "imperfeita" não significa dizer que se está aceitando um sistema desregrado de indenização de danos. O que se admite, como pondera Luiz Carlos Buchain, não é um cenário de especulação judiciária, mas sim a utilização de métodos estimativos científicos, pautados em análise técnica dos elementos econômicos possíveis de serem extraídos do mercado influenciado pela atuação colusiva, com o intuito de simular um cenário contrafactual em que inexistente a influência do cartel sobre aquele mercado relevante.[865]

Há uma série de métodos econômicos para definição do cenário contrafactual bastante difundidos e estudados pela doutrina antitruste internacional. Algumas das principais jurisdições antitruste já até mesmo adotam guias para orientação das cortes na aplicação dos métodos de quantificação dos danos de cartel, como é o caso do guia publicado em 2013 pela União Europeia.[866] Embora o Brasil também tenha recentemente publicado, por meio do Ministério da Fazenda, um guia prático para o cálculo de sobrepreço de cartel,[867] infelizmente, ainda se observa um cenário de grande insegurança jurídica na aplicação destes métodos na prática forense nacional.

Não há, em nosso ordenamento jurídico, um bom entendimento acerca das vantagens e desvantagens de cada um dos métodos de quantificação do prejuízo concorrencial. Como consequência, observa-se a falta de zelo na escolha do método de cálculo para o caso concreto, muitas vezes definido pelo magistrado sem sequer consignar as razões que o levaram à adoção de determinado critério para aquela demanda específica.[868]

e pela jurisprudência à responsabilidade civil moderna como um todo, no sentido de dar mais atenção à garantia da indenização do dano do que à identificação perfeita do grau de responsabilidade (ou de culpa) do ofensor.

865 BUCHAIN, *op. cit.*, 2006, p. 178.

866 COMISSÃO EUROPEIA. *Practical guide: quantifying harm in actions for damages based on breaches of article 101 or 102 of the treaty on the functioning of the European Union*. Bruxelas, 2013.

867 BRASIL, *op. cit.*, 2018.

868 É possível citar como exemplo da falta de uniformidade na aplicação de critérios de definição do montante indenizatório, duas ARDCs relacionadas a um mesmo suposto cartel de distribuição de combustíveis no Sul do País. Na Apelação Cível nº 70018714857, julgada pelo Tribunal de Justiça do Rio Grande do Sul, foi aplicada indenização no valor de R$ 20 mil, enquanto em Ação Civil Pública nº 027/1.05.0004158-2, julgada pelo mesmo Tribunal, aplicou-se indenização no valor de R$ 750 mil, mesmo sendo os julgados referentes à atuação do mesmo cartel, não tendo o Tribunal esclarecido quais os motivos para a diferença entre as condenações.

Fundamental, portanto, o estudo dos métodos mais difundidos para quantificação dos principais tipos de danos relacionados à atuação de cartéis (analisados no Item 4.1) para que o aplicador do direito possa identificar quais métodos são mais adequados à solução do caso concreto.

6.2.3.1. Métodos de identificação do sobrepreço

Como visto no Item 4.1.1, o sobrepreço é o elemento central de ações de reparação de danos ocasionados por cartel. Trata-se do dano mais comum e de mais fácil mensuração dentre os originados da atuação colusiva entre concorrentes. Mas, que não se engane o leitor, dizer que o sobrepreço tende a ser o dano de mais fácil apuração dentre aqueles causados por cartel não quer dizer que a sua apuração seja fácil. Ao revés, trata-se de apuração que, a depender do caso concreto, pode se revelar bastante complexa, sempre pressupondo a produção de uma série de elementos de prova e a elaboração de laudo econômico por um perito especializado[869].

Há duas vias básicas para calcular o *percentual* do sobrepreço ocasionado pela atuação cartelizada: (i) com base no preço praticado pelo cartel; ou (ii) com base no preço contrafactual (ou seja, o preço que seria praticado caso inexistisse a atuação do cartel). Veljanovski pondera que o cálculo do percentual do sobrepreço com base no preço praticado pelo cartel pode ser mais conveniente, por poder ser diretamente aplicado para efeito de definição do *quantum* da indenização. O autor explica, no entanto, que o cálculo para conversão de uma base percentual para outra é, de certo modo, bastante simples. Utilizando-se do exemplo dado por Veljanovski, se tivermos um caso em que o sobrepreço, com base no preço contrafactual, é de 40% e quisermos auferir qual seria seu equivalente com base no preço do cartel, bastaria dividir tal percentual por 1 + o sobrepreço. Assim, o percentual do sobrepreço com base no preço do cartel equivaleria a 0,4 divido por 1,4, ou seja, 28%. A conversão inversa é realizada multiplicando o percentual do sobrepreço do preço do cartel por 1 mais o percentual, ou seja, 0,28 x (1+0,28) = 40%[870].

Embora a definição do percentual seja consideravelmente simples, o problema repousa na identificação do sobrepreço em si. Com efeito, há dezenas de métodos aplicados por juristas e economistas com o intuito de

[869] A importância da perícia econômica técnica em ARDC é esmiuçada no Item 6.2.2.4.

[870] VELJANOVSKI, *op. cit.*, 2020, p. 31.

quantificar o sobrepreço do cartel. Na prática, os métodos de quantificação são organizados e divididos basicamente em três categorias: (i) métodos comparativos (Item 6.2.3.1.1); (ii) abordagens baseadas em custos (Item 6.2.3.1.2); e (iii) métodos econométricos (Item 6.2.3.1.3). Analisaremos, brevemente, nos subitens a seguir, alguns dos métodos mais utilizados na prática forense em ARDCs[871].

Antes, no entanto, de passarmos ao estudo de cada um dos métodos, entendemos fundamental reforçar, mais uma vez, que não existe consenso acerca da metodologia mais adequada para identificação do sobrepreço. Na realidade, a definição do método mais adequado deve se dar a partir da análise dos dados disponíveis no caso concreto. Como se verá a seguir, cada método de identificação de sobrepreço se pauta em premissas e dados distintos e, justamente por isso, como apontam Peter Davis e Eliana Garcés, "peritos econômicos conscientes deverão, algumas vezes, precisar construir um quadro estimativo que combine elementos de diferentes metodologias", garantindo, dessa forma, que todos os dados disponíveis para verificação do preço contrafactual sejam utilizados[872].

Mesmo as jurisdições mais avançadas no tratamento da questão da reparação de danos concorrenciais não apontam a existência de um método que seja preferível com relação aos demais. Exemplo maior disso é o fato de o guia publicado pela Comissão Europeia apresentar uma série de métodos aplicáveis para quantificação de danos em ARDC, consignando, de forma expressa, que "nenhum método pode ser apontado como aquele que será mais apropriado, em todos os casos, que os demais", deixando claro que cada um dos métodos apresenta "particularidades, pontos fortes e fracos que os fazem mais ou menos aplicáveis para estimar o prejuízo sofrido em

[871] Frise-se, desde já, que existem diversos outros métodos de quantificação de sobrepreço por danos concorrenciais para além dos apresentados nos próximos Itens deste trabalho. A tendência, aliás, é que a evolução e maturação dos sistemas de reparação de danos concorrenciais ao redor do mundo faça multiplicar os métodos aplicados pela ciência econômica para quantificação do sobrepreço. Para uma análise mais ampla dos métodos de quantificação do sobrepreço, recomenda-se a leitura do estudo preparado pela Oxera a pedido da Comissão Europeia: OXERA, *op. cit.*, 2009.

[872] Tradução livre do original, em inglês: "conscientious economic experts will sometimes need to build an estimation framework that combines elements of the different methodologies" (DAVIS, Peter; GARCÉS, Eliana. *Quantitative techniques for competition and antitrust analysis*. Nova Jersey: Princeton University, 2010, p. 352).

determinado conjunto de circunstâncias"[873]-[874]. Aliás, como muito bem destacado no bojo do guia prático para quantificação de danos do SEPRAC, o cálculo do sobrepreço só poderá ser tido por satisfatório quando for "razoável argumentar que a mensuração foi capaz de isolar o efeito causal da atuação do cartel de todos as outras variáveis que podem exercer influência sobre o mercado," tarefa que, como também reconhece o mencionado guia, não é trivial, sendo que "a complexidade desse cálculo depende de características inerentes a cada caso e da disponibilidade e qualidade dos dados"[875].

Em resumo, será a casuística e, em especial, as informações disponíveis nos autos que permitirão identificar qual o método mais adequado ao caso concreto, sendo inclusive recomendável, quando possível, a utilização de mais de um dos métodos de quantificação, para que se possa chegar o mais próximo possível de um resultado justo na definição do *quantum* indenizatório[876].

Cumpre ressalvar, ainda, que não serão esgotados, nos Subitens a seguir, os detalhes acerca da forma de aplicação de cada um dos principais métodos de quantificação de sobrepreço. Com efeito, uma análise minuciosa de cada um dos métodos ou abordagens de identificação de sobrepreços não só mereceria um trabalho exclusivamente voltado a tal fim, a exemplo do elaborado por Fabiana Tito[877], como extrapolaria o escopo e limites desta

[873] Traduções livres do original, em inglês: "There is no method that could be singled out as the one that would in all cases be more appropriate than others. Each of the methods described above has particular features, strengths and weaknesses that may make it more or less suitable to estimate the harm suffered in a given set of circumstances" (COMISSÃO EUROPEIA, *op. cit.*, 2013, p. 39).

[874] Não se pode deixar de ressaltar, no entanto, que, os métodos comparativos são os mais aplicados em ARDCs processadas perante as cortes americanas (HOVENKAMP, Herbert. Quantification of Harm in Private Antitrust Actions in the United States. *University of Iowa Legal Studies Research Paper*, Iowa City, 2011, p. 6), fenômeno que também se observa nas cortes europeias, em especial no que se refere à aplicação do método do "antes e depois", objeto de estudo no Item 6.2.3.1.1.1, que, nas últimas décadas, foi utilizado para quantificação nas indenizações impostas pelos tribunais europeus em 22 das 58 decisões que vieram a efetivamente quantificar os danos em ARDCs processadas naquele continente (LABORDE, *op. cit.*, 2021).

[875] BRASIL, *op. cit.*, 2018, p. 52.

[876] SILVA; REIS, *op. cit.*, 2022, p. 234.

[877] TITO, Fabiana Ferreira de Mello. *Ensaios sobre danos de cartel*: metodologias de cálculo de sobrepreço, efeito repasse (pass-on) e multa ótima. Tese (Doutorado em Economia) – Faculdade de Economia e Contabilidade da Universidade de São Paulo, São Paulo, 2018.

obra (além, evidentemente, de presumir conhecimento da ciência econômica que vai além do detido por este autor). Cabe aqui invocar a observação de Posner, no sentido de que "econometria é um assunto tão difícil que seria irrealista esperar que um juiz médio ou jurado seja capaz de entender todas as críticas de um estudo econométrico"[878]. Claro que a afirmação feita por Posner é feita em análise ao sistema americano de julgamento de ARDCs, mencionando até mesmo a figura dos jurados, bastante particular daquele ordenamento jurídico, mas não deixa de ser uma observação possível de ser feita aos operadores do Direito de qualquer jurisdição, uma vez que a expressiva maioria dos advogados que representarão as partes envolvidas em uma ARDC não possuirá conhecimento suficiente de economia para realizar ou interpretar cálculos de danos causados por cartel.

O objetivo dos próximos Subitens, portanto, será conferir ao operador do Direito o necessário para que este possa identificar qual o método mais adequado para ser aplicado à situação prática com a qual venha a se deparar na prática forense. Para tanto, será apresentada uma análise simplificada de cada um dos métodos de identificação do sobrepreço, de modo a permitir um entendimento geral, pelo leitor, de quais as vantagens e desvantagens de utilização de cada um no caso concreto. O cálculo efetivo do dano, no entanto, como reiteradamente frisado (especialmente no Item 6.2.2.4), deverá ficar a cargo de experts em ciência econômica, a fim de evitar injustiças atreladas não à má aplicação do Direito, como sói ocorrer, mas à interpretação equivocada das informações de natureza econômica.

Por fim, um último ponto fundamental de ser destacado no que tange ao sobrepreço, antes de passarmos à análise dos principais métodos para sua mensuração, é que, naqueles casos em que o cartel comercializa insumos para produção de outros produtos, o sobrepreço, idealmente, não deve ser automaticamente tido como arcado pelo adquirente direto daquele insumo. Nesses casos, haverá de ser também calculado o *repasse* do prejuízo aos elos seguintes da cadeia produtiva (*pass-on*), descontando-o do valor do sobrepreço para finalmente identificar o efetivo prejuízo do adquirente do insumo[879].

[878] Tradução livre do original, em inglês: "econometrics is such a difficult subject that it is unrealistic to expect the average judge or juror to be able to understand all the criticisms of an econometric study." (Posner, *op. cit.*, 1999).

[879] O repasse do prejuízo de cartel é ponto bastante sensível no âmbito de ARDCs e, justamente por isso, dedicamos o Item 6.1.3 deste trabalho ao seu estudo. Caso interesse ao

6.2.3.1.1. Métodos comparativos

6.2.3.1.1.1. Comparação temporal ou "antes e depois" (*before and after method*)

Modelo mais aplicado na prática forense para quantificação do sobrepreço – até mesmo por se pautar em dados que, em sua maioria, são públicos ou de mais fácil acesso –, o método alcunhado pela doutrina econômica como *before and after method* (método antes e depois) identifica o sobrepreço comparando os preços praticados pelo cartel em períodos distintos, com e sem a influência do conluio sobre o mercado.

O primeiro desafio, portanto, para aplicação do método do antes e depois é identificar o período mais adequado para utilização como contrafactual ao preço do cartel. Como explica Connor, a nomenclatura dada a esta técnica de identificação do sobrepreço pode ser enganosa, já que o "antes" é, na realidade, qualquer período não influenciado pelos efeitos do cartel, podendo, dessa forma, ser tanto um período anterior quanto *posterior* ao cartel, desde que seja um intervalo temporal em que as condições gerais do mercado (alterações nas preferências dos consumidores, aparecimento ou desaparecimento de substitutos, alterações dos custos de produção, dentre outros) constituam um contrafactual adequado ao período de atuação do cartel[880].

Embora, como ressalta Hovenkamp, o ideal seja a utilização dos períodos antes, durante e depois do cartel para definição do sobrepreço[881], o mais comum é que, até mesmo pela ausência de dados suficientes para todos os períodos, seja utilizado apenas um ou outro como contrafactual. Na expressiva maioria dos casos práticos, costuma-se utilizar como contrafactual o preço que passou a ser praticado pelos integrantes do cartel após o início da investigação ou condenação do ilícito antitruste, ou seja, o preço tido como *pós-cartel*. Segundo estudo coordenado por Laborde, o preço pós-cartel foi utilizado em 70% dos casos que aplicaram o *before and after method* nas cortes europeias[882]. As justificativas para tal escolha

leitor o aprofundamento do estudo dos métodos para desconto do repasse na quantificação dos prejuízos de cartel, conferir: BRASIL, *op. cit.*, 2018, p. 77 e ss.

880 Connor, John M. Global cartels redux: the lysine antitrust litigation (1996). In: Kwoka Jr., John E.; White, Lawrence J. (Orgs.) *The Antitrust Revolution*: economics, competition and policy. 6ª ed. Nova York: Oxford University, 2014, p. 348-349.

881 Hovenkamp, *op. cit.*, 2011. p. 6.

882 Laborde, *op. cit.*, 2021.

seriam principalmente duas: (i) é normalmente mais fácil de se identificar quando foi encerrada a atuação colusiva do que apontar quando se deu seu início[883]; e (ii) em cartéis de longa duração, tem-se uma maior dificuldade na obtenção de dados precisos para aplicação do método do antes e depois referentes ao período pré-cartel.

Além dos fatores identificados no estudo europeu, pode-se acrescentar, como um possível dificultador à utilização dos preços "pré-cartel" como contrafactual, o fato de ser comum a constituição de cartéis em resposta a períodos de recessão econômica. Nesse tipo de cenário, aduz Connor, a utilização dos preços anteriores à formação do conluio como contrafactual implicará a superestimação do sobrepreço do cartel[884].

Há de se ressaltar, no entanto, que também não será sempre adequada a utilização do preço posterior à identificação do cartel como contrafactual. Claro que, em muitos casos, após a identificação da colusão, os integrantes do cartel cessarão a comunicação e a organização colusiva para evitar novas sanções e, com isso, tende-se a observar uma queda de preços. Em tal cenário, estes preços "pós-cartel" serão bastante úteis para identificação do sobrepreço, pois, em princípio, refletirão o preço não influenciado pela organização colusiva entre concorrentes. Esta não será, todavia, a realidade de todos os casos práticos.

[883] De suma importância ressaltar, todavia, que é comum que a autoridade concorrencial, na condenação administrativa do cartel, indique datas conservadoras com relação ao período de atuação do conluio para reduzir a margem de questionamento judicial da decisão, muito embora as investigações possam apresentar indícios de que o cartel já se encontrava ativo mesmo antes da data indicada na decisão da autoridade antitruste. Cientes de tal fato, os envolvidos no cartel, em muitas oportunidades, se valem da imprecisão das datas de operação do conluio nas decisões administrativas para tentar indicar, para efeito de contrafactual, períodos em que, na realidade, o cartel já se encontrava ativo. Foi exatamente o que ocorreu, por exemplo, em ARDC relacionada ao cartel de tubos pré-isolados, processada perante as cortes dinamarquesas (High Court of Western Denmark. Case nº IV/35.691/E-4 [1999]), no qual os réus tentaram sustentar a utilização dos preços praticados no início do ano de 1990 como contrafactual aos preços do cartel, uma vez que a Comissão Europeia havia indicado novembro de 1990 como sendo o início do cartel. Ocorre que a data indicada pela Comissão Europeia foi apontada de forma reconhecidamente conservadora na decisão administrativa, havendo fortes indícios de atuação do cartel cerca de dois anos antes da data indicada pela autoridade antitruste, o que evidenciava a imprestabilidade do período apontado pelos réus como contrafactual (Veljanovski, *op. cit.*, 2020, p. 221-222).

[884] Connor, *op. cit.*, 2014, p. 349.

Com efeito, é comum que as empresas anteriormente organizadas em cartel, após a sua identificação e condenação, deixem de reduzir os preços praticados como estratégia de defesa para dificultar a identificação do sobrepreço em ARDCs ou até mesmo sigam conduzindo suas operações de forma paralela em uma espécie de *colusão tácita*, o que é bastante comum de ocorrer em cartéis que estiveram vigentes por muitos anos até virem a ser identificados[885]. Dessa forma, nem sempre será possível utilizar o preço praticado após a identificação do cartel para efeito de aplicação do método do "antes e depois".

As vantagens da utilização do método antes e depois estão relacionadas não apenas à simplicidade de aplicação desta abordagem, já destacada desde o início deste Item, mas também ao fato de que, assim como se dá com outros métodos de comparação intertemporal, o comportamento contrafactual que será utilizado para a quantificação é tirado dos próprios agentes econômicos que participaram do conluio, aumentando a assertividade e higidez dos dados utilizados no cálculo[886].

Por outro lado, há casos em que a situação fática tornará o método antes e depois inviável ou ao menos extremamente inadequado à quantificação do sobrepreço, como, por exemplo, naquelas situações em que o cartel se organiza não para majorar preços, mas para mantê-los estáveis[887]. Além disso, importa ressaltar que métodos de quantificação de sobrepreço pautados na comparação entre os preços pré ou pós-cartel *vis a vis* o preço praticado pelo cartel podem apresentar imprecisões relacionadas às próprias variações gerais do mercado ao longo dos períodos estudados e que também afetam o preço[888], como, por exemplo, variações de demanda ou de custos de produção. Ter isso em mente é ainda mais importante quando se está analisando cartéis que operaram por décadas em determinado mercado.

Há, todavia, algumas técnicas desenvolvidas pela doutrina econômica para mitigar as falhas do método antes e depois. A primeira delas, que se recomenda aplicar sempre que disponíveis os dados necessários, trata-se,

[885] Segundo Connor, foi exatamente isso que ocorreu, por exemplo, após a condenação do Cartel da Lisina, um dos mais emblemáticos da história do antitruste nos EUA (CONNOR, *op. cit.*, 2014, p. 351).

[886] BRASIL, *op. cit.*, p. 60.

[887] HOVENKAMP, *op. cit.*, 2011, p. 6.

[888] VELJANOVSKI, *op. cit.*, 2020, p. 219.

da técnica do desconto de custos (*adjusting for costs*) que nada mais é do que a subtração da variação dos custos no preço do cartel para se chegar a um valor mais adequado do sobrepreço. Busca-se, com tal técnica, afastar do cálculo do sobrepreço as variações não diretamente ocasionadas pelo cartel, alcançando-se, dessa forma, um cálculo mais assertivo acerca do efetivo prejuízo causado pela colusão[889].

Outra técnica semelhante é a de desconto das flutuações cambiais. Para o cálculo do sobrepreço ocasionado por cartéis internacionais (que têm sido objeto de grande atenção do antitruste contemporâneo) é indispensável que se proceda aos ajustes relacionados à variação do câmbio na identificação do prejuízo, descontando-o do sobrepreço identificado com o uso do método do antes e depois[890].

6.2.3.1.1.2. Uso de "guerra de preços" como contrafactual

É comum a observância de períodos de "guerras de preços" em mercados sob influência de cartel. Com isso, parafraseando Veljanovski, pode ser tentadora a perspectiva de utilização destes períodos como contrafactual em uma análise comparativa voltada à identificação do sobrepreço do cartel, sob a premissa de que os preços praticados neste intervalo equivaleriam ao *but-for price*[891]. Não se trata, no entanto, de um método recomendável.

Como leciona Veljanovski, há uma série de fatores que podem dar origem às guerras de preço. É bem verdade que elas podem ser um indicativo da quebra do cartel ou ter origem em fatores externos ao cartel, como, por exemplo, uma redução da demanda, o excesso de capacidade ocasionada por fatores cíclicos do mercado ou mesmo o ingresso de um novo concorrente no mercado. Todavia, é comum que as guerras de preço sejam, na realidade, um instrumento de represália do próprio cartel às empresas que não aceitaram integrar o conluio[892].

Dessa forma, apenas a análise casuística e a identificação das razões que levaram à guerra de preços que permitirá concluir se o uso do período de guerra de preços como contrafactual é o ou não recomendável. Somente será adequada a utilização da guerra de preços como contrafactual se esta não for diretamente ocasionada pela atuação do cartel.

[889] VELJANOVSKI, *op. cit.*, 2020, p. 222.
[890] VELJANOVSKI, *op. cit.*, 2020, p. 223.
[891] VELJANOVSKI, *op. cit.*, 2020, p. 225.
[892] VELJANOVSKI, *op. cit.*, 2020, p. 225.

6.2.3.1.1.3. Método referencial (*yardstick approach*)

O método referencial, mais referido na doutrina econômica e antitruste como *yardstick*, baseia-se na utilização dos preços praticados em outro mercado, com características estruturais similares às do mercado sob influência do cartel, como contrafactual para identificação do sobrepreço. Este mercado utilizado como referencial pode ser tirado de outra região geográfica ou até da mesma região em que atua o cartel, utilizando-se como referencial o mercado de venda de um outro produto com características muitíssimo similares às do comercializado pelo cartel[893]-[894].

Segundo John Connor, o primeiro trabalho publicado a utilizar-se do método *yardstick* para calcular o impacto de um cartel talvez seja o elaborado por Francis Hirst, em 1905, que propunha a utilização dos valores de exportação praticados por cartéis alemães para mensurar o tamanho do sobrepreço imposto pelo cartel ao mercado doméstico, dado que os valores cobrados do mercado externo costumavam ser inferiores aos praticados pelas empresas em solo alemão[895]. Quanto à aplicação prática em ARDCs, a *yardstick approach* foi referendada pela Suprema Corte Americana em 1946, a partir do julgamento do caso Bigelow vs. RKO Radio Pictures Inc.[896], oportunidade em que o método foi aplicado não para quantificação do sobrepreço, mas para comprovação de lucros cessantes[897].

Como leciona Hovenkamp, o método referencial costuma ser mais indicado para aqueles casos de cartel em que o conluio é operado em um mercado regional, possível de ser comparado a outro mercado regional, que esteja próximo ao de operação do cartel e que tenha estrutura de custos bastante similar à do mercado cartelizado[898].

[893] PROSPERETTI, Luigi; PANI, Eleonora; TOMASI, Ines. *Il danno antitrust*: una prospectiva economica. Bologna: Il Mulino, 2009, p. 165.

[894] Há, no entanto, de se ter um cuidado ainda maior ao aplicar-se o método referencial mediante a utilização de mercado de outro produto como contrafactual. Como apontado por Fabiana Tito, além de ser recomendável a utilização de um produto comercializado na mesma região geográfica do cartel, a referência de preço "só será adequada se o produto for relativamente próximo em termos de demanda, custo e estrutura de mercado ao produto cartelizado, objeto da análise" (TITO, *op. cit.*, 2018, p. 37-38).

[895] CONNOR, *op. cit.*, 2008, p. 47.

[896] EUA. 327 U.S. 251 [1946] *Bigelow v. RKO Radio Pictures Inc.*

[897] HOVENKAMP, *op. cit.*, 2016, p. 894.

[898] Hovenkamp complementa esclarecendo que deverão ser feitos ajustes em função de diferenças de impostos, taxas regulatórias, custos de transporte e salários. "No entanto, se

Aliás, premissa importante de ser considerada para aplicação do método referencial é que dificilmente o mercado contrafactual adequado para utilização nessa abordagem será um mercado efetivamente competitivo. Como já apontado, em especial no Item 1.2, cartéis costumam se formar em mercados concentrados (oligopolizados) e, portanto, muitas vezes deverá ser utilizado um mercado de estrutura também oligopolizada como contrafactual e não um ambiente efetivamente competitivo, como se poderia inicialmente imaginar.

Considerando o quanto consignado acima, Veljanovski alerta para o fato de que, em muitos casos, não se revelará adequada a utilização do método *yardstick*, uma vez que os mercados que potencialmente serviriam como contrafactual podem apresentar alta propensão à formação de cartel[899]. Com efeito, o simples fato de não haver sido identificada a atuação colusiva em determinado mercado não é garantia de que este não esteja sob influência de cartel[900]. Caso o mercado que seria utilizado como contrafactual esteja sob influência de um cartel ainda não identificado, o cálculo do sobrepreço com base no método *yardstick* será totalmente falho. Por outro lado, Veljanovski esclarece que mercados com histórico de cartéis, mas que se encontrem submetidos à aplicação de políticas intensas anti-cartel, como é o caso das indústrias norte-americanas de cimento e de vidro, podem ser excelentes parâmetros contrafactuais para aplicação do método referencial, haja vista que a margem para tal mercado estar sob influência de um cartel ainda oculto estará reduzida[901].

estas diferenças puderem ser isoladas e quantificadas, um perito econômico ou contábil deverá ser capaz de produzir um preço 'reconstruído' que prevaleceria no mercado cartelizado se ele tivesse o mesmo nível de competição existente no mercado referencial" (Hovenkamp, *op. cit.*, p. 895). Tradução livre do original, em inglês: "However, if these differences can be isolated and quantifies, an expert economist or accountant should be able to produce a 'reconstructed' price that have prevailed in the cartelized market if it had the same level of competition as exists in the yardstick market.".

[899] Veljanovski, *op. cit.*, 2020, p. 230.

[900] Vale lembrar, cartéis são ilícitos extremamente sigilosos e dificilmente são identificados sem a delação por parte de um de seus integrantes em acordo de leniência. Pode ser bastante elevado o risco, portanto, de que o mercado que se pretende utilizar a título comparativo esteja sob influência de cartel ainda oculto ou até mesmo que os concorrentes estejam atuando em colusão tácita, ambos cenários que inviabilizariam a utilização do método referencial para identificação do sobrepreço.

[901] Veljanovski, *op. cit.*, 2020, p. 230.

Outro cenário que se costuma apresentar como inadequado à aplicação do método *yardstick* é o de ARDCs que envolvam cartéis internacionais. Primeiramente, se o cartel puder ser considerado um cartel efetivamente *global*, não haverá um mercado de mesmo produto que possa ser tido como comparável ao do cartel para efeito de aplicação do método referencial. Mesmo se o cartel internacional tiver atuação concentrada em determinada região, dificilmente será possível identificar um mercado contrafactual adequado, dadas as diferenças estruturais de cada região do globo, sendo comum de se observar grande variação de custos e de estrutura geral de mercado nas diferentes regiões, o que dificultaria até mesmo as adequações normalmente realizadas pelos experts econômicos quando da utilização da *yardstick approach*[902].

Embora sejam diversos os exemplos de aplicação do método referencial em ARDCs ao redor do mundo – em especial nos EUA –[903], uma das aplicações mais destacadas deste tipo de abordagem em casos de cartel é tirada de investigação realizada por jornalistas do Wall Street Journal, em matéria publicada em maio de 2008. Naquela oportunidade, a investigação jornalística apontou a existência de um possível conluio entre instituições bancárias para manipulação da taxa LIBOR (*London Interbank Offer Rate*), chegando-se à conclusão quanto à possível manipulação da referida taxa ao compará-la com os custos para contratação de CDS's (*credit-default swaps*). Segundo a análise do Wall Street Journal, as instituições bancárias estariam possivelmente manipulando as informações fornecidas para definição da taxa LIBOR, pois, em janeiro de 2008, observou-se um descolamento de tal taxa em comparação aos custos de CDS's, quando o histórico era de alinhamento entre ambos[904]. Cerca de quatro anos após a publicação do artigo, o banco Barclays admitiu a atuação colusiva entre as instituições bancárias para manipulação da taxa LIBOR[905].

902 Hovenkamp, *op. cit.*, 2016, p. 894.

903 Na Europa, o método *yardstick* foi o terceiro mais aplicado em condenações por danos de cartel, mas, mesmo assim, foi utilizado em apenas 6 dos 58 casos em que danos vieram a ser quantificados até 2020, ficando atrás dos métodos do "antes e depois" (22 casos) e das abordagens baseadas em custos (9 casos) (Laborde, *op. cit.*, 2021).

904 Mollenkamp, Carrick; Whitehouse, Mark. Study casts doubt on key rate: WSJ analysis suggests banks may have reported flawed interest data for Libor. *Wall Street Journal*. Nova York, 29 mai. 2008.

905 Veljanovski, *op. cit.*, 2020, p. 231.

6.2.3.1.2. Abordagens baseadas em custos e margens de lucro (*cost-based approaches*)

As *cost-based approaches* pautam-se em premissas bastante similares às dos métodos comparativos citados no Item anterior, mas, ao invés de realizarem análises comparativas de preços, valem-se da análise de *custos* e *margens de lucro* das empresas cartelizadas ao longo do período de atuação do cartel, comparando-os com os períodos anteriores ou posteriores ao conluio, utilizando-se a diferença entre estes para identificação do sobrepreço[906]. Consequentemente, para aplicação destes métodos, pressupõe-se, como indicado por Peter Davis e Eliana Garcés, que o perito consiga "(1) estimar os custos da empresa e (2) estimar a lucratividade da empresa na ausência do conluio, dado que este método normalmente envolve o uso de informações sobre custos adicionando, posteriormente, uma margem 'razoável' de retorno"[907].

Segundo Veljanovski, as principais vantagens da utilização de métodos *cost-based* são a possibilidade de utilização de custos específicos das empresas rés (fazendo, consequentemente, desnecessária a utilização de estimativas) e a simplicidade da análise, tornando-a um método de fácil compreensão pela corte que julgará a ARDC[908]. Por outro lado, as análises baseadas em custos podem apresentar resultados enganosos em razão de variáveis de mercado não diretamente ocasionadas pelo cartel, bem como da arbitrariedade da definição do que constituiria uma margem "razoável" de retorno em um ambiente não cartelizado ou mesmo em função da imprecisão dos dados necessários ao cálculo, como sói ocorrer com basicamente todos os métodos quantificativos[909].

As *cost-based approaches* só foram menos aplicadas em decisões de cortes europeias do que o método antes e depois[910]. Em um dos casos mais comentados dentre os julgados europeus, o método de análise comparativa das margens brutas foi utilizado no cálculo de sobrepreço apresentado

[906] Veljanovski, *op. cit.*, 2020, p. 232.

[907] Tradução livre do original, em inglês: "This method presupposes that the expert can (1) estimate costs of the firm and (2) estimate the profitability of the firm absent the conspiracy since the method usually involves using cost data and then adding to it a 'reasonable' rate of return" (Davis; Garcés, *op. cit.*, 2010, p. 361-362).

[908] Veljanovski, *op. cit.*, 2020, p. 232.

[909] Davis; Garcés, *op. cit.*, 2010, p. 362.

[910] Laborde, *op. cit.*, 2021.

pela ré ABB no âmbito da ARDC movida pela empresa BritNed Development Ltd., que teve origem na decisão da Comissão Europeia que reconheceu a formação de um cartel global no mercado de cabos submarinos e subterrâneos de alta voltagem no período compreendido entre 1999 e 2009[911]. Segundo os cálculos apresentados pelo assistente técnico da ré, a margem bruta da ABB no período pós-cartel foi similar, e até mesmo um pouco inferior, à observada ao longo do período de operação do cartel, o que comprovaria a ausência de sobrepreço, conclusão que restou inicialmente acatada pelo juiz de primeiro grau. Posteriormente, no entanto, a Suprema Corte Britânica reconheceu que os custos apontados pela ABB se encontravam inflacionados em razão justamente da existência do cartel, além de estarem pautados em uma quantidade considerável de ofertas não efetivamente contratadas.[912] Dessa forma, os cálculos apresentados pela Ré restaram rejeitados, reconhecendo-se, ao final, um sobrepreço de aproximadamente 13 milhões de euros[913].

6.2.3.1.3. Métodos econométricos ou estatísticos

A econometria pode ser resumida como a "aplicação de métodos estatísticos a dados econômicos"[914] – até por isso, os métodos econométricos são também referidos como *métodos estatísticos* –, com o objetivo de "estimar relações entre variáveis econômicas de interesse"[915].

[911] COMISSÃO EUROPEIA. Case AT.39610. Power cables (2014).

[912] Os cálculos de margem bruta apresentados pela ABB pautavam-se em 10 ofertas realizadas pela ABB após o descobrimento do cartel, sendo que 9 destas ofertas não se sagraram vencedoras de seus respectivos processos competitivos. Ou seja, apenas uma das 10 ofertas utilizadas no cálculo do perito contratado pela ré foi efetivamente contratada. Com isso, como aponta Veljanovski, os dados para estabelecimento do contrafactual apresentados pela ré são imprestáveis, haja vista que, além de apresentarem custos inflacionados pelo cartel, os valores indicados nas 9 propostas não contratadas não são "preços" propriamente ditos, mas meras ofertas rejeitadas (Veljanovski, *op. cit.*, 2020, p. 229).

[913] O expert da autora da ARDC utilizou métodos econométricos de cálculo do sobrepreço, mas a Suprema Corte Britânica apenas se valeu de informações trazidas pelo estudo econômico apresentado pela autora para realizar ajustes no cálculo apresentado pelo réu. Dessa forma, o método final aplicado pela corte foi mesmo um método majoritariamente baseado nos custos e margens de lucro da ABB. (SUPREMA CORTE BRITÂNICA. BritNed Development Ltd. vs ABB AB e ABB Ltd. [2018] EWHC 2616 (ch).

[914] Tradução livre do original, em inglês: "Econometrics is defined as the application of statistical methods to economic data" (Veljanovski, *op. cit.*, 2020, p. 243).

[915] BRASIL, *op. cit.*, p. 98.

Conforme ressaltado logo na introdução do guia da American Bar Association sobre econometria, "a importância da econometria é que esta permite que se tire conclusões sobre relações econômicas por meio de resultados observados no mercado, mesmo quando estes sejam resultado de interações complexas entre numerosas forças econômicas."[916] Como visto nos Itens anteriores, os métodos mais aplicados na prática forense para quantificação do sobrepreço apresentam falibilidades no que tange à consideração de fatores econômicos não diretamente relacionados ao cartel no cálculo do sobrepreço. Os métodos econométricos se colocam justamente como solução aos problemas apresentados pelos métodos mais tradicionais de cálculo do sobrepreço, "valendo-se de dados históricos para apresentar evidências estatísticas quanto à existência e tamanho de qualquer sobrepreço, controlando outros fatores que influenciam preços,"[917] ou, nas palavras de Luigi Prosperetti *et al.*, isolando os efeitos externos para, com isso, "purificar" o resultado do sobrepreço ocasionado pelo cartel[918].

Como pondera Connor, modelos econométricos de identificação do sobrepreço são, "em essência, elaborações do método do antes e depois, mas que são mais hábeis para lidar com as múltiplas alterações exógenas de demanda e oferta"[919]. Na prática, o *expert* econômico se valerá de modelos de regressão em que o *preço* é tratado como a variável a ser explicada (variável dependente) sofrendo regressão com base nas alterações de custos, demanda e demais fatores de mercado (variáveis explicativas) para, dessa forma, identificar como estes fatores não controlados pelo cartel afetaram o preço no período investigado[920]. Adiciona-se, por fim, a variável "*dummy*", uma variável binária que representará a presença do cartel

[916] Tradução livre do original, em inglês: "the value of econometrics is that it allows one to draw inferences about economic relationships from observed market outcomes, even when those outcomes are the result of complex interactions among numerous economic forces" (ABA. *Econometrics*: legal, practical and technical issues. 2ª ed. Chicago: ABA, 2014. p. 1).

[917] Tradução livre do original, em inglês: "it uses historical data to provide statistical evidence of the existence and size of any price overcharge, while controlling for the other factors that influence prices" (Veljanovski, *op. cit.*, 2020, p. 242).

[918] Prosperetti; Pani; Tomasi, *op. cit.*, 2009, p. 123.

[919] Tradução livre do original, em inglês: "Such models are in essence elaborations of the before-and-after method, but they are better able to handle multiple exogenous shifts in demand and suply" (Connor, *op. cit.*, 2014, p. 356).

[920] Veljanovski, *op. cit.*, 2020, p. 246.

na equação e permitirá identificar os períodos de atuação e influência da colusão[921].

Connor chegou a escrever que "modelos econométricos se tornaram o padrão mundial para comprovação de danos de cartel"[922]. Trata-se, com as devidas vênias à posição do autor, de uma afirmação exagerada e, de certo modo, descolada da efetiva realidade mundial. É até mesmo discutível se esta seria uma tendência em casos processados perante as próprias cortes norte-americanas, muito mais maduras na matéria do que as demais jurisdições mundiais[923]. Na realidade, como pontua Cento Veljanovski[924], em resposta a Connor, ainda parece distante a época em que métodos econométricos irão se sobrepor aos demais métodos de identificação de sobrepreço nas cortes europeias[925] – afirmativa que também se faz verdadeira na ainda incipiente jurisprudência brasileira.

Um dos maiores dificultadores da aplicação prática de métodos econométricos é que estes pressupõem, segundo Fabiana Tito, "a disponibilidade de uma base de dados extensa e de qualidade, inclusive do período em que o cartel não operava,"[926] sendo que, na expressiva maioria das vezes, estes dados estarão em poder dos cartelistas que, por óbvio, farão o possível para dificultar o acesso à documentação e às informações necessárias para o cálculo do dano.

[921] Para um aprofundamento da explicação quanto aos conceitos econômicos e fórmulas matemáticas para aplicação de métodos econométricos, ver: DAVIS; GARCÉS, *op. cit.*, 2010, p. 356-359; VELJANOVSKI, *op. cit.*, 2020, p. 245; COMISSÃO EUROPEIA, *op. cit.*, 2013, p. 24-31; e BRASIL, *op. cit.*, p. 70 e ss.

[922] Tradução livre do original, em inglês: "econometric modeling has become the world standard for proving cartel damages" (CONNOR, *op. cit.*, 2014, p. 356).

[923] Segundo Connor, estudos econométricos acerca de sobrepreço passaram a ser aplicados nas cortes americanas em meados de 1960, no âmbito de ações relacionadas ao cartel de energia nos EUA, tendo sido objeto de estudo no livro publicado por Ralph Sultan em 1974 (SULTAN, Ralph G. M. *Pricing in the Eletrical Oligopoly*. Cambridge: Harvard Business School, 1974, v. I e II). Todavia, como apontam Sullivan, Hovenkamp, Shelanski e Leslie, mesmo perante os tribunais americanos, os danos são mais comumente comprovados pela aplicação dos métodos *before-and-after* e *yardstick* (SULLIVAN *et al.*, *op. cit.*, 2014. p. 160).

[924] VELJANOVSKI, *op. cit.*, 2020, p. 243.

[925] Segundo Luigi Prosperetti, Eleonora Pani e Ines Tomasi, as cortes europeias ainda veem os métodos econométricos com certo "ceticismo" (PROSPERETTI; PANI; TOMASI, *op. cit.*, 2009. p. 125-126).

[926] TITO, *op. cit.*, 2018, p. 35.

Como alertam Luigi Prosperetti *et al.*, caso alguma das variáveis de mercado seja desconsiderada ou mensurada de forma errônea na aplicação de métodos econométricos, os resultados do sobrepreço poderão se apresentar de forma totalmente equivocada[927]. Justamente por isso, a aplicação deste tipo de metodologia só é recomendável quando se tiver bastante segurança da disponibilidade e higidez dos dados necessários ao cálculo do sobrepreço e, mesmo em tal cenário, é preferível que sua aplicação se dê em conjunto com algum dos outros métodos de quantificação analisados nos Itens anteriores[928]-[929].

Soma-se aos empecilhos à aplicação prática de métodos econométricos o fato de que toda a grande quantidade de dados necessários à realização do estudo estatístico deverão ter sua precisão averiguadas pelo magistrado, preferencialmente com o auxílio de um expert em economia com conhecimento da indústria de atuação do cartel[930], e, depois, tenderão a ser necessários meses para finalização da perícia técnica pautada em estudos estatísticos de tais dados[931].

6.2.3.2. Particularidades da quantificação dos lucros cessantes

É bastante comum, como visto no Item 4.1.4, que o cartel implique prejuízos por lucros cessantes a concorrentes não envolvidos no conluio ou a outras empresas que adquirem (direta ou indiretamente) produtos das cartelistas. São exemplos corriqueiros de lucros cessantes pela prática de cartel a redução dos ganhos em razão da atuação do cartel para reduzir a oferta de determinado produto ou os embargos criados pelos cartelistas para a atuação de concorrentes não envolvidos no conluio. Todos estes prejuízos, se comprovados, são passíveis de indenização e são exatamente os desafios de tal prova que serão analisados neste Item.

E tais desafios, vale ressaltar, podem se mostrar ainda maiores que os relacionados à quantificação dos demais danos oriundos de cartel. Ao longo

927 Prosperetti; Pani; Tomasi, *op. cit.*, 2009, p. 124-125.

928 Connor, *op. cit.*, 2014, p. 356-357.

929 Veljanovski chega a ponderar, inclusive, que, "a rigor, econometria não é uma abordagem, mas uma ferramenta ou técnica que pode ser usada em conjunto com outras abordagens" (Veljanovski, *op. cit.*, 2020. p. 245). Tradução livre do original, em inglês: "strictly speaking econometrics is not an approach, but a tool or technique that can be used in conjunction with other approaches.".

930 COMISSÃO EUROPEIA, *op. cit.*, 2013, p. 29-30.

931 Connor, *op. cit.*, 2014, p. 355.

deste trabalho, buscamos deixar clara a premissa de que a quantificação dos danos de cartel, no mais das vezes, partirá de exercícios hipotéticos acerca do cenário contrafactual, muitas vezes esbarrando na dificuldade da prova de tais danos. No caso da quantificação dos lucros cessantes ocasionados por cartel, a dificuldade probatória é acentuada pelo fato de que a produção de provas de lucros cessantes, de modo geral, é também tarefa não trivial, sendo que o julgador, nas palavras de Gisela Sampaio da Cruz Guedes, tem sua função dificultada "de um lado, pelo próprio prejudicado, que tende a aumentar os possíveis ganhos que experimenta (e aí o que não falta é criatividade...), de outro, pelo ofensor, que tende a depreciar tais lucros, atribuindo-os à imaginação do lesado"[932].

Há duas questões fundamentais de se ter em mente, para o cálculo da indenização por lucro cessante. Primeiramente, há de se entender que o instituto se volta à indenização do *lucro líquido* e, portanto, como destaca Francisco Marino, "[p]ara o seu cômputo devem ser excluídas as eventuais despesas em que o lesado incorreria para alcançar o resultado favorável"[933]. Além disso, cumpre reforçar o quanto já destacado no Item 4.1.4: o lucro cessante não pressupõe a existência de um lucro pretérito, cessado em razão do ato ilícito, para ser indenizável. A expectativa de um lucro futuro, desde que comprovada a alta probabilidade de sua verificação em um cenário contrafactual, também pode ser objeto de indenização como lucros cessantes.

Nesse sentido, fundamental o alerta de Anderson Schreiber, quanto à impossibilidade de se vincular a noção de dano à teoria da diferença, ou seja, à análise da redução econômica causada pelo dano à esfera patrimonial do ofendido,[934] sob pena de proceder-se a uma análise restritiva do instituto do lucro cessante. Não se pode ignorar, no entanto, que,

[932] GUEDES, *op. cit.*, 2012, p. 236.

[933] MARINO, *op. cit.*, 2011a, p. 671.

[934] Segundo esclarece Díez-Picazo, "de acordo com os parâmetros da teoria da diferença, o dano é auferido na diferença entre a situação, valorada economicamente, do patrimônio do prejudicado que este teria se o ato causador do dano não houvesse sido efetivado e aquela que ele tem efetivamente após o ato ilícito" (DÍEZ-PICAZO, *op. cit.*, 1999, p. 309). Tradução livre do original, em espanhol: "de acuerdo con los esquemas de la teoría de la diferencia, el daño se concreta en la diferencia entre la situación, valorada económicamente, del patrimonio del dañado que éste tendría si el hecho dañoso no se hubiera producido y aquélla que tiene efectivamente tras el hecho dañoso.".

> embora nada no conceito de lucros cessantes sugira o condicionamento de sua reparação à experiência pretérita, os tribunais brasileiros costumam conceder indenização pelos lucros cessantes apenas quando situações anteriores permitem precisar a existência e medida de tais lucros.[935]

De fato, na experiência prática perante os tribunais brasileiros, dificilmente o prejudicado logrará obter a reparação da expectativa de lucros frustrada pela atuação do cartel. Todavia, como bem destacado por Schreiber, nada impede que o autor da demanda busque em juízo a reparação deste tipo de prejuízo, desde que logre comprovar, com elevado grau de precisão, que a expectativa de lucro iria, de fato, se concretizar, não fosse a atuação do cartel[936]. Trata-se, por certo, de prova extremamente complexa, mas que não pode ser tida, em princípio, como impossível.

Um exemplo corriqueiro de lucros frustrados pela atuação do cartel cuja prova é extremamente complexa são os lucros que poderiam vir a ser observados por uma empresa que teve seu ingresso em determinado mercado obstado pelo cartel. Caso pretenda a referida empresa ver indenizado o prejuízo relacionado ao lucro frustrado pelo não ingresso no mercado, haverá de comprovar, com alto grau de confiabilidade, que, não fosse a atuação do cartel, a empresa teria sucesso em sua empreitada e, com isso, verificaria lucros. Feita tal prova (complexa *per se*), deverá o autor comprovar qual seria o lucro que viria a observar caso houvesse logrado ingressar naquele mercado relevante, prova que basicamente só será possível de ser realizada mediante o emprego de métodos de simulação, que prescindirão de uma grande quantidade de dados acerca do mercado em questão e da capacidade de produção da autora[937].

Partindo para um exemplo também corriqueiro de lucros cessantes ocasionados pelo cartel, mas de comprovação um pouco menos (mas ainda assim) complexa, temos aqueles casos em que a redução de produção pelo cartel implicou a redução ou impediu a majoração do lucro que seria observado em um cenário contrafactual pelas empresas que adquirem produtos das cartelistas. Suponhamos, por exemplo, que determinada empresa adquiria insumos do cartel na proporção de 100 mil unidades por mês,

[935] Schreiber, *op. cit.*, 2013, p. 105.
[936] Buchain, *op. cit.*, 2006, p. 172-173.
[937] Davis; Garcés, *op. cit.*, 2010, p. 378.

pelo valor de um milhão de moedas. Em razão da redução de produção pelo cartel e do sobrepreço, a empresa passou a adquirir, com a mesma quantidade de moedas, um total de 90 mil unidades do insumo comercializado pelo cartel ou até mesmo seguiu adquirindo 100 mil unidades do insumo, mas com um acréscimo de 10% no preço. A empresa, neste exemplo hipotético, tenderá a observar uma redução do lucro com suas vendas (seja em razão da redução da capacidade de produção, seja em razão do aumento do custo de produção) e, caso isto ocorra, fará jus à indenização dos lucros cessantes.

Importa notar que o lucro cessante pode ser verificado não apenas em caso de redução do lucro anteriormente observado pela empresa prejudicada pelo cartel, mas também pelo não incremento do lucro que seria naturalmente observado não fosse a atuação do cartel. Voltando ao exemplo anterior, suponhamos que a empresa auferia um lucro anual de 100 milhões de moedas antes da formação do cartel. No entanto, a empresa investiu em tecnologia de produção e expandiu sua área de atuação ao longo do período de atuação do cartel. Seria natural, em tal cenário, que observasse um aumento em sua margem de lucro em razão dos citados investimentos em sua operação. Todavia, em razão dos efeitos do cartel, o lucro da empresa seguiu estagnado em 100 milhões de moedas ou até mesmo cresceu para 110 milhões de moedas, mas, não fosse a atuação do cartel, a margem de lucro da empresa seria ainda maior, digamos, 120 milhões de moedas. No cenário hipotético descrito, caso a empresa afetada pelo cartel consiga comprovar que a atuação colusiva impediu o aumento de sua margem de lucro, a diferença entre o lucro observado e o que se verificaria em um cenário contrafactual poderá ser objeto de ressarcimento a título de lucros cessantes.

Aliás, do mesmo modo que a existência de lucro pretérito não é pressuposto para reparação do lucro cessante, este também não pode servir como garantia de lucro futuro. Voltando, mais uma vez, ao exemplo da empresa que auferia lucro de 100 milhões de moedas antes da formação do cartel. O simples fato de que, após o início da atuação do cartel, o lucro da empresa foi reduzido para 90 milhões de moedas não é, *per se*, prova fulcral da existência de lucros cessantes a serem indenizados pelos cartelistas.

Neste ponto, ressalta-se a importância da análise das circunstâncias do caso concreto para a correta definição do valor a ser indenizado a título de lucros cessantes. Segundo salienta Marino, o estudo circunstancial é essencial "tanto para demonstrar que o lucro teria sido superior àquele verificado em situações análogas, como para concluir que teria sido inferior"[938]. Como visto em diversas passagens deste trabalho e como já ressaltado nos Itens destinados aos métodos de quantificação do sobrepreço, a análise da influência dos demais fatores econômicos que afetam o mercado relevante é fundamental para a correta definição do prejuízo ocasionado pelo cartel. Se, no exemplo citado no parágrafo acima a redução do lucro da empresa se deu em um ambiente de retração global do mercado do produto por ela comercializado – por exemplo, em razão da criação de um produto que tem sido tratado pelo mercado consumidor como substituto ao comercializado pela citada empresa –, não será possível atribuir a integralidade da redução dos lucros da empresa à atuação do cartel. É imprescindível que seja produzida prova do nexo de causalidade entre a redução dos lucros da empresa e a atuação do cartel para que sejam os cartelistas condenados à indenização de lucros cessantes[939].

Para calcular o prejuízo de lucros cessantes, uma abordagem comum é a que equipara o dano ao desconto estimado do fluxo de caixa da empresa prejudicada. Peter Davis e Eliana Garcés lembram que o fluxo de caixa se refere aos ganhos efetivos da empresa após o desconto dos custos. Com isso, para o emprego deste método de quantificação do lucro cessante, haverão de ser realizadas projeções acerca do modo com que se dariam as alterações de custos com diferentes níveis de produção e de receitas, em um cenário não influenciado pelo cartel. Dessa forma, alertam os autores ser necessário um grande conhecimento das operações das empresas e do mercado em questão por parte do perito designado para que as suposições que deverão ser efetuadas no emprego desta metodologia sejam efetivamente razoáveis[940].

Outra abordagem destacada por Peter Davis e Eliana Garcés se vale da avaliação do mercado de capitais de uma empresa similar à prejudicada como múltiplo de vendas para definição do lucro cessante. Dessa forma, explicam os autores, se o valor da ação de uma empresa similar se pauta na aferição do dobro das receitas com vendas da empresa prejudicada, o

[938] Marino, *op. cit.*, 2011a, p. 673.

[939] Mais uma vez, os métodos de simulação ou econométricos podem ser de grande valia na prova do nexo de causalidade.

[940] Davis; Garcés, *op. cit.*, 2010, p. 379.

dano de lucros cessantes seria proporcional à diferença de vendas realizadas pelas empresas no período[941]. Ressalte-se, todavia, que, para aplicação deste tipo de abordagem, é fundamental que a empresa a ser utilizada para efeito comparativo seja estruturalmente muitíssimo similar à prejudicada pelo cartel, além de atuar em mercado relevante que possa efetivamente servir como contrafactual ao mercado influenciado pelo cartel, o que, na prática, pode vir a inviabilizar a aplicação desse tipo de metodologia.

Não obstante a existência dos citados métodos especificamente voltados à quantificação dos lucros cessantes, o mais comum de se observar na experiência forense é a aplicação de variações dos métodos utilizados para identificação do sobrepreço também para a quantificação dos lucros cessantes, bem como para o estabelecimento do nexo de causalidade entre o cartel e o lucro frustrado. Destaque-se, em especial, os métodos referencial (*yardstick*) e econométrico, tratados, respectivamente, nos Itens 6.2.3.1.1.3 e 6.2.3.1.3. Por sua vez, o método do "antes e depois", estudado no Item 6.2.3.1.1.1, seria o menos indicável à análise dos lucros cessantes, ante a já citada imprecisão da aplicação da teoria da diferença para esta modalidade de dano.

6.2.3.3. Particularidades da quantificação da perda de uma chance

Como visto no Item 4.1.5, uma das diferenças fundamentais entre a indenização dos lucros cessantes e da perda de uma chance é que esta última jamais poderá ser arbitrada com base no valor integral da expectativa da vítima. Como indica Rafael Peteffi, não há nexo causal para reparação integral da expectativa da vítima na indenização da perda de uma chance, pois o que se está indenizando é a quebra do processo aleatório que poderia resultar na concreção de tal expectativa[942]. Na realidade, como explica Francisco Marino, "[a] distinção entre a perda da chance – dano certo – e o resultado final – hipotético – determina o modo de cálculo do valor da indenização"[943].

É justamente por isso que, conforme escólio de Fernando Noronha, "o valor da reparação do dano certo da perda de chance ficará dependendo do grau de probabilidade, que havia, de ser alcançada a vantagem que

941 Davis; Garcés, *op. cit.*, 2010, p. 379.

942 Silva, *op. cit.*, 2013, p. 20.

943 Marino, *op. cit.*, 2011a, p. 678.

era esperada, ou inversamente, do grau de probabilidade de o prejuízo ser evitado"[944]. Na mesma linha, Sérgio Savi, com esteio na jurisprudência italiana, sustenta que "para a quantificação da indenização do dano decorrente da perda da chance o juiz deverá partir do valor do resultado útil esperado e sobre este fazer incidir o percentual de probabilidades de a vítima obter aquele resultado, não fosse o ato do ofensor"[945].

O entendimento consolidado na doutrina encontra-se, hoje, bem difundido na jurisprudência, sobretudo após o Superior Tribunal de Justiça jogar uma pá de cal na questão, por meio de julgado de relatoria da ministra Nancy Andrighi, que culminou na emissão do Informativo nº 513, que assim preconiza:

> Não é possível a fixação da indenização pela perda de uma chance no valor integral correspondente ao dano final experimentado pela vítima, mesmo na hipótese em que a teoria da perda de uma chance tenha sido utilizada como critério para a apuração de responsabilidade civil ocasionada por erro médico. Isso porque o valor da indenização pela perda de uma chance somente poderá representar uma proporção do dano final experimentado pela vítima[946].

Analisando a questão sob a ótica específica dos danos ocasionados por cartel, a dificuldade de quantificação dos danos pela perda de uma chance é agravada em razão dos problemas de quantificação de danos de cartel como um todo, que, como visto nos Itens anteriores, costuma se amparar fortemente em análises hipotéticas e simulações de cenários contrafactuais. Ou seja, para quantificação da perda de uma chance causada por cartel, será necessária a aplicação de um duplo juízo de probabilidades, primeiro para simular como se apresentaria a situação em um cenário hipotético em que inexistente a influência do cartel e, segundo, para averiguar qual seria a probabilidade de, em tal cenário hipotético, o ganho esperado pela vítima de fato se materializar.

Como visto no Item 4.1.5, o ambiente mais comum de se verificar a perda de uma chance ocasionada por cartel é no âmbito de licitações. Caso a autora da demanda logre comprovar que, não fosse a atuação do cartel,

[944] NORONHA, *op. cit.*, 2003, p. 667.

[945] SAVI, *op. cit.*, 2009, p. 69.

[946] Informativo nº 513 de 6 de março de 2013, 3ª Turma, REsp 1.254.141-PR, Rel. Min. Nancy Andrighi, julgado em 04.12.2012.

apresentaria condições reais de se sagrar vencedora do processo licitatório, será possível a condenação dos cartelistas à indenização da perda de uma chance.

É fundamental, no entanto, que o adjudicador e as partes envolvidas no processo adotem cautela para que o *quantum* indenizatório não seja indevidamente fixado com base pura e simplesmente na quantidade de empresas que participaram do processo licitatório maculado pelo cartel. Haverá de se analisar se, em um cenário contrafactual não influenciado pelo cartel, todas as empresas que participaram do procedimento licitatório efetivamente apresentariam condições de se sagrar vencedoras. Idealmente, deverá ser observado, inclusive, qual seria a probabilidade de cada uma se sagrar vencedora em comparação às demais ainda que todas as empresas apresentassem, em tese, condições de vencer o processo licitatório.

Para se chegar, portanto, à solução mais adequada ao caso concreto, será necessário, também para o cálculo da perda de uma chance, o auxílio de um perito com profundo conhecimento do mercado e do tipo de procedimento licitatório em questão. Na prática, em um cenário contrafactual não influenciado pelo cartel, determinada licitação que contou com oito participantes poderia ter apenas três deles com *chances reais* de se sagrarem vencedores e, mesmo entre as três empresas com potencial de vencer o procedimento licitatório, as chances de cada uma delas dificilmente seriam igualmente proporcionais, devendo o valor da indenização ser arbitrado com base na probabilidade de sucesso específica da empresa autora da ARDC.

6.2.3.4. Quantificando o dano moral do cartel

Muito embora busque-se, com a indenização, a restauração do *status quo ante*, tal restauração jamais será alcançada no universo dos danos extrapatrimoniais. Consequentemente, os danos morais são revertidos, por meio da ação condenatória, em compensação pecuniária[947]-[948].

[947] Nas palavras de Yussef Cahali, "[a] sanção do dano moral não se resolve numa indenização propriamente, já que indenização significa eliminação do prejuízo e das suas consequências, o que não é possível quando se trata de dano extrapatrimonial; a sua reparação se faz através de uma compensação, e não de um ressarcimento; impondo ao ofensor a obrigação de pagamento de uma certa quantia de dinheiro em favor do ofendido, ao mesmo tempo que agrava o patrimônio daquele, proporciona a este uma reparação satisfativa." (CAHALI, Yussef Said. *Dano Moral*. 3ª ed. São Paulo: Revista dos Tribunais, 2005. p. 44).

A própria ideia de compensação do dano moral por meio de uma indenização em dinheiro já revela a impossibilidade prática de se chegar a um método de quantificação do dano moral não passível de críticas. A tentativa de converter em dinheiro um prejuízo imaterial, ainda que existentes balizas legais e jurisprudenciais para fixação da indenização de ordem moral, estará sempre suscetível a críticas, justamente em razão dos contornos naturalmente subjetivos que cercam o instituto[949].

De fato, como nos lembra Antonio Junqueira de Azevedo, o prejuízo resultante do dano moral não é passível de avaliação pecuniária de modo exato e, muito embora o dano moral tenha sido o tema de maior interesse daqueles que se dedicaram ao estudo da responsabilidade civil por algumas décadas, apesar "da intensa produção doutrinária e da vasta jurisprudência, não se chegou a nenhum critério que pudesse pacificar o debate sobre sua quantificação"[950].

Exatamente em razão do caráter subjetivo da quantificação do dano moral que Maria Celina Bodin de Moraes alerta para o fato de que este é um dos campos "em que a arbitrariedade judicial se mostra mais desenvolta". Nas palavras da autora, o magistrado, em matéria de dano moral, "recebe um cheque em branco, para decidir o que bem entender", não se exigindo que este apresente os motivos "do ponto de vista da racionalidade ou da quantificação" que o levaram à decisão[951].

De fato, a dificuldade para quantificação pecuniária do dano moral é uma problemática quase ínsita ao instituto. Todavia, como salienta Díez-Picazo, em toda decisão judicial, sempre haverá algo de arbitrário, não se

948 Mario Júlio de Almeida Costa sustenta a necessidade de distinguir-se o *dano real* do *dano de cálculo*. Na lição do autor português, "[e]ntende-se por *dano real* o prejuízo que o lesado sofreu em sentido naturalístico ('in natura'), que pode analisar-se nas múltiplas formas possíveis de ofensa de interesses ou bens alheios juridicamente protegidos, de ordem patrimonial ou não patrimonial (ex.: privação da vidam doença que se contrai, ferimentos, dores físicas, sofrimento moral, perda de um emprego, afectação do bom nome e reputação, estragos numa coisa ou a sua privação por subtracção ou apropriação alheia). O *dano de cálculo* consiste na expressão pecuniária de tal prejuízo, cabendo neste domínio, uma *avaliação abstracta* ou uma *avaliação concreta*. Aquela é uma ponderação objectiva do prejuízo sofrido (ex.: o preço corrente da coisa destruída) e esta uma ponderação subjectiva desse mesmo prejuízo, quer dizer, em que se apura a diferença para menos produzida no património do lesado" (Costa, Mário Júlio de Almeida. *Direito das Obrigações*. 7ª ed. Coimbra: Almedina, 1999, p. 517).

949 Alpa, *op. cit.*, 2017, p. 422.

950 Azevedo, *op. cit.*, 2009, p. 378.

951 Moraes, *op. cit.*, 2019, p. 2.

admitindo, no entanto, que a dificuldade de precificação do dano sirva de justificativa à não admissão de uma demanda justa[952].

Isso não quer dizer, frise-se, que se esteja acatando a arbitrariedade total. Admitir a existência de certa arbitrariedade na fixação do dano moral e, até certo ponto, aceitá-la em prol da garantia à indenização do dano não é o mesmo que abraçar um cenário de completa insegurança jurídica, em que o adjudicador tenha total liberdade para, a seu livre arbítrio, fixar qualquer montante a título de indenização por dano moral.

Sobre o tema, é válido citar a firme crítica apresentada por Geneviève Viney. Analisando a legislação e a jurisprudência francesas acerca da quantificação do dano moral por lesões corporais e morte, a autora questiona a ausência de parâmetros objetivos para quantificação do dano moral, apontando que o atual tratamento dado à disciplina seria, em suas palavras, "anárquico" e "arbitrário".

O principal critério norteador utilizado comumente pelos tribunais franceses para fixação do *quantum* do dano moral é o princípio da reparação integral, que, para Viney, de nada ajuda na reparação de danos morais, por ser impensável admitir a reparação completa de um dano impossível de se aferir perfeitamente em dinheiro. Assim, Viney defende que a melhor alternativa para solucionar este cenário tido pela autora como de verdadeira "loteria judicial", seria o estabelecimento de uma "tarifação" para o dano moral. Tal tarifação não seria estanque, mas sim composta por faixas de precificação do dano moral que sejam capazes de fornecer margem de apreciação ao juiz no julgamento do caso concreto[953].

Embora a crítica de Viney quanto à insegurança jurídica gerada pela falta de critérios objetivos para quantificação do dano moral seja extremamente pertinente, entendemos que a alternativa defendida pela autora para solução do problema talvez não seja a mais adequada. Como é de conhecimento comum, não foram poucas as tentativas de tabelamento de danos morais que se revelaram extremamente frustradas ou inadequadas à solução da insegurança jurídica destacada pela autora francesa.[954] Em nosso sentir, o "tabelamento" do dano moral acaba, em certa medida, configurando uma distorção do instituto, que, justamente por se inserir no campo

[952] Díez-Picazo, *op. cit.*, 1999, p. 95.

[953] Viney, *op. cit.*, 1988, p. 206-207.

[954] No direito brasileiro, pode-se citar, dentre outras tentativas de tabelamento de danos morais, o enunciado nº 8 das Turmas Recursais da Justiça Federal, Seção do Rio de Janeiro.

dos direitos imateriais, se projetará de forma muito distinta a depender da relação jurídica objeto do caso concreto.

Como defende Maria Celina Bodin de Moraes, ao tratar da problemática da quantificação do dano moral, "[c]ada perda e cada dano deverão ser avaliados separadamente, valorizados em relação à pessoa da vítima (pessoalmente, quase se poderia dizer), de modo que de nada servirá produzir uma tabela, por assim dizer fixa". Claro que, como também pondera Moraes, "considerando todas as circunstâncias do caso concreto, tampouco será possível afastar-se demais de algum valor médio, que será resultado da repetição de valores atribuídos a casos semelhantes."[955] Ou seja, embora se rejeite a criação de tabelas fixas para precificar o dano moral, a observação dos valores comumente fixados pela jurisprudência em casos similares é de suma importância para garantir-se a segurança jurídica e a uniformidade do sistema de reparação do dano imaterial.

No estado da arte da quantificação de danos morais no sistema jurídico brasileiro, é possível de se identificar alguns fatores comumente levados em consideração por nossos tribunais para definição do valor adequado à indenização do dano moral. Primeiramente, há de se reforçar, mais uma vez, o alerta de Geneviève Viney quanto à impossibilidade de aplicação do princípio da reparação integral na reparação do dano moral, por não se tratar de dano perfeitamente conversível em pecúnia. Há, portanto, uma barreira intransponível que impede a aplicação literal da regra contida no art. 944 do Código Civil aos casos de dano moral.

Com efeito, ainda que se considere que o art. 944 do Código Civil vedaria a aplicação de caráter dissuasivo ou punitivo ao dano moral e que a indenização deste deve empregar caráter exclusivamente reparatório ou compensatório, parece impossível não retornarmos ao questionamento, tão intenso ao longo do século passado, acerca da inviabilidade de se quantificar a dor, o sofrimento ou qualquer outro dano de ordem imaterial. Mesmo que se admita que o dano moral possuiria função única e exclusiva de "compensar" o dano causado à vítima, não há como se afastar o fato de que, ao fim e ao cabo, a condenação à obrigação de indenizar implicará majoração do patrimônio da vítima mediante a redução do patrimônio do ofensor, despertando, inevitavelmente, algum tipo de sensação de punição nos envolvidos no litígio.

[955] MORAES, *op. cit.*, 2019, p. 19.

De todo modo, considerando que nos alinhamos ao entendimento de que o dano moral possui caráter não só reparatório, como punitivo e dissuasório, conforme demonstrado no Item 3.1, entendemos que este efeito do dano moral não deve se dar de forma meramente reflexa, mas deve sim orientar o julgador na definição do valor do dano moral. É dizer, entendemos ser necessário fixar o dano moral em montante capaz de diminuir o patrimônio do ofensor de modo a exercer seu papel punitivo e, ao mesmo tempo, ser suficiente para conferir ao ofendido sensação mínima de reparação do dano extrapatrimonial a ele infligido[956].

Maria Celina Bodin de Moraes, embora critique o estado da arte da reparação do dano moral no ordenamento jurídico brasileiro[957], aponta que os critérios comumente adotados pela jurisprudência para sua quantificação, com poucas variações, costumam ser: "i) o grau de culpa e a intensidade do dolo do ofensor; ii) a situação econômica do ofensor; iii) a natureza, a gravidade e a repercussão da ofensa; iv) as condições econômicas da vítima; v) a intensidade de seu sofrimento."[958]-[959].

Apenas pela análise dos critérios comumente utilizados para quantificação do dano moral já se infere a impossibilidade de se afastar as funções dissuasória e punitiva desta modalidade de dano. Todos os cinco elementos

[956] Neste sentido é a lição de Caio Mário da Silva Pereira, para quem "A vítima de uma lesão a algum daqueles direitos sem cunho patrimonial efetivo, mas ofendida em um bem jurídico que em certos casos pode ser mesmo mais valioso do que os integrantes de seu patrimônio, deve receber uma soma que lhe compense a dor ou o sofrimento, a ser arbitrada pelo juiz atendendo às circunstâncias de cada caso, e tendo em vista as posses do ofensor e a situação pessoal do ofendido. Nem tão grande que se converta em fonte de enriquecimento, nem tão pequena que se torne inexpressiva." (Pereira, *op. cit.*, 2018, p. 81).

[957] A autora aponta o sistema brasileiro do dano moral como "irracional e confuso em cada um de seus aspectos: conceito, função e valoração" e que, por isso, se apresenta como "um sistema de justiça intuitiva, sem qualquer possibilidade de sistematização racional" (MORAES, *op. cit.*, 2019, p. 7).

[958] Moraes, *op. cit.*, 2019, p. 7.

[959] Neste ponto, é valido ressaltar que, segundo o escólio de Guido Alpa, a jurisprudência italiana, que também costumava utilizar o poderio econômico das partes como parâmetro para definição do valor do dano moral, parece começar a caminhar no sentido de afastar tal critério como base para aferição do dano moral. Alpa destaca que, a partir de julgado da Corte di Cassazione (Cass. 13.10.1980, n. 5484, in *Resp. Civ. Prev.*, 1981, p. 403) "tal parâmetro foi superado nas decisões mais recentes, uma vez que contrasta com o sentimento humano e com o princípio da igualdade" (Alpa, *op. cit.*, 2017, p. 423). Tradução livre do original, em italiano: "questo parametro però è stato superato nelle pronunce più recenti perché contrasta con il sentimento umano e con il principio di eguaglianza".

elencados por Maria Celina Bodin de Moraes estão diretamente ligados a um aspecto punitivo e/ou dissuasório da responsabilidade pelo dano moral.

Parece-nos de suma importância aplicar, especialmente na quantificação do dano moral coletivo em casos de cartel, a ideia de *deterrence* na fixação da indenização civil, muito difundida nas doutrinas de *Law and Economics* norte-americanas, no sentido de inserir na indenização um fator de desestímulo à prática do ato ilícito. A importância deste fator de desincentivo econômico à prática do ato ilícito foi destacada em diversas passagens deste trabalho, inclusive no Item anterior, quando se tratou da proposta legislativa de indenização em dobro de danos causados por cartel. Todavia, em nosso sentir, a inclusão de uma função coercitiva na indenização do dano moral coletivo independe de qualquer alteração legislativa, podendo – e devendo, em nossa visão – ser aplicada em qualquer ARDC voltada à defesa de interesses difusos.

Frise-se, aliás, que a dificuldade moral da cultura brasileira, influenciada pelos dogmas católicos (conforme tratado no Item 3.1.3), em conferir ao prejudicado um suposto "enriquecimento indevido" na indenização do dano moral se torna ainda mais injustificada no âmbito de ARDCs. Ora, se o cartelista opta pela prática do ilícito em busca, ele próprio, de um enriquecimento inequivocamente ilícito, obtido às custas dos demais agentes econômicos integrantes do mercado (principalmente da coletividade de consumidores) e de toda a sociedade, por qual razão temos tamanha dificuldade em aceitar a possibilidade de o prejudicado receber uma indenização elevada (até mesmo superior ao prejuízo economicamente aferível), como forma de punição do infrator e prevenção da repetição do ato ilícito?

Caso se admita, como aqui admitimos, a aplicação de um caráter repressivo à indenização moral por danos de cartel, um dos principais pontos, dentre aqueles comumente analisados pela jurisprudência, que o adjudicador deverá considerar para definição do *quantum* indenizatório é o poderio econômico das partes envolvidas no litígio. Como bem aponta Caio Mário da Silva Pereira, "cifra que para um indivíduo de elevada resistência econômica tem significação mínima, para outro, de minguados recursos, representa valor ponderável"[960]. Dessa forma, a situação econômica das partes é fundamental de ser considerada na definição do valor da indenização do dano moral oriundo de cartel para que se consiga despertar no ofensor

[960] PEREIRA, *op. cit.*, 2018, p. 55.

uma sensação de punição (desestimulando a reiteração do ato), ao mesmo tempo em que a vítima sente que houve, de fato, uma compensação financeira pelo dano imaterial causado pelos cartelistas.

Questiona-se, inclusive, se não seria possível a utilização dos lucros do cartel (quando identificáveis) como baliza para definição do dano moral[961]. Para Daniel Levy, seria possível, na definição da indenização moral de ilícitos lucrativos (como é o caso do cartel), "ampliar o conceito de reparação integral, a fim de abranger não apenas os efetivos prejuízos sofridos pela vítima, mas também a restituição de todos os benefícios indevidamente auferidos pelo agente ofensor."[962]. Reconhece o autor, no entanto, que "a maior parte da doutrina prefere ainda manter-se fiel a um princípio clássico de restituição integral e ver em uma categoria *autônoma* de indenização punitiva a ferramenta ideal para coibir o ilícito lucrativo, inclusive no Direito da Concorrência."[963].

De fato, concordamos com Daniel Levy que há uma diferença entre a pena privada, constituída pelos *punitive damages* (como seria o caso da indenização em dobro prevista na proposta de alteração legislativa analisada no Item 7.1), e a restituição dos benefícios auferidos pelo agente ofensor com o ato ilícito. Enquanto a indenização punitiva tem, como principal objetivo, punir o agente ofensor e dissuadir a prática do ato ilícito, a restituição dos lucros auferidos pela prática do ilícito de cartel teria, como fundamento principal, "evitar o enriquecimento ilícito do ofensor,"[964] daí porque, em nosso entender, um não excluiria o outro.

A entrada em vigor da Lei 12.529/2011 implicou a redução do valor aplicado pelo CADE a título de multa por infração à ordem econômica. Os critérios diminuíram de 1% a 30% do faturamento bruto no último exercício, excluídos os impostos[965], para 0,1% a 20% do valor do faturamento bruto "no último exercício anterior à instauração do processo administrativo, no

[961] Acerca da identificação dos lucros do cartel, há de se deixar claro que estes não chegam sequer próximos de equivaler ao prejuízo causado pelo sobrepreço do cartel. Como observa Posner, acordos ilegais são mais custosos para sua criação e implementação do que acordos legais (POSNER, *op. cit.*, 2001. p. 52). Com efeito, para se chegar ao lucro efetivo do cartel, há de se descontar os elevados custos relacionados à organização do cartel em si, especialmente para aplicação dos métodos de fiscalização de possíveis quebras do cartel.

[962] LEVY, *op. cit.*, 2012, p. 110.

[963] LEVY, *op. cit.*, 2012, p. 111.

[964] LEVY, *op. cit.*, 2012, p. 111.

[965] Cf. art. 23 da Lei 8.884/94.

ramo de atividade empresarial em que ocorreu a infração."[966]. Com isso, como aponta Paula Forgioni, "[e]mbora, em princípio, a penalidade pecuniária não possa ser 'inferior à vantagem auferida', sabe-se que, na maioria das infrações, sua estimativa é extremamente difícil, senão impossível."[967]. Justamente por isso, Forgioni aponta o temor causado por esta redução no sentido de tornar a atuação de cartéis uma prática economicamente vantajosa aos seus integrantes, ainda que estes venham a ser condenados em âmbito administrativo.

Por óbvio, a preocupação de Forgioni se justifica diante do cediço fato de que o CADE, no bojo dos processos administrativos, não costuma aprofundar a análise das consequências econômicas do cartel e, portanto, a margem conferida pelo art. 37, I da LDC para que os lucros do cartel sejam considerados na aplicação da multa administrativa acaba tendo pouca influência prática na política de combate a cartéis[968]. Todavia, caso se logre alcançar o almejado objetivo de fazer com que o ajuizamento de ações para reparação de danos por cartel seja uma consequência natural da identificação de cartéis no Brasil (e não uma exceção, como no estado da arte do SBDC), a soma das indenizações aplicadas em âmbito cível às multas administrativas definidas pelo CADE poderá, ao menos em princípio, afastar a lucratividade do ilícito de cartel, o que reforça a relevância do papel da responsabilidade civil como fator de desestímulo à formação de cartéis.

Outro ponto que, em nosso entender, fortalece a importância da aplicação de um caráter dissuasório e punitivo à indenização moral por cartel é o fato de que as empresas concorrentes, ao se organizarem em cartel, não assumem um *risco incerto* de dano que se opõe a um potencial benefício que a conduta possa vir a trazer a terceiros ou à sociedade – como vemos, por exemplo, em grande parte dos danos ambientais, comumente relacionados ao desenvolvimento de algum tipo de atividade industrial capaz de gerar benefícios sociais. Pelo contrário. A probabilidade de dano, em caso de formação de cartel, é elevadíssima, ao passo em que os benefícios da conduta ilícita tendem a se projetar *exclusivamente* em favor dos cartelistas. Daí porque a importância do papel preventivo da responsabilidade civil se coloca de forma ainda mais acentuada em casos de cartel.

[966] Art. 37, I, da Lei 12.529/11.

[967] FORGIONI, *op. cit.*, 2015, p. 124.

[968] Até mesmo em razão de a jurisprudência do CADE haver se consolidado no sentido de considerar o cartel um ilícito antitruste *per se*, como destacado desde o Item 2.1.

Por fim, parece-nos fundamental reforçar o alerta de Maria Celina Bodin de Moraes, de que, embora os critérios comumente indicados para aferição do dano moral não constituam critérios legais de quantificação, mas apenas lógicos, é de suma importância que estes sejam explicitados e explicados pelo magistrado na fundamentação da sentença, a fim de "garantir o controle da racionalidade da sentença", sendo esta, para a autora, "a linha que separa o arbitramento da arbitrariedade", tão censurada por Geneviève Viney[969]-[970].

[969] MORAES, *op. cit.*, 2019, p. 17.

[970] Nessa mesma linha, é também válido o alerta de Luis Díez-Picazo, no sentido de ser necessário de se insistir "na inadmissibilidade da equivocada tendência mantida por nossa prática jurídica e por nossos tribunais de englobar em único valor os danos patrimoniais e morais, sem que que efetivamente se possa conhecer a quantificação concreta de cada um deles e os critérios utilizados para tanto." (DÍEZ-PICAZO, *op. cit.*, 1999, p. 324). Tradução livre do original, em espanhol: "en la inadmisibilidad de la errónea tendencia mantenida por nuestra práctica jurídica y por nuestros tribunales de englobar en una cifra aislada daños patrimoniales y morales sin que finalmente termine por conocer-se la determinación concreta por cada uno de ellos y los criterios utilizados al respecto.".

7
PERSPECTIVAS E PROPOSTAS PARA A REPARAÇÃO DE DANOS DE CARTEL NO BRASIL

Se a Diretiva de Danos foi o principal marco para consolidação e fortalecimento do sistema de reparação de danos de cartel na Europa, a recente promulgação das alterações legislativas impostas pela Lei nº 14.470/22 deve representar marco equiparável ao da Diretiva para o sistema brasileiro de defesa da concorrência.

Uma parte das disposições previstas Lei nº 14.470/22 é voltada à codificação de entendimentos jurisprudenciais que aos poucos vieram se solidificando no direito brasileiro – como, por exemplo, os critérios para contagem do prazo prescricional[971] –, ao passo em que outras das inovações legislativas têm o importante papel de pacificar discussões que ainda geram grande insegurança jurídica nas ARDCs brasileiras – sendo um dos grandes destaques, nesse ponto, a questão da distribuição do ônus da prova quanto ao repasse do prejuízo do cartel[972].

A expressiva maioria das inovações legislativas trazidas pela Lei nº 14.470/22 foi tratada em Itens anteriores desta obra, voltados ao estudo das matérias com estas relacionadas. Consequentemente, a importância de cada uma delas para a perspectiva futura do sistema brasileiro de reparação de danos por cartel já foi colocada em Itens anteriores.

Neste Capítulo, analisaremos a principal inovação legislativa imposta pelo advento da Lei nº 14.470/22 ao sistema de reparação de danos de cartel no Brasil ainda não aprofundada em outras passagens deste estudo: a

971 Conforme tratado no Item 6.2.1.

972 Item 6.1.3.

indenização duplicada de danos de cartel. Trata-se de inovação legislativa que promete ser elemento central da reparação de danos de cartel no Brasil.

Serão também apresentadas neste Capítulo algumas outras perspectivas de alteração do sistema de *private enforcement* brasileiro que, em nossa percepção, devem – ou ao menos deveriam – fazer parte dos próximos passos da evolução do sistema pátrio de reparação de danos de cartel. Traremos, inclusive, para contribuir com o debate, propostas que, embora pouco faladas ou cogitadas no ordenamento jurídico nacional, seriam, em nosso entender, bastante pertinentes de serem implementadas para fortalecimento do sistema brasileiro de reparação de danos de cartel.

7.1. A punição civil (danos multiplicados)

A Lei nº 14.470/22 trouxe, como uma de suas principais inovações legislativas, a inserção do § 1º ao artigo 47 da LDC, que estabelece que "[o]s prejudicados terão direito a ressarcimento em dobro pelos prejuízos sofridos em razão de infrações à ordem econômica previstas no art. 36, § 3º, incisos I e II, sem prejuízo das sanções aplicadas nas esferas administrativa e penal." Trata-se, como se vê, de clarividente proposta de estabelecimento de um caráter marcadamente punitivo aos danos de cartel.

Como colocado no Item 3.1.3, há uma viva discussão doutrinária quanto à possibilidade de se atribuir caráter punitivo à responsabilidade civil no direito civil brasileiro. Essa discussão se apresenta de forma mais intensa quando se está tratando de danos de maior gravidade, com potencial de gerar danos à própria sociedade, como é o caso dos danos ambientais ou concorrenciais.

Não obstante seja o cartel um dos mais graves – se não o mais grave – ilícito concorrencial, há quem sustente que a atribuição de caráter punitivo à indenização fixada em ARDC invadiria a competência punitiva do CADE, responsável pela investigação e fixação de multas pela prática de cartel[973]. Inclusive, nas hipóteses de *follow-on actions*, que constituem a

[973] Neste sentido: CASELTA, *op. cit.*, 2016, p. 208 – cabendo destacar que a publicação da obra em que o autor se posiciona neste sentido é anterior até mesmo ao Projeto de Lei nº 11.275/18, que deu origem à Lei nº 14.470/22. Em artigo recentemente publicado no portal Conjur, o autor, ao analisar a instituição de danos punitivos em casos de cartel com o advento da nova lei, apenas ressaltou se tratar de "importante novidade no ordenamento brasileiro", destacando os objetivos do legislador com a instituição da nova norma, mas não apresentando qualquer tipo de crítica específica à instituição de danos eminentemente punitivos para os

ampla maioria das ARDCs ajuizadas no Brasil e na União Europeia, a condenação em danos punitivos poderia ser vista como *bis in idem*, haja vista que estar-se-ia punindo o mesmo ato ilícito duas vezes[974].

Na União Europeia, o item 3 do artigo 3º da Diretiva de Danos veda expressamente a possibilidade de indenização de caráter punitivo no âmbito de ARDCs ao prever que "[a] reparação integral nos termos da presente diretiva não pode conduzir à reparação excessiva, por meio de indemnizações punitivas, múltiplas ou de outro tipo".

Antes da promulgação da Diretiva de Danos, a Corte Superior do Reino Unido rejeitou a aplicação de danos punitivos na indenização aplicada na *follow-on action* Devenish Nutrition Ltd vs Sanofi-Aventis[975], relacionada ao cartel de vitaminas, identificado e punido pela Comissão Europeia em decisão proferida em 2006. Na referida ação, a Corte Superior britânica entendeu que as multas aplicadas pela Comissão Europeia já serviam ao fim de punir o ato ilícito praticado pelos integrantes do cartel e que, portanto, a fixação de danos punitivos configuraria *bis in idem*.

Por outro lado, ao julgar a ação movida pela 2 Travel Group PLC em face da Cardiff City Transport Services Ltd.[976], o *Competition Appeal Tribunal* inglês determinou a indenização de danos de caráter exclusivamente punitivo em virtude do fato de que a ré Cardiff City Transport Services não havia sido multada em âmbito administrativo por haver firmado acordo de leniência. Além da inexistência de punição administrativa, a decisão do tribunal em aplicar danos punitivos teve forte esteio no comportamento da ré, tido pela corte como "ultrajante", inclusive com identificação de falso testemunho por um dos executivos da empresa, merecendo, portanto, punição.

Vale ressaltar, todavia, que a decisão do CAT no caso 2 Travel é também anterior à Diretiva de Danos, não se tendo notícia de qualquer prece-

casos de cartel (Caselta, Daniel Costa. Nova lei busca promover indenizações em matéria concorrencial. *Conjur*, 4 dez. 2022. Disponível em: <https://www.conjur.com.br/2017-mar-31/governo-usa-dinheiro-fundo-direitos-difusos-caixa>. Acesso em: 22 jul. 2023).

974 Maggi, *op. cit.*, 2018, p. 262.

975 CORTE SUPERIOR BRITÂNICA. Devenish Nutrition Ltd vs Sanofi-Aventis. [2007] EWHC 2394 (ch). Decisão disponível em: <https://www.bailii.org/ew/cases/EWHC/Ch/2007/2394.html>. Acesso em 27 mai. 2021.

976 COMPETITION APPEAL TRIBUNAL. 2 Travel Group PLC vs Cardiff City Transport Services Ltd. [2012] CAT 19. Decisão disponível em: <https://www.catribunal.org.uk/sites/default/files/1178_2Travel_Judgment_CAT_19_040712.pdf>. Acesso em 27 mai. 2021.

dente, em cortes recursais europeias, de fixação de danos punitivos após a promulgação da Diretiva de Danos, que veda expressamente sua aplicação em ARDCs.

Em sentido diametralmente oposto ao da diretiva europeia está o Clayton Act, legislação antitruste americana, que, na Seção 4, 15 U.S.C. § 15 estabelece que

> [...] qualquer pessoa que sofrer danos em seus negócios ou propriedades em razão de qualquer coisa proibida pelas leis antitruste poderá, por isso, ajuizar ação em qualquer corte distrital dos EUA, no distrito em que o réu reside, é encontrado ou possua um representante, a despeito do valor em discussão, e deverá recuperar o triplo dos danos por ela sustentado [...][977].

Como se vê, a legislação americana prevê indenização pelo triplo dos danos causados em caso de ilícitos antitruste, chamados pela doutrina de *treble damages*[978]. Chama à atenção, portanto, que, enquanto na expressiva maioria dos demais ordenamentos jurídicos a condenação em danos punitivos é vedada ou ao menos controversa, a legislação norte-americana estabelece como *obrigatória* a aplicação de *punitive damages* para toda e qualquer ação de indenização de danos concorrenciais, não havendo, hoje, sequer margem para uma análise subjetiva do magistrado quanto à adequação da aplicação do fator multiplicador estabelecido no Clayton Act para o caso concreto.

Segundo Sullivan *at al.*, os históricos legislativo e jurisprudencial americanos apontam para a existência de dois propósitos centrais para o estabelecimento dos *treble damages*: desincentivar a prática de ilícitos concorrenciais e encorajar o ajuizamento de ações de reparação de danos pelos potenciais prejudicados[979]. De fato, a aplicação de danos punitivos, com a indenização triplicada, está intimamente ligada à construção da política antitruste norte-americana, que, por meio do incentivo ao *private enforcement*, descentraliza a defesa da concorrência, conferindo aos particulares um papel que pode ser tido como até mais relevante que o do DoJ. Diversamente do que ocorre,

[977] Tradução livre, do original, em inglês: "[...] any person who shall be injured in his business or property by reason of anything forbidden in the antitrust laws may sue therefor in any district court of the United States in the district in which the defendant resides or is found or has an agent, without respect to the amount in controversy, and shall recover threefold the damages by him sustained [...]".

[978] Hovenkamp, *op. cit.*, 2016, p. 886.

[979] Sullivan *et al.*, *op. cit.*, 2014. p. 159.

por exemplo, na Europa, nos EUA, há um equilíbrio muito maior entre as *follow-on* e as *stand-alone actions*, não sendo poucos os casos em que a punição do cartelista se dá exclusivamente na esfera de ações indenizatórias.

Ou seja, a política estadunidense de combate a cartéis, muito em função do seu desenvolvimento histórico, se organiza de forma bastante distinta das políticas antitruste europeia e brasileira, em que o papel das autoridades de concorrência é absolutamente central no combate aos ilícitos concorrenciais. Até por isso que, em um primeiro momento, chama à atenção a recente alteração legislativa para estabelecer a indenização em dobro no âmbito de ARDCs brasileiras.

Muito embora o histórico da política antitruste brasileira seja muito mais próximo ao europeu – cuja Diretiva de Danos, como vimos, veda expressamente a aplicação de danos punitivos –, é claramente tirada do direito norte-americano a inspiração da Lei nº 14.470/22 para estabelecimento de danos em dobro no Brasil. No entanto, é importante ressaltar, desde logo, que consideramos bem-vinda a alteração legislativa que instituiu a indenização em dobro para as ações de reparação de danos de cartel processadas em solo brasileiro.

Um primeiro efeito que, a nosso sentir, evidencia a pertinência da instituição da indenização em dobro por danos ocasionados por cartel é o reforço das funções dissuasória e punitiva da responsabilidade civil pela prática de cartel. Como visto no Item 3.1.3, o cartel configura hipótese dos chamados *ilícitos lucrativos*, praticados por agentes econômicos de forma consciente, por entenderem que o risco de condenação ao dever de indenizar é incapaz de afastar a atratividade do potencial benefício econômico que pretende atingir com cometimento do ato ilícito, pois os lucros que se projeta obter com a prática do ilícito são muito superiores às possíveis condenações indenizatórias.

O cenário é ainda mais grave em um sistema jurídico como o encontrado até o momento no Brasil. Em razão da baixa quantidade de ARDCs ajuizadas pelos prejudicados pela prática de cartel no Brasil e da inexistência de uma proporção entre os impactos econômicos do ilícito antitruste e as multas aplicadas pelo CADE, a balança de custo-benefício torna extremamente atrativa, do ponto de vista econômico, a formação de cartel[980].

[980] Trata-se, aliás, de constatação também ressaltada na justificação do projeto de lei apresentado originalmente ao Senado Federal (PLS 283 de 2016), em que destacou-se que

Conforme pontuado desde o início desta obra, a concorrência, embora produza benefícios à sociedade como um todo, serve como limitadora da margem de lucro dos agentes econômicos. Em uma sociedade capitalista, cuja maximização dos lucros é o objetivo da atividade empresarial, caso as empresas concorrentes verifiquem a possibilidade de majorar seus ganhos mediante a eliminação da concorrência, simplesmente transformando os potenciais efeitos de condenações administrativas e indenizatórias "em números constantes dos balanços empresariais,"[981] elas fatalmente seguirão por esse caminho. Justamente por isso, o reforço do caráter dissuasório e punitivo da indenização de ilícitos lucrativos tem por objetivo, emprestando as palavras de Daniel Levy, "atuar no desequilíbrio dessa fórmula malévola."[982] Partindo de racional semelhante ao colocado por Levy, Hovenkamp salienta que os danos aplicados com o objetivo de desestimular a violação antitruste devem ser relevantes o suficiente para impedir um potencial ofensor de estabelecer um racional econômico que faça com que os ganhos do ilícito antitruste sejam capazes de compensar, de forma antecipada, o risco de detecção e prossecução[983].

Há, aliás, uma particularidade dos danos de cartel que torna, em nosso entendimento, ainda mais adequados os danos multiplicados para esse tipo de ato ilícito. Diversamente do que se verifica com outros danos de maior gravidade (como os danos ambientais), os danos ocasionados por cartel têm origem, invariavelmente, em comportamento *doloso* por parte dos ofensores. Quando as empresas se organizam em cartel, elas têm plena consciência da ilicitude de seu ato e de que causarão prejuízos aos seus parceiros comerciais e à sociedade como um todo, mas seguem com o conluio por entenderem que o cartel lhes trará um benefício econômico que justifica o risco de o ato ilícito vir a ser descoberto.

Ainda é cedo para que se possa observar os efeitos da entrada em vigor da Lei nº 14.470/22 sobre o cenário geral das ARDCs no Brasil. No entanto,

"[o] atual teto da multa administrativa (20% do valor do faturamento bruto da empresa, grupo ou conglomerado obtido, no último exercício anterior à instauração do processo administrativo) e a incipiência das ações privadas servem de incentivo à prática de infrações à ordem econômica, pois os efetivos ganhos de uma infração bem-sucedida e duradoura muitas vezes são maiores que a potencial sanção a ser imposta aos autores da infração."

981 LEVY, *op. cit.*, 2012, p. 109.

982 LEVY, *op. cit.*, 2012, p. 109.

983 HOVENKAMP, *op. cit.*, 2011, p. 2.

até com base na experiência norte-americana, espera-se que o estabelecimento de indenização dobrada por danos de cartel no Brasil sirva de importante incentivo para que os potenciais prejudicados busquem a reparação dos danos em ARDC. Com efeito, além das dificuldades já analisadas para o ajuizamento de ações de reparação de danos de cartel, os próprios custos desse tipo de demanda são extremamente elevados. Portanto, a perspectiva de indenização em dobro serve não só como fator dissuasório à formação de cartéis, mas também como incentivador ao ajuizamento de ARDCs[984].

Em contraponto, ainda sob a ótica da experiência estadunidense acerca dos danos multiplicados no âmbito do *private enforcement*, imperioso que consideremos também as críticas apresentadas pela doutrina americana ao instituto dos *treble demages*. Os principais fatores tidos como negativos dos *treble demages* nos EUA se referem a um suposto efeito de *overdeterrence* e ao potencial que a perspectiva de indenização multiplicada apresentaria de incentivar demandas aventureiras e oportunistas[985].

Quanto ao risco de *overdeterrence*, este é mais apontado pela doutrina americana com relação àqueles ilícitos concorrenciais de mais fácil identificação e de menor gravidade (notadamente atos de concentração), uma vez que a regra de *treble damages* se aplica obrigatoriamente em toda e qualquer indenização de danos concorrenciais aplicada por tribunais americanos[986]. Especificamente para os casos de cartel, não se costuma apontar os *treble damages* como tendo potencial de criar um desestímulo desarrazoado ao referido ilícito antitruste.

Sob a ótica do Direito brasileiro, como destacamos mais acima, entendemos que, no médio prazo, a introdução do fator multiplicador dos danos de cartel criará, na realidade, um incentivo necessário e bem-vindo ao ajuizamento de ARDCs, sendo inviável de se cogitar, ao menos por ora, o risco de *overdeterrence*.

No que tange à discussão quanto ao risco de incentivo a demandas frívolas, vale lembrar que discussão similar já foi travada no Brasil quando

[984] Nessa linha, argumentam Bruno Lanna Peixoto e Ludmilla Martins da Silva que "a criação de um fator multiplicador a ser aplicável aos danos advindos de cartel é uma alternativa à reversão dos altos custos associados às ARDCs, potencializando seus benefícios e, por conseguinte, ampliando sua atratividade, o que, em última análise, gera mais externalidades positivas para a coletividade." (Peixoto; Silva, *op. cit.*, 2018, p. 120).

[985] Cavanagh, *op. cit.*, 1988, p. 59.

[986] Sobre o tema, ver: Cavanagh, *op. cit.*, 2009.

se debatia a viabilidade da indenização do dano moral. No início da aplicação mais abrangente do instituto do dano moral no direito brasileiro, observou-se uma preocupação em se evitar a proliferação do que se convencionou chamar de "indústria do dano moral", com o ajuizamento de ações buscando a aplicação de indenização por atos que, não obstante ilícitos, mostram-se incapazes de gerar dano indenizável[987]-[988].

Assim como se deu com o dano moral, acreditamos que o próprio Judiciário criará, com o tempo, filtros para evitar a proliferação de demandas injustificadas. Aliás, ainda que o estabelecimento de indenização duplicada possa servir de incentivo ao ajuizamento de demandas "aventureiras", vale lembrar que o nosso sistema processual apresenta ferramentas mais que suficientes para servir como contrapesos capazes de desestimular potenciais interessados em testar o Judiciário com ações indenizatórias injustificadas. Ao duplicar o valor da indenização, duplica-se, via de consequência, o valor da causa. Com isso, duplica-se também a base para o cálculo dos honorários de sucumbência, que são fixados entre 10% e 20% do valor atualizado da causa, nos termos do § 2º, do art. 85, do Código de Processo Civil. Majora-se, ainda, o valor a ser desembolsado a título de custas iniciais, majoritariamente calculadas com base no valor da causa, sem mencionar a possibilidade de condenação de autores de demandas frívo-

[987] Como bem aponta Humberto Theodoro Jr, "[s]e o incômodo é pequeno (irrelevância) e se, mesmo sendo grave, não corresponde a um comportamento indevido (licitude), obviamente não se manifestará o dever de indenizar" (THEODORO JÚNIOR, *op. cit.*, 1999, p. 8).

[988] Foi justamente no afã de barrar demandas frívolas envolvendo discussão de dano moral que, por exemplo, o Tribunal de Justiça do Rio de Janeiro editou a Súmula nº 75, no sentido de que "o simples descumprimento de dever legal ou contratual, por caracterizar mero aborrecimento, em princípio, não configura dano moral, salvo se da infração advém circunstância que atenta contra a dignidade da parte". Tal súmula, acabou recebendo popularmente a alcunha de "súmula do mero aborrecimento" e, desde sua edição, em 2005, gerou uma série de decisões conflitantes, diante da subjetividade do que poderia ser classificado como "mero aborrecimento", além de, em diversas oportunidades, haver negado o direito à reparação de diversas vítimas, que viam suas ações liminarmente negadas com base em tal súmula. Assim, em decisão unânime proferida no dia 17 de dezembro de 2018, o Órgão Especial do Tribunal de Justiça do Rio de Janeiro cancelou a mencionada súmula, citando, inclusive, sua incompatibilidade com a chamada "teoria do desvio produtivo" do consumidor, desenvolvida por Marcos Dessaune e que vem encontrando guarida na jurisprudência do Superior Tribunal de Justiça (vide o Informativo de Jurisprudência nº 641 de 1º de março de 2019, oriundo do REsp 1.737.412-SE, de relatoria da ministra Nancy Andrighi), no sentido de que todo tempo desperdiçado pelo consumidor para a solução de problemas gerados por maus fornecedores constituiria dano indenizável.

las por litigância de má-fé (art. 80 do CPC), que, nos termos do art. 81 do CPC, será fixada entre 1% e 10% do valor corrigido da causa.

De modo geral, parece-nos que os efeitos positivos do estabelecimento da indenização em dobro para os casos de cartel se sobrepõem aos efeitos que se poderia afirmar como negativos da recente alteração legislativa. Como visto acima – e como expressamente consignado na justificação da proposta de alteração legislativa –, "[a] criação de tal sanção [danos duplicados] tem função dupla, pois gera um estímulo ao prejudicado para ajuizar a ação civil reparatória do dano, bem como possui caráter de dissuasão à prática de cartel." Tratam-se, em nosso sentir, de objetivos em total acordo com o atual estágio de desenvolvimento do sistema brasileiro de combate a cartéis, bem como com a orientação contemporânea da disciplina da responsabilidade civil, no sentido de conferir as ferramentas legislativas necessárias à reparação de todo e qualquer dano, especialmente aqueles de maior repercussão social, como é o caso.

Aliás, outro elemento que reforça a adequação da instituição dos *double damages* de cartel ao sistema de responsabilidade civil brasileiro é o fato de que estes observaram um fator multiplicador já previsto em outros dispositivos legais amplamente consolidados em nosso ordenamento jurídico. Os artigos 940 do Código Civil e 42 do Código de Defesa do Consumidor estabelecem a indenização em dobro para hipóteses de repetição de indébito, constituindo, como salienta Junqueira de Azevedo, hipóteses já previstas em lei de indenização punitiva[989].

Outra hipótese amplamente difundida de indenização punitiva no direito brasileiro é a indenização decuplicada para os casos de violação ao direito autoral de *software*. Ao interpretar o art. 102 da Lei nº 9.610/98, o Superior Tribunal de Justiça consolidou entendimento no sentido de que o referido dispositivo, ao falar no direito do prejudicado em receber a "indenização cabível", evidenciaria a admissão de caráter punitivo à indenização, para que esta "seja primordialmente aplicad[a] com o escopo de inibir novas práticas semelhantes". Interessante observar, aliás, que o STJ fez constar, de forma expressa, sua preocupação em não fazer da violação ao direito autoral de software hipótese de ilícito lucrativo, "tornando preferível assumir o risco de utilizar ilegalmente os programas, pois, se flagrado e processado, o infrator se verá obrigado, quando muito, a pagar ao

[989] Azevedo, *op. cit.*, 2009, p. 379.

titular valor correspondente às licenças respectivas."[990] Trata-se, como se vê, de racional muitíssimo semelhante ao que se sustenta para admissão da indenização punitiva dos danos de cartel.

Portanto, os danos duplicados para os casos de cartel não se mostram excessivamente inovadores ou em desconformidade com o sistema jurídico brasileiro, como bem observado na justificação do PLS original apresentado ao Senado Federal.

Por fim, não se pode deixar de destacar que a Lei nº 14.470/22 afasta os danos duplicados para os signatários de acordo de leniência e TCC, a partir da inclusão do § 2º ao artigo 47 da LDC[991].

Como visto no Item 6.1.2, embora o CADE reconheça a importância do fomento ao *private enforcement* para fortalecimento do sistema brasileiro

[990] "RECURSO ESPECIAL. CIVIL E PROCESSUAL CIVIL. AÇÃO DE INDENIZAÇÃO. PROPRIEDADE INTELECTUAL. CONTRAFAÇÃO. PROGRAMAS DE COMPUTADOR (SOFTWARE). CARÁTER PUNITIVO E PEDAGÓGICO. ARTIGOS ANALISADOS: ART. 102 DA LEI 9.610/98.
1. Ação de indenização ajuizada em 14.03.2003. Recurso especial concluso ao Gabinete em 20.08.2013.
2. Discussão relativa à adequação dos critérios utilizados para fixar a indenização devida, em razão da utilização ilegítima de softwares desenvolvidos pela recorrente.
3. A exegese do art. 102 da Lei de Direitos Autorais evidencia o caráter punitivo da indenização, ou seja, a intenção do legislador de que seja primordialmente aplicado com o escopo de inibir novas práticas semelhantes.
4. Aa mera compensação financeira mostra-se não apenas conivente com a conduta ilícita, mas estimula sua prática, tornando preferível assumir o risco de utilizar ilegalmente os programas, pois, se flagrado e processado, o infrator se verá obrigado, quanto muito, a pagar ao titular valor correspondente às licenças respectivas.
5. A quantificação da sanção a ser fixada para as hipóteses de uso indevido (ausente a comercialização) de obra protegida por direitos autorais não se encontra disciplinada pela Lei 9.610/98, de modo que deve o julgador, diante do caso concreto, utilizar os critérios que melhor representem os princípios de equidade e justiça, igualmente considerando a potencialidade da ofensa e seus reflexos.
6. É razoável a majoração da indenização ao equivalente a 10 vezes o valor dos programas apreendidos, considerando para tanto os próprios acórdãos paradigmas colacionados pela recorrente, como os precedentes deste Tribunal em casos semelhantes.
7. Recurso especial provido."
(STJ. REsp 1403865/SP, Rel. Ministra Nancy Andrighi, Terceira Turma, julgado em 07.11.2013)

[991] "§ 2º Não se aplica o disposto no § 1º [danos duplicados] aos coautores de infração à ordem econômica que tenham celebrado acordo de leniência ou termo de compromisso de cessação de prática cujo cumprimento tenha sido declarado pelo Cade, os quais responderão somente pelos prejuízos causados aos prejudicados."

de combate a cartéis, há o receio, por parte da autoridade antitruste brasileira, de que o crescimento das ARDCs acabe por prejudicar a atratividade do seu Programa de Leniência. O receio se dá pelo fato de o signatário de acordo de leniência ter o dever de confessar a prática do ilícito concorrencial para assinatura dos acordos de delação, ficando, dessa forma, exposto em âmbito cível, dado que o acordo de leniência não pode afastar o direito indenizatório dos prejudicados pelo ilícito antitruste.

Com a criação de um fator multiplicador dos danos de cartel que é afastado em caso de assinatura de acordo de leniência ou de TCC, acrescenta-se mais um importante benefício aos lenientes, agora, em âmbito cível, o que, sem sombra de dúvida, reforçará ainda mais a atratividade do Programa de Leniência do CADE. Em nossa visão, a regra introduzida com a inclusão do § 2º ao art. 47 da LDC torna ainda mais evidente o papel fundamental que os *double damages* deverão assumir no SBDC, uma vez que servirão como (i) importante estímulo ao ajuizamento de ARDCs, (ii) desestímulo à formação de cartéis e, ao mesmo tempo, (iii) auxiliarão no fortalecimento da atratividade do Programa de Leniência do CADE. São esses os três pilares que nos levam a entender como sendo bem-vinda a inclusão dos §§ 1º e 2º ao art. 47 da LDC pela Lei nº 14.470/22.

7.2. Reparação de danos de cartel em sede arbitral

A arbitragem é um dos mais difundidos meios de solução alternativa de conflitos, consistindo na submissão do litígio ao crivo de um tribunal privado, não vinculado aos órgãos judicantes estatais, que, por convenção das partes litigantes, substituirá o papel do Poder Judiciário como adjudicador[992]. Como pontua Isabel Vaz, a arbitragem, "apesar de situar-se no campo da justiça privada, recebeu da lei legitimidade, como forma alternativa de solução de conflitos, fazendo as vezes, com a autorização legal e a observância de certos limites, 'da função jurisdicional do Estado'"[993]-[994].

[992] Manuel Pereira Barrocas define a arbitragem como sendo "um modo de resolução de litígios entre duas ou mais partes, efetuada por uma ou mais pessoas que detêm poderes para esse efeito reconhecidos por lei, mas atribuídos por convenção das partes" (Barrocas, Manuel Pereira. *Manual de arbitragem*. 2ª ed. Coimbra: Almedina, 2013, p. 33).

[993] VAZ, Isabel. A arbitrabilidade do direito da concorrência. *Revista do IBRAC*, São Paulo, v. 16, p. 353-385, 2009.

[994] Luca Di Brozolo ressalta, ainda, que a decisão arbitral, embora deva ser tida como decisão final e irrecorrível, pode vir a ser anulada ou ter sua execução recusada pelo Poder Judiciário em caso de violação da ordem pública ou julgamento ultra petita (Brozolo, Luca G. Radicati

Como é cediço, nem todo litígio pode ser submetido à arbitragem. A aptidão da matéria para ser julgada em foro arbitral, também denominada arbitrabilidade,[995] costuma ser definida a partir da análise do interesse público que circunda a matéria, fazendo com que determinados litígios só possam ser dirimidos pelo Poder Judiciário[996]. Ao que interessa ao presente trabalho, cumpre questionar se a reparação de danos oriundos da formação de cartel pode ou não ser apreciada em sede arbitral.

Por ser a defesa da concorrência matéria de ordem pública, é natural que se questione a aptidão do tribunal arbitral para substituir o poder estatal como órgão adjudicante em questões ligadas ao direito antitruste. Afinal, como reza o art. 1º da Lei nº 9.307/96 (Lei da Arbitragem), os litígios submetidos à arbitragem devem tratar, necessariamente, de "direitos patrimoniais disponíveis". Para solução da questão há de ser realizada a mesma segmentação que se faz com outros ramos do Direito para entender quais litígios relacionados à defesa da concorrência podem ou não ser submetidos à arbitragem.

É de amplo conhecimento o fato de que um dos campos em que a discussão da arbitrabilidade foi objeto de debate mais aprofundado até hoje foi o do direito administrativo. Questionava-se, mais especificamente, se seria possível a inclusão de cláusula arbitral em contratos firmados por entes públicos, pois a tutela do interesse público é a força motriz de contratos administrativos. Embora o aprofundamento do debate acerca do tema extrapole os limites do presente trabalho, a conclusão à qual chegou parcela majoritária da doutrinária é bem colocada por Isabela Vaz, que, forte nos ensinamentos de Selma Lopes e Hely Lopes Meirelles, sumariza que "a matéria relativa aos interesses públicos derivados, de natureza instrumental e com características patrimoniais, pode ser submetida à arbitragem".[997]

Di. Arbitragem e direito da concorrência. *Revista de Arbitragem e Mediação*, São Paulo, v. 27, p. 162-194, 2010).

[995] Nas palavras de Manuel Pereira Barrocas, "[a] arbitrabilidade constituí matéria da maior importância no estudo da arbitragem", pois, ainda que existente convenção de arbitragem e que estejam cumpridos os demais requisitos gerais de validade, ausente a arbitrabilidade, não haverá como o litígio ser resolvido pela arbitragem. Conclui, com isso, que "[a] arbitrabilidade do litígio condiciona a validade da convenção de arbitragem" (Barrocas, *op. cit.*, 2013, p. 215-216).

[996] É o que ocorre, por exemplo, com temas relacionados ao direito de família, sucessões e direito penal (Carmona, Carlos Alberto. *Arbitragem e processo*: um comentário à Lei nº 9.307/96. 3ª ed. São Paulo: Atlas, 2009, p. 38).

[997] Vaz, *op. cit.*, 2009.

A mesma conclusão supracitada se aplica ao tema central deste trabalho. Embora o combate a cartéis seja, em sua essência, matéria de ordem pública, o objeto central das ARDCs é a responsabilidade civil advinda do citado ilícito antitruste. O direito indenizatório, como cediço, constitui direito patrimonial disponível e, consequentemente, pode ser discutido em sede arbitral.

A questão da arbitrabilidade do direito concorrencial foi objeto de amplo debate nos EUA e na União Europeia.[998] A arbitrabilidade do direito concorrencial passou a ser gradativamente ampliada a partir do julgamento do caso Mitsubishi vs Chrysler, pela Suprema Corte dos EUA[999]-[1000], e do caso Eco Swiss, pelo Tribunal de Justiça da União Europeia[1001]. Hoje, o entendimento predominante acerca do tema é no sentido de que as matérias de ordem pública relacionadas à defesa da concorrência – como, por exemplo, a aplicação de multas pelos órgãos antitruste ou de sanções penais – não podem ser objeto de discussão em arbitragem, ao passo em que os direitos patrimoniais privados – notadamente a indenização de danos – podem sim ser discutidos em foro arbitral[1002].

Analisando especificamente a arbitrabilidade de ações reparatórias de danos de cartel, Bruno Becker assevera que "parece não haver oposições quanto à possibilidade de o juízo arbitral decidir sobre a eventual necessidade de indenização." Segundo o autor, "[e]m tendo ocorrido a proteção coletiva garantida pelo CADE (e pelo judiciário), não haveria óbice à disputa, em sede de arbitragem, para a verificação da incidência da obrigação

[998] Becker, Bruno Bastos. Concorrência e Arbitragem no Direito Brasileiro: hipóteses de incidência de questões concorrenciais em arbitragens. *Revista Jurídica Luso Brasileira*, Lisboa, v. 2, p. 239-270, 2015.

[999] EUA. Supreme Court, 473 U.S. 614 [1985] Mitsubishi Motors Corp. v. Soler Chrysler-Plymouth, Inc.

[1000] Foi no âmbito do julgamento do caso Mitsubishi v. Chrysler que foi consolidada o que se convencionou chamar de *Second Look Doctrine*, que, em resumo, é o entendimento de que a preservação das questões de ordem pública atinentes ao direito da concorrência não será prejudicada pela submissão do litígio à arbitragem, haja vista que a sentença arbitral ainda passará pelo crivo do Poder Judiciário para execução da sentença (Barrios, Lucas de Góis; Lapa, Vitória Neffá. Arbitragem e direito concorrencial: ordem pública, confidencialidade e atuação dos árbitros. *Revista de Defesa da Concorrência*. Brasília, v. 9, n. 1, p. 148-172, 2021).

[1001] COMISSÃO EUROPEIA, Caso C-126/97. *Eco Swiss China Time Ltd. Vs. Benetton International NV*, EU:C:1999:269. Julgado em 01.06.1999.

[1002] Caselta, *op. cit.*, 2018. p. 155-157.

de indenizar e da quantificação da indenização", justamente por se tratar, como colocado alhures, de direito disponível[1003].

Há, no entanto, mais uma relevante barreira a ser superada para submissão da responsabilidade civil por danos de cartel à arbitragem: o respeito ao princípio da autonomia da vontade[1004]. Por ser o consentimento das partes em arbitrar o litígio elemento essencial para a arbitragem[1005], somente poderão ser acionados em procedimento arbitral para reparação de danos de cartel os signatários da convenção de arbitragem.

No estado da arte do direito brasileiro, serão poucos os pleitos indenizatórios por danos de cartel que poderão ser solucionadas em arbitragem. Como visto no Item 3.7, embora defendamos a possibilidade de, em teoria, a formação de cartel ser enquadrada como hipótese de violação à boa-fé objetiva, de modo a representar hipótese de responsabilidade civil contratual, o prejudicado pelo cartel somente poderá acionar o tribunal arbitral para pleitear indenização em face do integrante (ou integrantes) do cartel com quem firmou contrato com cláusula arbitral, salvo na hipótese – bastante improvável na prática – de outros cartelistas manifestarem sua concordância com a submissão do litígio ao tribunal arbitral. Os demais cartelistas não serão obrigados a concordar com a solução do litígio pela via arbitral.

O PL 11.275/2018, que deu origem à Lei nº 14.470/22, propunha a inclusão do § 16 ao artigo 85 da LDC, que condicionaria a assinatura de TCC por cartelistas à anuência com a instituição de procedimento arbitral para solução de litígios envolvendo a reparação dos danos causados pela atuação colusiva, caso seja essa a vontade do potencial lesado[1006].

Segundo a proposta de alteração legislativa, ficaria à critério do prejudicado pelo cartel a escolha pelo acionamento dos cartelistas signatários de TCC em demanda reparatória arbitral ou judicial. Tendo o cartelista

[1003] Becker, *op. cit.*, 2015, p. 259.

[1004] Princípio este que, segundo Carlos Alberto Carmona, a legislação brasileira prestigiou "em grau máximo e de modo expresso" (Carmona, *op. cit.*, 2009, p. 15).

[1005] Xavier, *op. cit.*, 2020, p. 37.

[1006] "§ 16. O termo de compromisso de cessação de prática que contenha o reconhecimento da participação na conduta investigada por parte do compromissário incluirá obrigação do compromissário de submeter a juízo arbitral controvérsias que tenham por objeto pedido de reparação de prejuízos sofridos em razão de infrações à ordem econômica, quando a parte prejudicada tomar a iniciativa de instituir a arbitragem ou concordar, expressamente, com sua instituição."

assentido com a via arbitral ao firmar o TCC, e havendo a possibilidade de o prejudicado escolher se opta ou não pela arbitragem para a reparação de danos, restariam devidamente preservados os pilares do consentimento e da autonomia da vontade das partes para instauração do procedimento arbitral.

Fato é, no entanto, que a inclusão do § 16 do art. 85 da LDC foi o único dispositivo vetado pelo Presidente da República ao sancionar o PL, tendo sido assim justificado o veto presidencial:

> "A proposição legislativa estabelece que o termo de compromisso de cessação de prática que contenha o reconhecimento da participação na conduta investigada incluiria obrigação de submeter a juízo arbitral a controvérsias que tivessem por objeto pedido de reparação de prejuízos sofridos por infrações à ordem econômica, quando a parte prejudicada tomasse a iniciativa de instituir a arbitragem ou concordasse, expressamente, com sua instituição.
>
> Entretanto, em que pese a boa intenção do legislador, a proposição legislativa contraria o interesse público, uma vez que a imposição legal de estipular o compromisso arbitral no termo de compromisso da cessação poderia gerar o aumento nos custos para as partes. Atualmente estas já são obrigadas a colaborar com a autoridade e a cessar a conduta anticompetitiva. A proposição legislativa poderia servir, assim, como um desincentivo à assinatura de acordo por alguns agentes, especialmente, por aqueles que não tivessem condições financeiras de arcar com os gastos de uma eventual arbitragem.
>
> Além disso, as cláusulas arbitrais podem ser negociadas com as partes compromissárias como um mecanismo de incentivar as Ações Civis de Reparação por Danos Concorrenciais (ARDCs)."

Primeiramente, cumpre observar que o veto, *per se*, não impede a discussão em arbitragem de danos concorrenciais ou tampouco que sejam inseridas cláusulas arbitrais no âmbito de TCCs. O veto presidencial teve por objetivo tão somente afastar a *obrigatoriedade* da instituição de cláusulas arbitrais nos TCCs, mas consignou, de forma expressa, a possibilidade de, em caso de alinhamento entre o signatário do TCC e o CADE, vir a ser inserida a cláusula arbitral. A principal razão para o afastamento da obrigatoriedade da inclusão da cláusula arbitral em TCCs foi manter a atratividade dos TCCs, que poderia vir a ser afetada mormente em função dos custos elevados da arbitragem.

Neste ponto, aliás, Christiane de Siqueira *et. al.*, chegaram a afirmar que, caso fosse sancionada a inclusão do § 16º ao art. 85 da LDC, os custos elevados da arbitragem tenderiam a servir de desestímulo à escolha dessa via pelos próprios prejudicados por cartéis, que tenderiam a seguir submetendo as ARDCs ao Judiciário.[1007] De fato, em muitas oportunidades a via arbitral pode tornar ainda mais custosa a ARDC – que, como visto ao longo deste trabalho, já é um processo de custo bastante elevado.

Parecem clarividentes, por outro lado, as potenciais vantagens da escolha da via arbitral para julgamento de ARDCs. O procedimento arbitral seria capaz de mitigar diversos dos principais problemas normalmente apontados para a judicialização da reparação de danos por cartel, notadamente a morosidade da ação e a falta de especialização dos magistrados para análise da matéria. A arbitragem tende a conferir, ainda, maior segurança às partes litigantes no que tange ao sigilo do litígio (dado que a confidencialidade costuma ser a regra em procedimentos arbitrais, enquanto em processos judiciais ela é a exceção) e à capacidade técnica dos peritos que serão designados para apuração da existência e quantificação do dano[1008]_[1009].

A via arbitral pode se revelar pertinente, ainda, quando estamos tratando de cartéis internacionais que, como se verá no Item 7.7, são um dos principais focos de atenção do antitruste contemporâneo. Como é cediço, na arbitragem, é possível às partes a escolha da legislação aplicável,[1010] o que permite, por exemplo, a eleição de um ordenamento legislativo mais familiar às partes envolvidas no litígio do que o do local em que se deu a formação do cartel, não sendo raro de se observar litígios em que diversas das empresas envolvidas (cartelistas e prejudicadas) são multinacionais[1011].

[1007] SIQUEIRA, Christiane Meneghini S. de Siqueira; CIANFARANI, Joana Temudo; BERNINI, Paula Müller Ribeiro. Derrubando os mitos da arbitragem para a reparação de danos concorrenciais. *Jota*, São Paulo, 7 jul. 2021.

[1008] Isabel Vaz destaca o sigilo e a celeridade dos procedimentos arbitrais como sendo duas das principais vantagens da arbitragem para discussões envolvendo a defesa da concorrência (VAZ, *op. cit.*, 2009).

[1009] A problemática da prova pericial, em especial em âmbito judicial, foi esmiuçada no Item 6.2.2.4.

[1010] GABBAY; PASTORE, *op. cit.*, 2014.

[1011] Ainda no que tange à solução, pela via arbitral, de demandas indenizatórias relacionadas a cartéis internacionais, relevante a ressalva efetuada por Lucas Barrios e Vitória Lapa, no sentido de que, naqueles casos em que o cartel interacional houver sido objeto de demanda arbitral cuja

Embora os custos elevados da arbitragem sejam, de fato, comumente apontados como um dos principais problemas do instituto, é bastante usual que as partes litigantes em processos relacionados a infrações concorrenciais sejam empresas com elevado poderio econômico e, portanto, capazes de arcar com os custos do procedimento[1012]. No entanto, até mesmo a ideia de que os custos para processamento de ARDC em tribunal seriam mais elevados que os custos para judicialização do litígio é colocada em xeque por Christiane de Siqueira *et. al.* No intuito de, em suas próprias palavras, "desmistificar" a ideia de que arbitragens são mais caras que o Judiciário, as autoras apresentam uma tabela comparativa de custos para processamento de uma ARDC de R$ 20 milhões em sede arbitral ou judicial. Segundo as estimativas apresentadas neste estudo comparativo, o custo dessa ARDC no Judiciário flutuaria entre R$ 2,3 milhões e R$ 4,8 milhões, ao passo em que a mesma demanda, ao ser submetida à via arbitral, custaria algo em torno de R$ 566,60 mil e R$ 2,6 milhões[1013].

De fato, como bem observado pelas citadas autoras, algumas particularidades do procedimento arbitral – como a possibilidade de não estabelecimento de honorários de sucumbência ou até mesmo de imputação dos custos dos honorários contratuais à parte sucumbente (a depender dos critérios convencionados entre as partes) – podem vir a fazer da arbitragem uma via menos custosa que a judicial em ARDCs voltadas à indenização de danos de grande monta, como no exemplo apontado pelas autoras. A tendência, no entanto, é que a via judicial siga sendo menos custosa para demandas voltadas à indenização de danos de menor monta.

Diante de todas as questões apontadas neste Item, parece-nos que, mesmo tendo sido vetada a inclusão do § 16º ao art. 85 da LDC, a arbitragem ainda possui potencial para assumir papel cada vez mais relevante na reparação de danos de cartel no Brasil, especialmente para aqueles casos em que os danos pleiteados são de maior expressividade ou quando as partes litigantes consistirem em empresas de grande poderio econômico.

lei aplicável era a de país em que o cartel não é considerado ato ilícito, não deverá ser admitida a homologação da decisão arbitral estrangeira pelo STJ, "uma vez que o cartel configura grave ilícito à luz da legislação concorrencial nacional". (Barrios; Lapa, *op. cit.*, 2021).

[1012] Cristofaro, Pedro Paulo Salles; Ney, Rafael de Moura Rangel. Possibilidade de aplicação de normas do direito antitruste pelo juízo arbitral. In: Almeida, Ricardo Ramalho (Org.). *Arbitragem Internacional*: Questões de doutrina e de prática. Rio de Janeiro: Renovar, 2003. p. 335.

[1013] Siqueira; Cianfarani, *op. cit.*, 2021.

7.3. Alternativas para a questão dos custos elevados de ações de reparação de danos de cartel

Como aduzido anteriormente, relevantíssima barreira à reparação de danos por cartel no Brasil – e na expressiva maioria das jurisdições estrangeiras – é o alto custo envolvido no ajuizamento de ARDCs, que segue sendo um empecilho ao amplo acesso dos prejudicados à reparação dos danos mesmo após as improtantes alterações legislativas trazidas pela Lei nº 14.470/22. Com efeito, além de custas judiciais elevadas[1014], os autores tendem a arcar com honorários advocatícios contratuais elevados (principalmente diante da especialização que esse tipo de demanda exige) e custos de alta monta com perícias e assistentes técnicos para elaboração dos laudos econômicos de quantificação dos danos – sem mencionar o risco de sucumbência, com aplicação de honorários advocatícios calculados entre 10% e 20% do valor da causa, como determina o § 2º do art. 85 do CPC[1015].

Uma solução que nos parece interessante para a questão é proposta por Bruno Lanna Peixoto e Ludmilla Martins da Silva. Propõem os citados autores que seja estendida às ARDCs a regra de isenção de sucumbência e de adiamento das custas processuais conferidas às ações de natureza coletiva previstas no CDC[1016] e na Lei de Ação Civil Pública[1017]. Com isso,

[1014] Podendo alcançar montante superior a 80 mil, em determinados Tribunais de Justiça estaduais.

[1015] No tocante aos honorários sucumbenciais, vale ressaltar que o Superior Tribunal de Justiça, em 16.03.2022, fixou a tese, em julgamento repetitivo, no sentido de afastar a possibilidade de fixação de honorários advocatícios por equidade em casos nos quais "os valores da condenação, da causa ou o proveito econômico da demanda forem elevados", estabelecendo a necessidade de observância dos percentuais estabelecidos nos §§ 2º e 3º do art. 85 do CPC (Tema 1.076 do STJ). Com isso, as hipóteses de fixação de honorários sucumbenciais ficam limitadas ao § 8º do art. 85 do CPC, ou seja, para aquelas causas "em que for inestimável ou irrisório o proveito econômico ou, ainda, quando o valor da causa for muito baixo" e, mesmo em tais casos, a recente entrada em vigor da Lei nº 14.365, de 2 de junho de 2022, introduziu o §8º-A ao art. 85 do CPC, que estabelece que, para mesmo nas hipóteses de fixação de honorários por equidade, deverá o juiz "observar os valores recomendados pelo Conselho Seccional da Ordem dos Advogados do Brasil a título de honorários advocatícios ou o limite mínimo de 10% (dez por cento) estabelecido no § 2º deste artigo, aplicando-se o que for maior".

[1016] "Art. 87. Nas ações coletivas de que trata este código não haverá adiantamento de custas, emolumentos, honorários periciais e quaisquer outras despesas, nem condenação da associação autora, salvo comprovada má-fé, em honorários de advogados, custas e despesas processuais".

[1017] "Art. 18. Nas ações de que trata esta lei, não haverá adiantamento de custas, emolumentos, honorários periciais e quaisquer outras despesas, nem condenação da associação autora, salvo comprovada má-fé, em honorário de advogado, custas e despesas processuais".

segundo os autores, "a barreira existente ao exercício do direito individual ao ressarcimento por pequenas e médias empresas e por compradores de pequenas quantidades poderia ser superada."[1018].

Embora nos pareça bastante pertinente a proposta formulada pelos citados autores, entendemos que tal regra, caso instituída, deveria ter aplicação exclusiva aos prejudicados pela atuação cartelizada que logrem comprovar que o risco da sucumbência ou o adiantamento das custas processuais prejudicaria sua subsistência, de forma similar ao que se dá para a aplicação dos benefícios da Justiça Gratuita. Com isso, seria reduzida a margem para o ajuizamento de demandas frívolas, em que a perspectiva de indenização de grande monta leva ao ajuizamento de ações indenizatórias injustificadas.

Seja como for, cumpre ressaltar que, ao menos até o fechamento desta obra, não se teve notícia de qualquer proposta de alteração legislativa em linha com a sugestão de Bruno Peixoto e Ludmilla Silva.

Outra possível solução para o problema dos custos atrelados às ARDCs é a criação de um mercado de financiamento desse tipo de demanda, como é comum de se observar para financiamento de arbitragens, ou mesmo a propositura de alteração legislativa voltada a conferir maior segurança jurídica à aquisição dos direitos à reparação dos danos oriundos da atuação cartelizada.

A criação de um ambiente legislativo capaz de dar maior segurança jurídica à aquisição, por terceiros, do direito indenizatório – permitindo, por exemplo, o ajuizamento da ação diretamente pelo terceiro adquirente –, teria, ao menos em tese, potencial para reduzir o impacto de outra barreira prática ao ajuizamento de ARDC, que é o fato de a maior parte das pretensões indenizatórias ser voltada contra parceiros comerciais e fornecedores de longa data dos prejudicados. É comum, com isso, que os prejudicados pela atuação do cartel deixem de ajuizar ARDCs com receio de represálias por parte dos cartelistas, prejudicando ou até mesmo encerrando a parceria comercial até então existente entre as partes.

7.4. Especialização de magistrados no tema da reparação de danos por cartel

Foram diversas as passagens desta obra em que ressaltamos a importância de especialização na matéria para todos os operadores do direito e experts

[1018] Peixoto; Silva, *op. cit.*, 2018, p. 125.

que atuam ou pretendem atuar em ARDCs. Essa é uma assertiva que se torna ainda mais verdadeira quando estamos tratando dos responsáveis por julgar as demandas indenizatórias, sejam esses árbitros ou magistrados.

Como pontuam Barry Rodger e Angus MacCulloch, "a existência de uma corte ou tribunal especializado é claramente um fator determinante no design institucional de um sistema legal voltado a lidar com litígios concorrenciais."[1019] Hoje, no entanto, são basicamente inexistentes magistrados verdadeiramente especializados – ou mesmo familiarizados – no tema de reparação de danos concorrenciais no Brasil. Como visto no Item 5.1.3, a grande maioria das ARDCs (principalmente aquelas movidas por entes privados) são processadas perante varas generalistas de direito civil, sequer vindo a ser submetidas a varas ou câmaras especializadas em matéria empresarial[1020].

A especialização de magistrados no tema de reparação de danos concorrenciais é recomendada pelo grupo de estudos organizado pela Intencional Competition Network[1021] e foi implementada com sucesso em diversas jurisdições, como, por exemplo, Bélgica, Alemanha, Grécia, Espanha, França, Itália, Portugal, Suécia, Eslováquia, Dinamarca, Croácia, Lituânia, Letônia e Romênia[1022].

No Brasil, até mesmo em função do número ainda diminuto de ações indenizatórias voltadas à reparação de danos de cartel, exigir a criação de varas especializadas apenas nesse assunto seria desarrazoado e prematuro. Há, no entanto, outras alternativas possíveis de serem implementadas desde logo para garantir um incremento no número de magistrados especializados na matéria sem necessariamente criar varas voltadas exclusivamente ao julgamento desse tipo de litígio.

Uma possível solução, por exemplo, seria a inclusão da matéria no escopo de competência das varas e câmaras especializadas em direito empresarial, que já costumam processar demandas relacionadas com determinados temas de direito da concorrência, especialmente aqueles previstos na Lei

[1019] Tradução livre do original, em inglês: "The existence of a specialist competition court or tribunal is clearly a major factor in the institutional design of a legal system to deal with competition litigation." (Rodger; MacCulloch, *op. cit.*, 2022, p. 113).

[1020] Justamente por isso que a questão da especialização na matéria foi apontada, no Item 7.2, como uma das principais potenciais vantagens da submissão do litígio à arbitragem.

[1021] ICN, *op. cit.*, 2019.

[1022] COMISSÃO EUROPEIA, *op. cit.*, 2020.

nº 9.279/96 (Lei de Propriedade Industrial), mas que, hoje, não possuem competência específica para processar ARDCs.

Outra alternativa, que nos parece ainda mais adequada do que a inclusão das ARDCs no rol de competência das varas e câmaras de direito empresarial, seria a constituição de varas especializadas em direito da concorrência como um todo.

O Conselho de Justiça Federal chegou até mesmo a aprovar, por meio da Resolução nº 445 de 7 de junho de 2017, a recomendação para especialização de varas com competência concorrente para processar e julgar feitos que versem sobre Direito da Concorrência e comércio internacional. Até hoje, no entanto, apenas o TRF2 constituiu varas especializadas para tratar do tema. Os TRF da 1ª Região e da 3ª Região chegaram a constituir grupos de trabalho para discutir a implementação de varas especializadas no tema, mas, até a finalização deste estudo, tais varas ainda não haviam sido instituídas.

Não obstante a iniciativa adotada pela Justiça Federal, é perante os Tribunais Estaduais que se processa a maior parte das ações de reparação de danos por cartel, especialmente aquelas movidas por entes privados[1023] e perante tais tribunais basicamente inexiste a especialização de magistrados na matéria. Mesmo aquelas comarcas de grandes capitais como São Paulo, Rio de Janeiro e Belo Horizonte, que contam com varas especializadas em direito empresarial e outras matérias de maior complexidade, não atribuem a tais varas especializadas competência para processamento de ARDCs que, em sua maioria, acabam processadas perante varas generalistas de Direito Civil, não sendo diferente o cenário em segundo grau de jurisdição.

Embora só tenhamos observado a constituição de varas especializadas em concorrência desleal em alguns poucos tribunais federais, a relevância e pertinência da constituição de varas e câmaras especializadas pode ser tirada de outras matérias, como as já citadas varas de direito empresarial, além das varas especializadas em direito falimentar. A diferença de quali-

[1023] Vale ressaltar que o último estudo jurisprudencial realizado pelo IBRAC em 2020 indicou o Tribunal de Justiça de São Paulo como sendo o tribunal responsável por processar a maior parte das ARDCs individuais em solo brasileiro, com ao menos 24 ações, ao passo em que o segundo colocado, o Tribunal de Justiça de Minas Gerais, processou ao menos 9 ações. São estes dois tribunais que também lideram o ranking de Ações Civis Públicas para reparação de danos concorrenciais, com 12 ACPs em cada um deles.

dade técnica e celeridade apresentadas por varas especializadas para julgar e processar demandas de maior complexidade em comparação às varas generalistas de direito civil é notória – tanto é que a maioria das grandes comarcas já implementou ou pretende implementar varas especializadas em direito empresarial e/ou falimentar.

Mesmo sendo ainda escassos os julgamentos de mérito de ARDCs no Brasil, a falta de familiaridade de magistrados com o tema já se evidencia pela falta de uniformidade no tratamento de alguns dos temas mais básicos relacionados à matéria da reparação de danos de cartel. É possível citar como exemplo o número considerável de precedentes (anteriores ao advento da Lei nº 14.470/22) em que o repasse do prejuízo foi simplesmente presumido, o que culminou no acréscimo do § 4º ao art. 47 da LDC[1024], ou de casos em que foram nomeados especialistas em matéria contábil (e não em economia) para atuar como peritos judiciais em ARDC[1025].

7.5. Métodos alternativos de reparação dos danos

O desenvolvimento de métodos alternativos de reparação de danos de cartel no Brasil deve se dar a partir do estabelecimento de uma cultura efetiva de reparação desse tipo de dano no Brasil. Trata-se de fenômeno que sói ocorrer com qualquer ramo de aplicação do Direito, mas que se coloca de forma mais evidente para o tema objeto desta obra em função do estudo do direito comparado.

Como visto especialmente no Capítulo 5, a grande maioria das ARDCs processadas nos EUA e na Europa é resolvida em acordo, muitas vezes antes mesmo do julgamento dos feitos em primeiro grau de jurisdição. No Brasil, por outro lado, ainda são raros os casos de acordos para reparação de danos de cartel, muito em função do estado de maturação do *private enforcement* nacional, que tende a gerar nos cartelistas o entendimento de que o litígio é mais vantajoso que a solução amigável.

A despeito de tal constatação, a tendência natural, como dito, é que a adoção de métodos alternativos para solução dos conflitos também observe crescimento em âmbito nacional a partir da consolidação e fortalecimento do *private enforcement* brasileiro. O litígio para reparação de danos de cartel tende a ser extremamente desvantajoso para todas as partes envolvidas. Além de

[1024] Ver Item 6.1.3.
[1025] Ver Item 6.2.2.4.

ser um tipo de ação que pressupõe investimentos elevados de todas as partes nela incluídas, trata-se de ações de alto grau de complexidade, que costumam levar anos até o julgamento final. Ao longo da tramitação da ARDC, a relação comercial entre as partes litigantes pode sofrer abalos sensíveis e há um clarividente potencial de impacto à imagem das empresas rés acusadas de formação de cartel. Por todos esses fatores, a opção pela via conciliatória costuma ser a mais óbvia para esse tipo de demanda.

Evidentemente, a via mais simples, rápida e menos custosa para solução amigável de qualquer tipo de litígio é a da negociação direta entre as partes. Quando, no entanto, a negociação direta não se mostrar uma alternativa eficaz, podem ser aplicados diversos outros métodos para solução alternativa do conflito.

A conciliação e a mediação, como se sabe, são dois dos métodos mais difundidos de solução alternativa de conflitos[1026]. No Brasil, os institutos vêm ganhando força nos últimos anos, principalmente a partir da entrada em vigor do Código de Processo Civil de 2015, que deu grande ênfase à solução amigável de litígios, especialmente a partir da conciliação e da mediação[1027]. O CPC/15 traz uma Seção inteira destinada à regulação da atuação de conciliadores e mediadores judiciais[1028], tendo alterado, inclusive, o procedimento padrão das ações judiciais, não sendo mais o réu, via de regra, citado para contestar a ação, mas sim para participar de audiência de conciliação ou mediação (art. 334), somente tendo início o prazo para contestação a partir do insucesso da via conciliatória (art. 335).

Para além do uso de conciliadores e mediadores judiciais, podem as partes eleger entidades privadas de mediação, inclusive com o estabeleci-

[1026] Aqui, cabe a mesma ressalva feita por Daniela Gabbay e Ricardo Pastore, no sentido de que a distinção entre mediação e conciliação tem pouca relevância para a ideia que se quer apresentar neste trabalho, sendo pertinente elucidar, no entanto, que as distinções entre os institutos costumam girar em torno da forma de atuação do terceiro e do tipo de conflito e relação entre as partes (GABBAY, Daniela Monteiro; PASTORE, Ricardo Ferreira. Demandas indenizatórias por danos causados por cartéis no Brasil: um campo fértil aos mecanismos consensuais de solução de conflitos. *Revista de Arbitragem e Mediação*, São Paulo, v. p. 171-207, 2014, p. 180).

[1027] Já no artigo 3º do CPC/15 é estabelecido que "[o] Estado promoverá, sempre que possível, a solução consensual dos conflitos" (§2º), sendo a conciliação e mediação nomeadamente apontadas, no § 3º, como métodos a serem estimulados por todos os envolvidos nas ações judiciais.

[1028] Seção V, artigos 165 a 175.

mento de todo o regramento que deverá ser observado pelo mediador privado. Nesse tipo de ambiente, as partes passam a ter maior controle sobre o procedimento conciliatório, garantindo, inclusive, o sigilo das tratativas.

Outra alternativa já disponível para reparação de danos concorrenciais no Brasil é a criação de programas de prevenção e gestão de disputas, comumente chamados *Dispute System Design* (DSD), que, como apontam Gabbay e Pastore, já são bastante consolidados nos EUA e vêm sendo gradativamente aplicados para gestão de danos coletivos no Brasil[1029]. Trata-se, em resumo, da criação, pelos próprios causadores do dano, de um sistema de reparação de danos para o qual os potenciais prejudicados podem solicitar a adesão, percebendo a indenização dos danos sofridos sem a necessidade de ajuizamento de ação indenizatória.

Gabbay e Pastore citam, como exemplo do sucesso do DSD nos EUA, o caso Parker ITR. A empresa Parker ITR foi uma das envolvidas na investigação do cartel internacional de mangueiras marítimas, iniciada em 2007 e que resultou na condenação do cartel por diversas agências antitruste ao redor do globo (inclusive pelo CADE no Brasil). A Parker ITR, para além de acordo firmado em ações coletivas nos EUA, optou pela criação de um DSD por meio do qual a empresa depositou, em um fundo *escrow*, montante equivalente a 16% do seu faturamento ao longo do período de atuação do cartel, já que restou constatado que o sobrepreço oriundo do ato ilícito seria justamente de 16%. Com isso, qualquer adquirente de produtos da empresa poderia aderir ao DSD mediante a assinatura de um termo de transição, abrindo mão da possibilidade de ajuizar ARDC em face da Parker ITR, para, em troca, receber a indenização do sobrepreço pago em contratações com a empresa que, além da indenização, também forneceria ao prejudicado informações e documentos necessários para ajuizamento de ações reparatórias contra os demais integrantes do cartel[1030].

A criação de mecanismos de adesão voluntária como o desenvolvido pela Parker ITR para o cartel de mangueiras submarinas é extremamente vantajosa não só para os prejudicados, como para o próprio cartelistas que, com isso, consegue controlar melhor o impacto da reparação dos danos do cartel sobre sua operação, além de melhorar sua reputação perante o mercado, ao se apresentar como disposto a reparar os prejuízos causados pela atuação colusiva.

[1029] GABBAY; PASTORE, *op. cit.*, 2014, p. 181.
[1030] GABBAY; PASTORE, *op. cit.*, 2014, p. 178-180.

Embora não se tenha notícia da criação de DSD especificamente voltado à reparação de danos por cartel no Brasil, outros sistemas similares já foram desenvolvidos em nosso ordenamento jurídico para reparação de danos ou solução de litígios em casos de grande repercussão. Além das Câmaras de Indenização constituídas nos casos dos acidentes aéreos da TAM e da Air France, citadas por Gabbay e Pastore em seu artigo, podemos destacar a criação da Fundação Renova, organização sem fins lucrativos instituída com o objetivo de reparação dos danos causados pelo rompimento da barragem de Fundão, em Mariana/MG, no ano de 2015. A Fundação Renova teve e tem papel fundamental na reparação dos danos causados às comunidades que viviam próximas à barragem de Fundão e pode ser tida como uma das alternativas de DSD de maior sucesso já implementadas no Brasil.

Outro importante exemplo de DSD de sucesso instituída em litígio brasileiro são os mecanismos de mediação implementados no plano de recuperação judicial do Grupo Oi para conciliação de litígios de até R$ 50 mil, que representavam a expressiva maioria das ações ajuizadas contra o referido grupo empresarial, cuja recuperação judicial é a maior em volume de dívida ajuizada até a presente data em solo brasileiro.

Os exemplos da recuperação judicial do Grupo Oi e do rompimento da barragem de Fundão são, aliás, bastante elucidativos da forma com que a adoção de métodos alternativos de resolução de disputas pode servir à garantia da reparação dos danos de titulares de pretensões indenizatórias de menor monta. A reparação dos danos de menor expressividade é um dos temas de maior preocupação em todos os sistemas de antitruste globais, haja vista que mesmo aqueles sistemas já mais desenvolvidos na reparação de danos de cartel apresentam relevantes barreiras à reparação de danos de menor monta.

7.6. Aproveitamento do *public enforcement* para reparação de danos de cartel

De modo geral, parece-nos fundamental a adoção de políticas legislativas e administrativas para estabelecer uma melhor interlocução entre os três pilares de repressão a cartéis indicados no Item 2.3, com o objetivo de tornar a política antitruste brasileira mais eficaz, colaborativa e integrada.

Não se ignora o fato de que o CADE tem adotado medidas importantes para auxiliar e fomentar a reparação privada de danos de cartel. Diversas destas medidas foram analisadas em Itens anteriores desta obra, merecendo destaque o estabelecimento de regras para acesso a documentos produzidos em âmbito administrativo[1031], além do maior detalhamento das decisões administrativas de condenação de cartéis, apresentando informações que podem auxiliar na identificação dos potenciais prejudicados pela atuação do cartel. Há, inclusive, casos em que a autoridade antitruste notificou potenciais prejudicados para informá-los da decisão administrativa, ressaltando a possibilidade destes, querendo, adotarem as medidas cabíveis para reparação dos danos.

Outra importante iniciativa que passou a ser recentemente implementada pelo CADE, já estudada no Item 5.1.3, é o estabelecimento de descontos nas multas administrativas para empresas que comprovem a indenização de danos aos prejudicados pelo cartel[1032]. De todas as medidas que vêm sendo adotadas pelo órgão antitruste brasileiro para fortalecimento do *private enforcement* nacional, esta última é, em nosso entender, a única que tem o condão de contribuir de forma efetiva para garantia da reparação dos danos de cartel menor expressividade econômica.

Como destacado no Item anterior, voltado às medidas alternativas para resolução de conflitos, a reparação dos danos de menor monta ocasionados por cartel é um dos temas de maior atenção das jurisdições antitruste mais avançadas em reparação de danos. Mesmo em sistemas já maduros, a indenização dos danos de pequenos e médios consumidores tende a ser obstada pela alta complexidade e custos elevados desse tipo de demanda.

Evidentemente, algumas das alternativas para solução dessa problemática esbarram no histórico e na estrutura do nosso ordenamento jurídico. É possível citar, como um dos principais exemplos de ferramentas de ordenamentos jurídicos estrangeiros que contribuem para a reparação de danos de menor expressão, o sistema de *class action* dos EUA, que permite a reunião da pretensão indenizatória de diversos lesados por microlesões em uma única ação. No Brasil, a reparação de danos coletivos se dá exclusivamente pela via das ações coletivas ou das ações civis públicas,

[1031] Ver Item 6.2.2.3.

[1032] A redução das multas administrativas em função da reparação de danos concorrenciais já vem sendo aplicada com sucesso em jurisdições estrangeiras, como, por exemplo, na Coréia do Sul (em que a multa pode sofrer redução de 20 a 30) e na Turquia (em que a multa pode sofrer redução de 1/4 a 3/5 em função da comprovação de indenização de danos). Alguns países como o Canadá, por sua vez, estabelecem o abrandamento da punição na esfera penal como vantagem aos cartelistas que comprovem a indenização de danos (ICN, *op. cit.*, 2019, p. 6).

que possuem número reduzido de legitimados ativos para ajuizamento em comparação às *class actions* americanas, além de apresentarem outras barreiras legais que limitam o escopo desse tipo de demanda.

Por outro lado, podemos tirar do próprio sistema estadunidense a inspiração de uma ferramenta bastante eficaz de interlocução entre programa de leniência e reparação de danos ocasionados por cartel. Conforme já destacado, no direito norte-americano, a reparação dos prejudicados é *conditio sine qua non* para assinatura de acordos de leniência[1033], sendo visível o impacto dessa política para fortalecimento do *private enforcement* norte-americano.

Em nosso entender, seria possível e desejável a repaginação do Programa de Leniência do CADE para ampliação das medidas relacionadas à reparação dos danos concorrenciais. Rememore-se que, como elucidado no Item 6.1.4, a Lei nº 14.470/22 introduziu o § 3º ao art. 47 da LDC para afastar a responsabilidade solidária dos lenientes e signatários de TCC pelos danos do cartel, respondendo até o limite dos danos causados diretamente aos adquirentes das empresas. Nossa sugestão seria o estabelecimento de nova alteração legislativa para que o afastamento da responsabilidade solidária do § 3º somente fosse aplicável àquelas empresas que, concomitantemente, (i) se comprometam a colaborar com a apresentação de documentos e informações que auxiliem na indenização de danos contra os demais cartelistas, (ii) assumam *obrigação subsidiária* de indenização dos danos atrelados às vendas de produtos ou serviços comercializados pela própria empresa em caso de insucesso na execução dos danos contra as demais integrantes do cartel.

O estabelecimento de regra como a sugerida acima seria benéfico tanto para o *enforcement* privado quanto para o público. Os cartelistas teriam ainda mais incentivos para assinatura de leniência ou de TCC, uma vez que passariam a responder apenas de forma subsidiária pela indenização de danos e, além disso, poderiam saber, de antemão, o valor total que poderiam vir a dispor em função da assinatura do acordo – incluindo multas e indenizações (estas limitadas aos serviços e produtos comercializados diretamente pela empresa, em função da regra de afastamento da solidariedade) – o que permitiria às empresas provisionar o montante necessário e mitigar riscos. Ao mesmo tempo, as partes prejudicadas receberiam informações e documentos fundamentais para instrução de suas ARDCs,

[1033] ICN, *op. cit.*, 2019.

além de contarem com a garantia de que ao menos a empresa com a qual contrataram poderá vir a reparar os danos ocasionados pelo cartel[1034].

Mais uma alternativa interessante tirada da experiência internacional e que poderia ser utilizada em nosso ordenamento jurídico vem do sistema australiano. Na Austrália, caso o cartelista comprove não possuir recursos suficientes para arcar com a multa administrativa e indenizar os danos causados pela atuação colusiva, será dada preferência ao pagamento de indenizações aos prejudicados pelo cartel[1035]. Essa seria uma medida pertinente de ser aplicada no Brasil até mesmo em função dos constantes questionamentos quanto à destinação dada aos recursos obtidos com as multas aplicadas pelo CADE.

Com efeito, nos termos do § 3º do art. 28 da LDC, todo o montante arrecadado com multas aplicadas pelo CADE é direcionado ao Fundo de Defesa dos Direitos Difusos (FDD), instituído pela Lei da Ação Civil Pública (Lei nº 7.347/85). É também para o FDD que são direcionados os valores arrecadados com condenações em Ações Civis Públicas, nos termos do art. 13 da Lei da Ação Civil Pública. Segundo estabelece a parte final do citado art. 13, os recursos obtidos com o FDD deveriam ser "destinados à reconstituição dos bens lesados". Não é o que ocorre na prática.

Nos últimos anos, houve um gigantesco crescimento dos valores arrecadados para o FDD, exatamente em função do aumento das multas aplicadas pelo CADE em condenação de cartéis que historicamente são responsáveis pela maior parte da arrecadação do fundo[1036]. Se, em 2009, foram arrecadados pouco menos de R$ 50 milhões ao FDD[1037], em 2016 o fundo arrecadou cerca de R$ 775 milhões, sendo que as multas aplicadas pelo CADE foram responsáveis por mais de 90% desse valor[1038]. Ocorre, no entanto, que uma

[1034] Cumpre ressaltar que a necessidade de repaginação do Programa de Leniência do CADE já é exaltada por alguns estudiosos da matéria antitruste não apenas para privilegiar a reparação dos danos do cartel. Lucia Helena Salgado, por exemplo, defende a necessidade de adequação do programa de leniência brasileiro para evitar que este seja utilizado por empresas líderes de mercado como forma de maximização dos lucros do cartel e de pressão econômica sobre empresas de menor porte, que são comumente empurradas para o cartel pelas próprias grandes empresas (Salgado, *op. cit.*, 2022).

[1035] ICN, *op. cit.*, 2019.

[1036] Pfeiffer, *op. cit.*, 2015, p. 245-246.

[1037] Levy, *op. cit.*, 2012, p. 199.

[1038] Vasconcellos, Marcos de. Governo usa bilhões do Fundo de Defesa dos Direitos Difusos para inflar o caixa. *Jota*, São Paulo, 31 mar. 2017. Disponível em: <https://www.conjur.com.br/2017-mar-31/governo-usa-dinheiro-fundo-direitos-difusos-caixa>. Acesso em: 10 jun. 2022.

parcela ínfima do FDD é efetivamente utilizada para os fins determinados pelo art. 13 da Lei da Ação Civil Pública.

Dos R$ 775 milhões arrecadados em 2016, por exemplo, apenas R$ 2,2 milhões foram destinados a projetos relacionados à finalidade do fundo, ou seja, cerca de 0,3% do valor total arrecadado. Após o desconto de custos operacionais, todo o restante do valor angariado pelo fundo (cerca de R$ 770 milhões) foi convertido em superávit primário, sendo transferido ao caixa do Governo Federal. Mesmo os valores desembolsados para os fins estabelecidos pela Lei da Ação Civil Pública não são destinados à efetiva reparação de danos coletivos (sejam eles concorrenciais ou não)[1039].

Questiona-se, portanto, se não seria mais adequada a utilização do montante arrecadado com as multas aplicadas pelo CADE aos cartelistas para a indenização dos danos de menor monta ocasionados pelo cartel e/ou devidos a pessoas físicas e jurídicas em estado de vulnerabilidade financeira.

Nesse ponto, fazemos referência à proposta de Daniel Levy que, ao defender o que chamou de "cisão da responsabilidade civil", sustenta a necessidade de utilização dos fundos públicos (dentre eles, o FDD) para a efetiva indenização de microlesões de maior repercussão social (como é o caso dos danos de cartel), com a possibilidade de os prejudicados pleitearem a indenização extrajudicialmente[1040].

Sem a pretensão de esgotar (mas apenas de fomentar) a discussão – que seria inviável de ser lançada, com o merecedor cuidado, na presente obra –, partindo do estudo de Levy e aplicando-o especificamente para o tema central deste trabalho, parece-nos que os recursos obtidos com as multas aplicadas pelo CADE seriam melhor aproveitados para fortalecimento do sistema de defesa da concorrência brasileiro se fossem destinados à criação de um fundo específico para indenização extrajudicial de danos concorrenciais de menor expressão econômica. No estado da arte do sistema brasileiro, este tipo de dano tende a jamais vir a ser reparado, ao mesmo tempo em que os milionários valores obtidos com as multas aplicadas aos cartelistas pelo agente antitruste brasileiro acabam, quase que em sua totalidade, sendo destinados a outras finalidades que não a defesa da concorrência, constituindo, portanto, verdadeira anomalia do nosso sistema jurídico.

1039 Vasconcellos, *op. cit.*, 2017.

1040 Levy, *op. cit.*, 2012, p. 250-253.

7.7. Cartéis internacionais e a internacionalização da defesa da concorrência

A problemática do combate a cartéis internacionais é um dos temas de maior preocupação do antitruste atual. A transformação da economia mundial, com uma maior integração e dinamização do comércio internacional faz com que o tema da defesa da concorrência transpasse as barreiras fronteiriças, tornando-a uma questão de política internacional.

Assim como se dá com a defesa da concorrência em âmbito doméstico, os cartéis também se colocam como a principal preocupação da defesa internacional da concorrência, afinal, como observa Ana Paula Martinez, as autoridades antitruste ao redor do mundo, vêm identificando número crescente de cartéis internacionais, cujos efeitos são percebidos em múltiplas jurisdições[1041].

Evidentemente, seria impossível enfrentar todas as relevantes questões afeitas à matéria dos carteis internacionais em um único Item deste trabalho. Com efeito, o tema, de tão complexo e profundo, já rendeu trabalhos monográficos dedicados exclusivamente ao tratamento da questão, podendo ser citados como exemplo, os estudos de autoria de Karla Margarida Martins Santos[1042], Marcela Campos Gomes Fernandes[1043] e Marcelo Cesar Guimarães[1044]. O objetivo deste Item, assim como se deu com os demais Itens inseridos neste Capítulo, é apresentar uma rápida análise das perspectivas futuras para um melhor enfrentamento da questão sob a ótica da reparação de danos de cartel[1045].

Primeiramente, é importante entender quais as características que fazem determinado cartel ser classificado como internacional. Vinícius de Carvalho, Amanda Athayde e Bernardo Fontana definem cartel inter-

[1041] MARTINEZ, Ana Paula. Defesa da concorrência: o combate a cartéis internacionais. *Revista do IBRAC*, São Paulo, v. 10, p. 167-189, 2003.

[1042] SANTOS, *op. cit.*, 2016.

[1043] FERNANDES, Marcela Campos Gomes. *Política de defesa da concorrência e combate a cartéis internacionais no Brasil*. Dissertação (Mestrado em Direito) – Faculdade de Direito, Universidade de São Paulo, São Paulo, 2017.

[1044] GUIMARÃES, Marcelo Cesar. *Cartéis internacionais*: desafios e perspectivas para a internacionalização do direito da concorrência. Dissertação (Mestrado em Direito) – Programa de Pós-Graduação em Direito, Universidade Federal de Pernambuco, Recife, 2017.

[1045] Ressalte-se, neste ponto, que Karla Martins, já na introdução de sua obra voltada ao estudo de cartéis internacionais, aponta serem poucos os artigos acadêmicos voltados à análise das ações reparatórias de danos de cartel em âmbito transnacional (SANTOS, *op. cit.*, 2016, p. 23).

nacional como "a conspiração para restringir o comércio, implementada por participantes – indivíduos e/ou empresas – que têm, ou supostamente têm, sede, residência ou nacionalidade fora da jurisdição da autoridade antitruste investigadora"[1046]. Connor, por sua vez, sustenta a necessidade de diferenciar *cartéis internacionais* do que o autor classifica como *cartéis globais.* Nesse sentido, internacionais seriam aqueles cartéis em que seus integrantes têm sede em países distintos ou são empresas multinacionais, mas que, em determinados casos, têm atuação em um único país. Cartéis globais, por sua vez, "são definidos como conspirações que abarcam dois ou mais continentes"[1047].

Como sói ocorrer com qualquer tema que envolva direito transnacional, a repressão a cartéis internacionais ou globais encontra relevantes barreiras relacionadas ao conflito de ordenamentos jurídicos e à autonomia que cada autoridade nacional tem para tratamento da questão.

Cartéis internacionais existem há séculos, mas o primeiro caso que veio a ser efetivamente punido foi o cartel da indústria de tabaco, julgado pela Suprema Corte Americana no início do Século XX.[1048] Segundo Ana Paula Martinez, estima-se que, "entre 1929 e 1937, os cartéis internacionais controlavam cerca de 40% do mercado mundial"[1049].

A despeito do relevante impacto que os cartéis internacionais sempre representaram para a economia globalizada, as autoridades antitruste só passaram a dar maior relevância à questão a partir da década de 1990. Connor aponta como indicativo de tal constatação o fato de que, antes de 1995, menos de 1% das empresas ou pessoas físicas investigadas pelo DoJ eram estrangeiras, ao passo em que esse número cresceu vertiginosamente a partir de 1998, estando sempre acima de 40% desde então e chegando a atingir o patamar de 70%[1050].

Segundo Connor, entre 1990 e 2005 foram investigados e punidos 197 cartéis internacionais por autoridades antitruste ao redor do mundo, com

1046 Carvalho; Martins; Fontana, *op. cit.*, 2011, p. 142.

1047 No original, em inglês: "International cartels are those with corporate participants from two or more countries; such organizations often are international in a geographic sense as well. However, some cartels that are international in membership operate within one country or antitrust jurisdiction. Global cartels, on the other hand, are defined as conspiracies that bridge two or more continents" (Connor, *op. cit.*, 2008, p. 5).

1048 EUA. Supreme Court. United States v. American Tobacco Co., 221 U.S. 106, 184 (1911).

1049 Martinez, *op. cit.*, 2003.

1050 Connor, *op. cit.*, 2008, p. 5.

a aplicação de multas que, somadas, atingem a casa de US$ 16,2 bilhões. Se o valor das multas já é consideravelmente relevante, o impacto econômico causado pelos citados cartéis internacionais é estarrecedor. Em seu levantamento, Connor estima que os 197 cartéis internacionais identificados no citado período impactaram vendas na ordem total de US$ 2 trilhões, sendo que a mediana do sobrepreço dos cartéis investigados no período foi de 26%. Dessa forma, estima o autor que o prejuízo causado apenas pelos cartéis internacionais descobertos entre os anos de 1990 e 2005 supera a casa dos US$ 500 bilhões[1051]. Se considerado o fato de que, até hoje, a maior parte dos cartéis jamais chega a ser descoberta, é possível afirmar que o real prejuízo causado por cartéis internacionais à economia global, apenas no período estudado por Connor, deve, na realidade, superar (talvez em muito) a ordem de um trilhão de dólares.

A busca pela reparação de danos de cartel, *per se*, já traz consigo uma série de dificuldades – esmiuçadas em Itens anteriores deste estudo –, especialmente em função da forma sigilosa com que se organiza esse tipo de ilícito antitruste. Quando tratamos da reparação de danos ocasionados por cartéis internacionais, mais um desafio é somado à equação: o já citado conflito de autonomia de jurisdições internacionais.

Como dito, foi a partir da década de 1990 que as principais agências antitruste globais passaram a dar maior atenção ao combate de cartéis internacionais e, com isso, doutrina e autoridades concorrenciais ao redor do globo passaram a buscar soluções para a superação das barreiras criadas pela questão da extraterritorialidade. Chegou-se, dessa forma, à constatação, nas palavras de Marcelo Guimarães, de que a "a mera extensão extraterritorial das jurisdições nacionais é insuficiente para o eficaz combate aos cartéis internacionais". De fato, como assevera Guimarães, a doutrina especializada constatou a necessidade de constituição de instituições e regras voltadas ao estabelecimento de um "direito internacional da concorrência"[1052].

Alguns passos importantes já vêm sendo dados pela comunidade internacional para uma melhor integralização das políticas nacionais (ou comunitárias, como da UE) de defesa da concorrência. Esse movimento, explica Guimarães, teve início a partir do fim da Primeira Guerra Mundial, com a

[1051] Connor, *op. cit.*, 2008, p. 7.
[1052] Guimarães, *op. cit.*, 2017, p. 133.

Conferência Econômica Mundial organizada em Genebra, em 1927, oportunidade em que pela primeira vez se abordou a possibilidade de instituição de uma política internacional de combates a cartéis[1053]. É certo, todavia, que os movimentos mais relevantes e efetivos na busca pela criação de um sistema global e integrado de repressão a cartéis internacionais são bem mais recentes, tendo sido implementados, principalmente, a partir do fim do Século XX e início do Século XXI.

A partir da Conferência de Singapura, em 1996, a Organização Mundial do Comércio (OMC) instituiu o *Working Group on the Interaction Between Trade and Competition Policy* (WGTCP), com o objetivo de identificar os temas mais sensíveis de matéria antitruste, que seriam tratados em um futuro acordo internacional a ser desenhado no âmbito da OMC. O almejado acordo, no entanto, jamais chegou a ser firmado, mormente em função de divergências entre os EUA e a União Europeia que levaram ao encerramento dos trabalhos do WGTCP[1054].

Embora a OMC tenha, ao menos por ora, deixado de lado o tratamento da integralização da defesa da concorrência, outras organizações supragovernamentais seguem se dedicando ao tema.

A OCDE, por exemplo, segue dedicando amplo espaço ao tratamento da problemática dos cartéis internacionais, principalmente no âmbito do Comitê da Concorrência. O Comitê da Concorrência edita constantes recomendações não vinculantes de melhores práticas, dentre as quais se destaca a recomendação de 1998 voltada ao tratamento do combate a cartéis *hard core*, que já passou por algumas atualizações (a mais recente delas em 2019) e que dedica um capítulo inteiro à matéria do *private enforcement*[1055]. Outra importante contribuição da OCDE para o combate de cartéis internacionais foi a aquisição, pela organização, do já citado estudo realizado por John Connor para listagem dos cartéis internacionais descobertos em cerca de 50 jurisdições ao redor do mundo desde 2012, que vem sendo

[1053] Guimarães, *op. cit.*, 2017, p. 134.

[1054] Enquanto a UE se mostrava favorável à instituição de uma regulamentação global de defesa da concorrência, os EUA defendiam "uma posição dita horizontalista, de acordo com a qual os problemas decorrentes da internacionalização do antitruste deveriam ser resolvidos em âmbito doméstico (através do exercício extraterritorial da jurisdição nacional) e pela via da cooperação voluntária, por meio de acordos bilaterais" (Guimarães, *op. cit.*, 2017, p. 136-137).

[1055] OCDE. *Review of the 1998 OECD Recommendation concerning Effective Action against Hard Core Cartels*. Paris, 2019.

constantemente atualizado pela OCDE e, com isso, auxilia diversas agências nacionais de defesa da concorrência a identificar cartéis internacionais já investigados por agências estrangeiras que também atuaram em seus respectivos países[1056].

A OCDE conta, hoje, com 38 membros, e cerca de uma centena de Estados não-membros, mas que mantêm relação próxima com a organização – dentre eles, o Brasil, que, embora atue junto à OCDE desde 1994, quando da finalização desta obra ainda se encontrava sob análise o pedido de ingresso efetivo do País na organização. Não obstante a possível admissão do Brasil no quadro de membros da OCDE ofereça perspectivas bastante animadoras para uma integralização ainda maior da política nacional de defesa da concorrência com os principais sistemas globais de antitruste, o SBDC já foi objeto de análise em *peer reviews* realizadas pelo Comitê de Concorrência da OCDE em três oportunidades, sendo a última delas em 2019, sendo constantemente destacados os avanços do SBDC para alinhamento com as melhores práticas internacionais de defesa da concorrência[1057].

Não obstante a relevância da OCDE, nenhuma outra organização supragovernamental exerce papel de maior destaque na discussão da integração das políticas antitruste do que a ICN, instituição que conta com a participação de autoridades antitruste de mais de 100 países[1058], dedicando-se exclusivamente ao tratamento de questões concorrenciais (diferenciando-se, nesse ponto de outras organizações como a OCDE, por exemplo) e sendo apontada por Connor como "um vibrante trampolim da harmonização da política anticartel" de seus membros[1059].

[1056] *The OECD international cartels database.* Disponível em: <https://qdd.oecd.org/subject.aspx?Subject=OECD_HIC>. Acesso em 24 mar. 2022.

[1057] OCDE. *OECD peer reviews of competition law and policy: Brazil 2019.* Paris, 2019.

[1058] Interessante destacar, como faz Marcelo Magalhães, que a ICN, diferentemente da OCDE ou da OMC, trata-se de uma organização transnacional composta pelas próprias agências antitruste e não pelos Estados aos quais se vinculam tais agências. Com isso, a ICN confere às agências de defesa da concorrência "maior liberdade em expressar suas posições", além de permitir um "o envolvimento ativo de consultores não governamentais (os denominados *nongovernmental advisors* ou NGAs), advindos da comunidade empresarial, da advocacia, do mundo acadêmico e de organizações não governamentais" (GUIMARÃES, *op. cit.*, 2017, p. 144).

[1059] Tradução livre, do original em inglês: The ICN has become a vibrant springboard for the harmonization of anticartel enforcement among antitrust authorities of more than 100 countries" (CONNOR, *op. cit.*, 2008, p. 5).

Desde a sua constituição, o ICN tem organizado diversos grupos de trabalho e editado importantes instrumentos de *soft law*[1060] voltados à harmonização das políticas internacionais de combate internacional a cartéis e à adequação dos sistemas normativos nacionais às melhores práticas internacionais de defesa da concorrência[1061]. Foi, por exemplo, a partir de discussões travadas na Conferência Anual da ICN realizada no Rio de Janeiro em 2012 que o CADE editou, no ano seguinte, novas regras para a assinatura de TCCs junto à agência antitruste brasileira[1062].

No último relatório conjunto publicado pela OCDE e pela ICN, as referidas instituições indicam que a cooperação internacional para *enforcement* da defesa da concorrência vem aumentando, mas destacam que *"ainda há significativamente mais a ser feito"*[1063], afirmação ainda mais verdadeira no que tange à harmonização dos sistemas de reparação de danos de cartel, que basicamente só existe hoje no âmbito de acordos regionais de comércio. Com efeito, a instituição de mecanismos eficazes de cooperação internacional em matéria de reparação de danos de cartel é de suma importância não apenas para garantia do direito indenizatório às vítimas de cartéis internacionais, mas também para mitigar riscos de um mesmo dano ser reparado reiteradas vezes em jurisdições distintas.

O melhor exemplo de norma de harmonização de sistemas de reparação de danos concorrenciais é, sem dúvida alguma, a já citada Diretiva de Danos de 2014 da União Europeia. Até mesmo pela grande integração dos Estados-Membros da UE, os cartéis europeus costumam possuir atuação em diversos dos países integrantes do mercado comum, sendo que a Regulação do Conselho da Comissão Europeia nº 44/2001 estabelece a possibilidade de o prejudicado ingressar com a ação indenizatória no domicílio

[1060] Instrumentos de soft law, segundo lição de Rodrigo Moreira, constituem "norma de natureza não-vinculante, de uso voluntário, cuja legitimidade advém de sua 'autoridade persuasiva', ou seja, do seu reconhecimento pela comunidade a ela direcionada. Se opõe à *hard law*, que seria a norma cogente, vinculante, como um tratado ou, digamos, o Código Civil" (Moreira, Rodrigo Cavalcante. *A resolução do contrato de longa duração pela quebra absoluta da confiança*. São Paulo: Almedina. 2021, p. 60).

[1061] Os frutos do trabalho do Cartel Working Group (CWG) são divulgados no site da ICN: <https://www.internationalcompetitionnetwork.org/working-groups/cartel/>. Acesso em 24 jul. 2022.

[1062] Guimarães, *op. cit.*, 2017, p. 149-150.

[1063] OCDE; ICN. *OECD/ICN Report on International Co-operation in Competition Enforcement*. Paris, 2021.

de qualquer um dos cartelistas, no local em que o prejuízo ocorreu ou no local em que se deu o ato ilícito. É conferida ao prejudicado, portanto, uma boa liberdade de eleição de foro, sendo que as jurisdições mais procuradas para ajuizamento de ARDCs na Europa são as do Reino Unido, Holanda e Alemanha, por se tratar de jurisdições com legislação e procedimentos legais mais desenvolvidos na matéria[1064].

Sob a ótica do direito brasileiro, merece destaque o constante esforço do CADE para firmar acordos para compartilhamento de informações e cooperação com outras autoridades de defesa da concorrência ao redor do mundo[1065]-[1066]. Não há, hoje, todavia, nenhum acordo ou tratado internacional do qual o Brasil seja signatário voltado especificamente ao tratamento da cooperação internacional para reparação de danos de cartel, garantindo mecanismos de cooperação internacional entre os tribunais brasileiros e tribunais e/ou agências antitruste estrangeiros, de forma similar à que se dá entre as agências antitruste no âmbito da ICN.

Considerando a perspectiva de fortalecimento da cultura de ajuizamento de ARDCs no Brasil com a entrada em vigor das alterações legislativas trazidas pela Lei nº 14.470/22, devemos observar um incremento substancial do ajuizamento de ações reparatórias, em tribunais brasileiros, envolvendo cartéis internacionais. Mesmo no ainda modesto histórico de ARDCs brasileiras, já se observa um número proporcionalmente considerável de ações relacionadas a cartéis internacionais[1067], muito embora tenham todos esses cartéis sido objeto também de investigação pelo CADE.

1064 Veljanovski, *op. cit.*, 2020, p. 111.

1065 Tais acordos são indicados e estão disponíveis para consulta no site oficial do CADE: <https://www.gov.br/cade/pt-br/acesso-a-informacao/convenios-e-transferencias/acordos-internacionais?_authenticator=a992da574182e6cc5f145d67e2aead5c7c85f503>. Acesso em 24 jul. 2022.

1066 Vinicius de Carvalho, Amanda Athayde e Berardo Fontana, esclarecem que "a cooperação internacional permite que a autoridade concorrencial nacional melhor compreenda a forma de estruturação das cadeias produtivas e o modo de atuação dos agentes econômicos ao redor do globo. Para além disso – e também por isso -, a cooperação internacional vem a desempenhar papel fundamental, dado que a troca de informações de maneira bilateral ou em fóruns multilaterais permite que sejam identificadas aquelas condutas que transbordam os limites de um único Estado nacional e que se apurem as maneiras mais eficazes para a persecução dos responsáveis pelas práticas" (Carvalho; Martins; Fontana, *op. cit.*, 2011, p. 153).

1067 Carvalho; Martins; Fontana, *op. cit.*, 2011, p. 152-153.

De fato, hodiernamente é possível constatar que o *enforcement* privado brasileiro, no que tange à reparação de danos relacionados a cartéis internacionais, fica basicamente dependente da atuação prévia do CADE (*enforcement* público) a partir dos mecanismos de cooperação internacionais disponíveis à agência antitruste brasileira. É de fundamental importância, portanto, que sejam adotadas medidas para estabelecimento de mecanismos de cooperação internacional também para obtenção de provas perante autoridades concorrenciais e tribunais estrangeiros para utilização direta em ARDCs brasileiras, independentemente da intervenção do CADE, evitando o cenário atual de dependência, quase que absoluta, da atuação agência antitruste brasileira para a reparação de danos ocasionados por cartéis internacionais no Brasil.

7.8. Proposta de presunção relativa de um percentual de sobrepreço

Mesmo com a entrada em vigor da Lei nº 14.470/22, a questão da quantificação dos danos segue sendo uma relevantíssima barreira a ser superada pelas vítimas na busca pela reparação dos danos causados por cartel no Brasil. Tal barreira, vale dizer, é também observada na maioria dos sistemas mais avançados no tema da responsabilidade civil por danos de cartel.

Ainda que seja possível ao prejudicado se valer dos métodos de quantificação apresentados no Item 6.2.3, a elaboração do cálculo do sobrepreço é naturalmente prejudicada pelo já apontado fato de que a maior parte dos documentos e informações dos quais se extrai os dados necessários para tanto tende a estar em posse dos próprios cartelistas.

Com o objetivo de reduzir os efeitos da disparidade informacional existente entre autor e réus em ARDCs, a União Europeia estabeleceu, no art. 17.2 da Diretiva de Danos, a presunção relativa da existência de dano em casos nos quais a autoridade antitruste já tenha reconhecido a formação de cartel. Ao analisarem o dispositivo legal em questão, Paula Costa e Silva e Nuno Trigo dos Reis apontam, com precisão, que, para além da questão da assimetria informacional,

> [e]sta solução justifica-se, também, por outras valorações materiais, como a justiça de imputar à empresa que tiver preenchido todos os elementos de tipo de ilícito concorrencial o risco da incerteza sobre se esse ilícito prejudicou efetivamente o lesado que reclama a indemnização: sobretudo, a partir do momento em que se tiver demonstrado que o negócio ou operação por ele celebrado se enquadra no âmbito material, geográfico e temporal da infracção

em causa e assim estiver, pelo menos, indiciada a concreta lesividade daquele comportamento anticoncorrencial.[1068]

Não há como se deixar de notar, todavia, que a regra estabelecida pelo art. 17.2 da Diretiva de Danos acaba tendo pouca influência prática para o sucesso de uma ação indenizatória voltada à reparação de danos de cartel, haja vista que a presunção nele prevista se restringe ao *an debeatur*, ainda recaindo sobre o autor da demanda o ônus de comprovar o *quantum* e o nexo de causalidade[1069]-[1070].

A partir de tal constatação, alguns dos Estados-Membros da UE inseriram em suas normas nacionais de defesa da concorrência, para além da presunção da existência do dano, uma presunção relativa do percentual de sobrepreço. Hungria e Letônia, por exemplo, definiram uma presunção relativa legal de sobrepreço na ordem de 10%, enquanto a legislação Romena vai além, estabelecendo uma presunção de 20% de sobrepreço nos casos de indenização por dano de cartel[1071].

Os percentuais de presunção de sobrepreço estabelecidos nas legislações dos citados países europeus não foram escolhidos ao acaso. Como visto em maior detalhe no Item 4.1.1, são diversos os estudos de casos práticos que indicam ser bastante improvável que um cartel imponha sobrepreço inferior ao patamar de 10%. Na realidade, o levantamento realizado por Connor identificou que o sobrepreço médio para os casos de cartel *hard-core* gira em torno de 25%[1072].

Em nosso entender, a instituição de norma legal de presunção relativa de um percentual de sobrepreço para os casos de responsabilidade civil por cartel é alternativa extremamente bem-vinda para fins de amenizar a problemática relacionada à disparidade informacional existente entre cartelistas e prejudicados. Com efeito, ao se estabelecer uma *presunção relativa*

[1068] Silva; Reis, *op. cit.*, 2022, p. 228.

[1069] Veljanovski, *op. cit.*, 2020, p. 148.

[1070] O único efeito positivo prático comumente apontado para o referido dispositivo da Diretiva de Danos é o fato de que ele afasta a possibilidade de rejeição da demanda indenizatória em função da não comprovação da existência de dano. Neste sentido: Wijckmans, Frank *et al. The EU private damages directive*: practical insights: minutes of the closed workshop 2015. Cambridge: Intersentia, 2015. p. 73; e SILVA; REIS, *op. cit.*, 2022, p. 229.

[1071] COMISSÃO EUROPEIA, *op. cit.*, 2020.

[1072] Connor, *op. cit.*, 2008, p. 7-8.

de um percentual de sobrepreço, permite-se ao cartelista comprovar que o sobrepreço foi inferior a tal percentual ou até mesmo que este inexistiu no caso em concreto.[1073] Por ser o cartelista o detentor da quase totalidade dos documentos e informações relacionados à operação do cartel, ao ser imposto a ele o ônus de comprovar qual o percentual de sobrepreço observado no caso em questão, este se vê forçado a trazer aos autos o máximo de informações e documentos necessários ao correto julgamento do feito.

A presunção relativa de dano, embora possa soar contrária aos preceitos gerais do direito civil e processual civil brasileiros – que impõem ao autor da demanda o ônus da prova do dano alegado –, é justificada para casos em que a prova do dano se mostra complexa e/ou naqueles casos em que se constata a existência de desequilíbrio informacional entre ofensor e prejudicado. É o que ocorre, por exemplo, naquelas hipóteses em que a jurisprudência brasileira admite o chamado dano moral *in re ipsa*, nas quais a ocorrência do dano é presumida em função das particularidades do ato ilícito em questão, como em casos de uso indevido de marca[1074], de *overbooking*[1075], de inclusão indevida em cadastros de restrição de crédito[1076] ou de dano ambiental por uso, exploração ou desmatamento de Área de Preservação Permanente[1077].

No momento da finalização desta obra, encontravam-se pautados para julgamento, em sede de recursos repetitivos, duas outras situações em que o STJ também decidirá se o dano deve ou não ser presumido: (i) Tema 1.096, em que a Primeira Seção vai definir "se a conduta de frustrar a licitude de processo licitatório ou dispensá-lo indevidamente configura ato de improbidade que causa dano presumido ao erário (in re ipsa)"; e (ii) Tema 1.156, no qual a Segunda Seção avaliará "se a demora na prestação de serviços bancários superior ao tempo previsto em legislação específica gera dano moral individual in re ipsa apto a ensejar indenização ao consumidor".

1073 Veljanovski, *op. cit.*, 2020, p. 148.

1074 STJ. REsp n. 1.507.920/PR, Rel. Min. Maria Isabel Gallotti, Quarta Turma, julgado em 29.10.2019.

1075 STJ. AgInt no AREsp n. 1.933.139/RJ, Rel. Min. Raul Araújo, Quarta Turma, julgado em 13.12.2021.

1076 STJ. AgRg no Ag n. 1.410.645/BA, Rel. Min. Paulo de Tarso Sanseverino, Terceira Turma, julgado em 25.10.2011.

1077 STJ. REsp n. 1.397.722/CE, Rel. Min. Herman Benjamin, Segunda Turma, julgado em 09.08.2016.

Além dos casos nos quais a presunção de dano moral foi construída a partir de precedentes judiciais, o art. 108 da Lei nº 9.610/98 (Lei dos Direitos Autorais), ao estabelecer que a violação de direito autoral implicará danos morais, constitui hipótese de dano moral *in re ipsa* tipificada no direito brasileiro[1078].

A exemplo do que se verifica nas hipóteses supracitadas, em que se presume a existência de dano no sistema jurídico brasileiro, é basicamente impossível que um cartel de vendedores não cause sobrepreço dos produtos ou serviços por este comercializados, o que reforça, portanto, a viabilidade de se discutir a inserção de dispositivo legal similar ao dos ordenamentos jurídicos de Hungria, Letônia e Romênia na LDC brasileira. Evidentemente, em sendo possível, ao menos em tese, a formação de cartel não gerador de sobrepreço, a presunção do sobrepreço deve ser *relativa*, sendo permitido ao cartelista a produção da prova de que o dano inexistiu ou de que se deu em patamar inferior ao do percentual presumido. Do mesmo modo, já havendo sido verificados casos de cartel nos quais o sobrepreço atingiu percentuais estratosféricos de até 2500%[1079], também deve ser permitido ao autor da demanda comprovar que o sobrepreço praticado pelo cartel foi superior ao da presunção legal.

Como o objetivo central da proposta ora defendida de inserção de uma presunção de sobrepreço na legislação concorrencial brasileira seria o de garantir um mínimo indenizatório àqueles casos em que a probabilidade da ocorrência do dano de cartel é extremamente elevada, nos parece que o mais adequado seria limitar o alcance da presunção relativa de sobrepreço às demandas indenizatórias movidas por adquirentes diretos do cartel. Além disso, havendo sido constatado que o sobrepreço médio de cartel gira em torno de 25%, o estabelecimento da presunção de sobrepreço em 10% parece adequado à garantia de um mínimo compensatório ao mesmo tempo em que se mitiga o risco de hiper-compensação.

[1078] Neste sentido, dentre outros: (i) TJSP. Apelação Cível nº 1067125-64.2020.8.26.0002; Relator Des. Edson Luiz de Queiróz; 9ª Câmara de Direito Privado; Data do Julgamento: 03.05.2022; (ii) TJSP. Apelação Cível nº 1008084-47.2017.8.26.0011; Relator Des. Fábio Quadros; 4ª Câmara de Direito Privado; Data do Julgamento: 03.05.2022; e (iii) TJSP. Apelação Cível nº 0197246-78.2012.8.26.0100; Rel. Des. Francisco Loureiro; 1ª Câmara de Direito Privado; Data do Julgamento: 01.02.2022

[1079] Connor, *op. cit.*, 2008, p. 7-8.

Nossa sugestão, portanto, seria o acréscimo de um parágrafo ao artigo 47 da LDC com a seguinte disposição: *Nos casos em que reconhecida a formação de cartel por decisão do Plenário do Tribunal referida no art. 93 ou por decisão judicial transitada em julgado, presume-se um sobrepreço de 10% no valor dos produtos ou serviços vendidos aos adquirentes diretos do cartel ao longo do seu período de atuação, salvo prova em contrário.*

CONCLUSÕES

Desde a introdução desta obra, ressaltamos que, embora o estudo da experiência de jurisdições mais avançadas no tratamento do tema da reparação de danos por cartel seja fundamental no processo de aperfeiçoamento do sistema brasileiro, é importante que não se caia na armadilha de simplesmente importar ferramentas e conceitos já bem consolidados nos sistemas estrangeiros sem a análise cuidadosa para adaptação destes às particularidades do sistema jurídico nacional.[1080]

De modo geral, o estudo aqui sumarizado nos traz o sentimento de que o sistema brasileiro de reparação de danos de cartel está, de fato, valendo-se da experiência estrangeira de forma técnica e, de modo geral, louvável. A maioria das soluções legislativas e administrativas que vêm sendo adotadas ou propostas para fortalecimento do nosso sistema não é simplesmente transplantada para o direito brasileiro sem as necessárias adaptações para harmonização com o ordenamento jurídico pátrio e, de fato, representam perspectivas importantes para garantia de um ambiente jurídico apto à garantia da reparação dos danos de cartel.

É nesse mesmo espírito, aliás, que dedicamos diversas passagens desta obra ao aprofundamento de questões ainda inexploradas em ARDCs brasileiras, mas que são objeto de grande preocupação nas jurisdições mais

[1080] Tapia e Faraco apontam, aliás, que a inspiração não cuidadosa em soluções já consolidadas nos sistemas dos EUA e da União Europeia seria uma das principais justificativas para a ineficiência de boa parte dos sistemas de defesa da concorrência da América Latina. Destacam os autores, no entanto, que o Brasil, juntamente do Chile e da Colômbia, se destaca como um dos países latino-americanos que haveria logrado relativo sucesso na adaptação do sistema de defesa da concorrência às especificidades locais (Tapia; Faraco, *op. cit.*, 2015, p. 473).

avançadas em matéria de reparação de danos de cartel. Nosso objetivo, evidentemente, não foi esgotar as discussões em torno destas matérias, mas sim suscitar o debate desde logo, para que possamos amadurecê-lo antes de nos lançarmos ao enfrentamento destas questões na prática forense.

Embora o *private enforcement* brasileiro ainda esteja em estágio embrionário, este apresentou perceptíveis avanços nos últimos anos, especialmente se levado em conta o fato de que o próprio combate público a cartéis pelo CADE é consideravelmente recente. Aliás, estamos tratando de um tipo de demanda que envolve duas matérias em estágios diferentes de maturação no direito brasileiro: o combate a cartéis e a responsabilidade civil. Enquanto o debate em torno da evolução da responsabilidade civil é intenso desde os primórdios dos Direito Civil brasileiro, tendo sido objeto de diversos trabalhos acadêmicos de grande profundidade, a disciplina dos cartéis foi – e ainda é – bem menos explorada.

Não há dúvidas, em nossa percepção, de que as inovações legislativas trazidas pela Lei nº 14.470/22 representam um dos principais marcos para o fortalecimento do *private enforcement* brasileiro, trazendo maior segurança jurídica à indenização de danos por cartel. Tais transformações, no entanto – e como visto ao longo desta obra –, não solucionam todos os problemas relacionados à reparação de danos por cartel no Brasil e, vale ressaltar, nem haveria como se esperar tal efeito meramente em razão de uma alteração legislativa, mormente em um ambiente tão dinâmico de aplicação do Direito como o que é objeto de estudo nesta obra. Aqui, aliás, parece-nos extremamente pertinente invocar a lição de Giselda Hironaka, no sentido de que

> [a] dinâmica dos institutos jurídicos não se expressa na lei, mas sim na maneira como a lei é transportada para a solução do caso concreto. É verdade que a responsabilidade civil, pensada como fenômeno social, é extremamente dinâmica e multifacetada; mas a lei que trata dela não costuma ser.[1081]

Ante o dinamismo das transformações econômicas e sociais, além das constantes transformações da responsabilidade civil e do direito antitruste, a constatação feita por Hironaka quanto à impossibilidade de se buscar amparo principal nas alterações legislativas para solução dos problemas que a aplicação prática do Direito nos traz é uma máxima inafastável no

[1081] HIRONAKA, *op. cit.*, 2005, p. 100.

campo da reparação de danos por cartel. Com efeito, o amadurecimento e consolidação das ações de reparação de danos de cartel no Brasil deverá se dar, como sói ocorrer, com esteio principal na prática judicial e no aprofundamento dos trabalhos acadêmicos em torno do tema.

Embora tenhamos, nesta obra, enfrentado diversos dos problemas já existentes no campo da responsabilidade civil por cartel no Brasil, buscando até mesmo antecipar alguns dos problemas que projetamos como possíveis consequências do almejado amadurecimento do sistema nacional de reparação de danos de cartel, não há como se cogitar o esgotamento de todos os potenciais desafios ligados ao tema objeto deste estudo. Nosso objetivo, com esta obra, foi contribuir, ainda que minimamente, para o debate que, temos certeza, seguirá se intensificando e desafiando os operadores do Direito nos próximos anos, principalmente a partir do momento em que o ajuizamento de ações reparatórias em face de cartéis descobertos finalmente se tornar a regra no sistema brasileiro e não a exceção, como ainda parece ser.

REFERÊNCIAS

ALPA, Guido; BESSONE, Mario. *La responsabilità civile*. I – prospettiva storica – colpa aquiliana, illecito contrattuale. II – responsabilità oggettiva – rischio d'impresa, prevenzione del danno. Milão: Giuffrè, 2001

______. *Illecito e danno antitrust*: casi e materiali. Torino: Giappichelli Editore, 2016.

______. *La responsabilità civile*: principi. Milão: Wolters Kluwer, 2017.

ALVIM, Agostinho. *Da inexecução das obrigações e suas consequências*. 3ª ed. Rio de Janeiro: Jurídica e Univesitária, 1965.

______. *Da inexecução das obrigações e suas consequências*. 5. ed. São Paulo: Saraiva, 1980.

ABA. *Econometrics*: legal, practical and technical issues. 2ª ed. Chicago: ABA, 2014

AMORIM FILHO, Agnelo. Critério científico para distinguir a prescrição da decadência e para identificar as ações imprescritíveis. *Revista dos Tribunais*, São Paulo, v. 744, p. 725-750, 1997.

ANDRADE, Diogo Thomson de. A Lei 12.529/2011 e o combate a cartéis no Brasil: avanços e perspectivas. In: CARVALHO, Vinícius Marques de (Org.). *A Lei 12.529/2011 e a nova política de defesa da concorrência*. São Paulo: Singular, 2015.

ARMSTRONG, Mark. Price discrimination. In: BUCCIROSSI, Paolo (Org.). *Handbook of antitrust economics*. Londres: MIT, 2008.

ASCARELLI, Tulio. *Ensaios e pareceres*. São Paulo: Saraiva, 1952.

ASHTON, David. *Competition damages actions in the EU*: Law and practice. 2ª ed. Cheltenham: Edward Elgar, 2018.

ASHURST. *Study on the conditions of claims for damages in case of infringement of EC competition rules*. Bruxelas, 2004. Disponível em: <https://ec.europa.eu/competition/antitrust/actionsdamages/comparative_report_clean_en.pdf>. Acesso em: 30 nov. 2021.

ATHAYDE, Amanda; GRANDIS, Rodrigo de. Programa de leniência antitruste e repercussões criminais: desafios e oportunidades recentes. In: CARVALHO, Vinicius Marques de (Org.). *A Lei 12.529/2011 e a Nova Política de Defesa da Concorrência*, São Paulo: Singular, 2015.

AZEVEDO, Álvaro Villaça. Proposta de classificação da responsabilidade objetiva: pura e impura. *Revista dos Tribunais*, São Paulo, v. 698, p. 7-11, 1993.

AZEVEDO, Antônio Junqueira de. *Estudos e pareceres de direito privado*. São Paulo: Saraiva, 2004.

______. *Novos estudos e pareceres de direito privado*. São Paulo: Saraiva, 2009.

BAGNOLI, Vicente. *Direito econômico e concorrencial*. 8ª ed. São Paulo: RT, 2020.

BAKER, Jonathan B.; BRESNAHAN, Timothy F. Economic evidence in antitrust:

defining markets and measuring market power. In: Buccirossi, Paolo (Org.). *Handbook of antitrust economics*. Londres: MIT, 2008.

______. *The antitrust paradigm*: restoring a competitive economy. Cambridge: Harvard University, 2019.

Baptista, Silvio Neves. *Teoria geral do dano*: de acordo com o novo código civil brasileiro. São Paulo: Atlas, 2003.

Barrionuevo, Arthur; Dutra, Pedro. Provas econômicas em cartéis: caso do fornecimento de alimentação em presídios do Rio de Janeiro. In: Cristofaro, Pedro Paulo Salles; Bagnoli, Vicente (Orgs.). *Jurisprudência do CADE comentada*. São Paulo: RT, 2019.

Barrios, Lucas de Góis; Lapa, Vitória Neffá. Arbitragem e direito concorrencial: ordem pública, confidencialidade e atuação dos árbitros. *Revista de Defesa da Concorrência*. Brasília, v. 9, n. 1, p. 148-172, 2021.

Barrocas, Manuel Pereira. *Manual de arbitragem*. 2ª ed. Coimbra: Almedina, 2013.

Batalha, Wilson de Souza Campos. *Defeitos dos negócios jurídicos*. Rio de Janeiro: Forense, 1985

Beaton-Wells, Carron; Fisse, Brent. *Australian cartel regulation*: law, policy and practice in an international context. Melbourne: Cambridge University Press, 2011

Becker, Bruno Bastos. Concorrência e Arbitragem no Direito Brasileiro: hipóteses de incidência de questões concorrenciais em arbitragens. *Revista Jurídica Luso Brasileira*, Lisboa, v. 2, p. 239-270, 2015.

Bergh, Roger van den; Camesasca, Peter; Giannaccari, Andrea. *Comparative competition law and economics*. Cheltenham: Edward Elgar, 2017.

Bianca, Massimo. *Diritto Civile*. Milão: Giuffrè, 1994, v. V.

Bittar, Carlos Alberto. *Reparação civil por danos morais*. 3ª ed. São Paulo: Revista dos Tribunais, 1999.

Bittar Filho, Carlos Alberto. Do dano moral coletivo no atual contexto jurídico brasileiro. *Jus.com.br*, Teresina, 17 jan. 2005. Disponível em: <https://jus.com.br/artigos/6183/do-dano-moral-coletivo-no-atual-contexto-juridico-brasileiro/1>. Acesso em 19 abr. 2020.

Bork. Robert H. *The antitrust paradox*: a policy at war with itself. New York: Basic Books, 1978.

BRASIL. CADE. *Using the Moran's I to detect bid rigging in Brazilian procurement auctions*. Brasília, 2019. Disponível em: <http://antigo.cade.gov.br/noticias/cade-lanca-estudo-sobre-metodologia-de-filtro-economico-para-deteccao-de-carteis-em-licitacoes>. Acesso em 19 dez. 2021

______. CADE. *Guia*: combate a cartéis em licitação. Brasília, 2019. Disponível em: <https://cdn.cade.gov.br/Portal/Not%C3%ADcias/2019/Cade%20publica%20Guia%20de%20Combate%20a%20Cart%C3%A9is%20em%20Licita%C3%A7%C3%A3o__guia-de-combate-a-carteis-em-licitacao-versao-final-1.pdf>. Acesso em 19 dez. 2021.

______. CADE. *Cartel em licitações*: sinais de alerta. Brasília, 2021. Disponível em: <https://cdn.cade.gov.br/Portal/assuntos/noticias/2021/Checklist_Cartel-em-licitacoes_sinais-de-alerta_pessoas.pdf>. Acesso em 19 dez. 2021.

______. Ipea; ONU. CEPAL. *Cadernos Brasil na OCDE*: compras públicas. Brasília, 2021. Disponível em: <https://repositorio.cepal.org/bitstream/handle/11362/47061/1/S2100424_pt.pdf>. Acesso em: 18 dez. 2021.

BRASIL. SEPRAC. *Manual advocacia da concorrência*: Cálculo de danos em cartéis: Guia prático para o cálculo do sobrepreço em ações de reparação de danos. Brasília, 2018.

BROZOLO, Luca G. Radicati Di. Arbitragem e direito da concorrência. *Revista de Arbitragem e Mediação*, São Paulo, v. 27, p. 162-194, 2010.

BUAIZ NETO, José Alexandre; IASBECH, José Rubens Battazza; PORTO, Giovana Vieira. A aplicação do prazo prescricional penal em processos administrativos para apuração de cartel pelo CADE. *Revista do IBRAC*, São Paulo, v. 24, n. 2, p. 164-181, 2018.

BUCHAIN, Luiz Carlos. *O poder econômico e a responsabilidade civil concorrencial*. Porto Alegre: Nova Prova, 2006.

BUEREN, Eckart; SMUDA, Florian. A Primer on Damages of Cartel Suppliers – Determinants, Standing US vs EU and Econometric Estimation. *ZEW – Centre for European Economic Research Discussion Paper*, Mannheim, n. 13-063, 2014. Disponível em: <https://papers.ssrn.com/sol3/papers.cfm?abstract_id=2319351>. Acesso em 23 mai. 2021.

CAHALI, Yussef Said. *Dano Moral*. 3ª ed. São Paulo: Revista dos Tribunais, 2005.

CALABRESI, Guido. *The costs of accidents*: a legal and economic analysis. New Heaven: Yale University, 1970.

CAMMAROTA, Antonio. *Responsabilidad Extracontractual*: hechos y actos ilícitos. Buenos Aires: Depalma, 1947.

CARMONA, Carlos Alberto. *Arbitragem e processo*: um comentário à Lei nº 9.307/96. 3ª ed. São Paulo: Atlas, 2009

CARPENA, Heloisa. *O consumidor no direito da concorrência*. Rio de Janeiro: Renovar, 2005.

CARRÁ, Bruno Leonardo Câmara. *Responsabilidade civil sem dano*: uma análise crítica: limites epistêmicos a uma responsabilidade civil preventiva ou por simples conduta. São Paulo: Atlas, 2015.

CARVALHO, Vinícius Marques de; MARTINS, Amanda Athayde Linhares; FONTANA, Bernardo Becker. Cartéis internacionais e defesa da concorrência no Brasil. *Revista do IBRAC – Direito da Concorrência, Consumo e Comércio Internacional*, São Paulo, v. 20, p. 137-161, 2011.

CASELTA, Daniel Costa. A arbitragem e o direito da concorrência. In: DRAGO, Bruno de Luca; PEIXOTO, Bruno Lanna (Orgs.). *A livre concorrência e os tribunais brasileiros*: análise crítica dos julgados no Poder Judiciário envolvendo matéria concorrencial. São Paulo: Singular, 2018.

______. Nova lei busca promover indenizações em matéria concorrencial. *Conjur*, 4 dez. 2022. Disponível em: <https://www.conjur.com.br/2017-mar-31/governo-usa-dinheiro-fundo-direitos-difusos-caixa>. Acesso em: 22 jul. 2023.

______. *Responsabilidade civil por danos decorrentes da prática de cartel*. São Paulo: Singular, 2016.

CAVALIERI FILHO, Sérgio. *Programa de Responsabilidade Civil*. 10ª ed. São Paulo: Atlas, 2012.

CAVANAGH, Edward D. Attorney's fees in antitrust litigation: making the system fairer. *Fordham Law Review*, Nova York, v. 57, p. 51-110, 1988.

______. Detrebling antitrust damages in monopolization cases. *Antitrust Law Journal*, Chicago, v. 76. n. 1, p. 97-125, 2009.

COLINO, Sandra Marco. *Competition law of the EU and UK*. 7ª ed. Oxford: Oxford University, 2011.

COLOMO, Pablo Ibáñez. KALINTIRI, Andriani. The evolution of EU antitrust policy: 1966-2017. *Modern Law Review*, Hoboken, v. 83, n. 2, p. 321-372, 2020.

COLOMO, Pablo Ibáñez. *The shaping of EU competition law*. Cambridge: Cambridge University Press, 2018.

COMISSÃO EUROPEIA. Antitrust: Commission sends statement of objections do BMW, Daimler and VW for restricting competition on emission cleaning technology. *European Union Newsroom*, Bruxelas, 5 abr. 2019. Disponível em: <https://ec.europa.eu/commission/presscorner/detail/en/IP_19_2008>. Acesso em 16 mai. 2021.

______. *Commission recommendation of may 2003 concerning the definition of micro, small and medium-sized enterprises*. Bruxelas, 2003. Disponível em: <https://eur-lex.europa.eu/LexUriServ/LexUriServ.do?uri=OJ:L:2003:124:0036:0041:en:PDF>. Acesso em 1 dez. 2021.

______. *Commission Staff working document*: on the implementation of Directive 2014/104/EU of the European Parliament and of the Council of 26 November 2014 on certain rules governing actions for damages under national law for infringements of the competition law provisions of the Member States and of the European Union. Bruxelas, 2020. Disponível em: <https://ec.europa.eu/competition/antitrust/actionsdamages/report_on_damages_directive_implementation.pdf>. Acesso em 25 fev. 2022.

______. *Green Paper on damages actions for breach of the EC antitrust rules*. Bruxelas, 2005. Disponível em: <https://eur-lex.europa.eu/legal-content/PT/TXT/PDF/?uri=CELEX:52005DC0672&from=EN>. Acesso em: 30 nov. 2021.

______. *Guidelines for national courts on how to estimate the share of overcharge which was passed on to the indirect purchaser*. Bruxelas, 2019. Disponível em: <https://eur-lex.europa.eu/legal-content/PT/TXT/PDF/?uri=CELEX:52019XC0809(01)&from=EN>. Acesso em: 30 nov. 2021.

______. *Practical guide:* Quantifying harm in actions for damages based on breaches of article 101 or 102 of the Treaty on the Functioning of the European Union. Bruxelas, 2013. Disponível em: <https://ec.europa.eu/competition/antitrust/actionsdamages/quantification_guide_en.pd>. Acesso em: 20 fev. 2021.

______. The Damages Directive: Towards more effective enforcement of the EU competition rules. *Competition policy brief.* Bruxelas, 2015. Disponível em: <https://ec.europa.eu/competition/publications/cpb/2015/001_en.pdf>. Acesso em 09 mai. 2021.

______. *White Paper on damages actions for breach of the EC antitrust rules.* Bruxelas, 2008. Disponível em: <https://eur-lex.europa.eu/legal-content/PT/TXT/PDF/?uri=CELEX:52008DC0165&from=EN>. Acesso em: 30 nov. 2021.

CONNOR, John M. Cartel Overcharges. *Research in Law and Economics*, Bingley, v. 26, p. 249-387, 2014.

______. Global cartels redux: the lysine antitrust litigation. In: KWOKA JR., John E.; WHITE, Lawrence J. (Orgs.) *The Antitrust Revolution*: economics, competition and policy. 6ª ed. Nova York: Oxford University, 2014.

______. *Global price fixing.* 2ª ed. Heidelberg: Springer-Verlag, 2008

______. *Optimal deterrence and private international cartels.* [S.l.: s.n.], 2006. Disponível em: <https://papers.ssrn.com/sol3/papers.cfm?abstract_id=1103598>. Acesso em 11 jul. 2021.

CONNOR, John M.; WERNER, Dan P. *Variation in Bid-Rigging Cartels' Overcharges: An Exploratory Study.* [S.l.: s.n.], 2018. Disponível em: <https://ssrn.com/abstract=3273988>. Acesso em 18 dez. 2021.

CORDEIRO, Antonio Menezes. *Tratado de Direito Civil.* Coimbra: Almedina, 2017, v. 8.

COSTA, Mário Julio de Almeida. *Direito das obrigações.* 7ª ed. Coimbra: Almedina, 1999.

______. *Direito das obrigações*. 12ª ed. Coimbra: Almedina, 2013.

CRISTOFARO, Pedro Paulo Salles; NEY, Rafael de Moura Rangel. Possibilidade de aplicação de normas do direito antitruste pelo juízo arbitral. In: ALMEIDA, Ricardo Ramalho (Org.). *Arbitragem Internacional*: Questões de doutrina e de prática. Rio de Janeiro: Renovar, 2003.

CUPIS, Adriano De. *El daño*: teoría general de la responsabilidad civil. Santiago: Olejnik, 2020.

DAVIS, Peter; GARCÉS, Eliana. *Quantitative techniques for competition and antitrust analysis*. Nova Jersey: Princeton University, 2010.

DIAS, José de Aguiar. *Da responsabilidade civil*. 4ª ed. Rio de Janeiro: Forense, 1960.

______. *Da responsabilidade civil*. 10ª ed. Rio de Janeiro: Forense, 1997.

DÍEZ-PICAZO, Luis. *Derecho de daños*. Madrid: Civitas, 1999.

DONAS, Frederico Carrilho. Competência do Poder Judiciário para revisitar o mérito da decisão administrativa e análise qualitativa e quantificativa das ações contra decisões do Cade no Judiciário. In: DRAGO, Bruno de Luca; PEIXOTO, Bruno Lanna (Orgs.). *A livre concorrência e os tribunais brasileiros*: análise crítica dos julgados no Poder Judiciário envolvendo matéria concorrencial. São Paulo: Singular, 2018.

DRAGO, Bruno de Luca. Panorama e desafios: análise qualitativa e quantitativa das ações no Judiciário. In: DRAGO, Bruno de Luca; PEIXOTO, Bruno Lanna (Orgs.). *A livre concorrência e os tribunais brasileiros*: análise crítica dos julgados no Poder Judiciário envolvendo matéria concorrencial. São Paulo: Singular, 2018.

DUNS, John; DUKE; Arlen; SWEENEY, Brendan. *Comparative competition law*. Cheltenham: Edward Elgar, 2015.

EUA. Antitrust Modernization Comission. *Report and Recommendations*. Washington, D.C., 2007. Disponível em: <https://govinfo.library.unt.edu/amc/report_recommendation/amc_final_report.pdf>. Acesso em: 14 nov. 2021.

FARIAS, Cristiano Chaves de; NETTO, Felipe Peixoto Braga; ROSENVALD, Nelson. *Novo tratado de responsabilidade civil*. 4ª ed. São Paulo: Saraiva Educação, 2019.

FERNANDES, Luana Graziela Alves. Passing on defense: jurisprudência brasileira atual em ações de reparação de danos por cartel. *Revista do IBRAC*, São Paulo, n. 1, p. 19-38, 2021.

FERNANDES, Marcela Campos Gomes. *Política de defesa da concorrência e combate a cartéis internacionais no Brasil*. Dissertação (Mestrado em Direito) – Faculdade de Direito, Universidade de São Paulo, São Paulo, 2017.

FERRAZ JÚNIOR, Tércio Sampaio. Direito da concorrência e enforcement privado na legislação brasileira. *Revista de defesa da concorrência*. v. 1, n. 2, p. 11-31, 2013.

FISCHER, Hans Albrecht. *A reparação dos danos no Direito Civil*. São Paulo: Livraria Acadêmica Saraiva, 1938.

FORGIONI, Paula. *Os fundamentos do antitruste*. 3ª ed. São Paulo: RT, 2008.

______. *Os fundamentos do antitruste*. 8ª ed. São Paulo: RT, 2015.

FRANCESCHINI, José Inácio Gonzaga; BAGNOLI, Vicente. *Tratado de Direito Empresarial*. 2ª ed. São Paulo: Revista dos Tribunais, 2018, v. VII.

______; VIANNA, Rodrigo França. Instrumentos dialógicos como substitutos ao devido processo legal: estudo do caso do chamado cartel dos CPTS (processo administrativo 08012.002414/2009-92). In: CRISTOFARO, Pedro Paulo Salles; BAGNOLI, Vicente (Orgs.). *Jurisprudência do CADE comentada*. São Paulo: RT, 2019.

FRANCISCO, André Marques. *Responsabilidade civil por infração da ordem econômica.* Dissertação (Mestrado em Direito). Universidade de São Paulo, São Paulo, 2014.

FRANZISKA, Weber. The volume effect in cartel cases: a special challenge for damage quantification? Journal of Antitrust Enforcement, Oxford, v. 9, n. 3, p. 436-456, 2021. Disponível em <https://doi.org/10.1093/jaenfo/jnaa056>. Acesso em: 19 set. 2021.

FRAZÃO, Ana. *Direito da concorrência*: Pressupostos e perspectivas. São Paulo: Saraiva, 2017.

GABBAY, Daniela Monteiro; PASTORE, Ricardo Ferreira. Arbitragem e outros meios de solução de conflitos em demandas indenizatórias na área de direito da concorrência. *Revista Brasileira de Arbitragem*, São Paulo, v. 11, p. 7-32, 2014.

______; ______. Demandas indenizatórias por danos causados por cartéis no Brasil: um campo fértil aos mecanismos consensuais de solução de conflitos. *Revista de Arbitragem e Mediação*, São Paulo, v. 43, p. 171-207, 2014.

GAVIL, Andrew I., Burden of Proof in U.S. Antitrust Law, In. ABA (Org.). *Issues in competition law and policy 125 (ABA Section of Antitrust Law).* Chicago: ABA, 2008, v. 1.

GODOY, Claudio Luiz Bueno de. *Responsabilidade civil pelo risco da atividade*: uma cláusula geral no Código Civil de 2002. 2ª ed. São Paulo: Saraiva, 2010.

GOMES, Orlando. *Contratos.* 26ª ed. Rio de Janeiro: Forense, 2008.

______. *Responsabilidade civil.* Rio de Janeiro: Forense, 2011.

GONÇALVES, Carlos Roberto. *Direito Civil Brasileiro.* 9ª ed. São Paulo: Saraiva, 2012, v. 4.

______. *Responsabilidade civil.* 19ª ed. São Paulo: Saraiva, 2020.

GRAU, Eros Roberto. *A ordem econômica na constituição de 1988*: interpretação e crítica. Revista dos Tribunais: São Paulo, 1990.

GUEDES, Gisela Sampaio da Cruz. *Lucros Cessantes*: do bom-senso ao postulado normativo da razoabilidade. São Paulo: Revista dos Tribunais, 2012.

______. *O problema do nexo causal na responsabilidade civil.* Rio de Janeiro: Renovar, 2005.

GUIMARÃES, Marcelo Cesar. *Cartéis internacionais*: desafios e perspectivas para a internacionalização do direito da concorrência. Dissertação (Mestrado em Direito) – Programa de Pós-Graduação em Direito, Universidade Federal de Pernambuco, Recife, 2017.

GÜNSTER, Andrea; CARREE, Martin; DIJK, Mathijs A. Van. Do cartels undermine economic efficiency? In: WORKSHOP: INDUSTRIAL ORGANIZATION, 2nd, 2011, Otranto. *Anais do 2nd Workshop: Industrial Organization*, Otranto, 2011. Disponível em: < https://digitalcollection.zhaw.ch/handle/11475/18349>. Acesso em 2 nov. 2021.

HAICAL, Gustavo Luís da Cruz. O inadimplemento pelo descumprimento exclusivo de dever lateral advindo da boa-fé objetiva. In: MOTA, Maurício; KLOH, Gustavo (Orgs.) *Transformações contemporâneas do direito das obrigações.* Rio de Janeiro: Elsevier, 2011.

HAUSFELD, Michael; SCHER, Irving. Umbrella Liability: has its time come? *Competition Policy International*, Boston, 25 out. 2020. Disponível em: <https://www.competitionpolicyinternational.com/umbrella-liability-has-its-time-come/>. Acesso em: 6 mar. 2022.

HEIMLER, Alberto. Cartels in Public Procurement. *Journal of Competition Law & Economics*, Oxford, v. 8, n. 4, p. 849-862, 2012.

HELLWIG, Michael; HÜSCHELRATH, Kai. Cartel cases and the cartel enforcement process in the European Union 2001-2015: a quantitative assessment. *The Antitrust Bulletin*, Thousand Oaks, v. 62, p. 400-438, 2017.

HERMANN, Roth. Die Kartellverordnung vom November 1923 und ihre Bonner Variante. *Jahrbuch für Wirtschaftsgeschichte*, Berlim, v. 3, n. 4, p. 11-56, 1962.

HIRONAKA, Giselda Maria Fernandes Novaes. *Responsabilidade pressuposta*. Belo Horizonte: Del Rey, 2005.

HOVENKAMP, Herbert. Antitrust's protected classes. *Michigan Law Review*, Ann Arbor, v. 88, n. 1, p. 1-48, 1989. Disponível em: <https://repository.law.umich.edu/cgi/viewcontent.cgi?article=5332&context=mlr>. Acesso em 2 abr. 2021.

______. *Federal antitrust policy*: the law of competition and its practice. 5ª ed. St. Paul: West, 2016.

______. Quantification of Harm in Private Antitrust Actions in the United States. *University of Iowa Legal Studies Research Paper*. Iowa City, 2011. Disponível em: <https://ssrn.com/abstract=1758751>. Acesso em 18 mai. 2021.

______. *The antitrust enterprise*: principle and execution. Cambridge: Harvard University, 2008.

______. The Harvard and Chicago Schools and the Dominant Firm. *Faculty Scholarship at Penn Law*, Filadélfia, n. 1771, 2007

INDERST, Roman; MAIER-RIGAUD, Frank; SCHWALBE, Ulrich. Umbrella effects. *Journal of Competition Law and Economics*, Oxford, v. 10, n. 3, p. 739-763, 2014.

ICN. *Anti-cartel Enforcement Manual*: Chapter 2: drafting and implementing an effective leniency policy. Haia, 2014. Disponível em <https://www.internationalcompetitionnetwork.org/wp-content/uploads/2018/05/CWG_ACEMLeniency.pdf>. Acesso em 27 mar. 2022

______. *Development of Private Enforcement of Competition Law in ICN Jurisdictions*: Subgroup 2 of the Cartel Working Group. Haia, 2019. Disponível em <https://ec.europa.eu/competition/cartels/icn/private_enforcement_chapter_en.pdf>. Acesso em 14 mar. 2022.

JAREMBA, Urszula; LALIKOVA, Laura. Effectiveness of private enforcement of european competition law in case of passing-on of overcharges: implementation of antitrust Damages Directive in Germany, France, and Ireland. *Journal of European Competition Law & Practice*, Oxford, v. 9, n. 4, p. 226-236, 2018.

JHERING, Rudolf. *Culpa in contrahendo ou indemnização em contratos nulos ou não chegados à perfeição*. Coimbra: Almedina, 2008.

JONES, Alison. *Private Enforcement of EU Competition Law*: A comparison with, and lessons from, the US. [S.l.: s.n.], 2016. Disponível em: <https://papers.ssrn.com/sol3/papers.cfm?abstract_id=2715796>. Acesso em: 20 nov. 2017.

JONES, Clifford A. *Private enforcement of antitrust law in the EU, UK and USA*. Oxford: Oxford University, 1999.

______. Foundations of competition policy in the EU and USA: conflict, convergence and beyond. In: ULLRICH, Hanns (Org.). *The evolution of European Competition Law*: whose regulation, which competition? Northampton: Edward Elgar, 2006.

JORGE, Fernando de Sandy Lopes Pessoa. *Ensaio sobre os pressupostos da responsabilidade civil*. Coimbra: Almedina, 1995.

KOMNINOS, Assimakis P. Private Enforcement in the EU with Emphasis on Damages Actions. In: LIANOS, Ioannis;

GERARDIN, Damien (org.). *Handbook on european competition law*: enforcement and procedure. Cheltenham: Edward Elgar, 2013.

KOVACIC, Willian E.; MARSHALL, Robert C.; MARX, Leslie M.; WHIT, Halbert L. Plus factors and agreemnt in antitrust law. *Michigan Law Review*, Ann Arbor, v. 110, p. 393-435, 2011.

______. The identification and proof of horizontal agreements under the antitrust law. *The Antitrust Bulletin*, Thousand Oaks, v. 38, p. 5-81, 1993.

KULESZA, Gustavo Santos. *Princípio da mitigação de danos:* evolução no direito contratual. Curitiba: Juruá, 2015.

LABORDE, Jean-François. Cartel damages claims in Europe: how courts have assessed overcharges (2021. ed.). *Concurrences*, Paris, n. 3, p. 232-242, 2021. Disponível em: <https://www.laborde-advisory.com/PDF/Cartel%20damages%20actions%20in%20Europe%20-%20How%20courts%20have%20assessed%20cartel%20overcharges%20(2021%20edition).pdf>. Acesso em 20 jun. 2022.

______. Cartel damages claims in Europe: how courts have assessed overcharges (2019. ed.). *Concurrences*. Paris, n. 4, 2019. Disponível em: <https://www.concurrences.com/en/review/issues/no-4-2019/law-economics/cartel-damages-actions-in-europe-how-courts-have-assessed-cartel-overcharges-en>. Acesso em 13 fev. 2022

LANDE. Robert H. Introduction: Benefits of Private Enforcement: Empirical Background. In: FOER, Robert A.; STUTZ, Randy M. (Orgs.). *Private Enforcement of Antitrust Law in the United States*: A Handbook. Cheltenham: Edward Elgar. 2012

LARENZ, Karl. *Derecho de obligaciones*. Madri: Editorial Revista de Derecho Privado, 1958, t. 1.

LEAL, Antônio Luís da Câmara. *Da Prescrição e da Decadência*. São Paulo: Livraria Acadêmica, 1939.

LESLIE, Christopher R., Antitrust amnesty, game theory, and cartel stability. *Journal of Corporation Law*, Iowa City, v. 31, p. 453-488, 2006.

LEVY, Daniel de Andrade. *Responsabilidade civil*: de um direito dos danos a um direto das condutas lesivas. São Paulo: Atlas, 2012.

LIMA, Alvino. *Culpa e Risco*. São Paulo: Revista dos Tribunais, 1960.

LOPEZ, Teresa Ancona. *O dano estético*: a responsabilidade civil. 3ª ed. São Paulo: Revista dos Tribunais, 2004.

______. *Princípio da precaução e evolução da responsabilidade civil*. São Paulo: Quartier Latin, 2010.

MAGGI, Bruno Oliveira. *Cartel*: responsabilidade civil concorrencial. São Paulo: Thompson Reuters Brasil, 2018.

______. O futuro das ações indenizatórias por dano de cartel no Brasil. *Migalhas*. Ribeirão Preto, 10 abr. 2019. Disponível em: <https://www.migalhas.com.br/depeso/300099/o-futuro-das-acoes-indenizatorias-por-dano-de-cartel-no-brasil>. Acesso em 6 set. 2021.

MALINAUSKAITE, Jurgita. *Harmonisation of EU Competition Law Enforcement*. Cham: Springer, 2020.

MARINANGELO, Rafael. Um panorama histórico sobre a evolução da responsabilidade civil objetiva. *Revista do Instituto dos Advogados de São Paulo*, São Paulo, v. 33, p. 55-96, 2014.

MARINO, Francisco Paulo de Crescenzo. Perdas e Danos. In LOTUFO, Renan; NANNI, Giovanni Ettore (Orgs.). *Obrigações*. São Paulo: Atlas, 2011a.

______. Responsabilidade contratual: efeitos. In LOTUFO, Renan; NANNI, Giovanni Ettore (Orgs.). *Teoria geral dos contratos*. São Paulo: Atlas, 2011.

MARTINEZ, Ana Paula; CORDOVIL, Leonor. Política de leniência: avanços e perspectivas. In: CARVALHO, Vinicius Marques de (Org.). *A Lei 12.529/2011 e a Nova Política de Defesa da Concorrência*, São Paulo: Singular, 2015.

______. Defesa da concorrência: o combate a cartéis internacionais. *Revista do IBRAC*, São Paulo, v. 10, p. 167-189, 2003.

______. *Repressão a cartéis*: interface entre Direito Administrativo e Criminal. Tese (Doutorado em Direito) – Faculdade de Direito da Universidade de São Paulo, São Paulo, 2013.

MARTINS-COSTA, Judith. *A boa-fé no direito privado*: critérios para a sua aplicação. 2ª ed. São Paulo: Saraiva Educação, 2018.

______. Os regimes do dolo civil no Direto brasileiro: dolo antecedente, vício informativo por omissão e por comissão, dolo acidental e dever de indenizar. *Revista dos Tribunais*. vol. 1046. ano 111. p. 91-113. São Paulo: Ed. RT, dez. 2022.

MARTINS, Frederico Bastos Pinheiro. Acesso aos documentos de acordos firmado com autoridade (leniência e termos de cessão de conduta). In: DRAGO, Bruno de Luca; PEIXOTO, Bruno Lanna (Orgs.). *A livre concorrência e os tribunais brasileiros*: análise crítica dos julgados no Poder Judiciário envolvendo matéria concorrencial. São Paulo: Singular, 2018.

______. Introdução à teoria econômica dos cartéis. In: SCHAPIRO, Mario Gomes; CARVALHO, Vinicius Marques de; CORDOVIL, Leonor (Orgs.). *Direito Econômico e Concorrencial*. São Paulo: Saraiva, 2013.

MAZEUAD, Henri; MAZEUAD, Léon; TUNC, André. *Tratado teórico y práctico de la responsabilidad civil delictual y contractual*. 5ª ed. Buenos Aires: Ediciones Jurídicas Europa-América, 1977.

MAZZILLI, Hugo Nigro. *A Defesa dos Interesses Difusos em Juízo*. 27ª ed. São Paulo: Saraiva, 2014.

MCGOWAN, Lee. *The Antitrust Revolution in Europe*: Exploring the European Commission's Cartel Policy. Northampton: Edward Elgar, 2010.

MEDRADO, Renê; ATHAYDE, Amanda; ARDITO, Gianvito; FERNANDES, Luís Henrique Perroni. Há embate entre a Lei 14.470/22 e a decisão do STJ no REsp nº 1.971.316/SP?. *Conjur*, 11 jan. 2023. Disponível em: <https://www.conjur.com.br/2023-jan-11/opiniao-prazo-prescricional-acoes-danos-concorrenciais>. Acesso em: 15 jul. 2023

MELO, Diogo Leonardo Machado de.. In: NANNI, Giovanni Ettore (Org.). *Comentários ao Código Civil*: direito privado contemporâneo. São Paulo: Saraiva Educação, 2018.

MENCKEN, Henry Louis. *Prejudices*: second series. Nova York: Alfred A. Knopf, 1920.

MIRANDA, Francisco Cavalcanti Pontes de. *Tratado de Direito Privado*. 2ª ed. Rio de Janeiro: Borsói, 1958, t. XXVI.

______. *Tratado de Direito Privado*. 3ª ed. Rio de Janeiro: Borsoi, 1970.

MOISEJEVAS, Raimundas. Passing-On of Overcharges and the Implementation of the Damages Directive in CEE Countries. In: CARS (Org.). *Yearbook of Antitrust and Regulatory Studies*. Varsóvia: CARS, 2017.

MOLLENKAMP, Carrick; WHITEHOUSE, Mark. Study casts doubt on key rate: WSJ analysis suggests banks may have reported flawed interest data for Libor. *Wall Street Journal*. Nova York, 29 mai. 2008. Disponível em: <https://www.wsj.com/articles/SB121200703762027135>. Acesso em 13 fev. 2022.

MOLLERS, Thomas M. J.; HEINEMANN, Andreas. *The enforcement of competition law in Europe*. Cambridge: Cambridge University, 2008.

MONTEIRO, Jorge F. Sinde. *Estudos sobre a responsabilidade civil*. Coimbra: Almedina, 1983.

MORAES, Maria Celina Bodin de. Conceito, função e quantificação do dano moral. *Revista IBERC*, Belso Horizonte, v. 1, n. 1, p. 1-24, 2019.

______. *Danos à pessoa humana*: uma leitura civil-constitucional dos danos morais. 2ª ed. Rio de Janeiro: Processo, 2017.

MOREIRA, Rodrigo Cavalcante. *A resolução do contrato de longa duração pela quebra absoluta da confiança*. Dissertação (Mestrado em Direito) – Faculdade de Direito, Universidade Estadual do Rio de Janeiro, Rio de Janeiro, 2018.

______. *A resolução do contrato de longa duração pela quebra absoluta da confiança*. São Paulo: Almedina, 2021.

MORSELLO, Marco Fábio. O nexo causal e suas distintas teorias apreciações críticas. *Revista do Instituto dos Advogados de São Paulo Nova Série*, São Paulo, v. 10, n. 19, p. 211-218, 2007.

NANNI, Giovanni Ettore. In: NANNI, Giovanni Ettore (Org.). *Comentários ao Código Civil*: direito privado contemporâneo. São Paulo: Saraiva Educação, 2018.

NORONHA, Fernando. *Direito das Obrigações*. São Paulo: Saraiva, 2003.

______. Responsabilidade civil: uma tentativa de ressistematização. In: NERY JUNIOR, Nelson; NERY, Rosa Maria de Andrade (Orgs.) *Doutrinas essenciais*: responsabilidade civil. São Paulo: Revista dos Tribunais, 2010., v. 1.

NUCCI, Guilherme de Souza. *Código Penal Comentado*. 17ª ed. Rio de Janeiro: Forense, 2017.

______. *Manual de direito penal*: parte geral: parte especial. 2ª ed. São Paulo: Revista dos Tribunais, 2006.

NUSDEO, Fábio. *Curso de Economia*: introdução ao direito econômico. 5ª ed. São Paulo: RT, 2008.

OBERSTEINER, Thomas. *Private Antitrust Enforcement in the US and the EU – A Comparison of Key Issues*. [S.l.: s.n.], 2019. Disponível em: <https://ssrn.com/abstract=3468473>. Acesso em: 14 nov. 2021.

OCDE. *Combate a cartéis em licitações no Brasil*: uma revisão das compras públicas federais. Paris, 2021. Disponível em: <https://www.oecd.org/daf/competition/Combate-a-Carteis-em-Licitacoes-no-Brasil-uma-Revisao-das-Compras-Publicas-Federais-2021.pdf>. Acesso em: 18 dez. 2021.

OCDE; ICN. *OECD/ICN Report on International Co-operation in Competition Enforcement*. Paris, 2021. Disponível em: <https://www.oecd.org/daf/competition/OECD-ICN-Report-on-International-Co-operation-in-Competition-Enforcement.pdf>. Acesso em 24 jul. 2022.

______. *OECD peer reviews of competition law and policy*: Brazil 2019. Paris, 2019. Disponível em: <https://www.oecd.org/daf/competition/revisoes-por-pares-da-ocde-sobre-legislacao-e-politica-de-concorrencia-brasil-2019-web.pdf>. Acesso em 30 jul. 2022.

______. *Recommendation of the Council on fighting bid rigging in public procurement*. Paris, 2012. Disponível em: <https://www.oecd.org/daf/competition/RecommendationOnFightingBidRigging2012.pdf>. Acesso em 19 dez. 2021.

OCDE. *Review of the 1998 OECD Recommendation concerning Effective Action against Hard Core Cartels*. Paris, 2019. Disponível em: <https://www.oecd.org/daf/competition/oecd-review-1998-hard-core-cartels-recommendation.pdf>. Acesso em 30 jul. 2022.

OLIVEIRA, Isabela Monteiro de. *A responsabilidade civil por umbrella effects como instrumento de private enforcement*. Trabalho de Conclusão de Curso (Bacharelado em Direito) – Universidade de Brasília, Brasília, 2017.

OLIVON, Beatriz. Empresas recorrem ao Judiciário contra cartéis. *Valor Econômico*. Brasília, 6 dez. 2021. Disponível em: <https://valor.globo.com/legislacao/noticia/2021/12/06/empresas-recorrem-ao-judiciario-contra-carteis.ghtml>. Acesso em: 12 jun. 2022

ORGAZ, Alfredo. *El daño resarcible*: actos ilícitos. Buenos Aires: Bibliografica Argentina, 1952.

OXERA. *Quantifying antitrust damages*: towards non-binding guidance for courts. Bruxelas, 2009. Disponível em: <http:/ec.europa.eu/competition/antitrust/actionsdamages/quantification_study.pdf>. Acesso em 9 mai. 2021.

PAPADOPOULOS, Anestis S. *The international dimension of UE competition law and policy*. Cambridge: Cambridge University, 2010.

PASTORE, Ricardo Ferreira; MOTTA, Lucas Griebeler da; IGNÁCIO, Renata Rossi. Responsabilização solidária de cartelistas em ações indenizatórias: reflexões, limites e desafios. In: DRAGO, Bruno de Luca; PEIXOTO, Bruno Lanna (Orgs.). *A livre concorrência e os tribunais brasileiros*: análise crítica dos julgados no Poder Judiciário envolvendo matéria concorrencial. São Paulo: Singular, 2018.

PATTERSON, Mark R. *Antitrust law in the online economy*: selected cases and materials. 2ª ed. Nova York: Mark R. Patterson. 2021

PEIXOTO, Bruno Lanna; SILVA, Ludmilla Martins da. Alterações legislativas necessárias e o futuro das ações reparatórias por danos concorrenciais no Brasil. In: DRAGO, Bruno de Luca; PEIXOTO, Bruno Lanna (Orgs.). *A livre concorrência e os tribunais brasileiros*: análise crítica dos julgados no Poder Judiciário envolvendo matéria concorrencial. São Paulo: Singular, 2018.

______; ROSA, Renato Xavier da Silveira; SILVA Ludmilla Martins da. Ações reparatórias por danos concorrenciais: termo inicial do prazo prescricional. In: DRAGO, Bruno de Luca; PEIXOTO, Bruno Lanna (Orgs.). *A livre concorrência e os tribunais brasileiros*: análise crítica dos julgados no Poder Judiciário envolvendo matéria concorrencial. São Paulo: Singular, 2018.

______; TREVIZO, Carolina Pagotto. Antitrust Litigation 2021: Brazil. *Chambers and Partners*. Londres, 2021. Disponível em: <https://practiceguides.chambers.com/practice-guides/antitrust-litigation-2021/brazil>. Acesso em 9 de jul. 2022

PEREIRA, Caio Mário da Silva. *Instituições de direito civil*. 22ª ed. Rio de Janeiro: Forense, 2015, v. 1.

______. *Instituições de direito civil*. 22ª ed. Rio de Janeiro: Forense, 2008, v. 1.

______. *Responsabilidade Civil*. 12ª ed. Rio de Janeiro: Forense, 2018.

PEREIRA, Fabio Queiroz. *O ressarcimento do dano pré-contratual*: interesse negativo e interesse positivo. São Paulo: Almedina, 2017.

PETTER, Lafayete Josué. Direito Econômico, 4ª ed. Porto Alegre: Verbo Jurídico, 2009.

PFEIFFER. Roberto Augusto Castellanos. *Defesa da concorrência e bem-estar do consumidor*. São Paulo: Revista dos Tribunais, 2015.

______. Tutela coletiva da livre concorrência. *Revista de Direito do Consumidor*, Brasília, v. 49, p. 11-39, 2004.

PINTO, Carlos Alberto da Mota. *Teoria Geral do Direito Civil.* 3ª ed. Coimbra: Coimbra, 1991.

______. *Teoria Geral do Direito Civil.* 4ª ed. Coimbra: Coimbra, 2005.

PINTO, Paulo Mota. *Interesse contratual negativo e interesse contratual positivo*. Coimbra: Coimbra, 2008.

PÔRTO, Mário Moacyr. *Ação de responsabilidade civil e outros estudos.* São Paulo: Revista dos Tribunais, 1966.

______. *Temas de responsabilidade civil.* São Paulo: Revista dos Tribunais, 1989.

POSNER, Richard A. *Antitrust law.* 2ª ed. Chicago: University of Chicago, 2001.

______. *Economic analysis of law*. 9ª Ed. Nova York: Wolter Kluwer Law & Business, 2014.

______. The Law and Economics of the Economic Expert Witness. *Journal of Economic Perspectives*, Nashville, v. 13. n. 2, p. 91-99, 1999

______. The Social Costs of Monopoly and Regulation. *Journal of Political Economy*, Chicago, v. 83, n. 4, p. 807-828, 1975.

PRATA, Ana. *Responsabilidade pré-contratual*: uma perspectiva comparada dos direitos brasileiro e português. Coimbra: Almedina, 2018

PROSPERETTI, Luigi; PANI, Eleonora; TOMASI, Ines. *Il danno antitrust*: una prospectiva economica. Bologna: Il Mulino, 2009.

RÁO, Vicente. *Ato Jurídico*: noção, pressupostos elementos essenciais e acidentais. O problema do conflito entre os elementos volitivos e a declaração. 3ª ed. São Paulo: Revista dos Tribunais, 1981.

RBB ECONOMICS; CUATRECASAS, GONÇALVES PEREIRA. *Study on the passing-on of overcharges*. Bruxelas, 2016.

RECHTER, Raisa Dvorah. Do sigilo e do segredo de justiça. In: DRAGO, Bruno de Luca; PEIXOTO, Bruno Lanna (Orgs.). *A livre concorrência e os tribunais brasileiros*: análise crítica dos julgados no Poder Judiciário envolvendo matéria concorrencial. São Paulo: Singular, 2018.

REQUENA, Giuliana Marchezi Franceschi Gonçalves; BERNINI, Paula Müller Ribeiro. Valor probatório da decisão do CADE nas ações de reparação de danos decorrentes de cartel ("ARDCs"). In: DRAGO, Bruno de Luca; PEIXOTO, Bruno Lanna (Orgs.). *A livre concorrência e os tribunais brasileiros*: análise crítica dos julgados no Poder Judiciário envolvendo matéria concorrencial. São Paulo: Singular, 2018.

REZENDE, Gustavo Madi; KLEBER, Solange; MADI, Maria Fernanda Caporale. Métodos de mensuração das indenizações de ações privadas em casos de cartel. *Revista do IBRAC*, São Paulo, v. 20, p. 399-413, 2011.

RIPERT, Georges. *A regra moral nas obrigações civis.* 2ª ed. Campinas: Bookseller, 2009.

RODGER, Barry J. Competition law private enforcement in the UK courts: case-law developments 2013-2016. *Global Competition Litigation Review*, Mytholmroyd, v. 10, 2017.

______; MACCULLOCH, Angus. *Competition law and policy in the EU and UK.* 6ª ed. Londres: Routledge, 2022.

ROSENVALD, Nelson. *As funções da responsabilidade civil.* 3ª ed. São Paulo: Saraiva, 2017.

ROSS, Alf. *Colpa, responsabilitá e pena*. Milão: Giuffrè, 1972.

SALGADO, Lucia Helena. Avaliando a eficácia da política brasileira de combate aos cartéis: dissuasão ou promoção? *Revista de Defesa da Concorrência*, Brasília, v. 10, n. 1, p. 7-29, 2022.

SALOMÃO FILHO, Calixto. *A Legal Theory of Economic Power.* Implications for Social and Economic Development. Northampton: Edward Elgar, 2011

______. *Direito Concorrencial*. São Paulo: Malheiros Editores, 2013

SANSEVERINO, Paulo de Tarso Vieira. *Princípio da reparação integral*: indenização no Código Civil. São Paulo: Saraiva, 2010.

SANTACRUZ, Ruy. Cartel na lei antitruste: o caso da indústria brasileira de aços planos. In: MATTOS, César (Org.). *A revolução do antitruste no Brasil*: a teoria econômica aplicada a casos concretos. São Paulo: Singular, 2003.

SANTOS, Flávia Chiquito dos. Quando o simples é sofisticado: clareza na tipificação de cartéis e na interpretação da regra per se. *Revista de defesa da concorrência*, Brasília, v. 5, n. 2, p. 103-130, 2017.

SANTOS, Karla Margarida Martins. *Cartéis transnacionais*: a transnazionalização das decisões do direito concorrencial e as ações de reparação de danos em defesa da concorrência. Curitiba: Juruá, 2016.

SANTOS, Paulo Márcio Reis. *Umbrella effects e a reparação a cartéis no Brasil*: análise sob a ótica do private enforcement. Tese (Doutorado em Direito) – Faculdade de Direito da Universidade Federal de Minas Gerais, Belo Horizonte, 2019.

SAVI, Sérgio. *Responsabilidade civil por perda de uma chance*. 2ª ed. São Paulo: Atlas, 2009.

SAVIGNY, Friedrich Carl. *Traité de droit romain*. Paris: Firmin Didot, 1846.

SCHREIBER, Anderson. *Novos paradigmas da responsabilidade civil*: da erosão dos filtros de reparação à diluição dos danos. 5ª ed. São Paulo: Atlas, 2013.

SCHUNCK, Giuliana Bonanno. *Contratos de longo prazo e dever de cooperação*. Dissertação (Mestrado em Direito) – Faculdade de Direito, Universidade de São Paulo, São Paulo, 2013.

SHENEFIELD, John H; STELZER, Irwin M. *The antitrust laws*: a primer. 4ª ed. Washington D.C.: AEI, 2001.

SILVA, Clóvis do Couto e. *A obrigação como processo*. Rio de Janeiro: Editora FGV, 2007

SILVA. Jorge Cesa Ferreira da. *Inadimplemento das obrigações*. São Paulo: Revista dos Tribunais, 2007.

SILVA, Paula Costa; REIS, Nuno Trigo dos. *Private enforcement e tutela coletiva*. Coimbra: Almedina, 2022.

SILVA, Rafael Peteffi da. *Responsabilidade civil pela perda de uma chance*: uma análise do direito comparado e brasileiro. 3ª ed. São Paulo: Atlas, 2013.

SILVA, Wilson Melo da. *Da responsabilidade civil automobilística*. 3ª ed. São Paulo: Saraiva, 1980.

______. *Responsabilidade sem culpa*. São Paulo: Saraiva, 1974.

SIMÃO, José Fernando. *Prescrição e decadência*: início dos prazos. São Paulo: Atlas, 2013.

SIMOR, Jessica *et al.* Private Enforcement. In. KELLAWAY, Ros; THOMPSON, Rhodri; BROWN, Christopher (Orgs.). *UK competition law*: the new framework. Oxford: Oxford University Press, 2015.

SIQUEIRA, Christiane Meneghini S. de Siqueira; CIANFARANI, Joana Temudo; BERNINI, Paula Müller Ribeiro. Derrubando os mitos da arbitragem para a reparação de danos concorrenciais. *Jota*, São Paulo, 7 jul. 2021. Disponível em: <https://www.jota.info/opiniao-e-analise/colunas/elas-no-jota/derrubando-os-mitos-da-arbitragem-para-a-reparacao-de-danos-concorrenciais-07072021>. Acesso em 9 jul. 2022.

SOURDAT, M. A. *Traité general de la responsabilité*. Paris: Librairie Générale de Jurisprudence, 1852.

STEINER, Renata Carlos. A ciência do lesado e o início da contagem do prazo prescricional. *Revista de Direito Privado*, São Paulo, v. 50, p. 73-92, 2012.

______. *Reparação de Danos*: interesse positivo e interesse negativo. São Paulo: Quartier Latin, 2018.

STEINER, Robert L. Cooperation, competition and collusion among firms at successive stages. In: CUCINOTTA, Antonio; PARDOLESI, Roberto; BERGH, Roger van den (Orgs.). *Post-Chicago developments in antitrust law*. Northampton: Edward Elgar, 2002.

STIGLER. George J. A theory of oligopoly. *Journal of political economy*, Chicago, v. 72, n. 1, p. 44-61, 1964.

______. The Origin of the Sherman Act. In: SULLIVAN, E. Thomas (Org.). *The political economy of the Sherman Act*: the first one hundred years. Oxford: Oxford University Press, 1991

______. *The theory of price*. 4ª ed. Nova York: Macmillan, 1987

STOCO, Rui. *Tratado de responsabilidade civil*: doutrina e jurisprudência. 10ª ed. São Paulo: Revista dos Tribunais, 2014.

SULLIVAN, E. Thomas *et al. Antitrust law, policy, and procedure*: cases, materials, problems. 7ª ed. São Francisco: LexisNexis, 2014.

SULTAN, Ralph G. M. *Pricing in the Eletrical Oligopoly*. Cambridge: Harvard Business School, 1974, v. I e II.

SUNSTEIN, Cass R.; KAHNEMAN, Daniel; SCHKADE, David. Assessing punitive damages. *Coase-Sandor Institute for Law & Economics Working Paper*. Chicago, n. 50, 1997. Disponível em <https://chicagounbound.uchicago.edu/cgi/viewcontent.cgi?article=1064&context=law_and_economics>. Acesso em 13 nov. 2021.

TAPIA, Javier; FARACO, Alexandre Ditzel. Latin American antitrust law and policy: An overview of three jurisdictions – Brazil, Chile and Colombia. In: DUNS, John; DUKE; Arlen; SWEENEY, Brendan (Orgs.). *Comparative competition law*. Cheltenham: Edward Elgar, 2015.

TELLES, Inocêncio Galvão. *Direito das Obrigações*. 7ª ed. Coimbra: Coimbra, 1997.

TEPEDINO, Gustavo; TERRA, Aline de Miranda Valverde; GUEDES, Gisela Sampaio da Cruz. *Responsabilidade Civil*. Rio de Janeiro: Forense, 2020.

TERRÉ, François; SIMLER, Philippe; LEQUETTE, Yves. *Droit civil*: Les obligations. 9ª ed. Paris: Dalloz, 2005.

THEODORO JÚNIOR, Humberto. *Dano Moral*. São Paulo: Juarez de Oliveira, 1999.

THIBIERGE, Catherine. Avenir de la responsabilité de l'avenir. *Recueil Dalloz*, Paris, n. 9, p. 577-584, 2004.

TITO, Fabiana Ferreira de Mello. *Ensaios sobre danos de cartel*: metodologias de cálculo de sobrepreço, efeito repasse (pass-on) e multa ótima. Tese (Doutorado em Economia) – Faculdade de Economia e Contabilidade da Universidade de São Paulo, São Paulo, 2018.

TRIMARCHI, Pietro. *Causalità e danno*. Milão: Giuffrè, 1967.

UNIVERSITY OF SAN FRANCISCO; HUNTINGTON. *2020 Antitrust annual report*: class action filings in federal court. São Francisco, 2021.

VARELA, João de Matos Antunes. *Das obrigações em geral*. 10ª ed. Coimbra: Almedina, 2018, v. I.

VASCONCELLOS, Marcos de. Governo usa bilhões do Fundo de Defesa dos Direitos Difusos para inflar o caixa. *Jota*, São Paulo, 31 mar. 2017. Disponível em: <https://www.conjur.com.br/2017-mar-31/governo-usa-dinheiro-fundo-direitos-difusos-caixa>. Acesso em: 10 jun. 2022.

VAZ, Isabel. A arbitrabilidade do direito da concorrência. *Revista do IBRAC*, São Paulo, v. 16, p. 353-385, 2009.

VELJANOVSKI, Cento. *Cartel damages*: principles, measurement, and economics. Oxford: Oxford University, 2020.

VICENTINI, Pedro C. E. Dano antitruste aos compradores diretos e indiretos: breves considerações sobre o pass-on effect nos regimes norte-americano, europeu e brasileiro. In: DRAGO, Bruno de Luca; PEIXOTO, Bruno Lanna (Orgs.). *A livre concorrência e os tribunais brasileiros*: análise crítica dos julgados no Poder Judiciário envolvendo matéria concorrencial. São Paulo: Singular, 2018.

VINEY, Geneviève. *Traité de droit civil*: les obligations: la responsabilité: effets. Paris: LGDJ, 1988.

VISINTINI, Giovanna. *Fatti illeciti*: fondamenti e nuovi sviluppi della responsabilità civile. Pisa: Pacini, 2019.

______; PINORI, Alessandra. La nozione di danno e le tecniche risarcitore. In: VISINTINI, Giovanna (Org.). *Risarcimento del danno contrattuale ed extracontrattuale*. Milão: Giuffrè, 1999.

WERDEN, Gregory J. Demand elasticities in antitrust analysis. *Antitrust Law Journal*, Chicagos, v. 66, n. 2, p. 363-414, 1998.

WIJCKMANS, Frank *et al*. *The EU private damages directive*: practical insights: minutes of the closed workshop 2015. Cambridge: Intersentia, 2015.

XAVIER, Rafael Branco. A desconsideração na arbitragem? O consentimento atrás do véu. In *Revista Brasileira de Arbitragem*, São Paulo, n. 66, p. 35-66, 2020.

YSEWYN, Johan; KAHMANN, Siobhan. The decline and fall of the leniency programme in Europe. *Concurrences*, Paris, n. 1, p. 44-59, 2018.

ZANETTI, Cristiano de Sousa. A mitigação do dano e alocação da responsabilidade. *Revista brasileira de arbitragem*, São Paulo, n. 35, p. 28-36, 2012.